高等院校经济管理类应用型精品规划教材

经济法基础

主　编　郭声龙　江晓波
副主编　郭名宏　赵　霞　邓巧蓉
参　编　王玉波　汪　胜　李加兵　赵春姣

WUHAN UNIVERSITY PRESS
武汉大学出版社

图书在版编目(CIP)数据

经济法基础/郭声龙，江晓波主编．—武汉：武汉大学出版社，2012.1
(2013.12 重印)
高等院校经济管理类应用型精品规划教材
ISBN 978-7-307-09511-3

Ⅰ.经…　Ⅱ.①郭…　②江…　Ⅲ.经济法—基本知识—中国
Ⅳ.D922.29

中国版本图书馆 CIP 数据核字(2012)第 009501 号

责任编辑:易　瑛　　　责任校对:黄添生　　　版式设计:马　佳

出版发行:**武汉大学出版社**　(430072　武昌　珞珈山)
(电子邮件:cbs22@whu.edu.cn 网址:www.wdp.com.cn)
印刷:湖北民政印刷厂
开本:787×1092　1/16　印张:18.25　字数:430 千字　插页:1
版次:2012 年 1 月第 1 版　　2013 年 12 月第 3 次印刷
ISBN 978-7-307-09511-3/D·1140　　定价:36.00 元

目　录

第一章　经济法基本理论

第一节　经济法概述

一、经济法的概念

（一）经济法概念的起源

“经济法”一词首先由法国空想共产主义者摩莱里在其1755年出版的《自然法典》中提出。1842年，法国空想共产主义者德萨米在他的《公有法典》一书中也使用了“经济法”一词。德国学者莱特在其1906年创刊的《世界经济年鉴》中，用“经济法”一词来表示与世界经济有关的各种法规。“经济法”概念发展至今，其含义已发生了重大的变化。

现代经济法概念的形成，始于第一次世界大战前后的德国。这期间德国颁布了一系列国家干预经济生活的法规，有些法规甚至直接以“经济法”命名，如1919年颁布的《煤炭经济法》、《碳酸钾经济法》等。这些法规有一个共同的显著特征，即国家对经济生活的干预。这一现象引起了德国法学界的注意，并对此展开了研究和讨论。起初，有些学者认为这种法律现象同战争相关，因而称之为“战时经济统制法”。随着社会经济的发展和研究的深入，学者们发现，这类法规并不只与战争相关联，而有着更深刻的社会经济根源，即使战争结束后，国家对经济的许多干预措施仍不可缺少。于是许多学者把这类法规统称为“经济法”，并撰写了大量的论著，对经济法的概念及相关理论问题进行了讨论。于是，经济法概念首先在德国流行开来，后来传播到国外，逐渐被学术界接受和使用，最终形成一个新的法律概念。

经济法概念，在我国盛行于20世纪80年代和90年代初，甚至一度出现了“大经济法”的观点，把民法调整的平等主体的公民和法人之间的经济关系纳入经济法调整的范围。随着我国社会主义市场经济体制的建立和完善，“大经济法”的观点逐渐被抛弃，形成了诸如国家干预论、国家调节论、经济管理经济法论、经济管理和市场运行经济法论等学说。

（二）经济法概念的含义

经济法是国家调节本国经济运行过程中发生的经济关系（国家经济管理关系）的法律规范的总称，或者说是调整国家经济管理关系的法律规范的总称。它有以下特征：

首先，经济法不等于经济法规。经济法规是同经济有关的各种经济法律法规，除了经济法之外，它还包括属于法的其他部门（如民商法等）的各种以经济为内容的法律规范。

经济法的外延比经济法规要小。

其次，经济法是一个独立的法的部门。经济法有它特定的调整对象，它与其他法的部门有明确的界限，没有交叉、重叠和模糊的领域。

最后，经济法属于国内法。经济法调整的国家经济管理关系，是在国家调节经济运行过程中发生的，是国内经济关系，而不是国际经济关系。这种调节是国内调节，而不是国际调节。国际调节发生的经济关系由国际经济法来调整。因此，经济法属于国内法。

二、经济法的调整对象

经济法的调整对象是在国家调节本国经济运行过程中发生的特定的经济关系。

自进入20世纪以来，国家计划调节已成为保障社会经济稳定协调发展的不可或缺的手段。它与市场调节一起，构成了社会资源配置的两种方式。尽管市场对资源的配置起基础性作用，但它并不是万能的，由于市场调节具有自发性、滞后性和盲目性等特点，在经济运行中总会存在“市场失灵”的情形，这就决定了国家调节经济运行的必要性。现代市场经济的实践证明，只有既强化市场机制的作用，又进行必要的国家调节，才能保证经济正常、稳定的发展。

在国家调节经济运行过程中发生的经济关系，称为国家经济管理关系，这种经济关系由经济法进行调整。

国家经济管理关系作为经济法的调整对象可从以下四个方面来理解：

第一，企业组织管理关系。国家为了调节经济，对企业的设立、变更和终止，企业内部机构的设置及其职权，企业的财务、会计等进行必要的规范管理。这种在企业的设立、变更、终止过程中发生的经济管理关系和企业内部管理过程中发生的经济关系，称为企业组织管理关系。

第二，市场管理关系。国家为了调节经济对某些经济活动进行禁止和限制，如对垄断和限制竞争行为的禁止和限制、对产品质量的监督和管理、对证券交易的规范和管理等，以维护市场经济秩序，这种在市场管理过程中发生的经济关系，称为市场管理关系。

第三，宏观调控关系。宏观调控是指国家为了实现经济总量的基本平衡，促进经济结构的优化，推动国民经济发展，对国民经济总体活动进行调节和控制。在宏观调控过程中发生的经济关系，称为宏观调控关系。

第四，社会保障关系。社会保障制度是一个社会的“安全阀”。社会保障制度是国家为了社会经济安全运行，对国民收入的一种强制性再分配，它具有强制性和互济性的特点。在社会保障过程中发生的经济关系，称为社会保障关系。

三、经济法律关系与其他法律关系的区别

（一）经济法律关系与民事法律关系的区别

经济法和民法都调整一定范围的经济关系。但是，民法调整的是平等主体间的财产关系和人身关系，经济法调整的则是国家调节经济运行过程中发生的国家经济管理关系，它不调整人身关系。二者的区别在于：

首先，经济关系的主体身份和地位不同。民法调整的平等主体间经济关系中，当事人

以平等身份参与经济活动，任何一方均不以国家管理者的身份出现，没有管理和被管理的关系，双方地位是平等的；经济法调整的国家经济管理关系中，国家作为一方主体同另一方主体之间是管理与被管理的关系，双方地位不平等。

其次，经济关系的内容不同。民法调整的平等主体间经济关系是双方互利、等价有偿的关系；经济法调整的国家经济管理关系不必双方等价有偿。

最后，经济关系的形式不同。民法调整的平等主体间经济关系是在双方自愿、协商、合意的基础上形成的；经济法调整的国家经济管理关系不是或不完全是自愿、协商关系，具有一定的国家强制性。

（二）经济法法律关系与行政法法律关系的区别

经济法和行政法都调整以服从为特征的管理关系，这种管理关系是以国家为一方主体同其他主体发生的权利义务关系。不同的是，经济法调整的是国家经济管理关系，行政法调整的是国家行政管理关系。二者的具体区别在于：

首先，属于行政管理范畴的经济管理是为了保障国家行政管理职能的实现，而对国家机关自身的经济活动和经济管理活动实施的日常性管理。国家经济管理是国家为了保障经济稳定、健康发展，运用计划、经济政策和经济杠杆对经济进行宏观调节；或者对企业的设立、变更和终止，企业内部机构的设置及其职权，企业的财务、会计等进行微观经济管理。二者在管理的目的、任务和手段上不同。

其次，国家经济管理需要涉及生产、流通、分配、消费等国民经济的各方面和社会再生产的各环节，甚至企业内部的组织管理。而属于行政管理范畴的经济管理，只限于关于经济管理机构的建立、活动原则等一般问题，未能深入到经济领域中的关系。

第二节　经济法的渊源

一、经济法的实质渊源

经济法的实质渊源，是指经济法的内容来源于国家对经济的调节过程中发生的经济关系，它体现国家的经济管理职能。

经济法是国家调节经济之法，是国家调节有效运作的主要法律保障。市场经济是以市场为基础配置资源的经济运行形式。19 世纪末以前，资本主义经济的发展处于自由竞争的阶段，尽管有周期性的经济危机，但整个社会经济仍可凭借市场机制（价值规律的作用）有效地进行自身调节，不需要国家过多干预。这一状况，直到 19 世纪末以后生产的集中和垄断的形成才发生改变。垄断限制自由公平竞争，使价值规律严重扭曲，一旦经济发展失衡，经济危机爆发，社会生产力就会遭到严重破坏。此时人们认识到，过去对经济调节十分灵验和万能的“无形之手”（市场调节），已经不太灵验了，因而需要另一只“有形之手”（国家调节）对经济进行干预。

国家经济调节，是国家从总体上和宏观上掌握国民经济运行状况和变化趋势，遵循客观经济规律，或者运用强制方式排除对价值规律和市场调节机制作用的障碍，对市场进行管理；或者运用计划、经济政策和经济杠杆对经济进行宏观调控；或者对企业的设立、变更和终止，企业内部机构的设置及其职权，企业的财务、会计管理等进行规范；或者直接参与经济活动来调节经济结构和运行。

与上述国家调节活动相应的经济法的实质渊源，包含四个基本方面，即市场管理法、宏观经济调控法、企业组织法和国家投资经营法。

二、经济法的形式渊源

经济法的形式渊源，是指经济法律规范的表现形式。从经济法律规范的表现形式上划分，经济法的渊源的种类有：

（一）宪法

宪法规定了国家的根本制度和根本任务，是国家的根本大法，具有最高的法律效力。它是经济法的最重要的法律渊源。

（二）法律

法律是指最高国家权力机关及其常设机关制定的规范性法律文件，其地位和效力仅次于宪法。法律是经济法的重要渊源。

（三）国家最高行政机关的行政法规和其他规范性法律文件

国务院根据宪法和法律制定的行政法规和其他规范性法律文件，其地位和效力仅次于宪法和法律，其数量远远超过法律的数量。它是经济法的重要渊源。

此外，国务院各部委在本部门权限内发布的规章和规范性命令、指示也是经济法的渊源。

（四）地方性法规和其他规范性法律文件

省、自治区、直辖市以及省级人民政府所在地的市和经国务院批准的较大的市的人民代表大会及其常委会制定的地方性法规、地方各级人民代表大会和县级以上地方各级人大常委会作出的规范性决议、决定，属于经济法的渊源。

省、自治区、直辖市以及省级人民政府所在的市和经国务院批准较大的市的人民政府制定的规章和地方各级人民政府发布的规范性决议、命令，属于经济法的渊源。

民族自治区人民代表大会制定的自治条例和单行条例，属于经济法的渊源。

第三节　经济法律关系

一、经济法律关系的概念

法律关系是指在法律规范确认和调整一定社会关系过程中形成的权利义务关系。经济法律关系是指在经济法确认和调整特定经济关系过程中形成的权利义务关系。

并不是所有受到法律调整的经济关系成为具有经济内容的法律关系，就是经济法律关系。只有为经济法所调整的经济关系成为法律上的权利义务关系，才是经济法律关系。经济法律关系与作为经济法调整对象的特定经济关系之间是形式与内容的关系，它是经济法调整对象的法律表现。

经济法律关系不同于经济关系。在社会经济活动中形成的各种经济关系，属于经济基础的范畴，是不以人的意志为转移的。国家为了促进国民经济协调、稳定的发展，保障社会经济秩序，实现国家经济管理的职能，通过制定经济法法律规范，对国家在调节经济过程中形成的具体的经济关系加以确认和调整，使之成为具有法定权利义务性质的经济法律关系。

二、经济法律关系的构成

经济法律关系的构成包括三要素，即主体、内容和客体。

（一）经济法律关系的主体

经济法律关系的主体即经济法主体，是指依经济法规定享有经济权利，承担经济义务，并能独立承担经济法律责任的当事人。它们作为经济法律关系的参与者，必须具备一定的法律资格，即依法享有经济权利，进行经济活动，并能承担法律责任的资格。

经济法主体主要有调控管理主体、市场主体和社会中介主体三大类。

1. 调控管理主体

国家对经济的调控和管理是其重要的职能。调控管理主体几乎涉及所有国家机关和一些由国家授权行使调控管理职能的社会组织。具体包括：

（1）国家权力机关和国家行政机关（包括中央和地方）。它们依据宪法和有关法律而设立，以国家公权者的身份对国民经济进行干预和管理，是最主要的经济法主体。其职责主要是进行全国和本地方的经济立法、经济决策和经济监督。

（2）国家经济管理机关。国家经济管理机关是经济性和专门性的调控管理主体，既有中央管理主体又有地方各级管理主体。两类主体按其权能划分，有综合管理主体，如计划、财政、税务、金融等机关；专业（行业）管理主体，如农业、工业、商业、交通运输业等主管部门；监督管理主体，如审计、工商行政管理、计量、统计等机关。

（3）国家授权行使一定经济调控职能的社会组织。如一些国家投资设立的企业或企业集团、大型公司，中华全国供销合作总社，中华全国工商业联合会，各行业协会等。它们依国家法律法规设立而专门赋予其管理职责。

2. 市场主体

市场主体是指参与市场经济运行的社会组织和个人。按其在市场经济中的作用不同，可分为投资经营者主体和消费主体。

（1）投资经营者主体。投资经营者主体是指为获取未来收益而预先投入一定资金或实物，用以经营或是参与经营某一企业、某项事业或项目的财产所有人。投资经营者的市场主体资格要由各专门法律法规来确认。生产经营主体是指从事生产经营或者服务活动，以营利为目的的法人、其他经济组织和个人。我国企业法、公司法、反不正当竞争法、产品质量法等法律对投资经营者的主体地位及其活动进行了规定。

（2）消费者主体。消费主体是指为了生活消费需要而购买、使用商品或者接受服务，享受消费者权益的个人。消费者主体是经济法的重要主体。消费者在购买、使用或者接受服务的过程中，如发生纠纷，往往处于弱者地位。因此，国家必须制定强制性规范对消费者权益进行保护，如消费者权益保护法、产品质量法等，以维护市场秩序。

3. 社会中介主体

社会中介主体是介于政府与社会、政府与企业之间的一种社会组织，如会计师、审计师和律师事务所，公正和仲裁机构，计量和质量检验认证机构，资产和资信评估机构等。它们依法承担相应的社会经济事务，为国家调控管理主体和市场主体顺利开展经济活动提供服务，是联系政府与企业、政府与社会的桥梁和纽带。在当前建立"小政府，大社会"的背景下，我国社会中介主体将会得到更快、更规范的发展，将更多地参与社会经济活动，而成为一个重要的经济法主体。

（二）经济法律关系的内容

经济法律关系的内容，是指经济法律关系主体所享有的经济权利和承担的经济义务。经济法律关系的内容反映着经济法律关系主体的具体要求和利益，决定着经济法律关系的实质，它包括经济权利和经济义务两个方面。

1. 经济权利

指经济法律关系主体依法享有的自己能够为或者不为一定行为，要求他人为或者不为一定行为的资格。它又包括四个方面：

（1）经济职权。经济职权是指国家机关行使经济管理职能时依法享有的权利，如规划、决策、审核、批准、命令、指挥、执行、许可、监督、褒奖、处罚等职权，主要由国家调控管理主体所享有。国家管理主体对其不可转让和抛弃。

（2）财产所有权。财产所有权是一种物权，是财产所有人在法律规定的范围内，对自己财产享有的一种独立支配权。其内容包括占有、使用、收益和处分四项权能。

（3）经营管理权。经营管理权是指企业进行生产经营活动时依法享有的权利。企业作为独立的社会经济组织，有权根据市场需要，制订自己的生产经营计划，选择生产经营方式，开展营销活动，享有独立地进行生产经营的自主权。

（4）请求权。请求权是指经济法主体的合法权益受到侵犯时依法享有的要求侵权人停止侵权行为和要求国家机关保护其合法权益的权利，主要包括要求赔偿权、请求调解权、申请仲裁权、经济诉讼权以及申请破产权等。

2. 经济义务

经济义务是指经济法律关系主体依法必须为或者不为一定行为的约束力。它包括国家机关必须正确履行经济职权、恪尽职守、做好服务性管理工作并接受监督；企业必须遵守法律法规、缴纳税金、不侵犯其他经济主体的利益等。

（三）经济法律关系的客体

经济法律关系的客体是指经济法律关系的主体享受经济权利和承担经济义务所指向的对象。经济法律关系的客体是确定权利义务关系的性质和具体内容的依据，也是确定权利行使与否和义务是否履行的客观标准。没有经济法律关系客体，经济权利和经济义务就没法实现。经济法律关系客体的存在形式，可以是物，可以是行为，还可以是无形资产。

1. 物

物是指由人们控制和支配，用以满足某种需要的物质财产。其包括生产资料、生活资料和一般等价物（货币和有价证券）等。根据经济法的具体规定，作为经济法律关系客体的物，还可分为流通物和限制流通物、特定物和种类物等。如土地、矿藏等生产资料只能作为国家所有权的客体，不能参与一般经济流通。

2. 行为

行为是指经济法律关系主体为实现某种经济目的所进行的有意识的活动，也称为经济活动。它包括经济组织管理行为、经营行为和提供一定劳务的行为，如经济决策、经济命令、审查批准、经济监督、工程承包、货物运输、仓储保管等。

3. 无形资产

无形资产是指人们智力活动所创造的成果，包括专利、商标、著作权、商誉、商业秘密、经济信息等。无形资产具有价值和使用价值。随着经济和科学技术的发展，无形资产将越来越广泛地作为经济法律关系的客体而出现。

三、经济法律关系的设立、变更和终止

（一）经济法律关系设立、变更和终止的概念

经济法律关系不是一成不变的，它总是处于动态发展之中。其运行包括三个环节：

（1）经济法律关系的设立。它是指基于一定的法律事实，在经济法主体之间形成一定的权利义务关系。

（2）经济法律关系的变更。它是指基于一定的法律事实，经济法律关系中的部分构成要素发生变化。

（3）经济法律关系的终止。它是指基于一定的法律事实，经济法主体之间的权利义务归于消灭。

（二）经济法律关系设立、变更和终止的前提条件和直接原因

1. 经济法律规范的存在是经济法律关系设立、变更和终止的前提

经济法律规范是指由国家制定或认可的，并以国家强制力保障实施的，调整经济法律关系的一种行为规则。有了经济法律规范，人们才能确认经济法主体的经济权利和经济义务，才有经济法律关系的发生。否则，经济法律关系就不会发生，更不会有经济法律关系的变更和终止了。

2. 经济法律事实的出现是经济法律关系设立、变更和终止的直接原因

经济法律事实，是指引起经济法律关系发生、变更或者终止的客观事实。经济法律关系不会自然产生，即使有经济法律规范的存在，也不能在经济法主体之间发生具体的经济法律关系，或者导致具体的经济法律关系的变更或者终止。只有当一定的经济法律事实出现，才能在经济法主体间产生一定的经济法律关系或者使原有的经济法律关系发生变更或者终止。经济法律事实可分为法律事件和法律行为。

（1）法律事件。法律事件是指不以当事人的意志为转移，并能引起经济法律关系发生、变更或终止的法律事实。法律事件由灾害引起，或由社会现象引起，或由时间期届满引起。其特征是不以人的意志为转移，法律上通常称之为不可抗力。

（2）法律行为。法律行为是指当事人有意识的活动，它是能引起经济法律关系发生、变更或终止的法律事实。经济法主体的法律行为又分为经济法律行为（经济合法行为）和经济违法行为，合法的行为将受到法律的保护，违法的行为将导致行为人承担经济法律责任的不利后果。

四、经济法律责任

经济法律责任是指经济法主体违反经济法所承担的法律责任，包括经济责任、行政责任和刑事责任。

（一）民事责任

民事责任，是指经济法主体违反经济法所依法承担的民事处罚。如停止侵害、排除妨碍、消除影响、恢复原状、返还财产、赔偿损失、支付违约金等。

（二）行政责任

行政责任，是指对经济法主体违反经济法依法采取的行政处分和行政处罚。如警告、通报批评、记过、降职、撤职、留用察看、开除、责令停业整顿、吊销营业执照等。

（三）刑事责任

刑事责任，是指国家司法机关依法对严重违反经济法、构成犯罪的直接责任人给予刑罚。

☞ 思考与练习

1. 什么是经济法？经济法的调整对象是什么？

2. 经济法律关系及其构成要素是什么？

3. 经济法主体享有哪些经济权利，应当承担哪些经济义务？

4. 经济法律关系设立、变更和终止的前提条件和直接原因是什么？

5. 某经销商与某服装厂签订了加工10万套服装的合同。合同约定，经销商应于8月10日前向服装厂预付300万元，待服装于10月底前全部交付后结清货款。合同签订后，经销商经过市场调查，发现此种服装在市场上已滞销，于是向服装厂提出协商减少加工5万套服装，服装厂表示同意。合同履行期届满，经销商与服装厂分别履行了合同规定的义务。问：

（1）本案例中，经济法律关系的主体、客体和内容是什么？

（2）本案例中，经济法律关系设立、变更和终止的前提条件是什么？

（3）本案例中，经济法律关系变更和终止的原因是什么？

6. A公司以经营不善无钱进货为由一再拖欠税款达数万元，却购买小汽车、为领导干部购买商品房。税务机关便于1999年6月15日向A公司发出通知，限其30日内补交税款。1999年7月2日，税务人员发现该公司的货物骤减，怀疑其有转移、隐匿财产的意图，责令A公司提供纳税担保。1999年7月4日在A公司拒绝提供纳税担保的情况下，税务机关经市税务局批准，并向A公司的法定代表人发出通知后，由两名税务执法人员扣押、查封了A公司的价值相当于税款的商品。问：

（1）税务机关的处理是什么性质的法律行为？

（2）A公司对税务机关的处理不服，可采取何种处理方式？

（3）试分析该案例中的法律关系。

第二章　公　司　法

第一节　公司法概述

一、公司的概念和特征

所谓公司，是指依法设立的，由股东投资形成的以营利为目的的企业法人。公司是企业组织形式的一种类型，具有以下特征：

（一）合法性

公司须依照法律规定的条件和程序设立。在我国，设立公司所依据的法律不仅仅是公司法，还包括其他相关的法律法规，如《中华人民共和国公司登记管理条例》。如特别法有规定的，应首先适用特别法的规定。如金融、保险行业的公司的设立，除适用公司法外，还应首先适用保险、金融立法的规定。

（二）营利性

股东投资设立公司，其目的是为了营利，公司则是股东实现其投资目的的合法形式和资本运营机制，公司以从事生产经营活动获得利润并分配给股东作为其宗旨。

（三）法人性

公司是企业法人，有独立的法人财产，享有法人财产权。公司以其全部法人财产，依法自主经营，自负盈亏，对公司的债务承担责任。

二、公司的分类

（一）现行法律上的分类

从我国的公司法来看，公司主要有以下几种分类：

1. 有限责任公司、股份有限公司、独资公司

这是以公司是否发行股份和参与投资人数的多少对公司所作的一种分类。

股份有限公司，是指股东人数为2人以上，全部资本分为等额股份，股东以其所持有的股份为限对公司承担责任，公司则以其全部资产对公司债务承担责任的企业法人。

有限责任公司，是指股东人数为50人以下，股东以其出资额为限对公司承担责任，公司以其全部资产对公司的债务承担责任的企业法人。

独资公司，是指股东仅为1人的有限责任公司。我国的公司法将独资公司分为一人公司和国有独资公司。一人公司是指只有一个自然人或者法人股东的有限责任公司；国有独资公司，是指国家单独出资、由国务院或者地方人民政府授权本级人民政府国有资产监督

管理机构履行出资人职责的有限责任公司。

2. 母公司和子公司

这是以一个公司与另一个公司的控制与依附关系为标准对公司所作的一种分类。

母公司，是指通过一定途径能实际控制或操纵另一个公司的公司。

子公司，是指受控于另一个公司的公司。子公司具有企业法人资格。

3. 总公司和分公司

这是以公司的组织系统为标准对公司所作的一种分类。

总公司，又称本公司，是管辖该公司全部组织的总机构。

分公司是总公司所管辖的分支机构，不具有独立的法人资格。严格说来，分公司不是公司，分类时，它不能作为公司的一种。

4. 上市公司和非上市公司

这是以公司的股票是否上市流通为标准对公司所作的一种分类。

上市公司，是指所发行的股票经国务院或者国务院授权的证券管理部门批准在证券交易所上市交易的股份有限公司。

非上市公司，是指其股票不能在证券交易所上市交易的股份有限公司。非上市公司有时泛指上市公司以外的所有公司。

5. 本国公司和外国公司

这是以公司的国籍为标准对公司所作的一种分类。

凡是依据中国法律在中国登记与批准设立的公司，均为中国公司，是中国法人；反之均为外国公司。母公司和子公司分别在不同国家登记注册的国际性公司为跨国公司。

（二）理论上的分类

1. 有限公司、无限公司和两合公司

这是以股东对公司的责任形式为标准对公司所作的一种分类。

有限公司是指股东对公司债务以其出资额或所持股份为限承担责任的公司，包括有限责任公司和股份有限公司。

无限公司是指股东对公司负连带无限责任的公司。

两合公司是指由承担无限责任的股东和承担有限责任的股东组成的公司。

2. 封闭式公司和开放式公司

这是英、美、法系国家的学者和立法采用的分类，是以公司股票发行的对象以及股份转让方式为标准对公司所作的一种分类。

封闭式公司，是指公司股东人数较少，股东转让股权受到限制，公司股份不得上市流通的公司。这类公司类似大陆法系国家中的有限责任公司与股票不上市的股份有限公司。

开放式公司，是指公司股东人数较多，股权较为分散，公司股票可以上市流通的公司。这种公司类似大陆法系国家中的股票获准上市的股份有限公司。

3. 人合公司、资合公司、人合兼资合公司

这是以公司的信用基础为标准对公司所作的一种分类。大陆法系国家的学者通常采用这种分类。

人合公司，是指公司的经营活动是以股东个人的信用而非公司的资本为基础的公司。

无限公司是典型的人合公司。

资合公司，是指公司的经营活动以资本而非股东个人的信用为基础的公司。股份有限公司是典型的资合公司。

人合兼资合公司，是兼有人合公司和资合公司的特点的公司，如有限责任公司。

三、公司法

公司法有狭义和广义之分。狭义的公司法是指专门规范公司的组织和行为的公司法典，在我国仅指《中华人民共和国公司法》。该法于1993年12月29日由第八届全国人大常委会通过。1999年12月25日第九届全国人大常委会及2005年10月27日第十届全国人大常委会先后两次对公司法进行了修正。现行的公司法自2006年1月1日起施行。

广义的公司法是指调整公司在设立、组织、活动和解散过程中发生的社会关系的法律规范的总称。它包括公司法典及其他所有相关的法律法规中规范公司组织和行为的法律规范。在我国，除了公司法外，中外合资经营企业法、商业银行法、公司登记管理条例、《金融资产管理公司条例》以及其他法律法规中有关规范公司组织和活动的法律规范均为公司法。

公司法的制定和实施，有利于建立现代企业制度，有利于规范公司的组织和行为，有利于保护公司、股东和债权人的合法权益，有利于维护社会经济秩序和促进社会主义市场经济的发展。

第二节　有限责任公司

一、有限责任公司的概念和特征

有限责任公司又称有限公司，是指股东以其认缴的出资额为限，对公司承担责任，公司则以其全部资产对其债务承担责任的企业法人。其主要特征是：

（一）有限责任公司股东均负有限责任

有限责任公司的股东对公司承担的责任仅以其认缴的出资额为限，公司以其全部资产对公司债务承担责任，即当公司资不抵债时，仅以其全部资产进行债务清偿。但一人有限责任公司的股东不能证明公司财产独立于股东自己的财产的，应当对公司的债务承担连带责任。

（二）有限责任公司股东人数有法定最高限额

有限责任公司主要适合于中、小型企业和家族企业，其股东人数不宜过多。我国公司法规定，有限责任公司由50个以下股东出资设立，对股东最高人数进行了限定。

（三）有限责任公司全部资本不分为等额的股份

有限责任公司的全部资本不分为等额股份，各股东按比例出资，即按先确定的各自出资在出资总额中所占的比例履行出资义务。因此，有限责任公司的股权表现形式不是股票，而是由公司向股东签发的出资证明书。

（四）有限责任公司是封闭式公司

有限责任公司不向社会公开募集资本；对股东向股东以外的人转让有所限制，股东相对稳定；出资证明书不是有价证券，不能上市交易；公司的财务状况无须向社会公开。

二、有限责任公司的设立

（一）设立条件

根据我国公司法第23条的规定，设立有限责任公司应具备下列条件：

1. 股东符合法定人数

有限责任公司的股东不得超过50人。股东可以是公民，也可以是法人或者其他营业组织。国家可以通过其授权的机构或部门，成为有限责任公司的股东。

2. 股东出资达到法定资本最低限额

为了保护公司、股东和债权人的利益，保证公司的清偿能力和社会交易安全，公司法对有限责任公司的最低注册资本作了限制性规定。公司的注册资本为在公司登记机关登记的全体股东认缴的出资额。我国公司法第26条第2款明确规定：有限责任公司注册资本的最低限额为人民币3万元。法律行政法规对有限责任公司注册资本的最低限额有较高规定的，从其规定。

3. 股东共同制定公司章程

公司章程规定了公司的性质、宗旨、任务等，是规范公司组织和活动的准则。有限责任公司设立时，由全体股东共同制定公司章程，并在章程上签名盖章。公司章程应载明：（1）公司的名称和住所；（2）公司的经营范围；（3）公司注册资本；（4）股东的姓名或者名称；（5）股东的出资方式、出资额和出资时间；（6）公司的机构及其产生办法、职权、议事规则；（7）公司的法定代表人；（8）股东会议认为需要规定的其他事项。

4. 有公司名称，建立符合有限责任公司要求的组织机构

公司名称是使公司人格特定化并区别于其他民事主体的标志，是公司具有法律主体资格的必要条件，因此公司名称必须符合法律的规定。公司法第8条规定，有限责任公司必须在公司名称中标明有限责任公司或者有限公司字样。按照有关法律的规定，公司名称的组成部分依次为行政区划名称、字号或商号、行业或经营特点、公司的组织形式。有限责任公司的组织机构包括股东会、董事会、监事会等，但如有限责任公司的股东人数较少和规模较小的，可以不设董事会、监事会，而只设1名执行董事、1~2名监事。

5. 有公司住所

公司以其主要办事机构所在地为住所。

（二）设立程序

公司设立程序是指设立公司必须完成的一系列具体设立行为的步骤与过程。设立有限责任公司的一般程序是：

1. 订立公司章程

有限责任公司的章程由股东共同制定，须经全体股东一致同意。全体股东都应在章程上签字、盖章。章程除置备于本公司外，股东每人各执一份。

2. 股东缴纳出资

股东的出资可以一次缴清，也可以分期缴付。分期缴付的，全体股东的首次出资额不得低于注册资本的20%，也不得低于法定注册资本的最低限额，其余部分由股东自公司成立之日起两年内缴足；其中，投资公司可以在5年内缴足。

股东可以用货币出资，也可以用实物、知识产权、土地使用权等可以用货币估价并可以依法转让的非货币财产作价出资；但是，法律、行政法规规定不得作为出资的财产除外。全体股东的货币出资金额不得低于有限责任公司注册资本的30%。

对作为出资的非货币财产应当评估作价，核实财产，不得高估或者低估作价。法律、行政法规对评估作价有规定的，从其规定。

股东应当按期足额缴纳公司章程中规定的各自所认缴的出资额。股东以货币出资的，应当将货币出资足额存入有限责任公司在银行开设的账户；以非货币财产出资的，应当依法办理其财产权的转移手续。股东缴纳出资后，必须经依法设立的验资机构验资并出具证明。

3. 公司设立登记

股东的首次出资经依法设立的验资机构验资后，由全体股东指定的代表或者共同委托的代理人向公司登记机关申请设立登记，报送公司登记申请书、公司章程、验资证明等文件。法律、行政法规规定需要经有关部门审批的，还应在申请设立登记时提交批准文件。公司登记机关对符合公司法规定条件的，予以登记，发给公司企业法人营业执照。该执照签发日期为有限责任公司成立日期。

4. 签发出资证明书

公司登记注册后，应向股东签发出资证明书并由公司盖章。出资证明书应载明：(1)公司名称；(2) 公司成立日期；(3) 公司注册资本；(4) 股东的姓名或者名称、缴纳的出资额和出资日期；(5) 出资证明书的编号和核发日期。

三、股东的权利和义务

(一) 股东的权利

股东的权利简称为股权，是股东基于出资在法律上对公司所享有的权利。具体包括：

1. 出席会议权和表决权

股东无论其出资多少，均有权出席股东会议，并对股东会议讨论的重大问题，按出资比例行使表决权。

2. 选举权和被选举权

股东有权选举自己所信赖的人担任公司的董事或者监事，也可以被选举为公司的董事或者监事。

3. 红利分配权

红利分配权是股权的核心，是股东投资目的之所在。股东按照实缴的出资比例分取红利。但是，全体股东约定不按照出资比例分取红利的除外。

4. 剩余财产分配权

公司解散时，对公司清理债权债务后所剩余的财产，股东有按出资比例进行分配的权利。

5. 查阅会议记录和财务会计报告的权利

股东有权查阅、复制公司章程、股东会会议记录、董事会会议决议、监事会会议决议和财务会计报告。

6. 增资优先认购权

在公司增加公司注册资本时，股东有权优先按照实缴的出资比例认缴出资。但是，全体股东约定不按照出资比例优先认缴出资的除外。

7. 出资转让权

股东之间可以相互转让其全部或者部分股权，但股东向股东以外的人转让股权时，要按法定程序进行。

8. 建议权、质询权

股东有权对公司的经营提出建议或者质询。

9. 诉权

股东会或股东大会、董事会的会议的召集程序、表决方式违反法律、行政法规或者公司章程，或者决议内容违反公司章程的，股东有权向人民法院提起诉讼，要求撤销决议，停止违法行为或侵害行为。

（二）股东的义务

1. 缴纳出资的义务

股东应按规定足额缴纳出资，并不得抽回出资。股东不按上述规定缴纳出资的，除应当向公司足额缴纳外，还应当向已按期足额缴纳出资的股东承担违约责任。

2. 出资填补义务

有限责任公司成立后，发现作为出资的实物、工业产权、非专利技术、土地使用权的实际价额显著低于公司章程所定价额的，应当由交付该出资的股东补交其差额，公司设立时的其他股东对其承担连带责任。

3. 依法转让股权的义务

股东向股东以外的人转让股权，应当经其他股东过半数同意。股东应就其股权转让事项书面通知其他股东征求同意，其他股东自接到书面通知之日起满三十日未答复的，视为同意转让。其他股东半数以上不同意转让的，不同意的股东应当购买该转让的股权；不购买的，视为同意转让。经股东同意转让的股权，在同等条件下，其他股东有优先购买权。

4. 依法行使股东权利的义务

公司股东应当遵守法律、行政法规和公司章程，依法行使股东权利，不得滥用股东权利损害公司或者其他股东的利益，不得滥用公司法人独立地位和股东有限责任损害公司债权人的利益。公司股东滥用股东权利给公司或者其他股东造成损失的，应当依法承担赔偿责任。

四、有限责任公司的组织机构

有限责任公司的组织机构是依法行使公司决策、执行和监督权能的机构的总称。有限责任公司根据三种管理权能，分设三种不同的机构，这三种机构分别是权力机构、执行机构和监督机构。这三个机构相互独立，相互制约。这样既保证了投资者的利益，又能保证公司独立地开展生产经营活动。

（一）股东会

1. 股东会的性质和职权

有限责任公司的股东会是由全体股东组成的公司权力机构，是表达公司意思的非常设机构。股东会对外不代表公司，对内也不执行业务。

股东会行使下列职权：（1）决定公司的经营方针和投资计划；（2）选举和更换非由职工代表担任的董事、监事，决定有关董事、监事的报酬事项；（3）审议批准董事会的报告；（4）审议批准监事会或者监事的报告；（5）审议批准公司的年度财务预算方案、决算方案；（6）审议批准公司的利润分配方案和弥补亏损方案；（7）对公司增加或者减少注册资本作出决议；（8）对发行公司债券作出决议；（9）对公司合并、分立、解散、清算或者变更公司形式作出决议；（10）修改公司章程；（11）公司章程规定的其他职权。

2. 股东会的召集

股东会会议有首次会议、定期会议和临时会议之分。首次会议是有限责任公司成立后的第一次会议，由出资最多的股东召集和主持。定期会议是按照章程的规定按时召开的、由全体股东出席的例会，通常每年举行一次或两次。临时会议是根据公司需要在定期会议间隔期中临时召开的。根据我国公司法，代表1/10以上表决权的股东、1/3以上董事、监事会或者不设监事会的公司的监事提议召开临时会议的，应当召开临时会议。

有限责任公司设立董事会的，股东会会议由董事会召集，董事长主持。有限责任公司不设董事会的，股东会会议由执行董事召集和主持。召开股东会会议，应当于会议召开15日前通知全体股东；但是，公司章程另有规定或者全体股东另有约定的除外。

股东会应当将所议事项的决定作成会议记录，出席会议的股东应当在会议记录上签名。

3. 股东会的议事规则

在股东会上股东的决策权是通过表决权来实现的。公司法规定，股东会会议由股东按照出资比例行使表决权，但是，公司章程另有规定的除外。

股东会会议作出修改公司章程、增加或者减少注册资本的决议，以及公司合并、分立、解散或者变更公司形式的决议，必须经代表2/3以上表决权的股东通过。股东会的议事方式和表决程序，除公司法有规定的外，由公司章程规定。

（二）董事会

1. 董事会的性质和职权

董事会是公司的执行机构，即对内执行公司业务，对外代表公司的常设机构。

董事会对股东会负责，行使下列职权：（1）召集股东会会议，并向股东会报告工作；（2）执行股东会的决议；（3）决定公司的经营计划和投资方案；（4）制订公司的年度财务预算方案、决算方案；（5）制订公司的利润分配方案和弥补亏损方案；（6）制订公司增加或者减少注册资本以及发行公司债券的方案；（7）制订公司合并、分立、解散或者变更公司形式的方案；（8）决定公司内部管理机构的设置；（9）决定聘任或者解聘公司经理及其报酬事项，并根据经理的提名决定聘任或者解聘公司副经理、财务负责人及其报酬事项；（10）制定公司的基本管理制度；（11）公司章程规定的其他职权。

2. 董事会的组成

有限责任公司的董事会，由3～13名董事组成。两个以上的国有企业或者两个以上的其他国有投资主体投资设立的有限责任公司，其董事会成员中应当有公司职工代表；其他有限责任公司董事会成员中可以有公司职工代表。董事会中的职工代表由公司职工通过职工代表大会、职工大会或者其他形式民主选举产生。

董事会设董事长1人，可以设副董事长。董事长、副董事长的产生办法由公司章程规定。董事任期由公司章程规定，但每届任期不得超过3年。董事任期届满，连选可以连任。董事任期届满未及时改选，或者董事在任期内辞职导致董事会成员低于法定人数的，在改选出的董事就任前，原董事仍应当依照法律、行政法规和公司章程的规定，履行董事职务。

3. 董事会会议

董事会会议由董事长召集和主持；董事长不能履行职务或者不履行职务的，由副董事长召集和主持；副董事长不能履行职务或者不履行职务的，由半数以上董事共同推举1名董事召集和主持。

董事会决议的表决，实行一人一票。董事会应当将所议事项的决定作成会议记录，出席会议的董事应当在会议记录上签名。董事会的议事方式和表决程序，除公司法有规定的外，由公司章程规定。

股东人数较少或者规模较小的有限责任公司，可以设1名执行董事，不设董事会。执行董事可以兼任公司经理。执行董事的职权由公司章程规定。

（三）经理

经理是主持公司日常管理工作的高级管理人员，由董事会决定聘任或者解聘。经理对董事会负责，行使下列职权：(1) 主持公司的生产经营管理工作，组织实施董事会决议；(2) 组织实施公司年度经营计划和投资方案；(3) 拟订公司内部管理机构设置方案；(4) 拟订公司的基本管理制度；(5) 制定公司的具体规章；(6) 提请聘任或者解聘公司副经理、财务负责人；(7) 决定聘任或者解聘除应由董事会决定聘任或者解聘以外的负责管理人员；(8) 董事会授予的其他职权。公司章程对经理职权另有规定的，从其规定。经理列席董事会会议。

（四）监事会

监事会是公司的监督机构。有限责任公司设监事会，其成员不得少于3人。股东人数较少或者规模较小的有限责任公司，可以设1～2名监事，不设监事会。

监事会应当包括股东代表和适当比例的公司职工代表，其中职工代表的比例不得低于1/3，具体比例由公司章程规定。监事会中的股东代表由股东会选举，监事会中的职工代表由公司职工通过职工代表大会、职工大会或者其他形式民主选举产生。监事的任期每届为3年，监事任期届满，连选可以连任。公司的董事、高级管理人员不得兼任监事。监事会设主席1人，由全体监事过半数选举产生。

监事会主席召集和主持监事会会议；监事会主席不能履行职务或者不履行职务的，由半数以上监事共同推举1名监事召集和主持监事会会议。

监事会、不设监事会的公司的监事行使下列职权：(1) 检查公司财务；(2) 对董事、高级管理人员执行公司职务的行为进行监督，对违反法律、行政法规、公司章程或者股东会决议的董事、高级管理人员提出罢免的建议；（3）当董事、高级管理人员的行为损害公司的利益时，要求董事、高级管理人员予以纠正；（4）提议召开临时股东会会议，在董事会不履行本法规定的召集和主持股东会会议职责时召集和主持股东会会议；（5）向股东会会议提出提案；（6）依照公司法第 152 条的规定，对董事、高级管理人员提起诉讼；（7）公司章程规定的其他职权。监事可以列席董事会会议，并对董事会决议事项提出质询或者建议。

监事会决议应当经半数以上监事通过。监事会应当将所议事项的决定作成会议记录，出席会议的监事应当在会议记录上签名。监事会的议事方式和表决程序，除公司法有规定的外，由公司章程规定。

五、一人有限责任公司

一人有限责任公司，是指只有一个自然人股东或者一个法人股东的有限责任公司。一人有限责任公司是有限责任公司的一种特殊的类型，公司法对其设立和组织机构作了如下特别的规定：

一人有限责任公司的注册资本最低限额为人民币 10 万元。股东应当一次足额缴纳公司章程规定的出资额。一个自然人只能投资设立一个一人有限责任公司，并且不能由其再投资设立新的一人有限责任公司。

一人有限责任公司章程由股东制定。一人有限责任公司不设股东会。

一人有限责任公司应当在每一个会计年度终了时编制财务会计报告，并经会计师事务所审计。一人有限责任公司的股东不能证明公司财产独立于股东自己的财产的，应当对公司债务承担连带责任。

一人有限责任公司在公司的设立和组织机构方面适用上述特别规定，除此之外，适用一般有限责任公司的其他相关规定。

六、国有独资公司

国有独资公司，是指国家单独出资、由国务院或者地方人民政府授权本级人民政府国有资产监督管理机构履行出资人职责的有限责任公司。国务院确定的生产特殊产品的公司或者属于特定行业的公司，应当采取国有独资公司形式。

国有独资公司不设股东会，由国有资产监督管理机构行使股东会职权。国有资产监督管理机构可以授权公司董事会行使股东会的部分职权，决定公司的重大事项，但公司的合并、分立、解散、增加或者减少注册资本和发行公司债券，必须由国有资产监督管理机构决定；其中，按照国务院的规定，确定重要的国有独资公司合并、分立、解散、申请破产的，应当由国有资产监督管理机构审核后，报本级人民政府批准。

国有独资公司设董事会，董事会成员由国有资产监督管理机构委派。董事会成员中应当有公司职工代表，董事会成员中的职工代表由公司职工代表大会选举产生。董事每届任期不得超过 3 年。董事会设董事长 1 人，可以设副董事长。董事长、副董事长由国有资产监督管理机构从董事会成员中指定。国有独资公司董事会的职权包括两个方面：一是国有资产监督管理机构授权公司董事会行使的股东会的部分职权；二是一般有限责任公司董事会的职权。

国有独资公司设经理，由董事会聘任或者解聘。经国有资产监督管理机构同意，董事会成员可以兼任经理。国有独资公司经理的职权与一般有限责任公司的经理享有的职权相同。

国有独资公司的董事长、副董事长、董事、高级管理人员，未经国有资产监督管理机构同意，不得在其他有限责任公司、股份有限公司或者其他经济组织兼职。

国有独资公司设监事会，监事会成员不得少于5人，其中职工代表的比例不得低于1/3，具体比例由公司章程规定。监事会成员由国有资产监督管理机构委派；但是，监事会成员中的职工代表由公司职工代表大会选举产生。监事会主席由国有资产监督管理机构从监事会成员中指定。监事会行使下列职权：（1）检查公司财务；（2）对董事、高级管理人员执行公司职务的行为进行监督，对违反法律、行政法规、公司章程或者股东会决议的董事、高级管理人员提出罢免的建议；（3）当董事、高级管理人员的行为损害公司的利益时，要求董事、高级管理人员予以纠正；（4）国务院规定的其他职权。

第三节　股份有限公司

一、股份有限公司的概念和特征

股份有限公司是指将全部资本分为等额股份，股东以其认购的股份为限对公司承担责任，公司以其全部资产对公司债务承担责任的企业法人。

与其他公司相比较，股份有限公司具有以下特征：

（一）股份有限公司股东人数有法定最低限额

股份有限公司是应社会化大生产对巨额资本的需求而产生的一种典型公司组织形式，公司须有一定人数的股东出资，才能实现资本的集合。世界各国公司法对股份有限公司的股东人数均只规定最低限额。我国公司法规定，股份有限公司股东人数应不少于2人，对股东的人数没有上限。

（二）股份有限公司股东负有限责任

股份有限公司的股东仅以其所认购的股份对公司承担责任。只要股东依法按公司章程的规定缴纳其全部出资，原则上就不再对公司债务承担任何责任，公司的债权人不能直接向股东提出清偿的要求，更不能要求用股东的其他个人财产来清偿公司债务。

（三）股份有限公司资本分为等额的股份

资本的股份化及股份金额的均等化，是股份有限公司区别于其他各种公司的最突出的特点。在股份有限公司中，每个股东持有的股份数总额可以不同，但每股的金额必须相等。同类股份，每股所代表的权利和义务相等。

（四）股份有限公司是开放式公司

股份有限公司可以通过发行股票的形式向社会募集资本，股票可以自由转让。公开发行股票的股份有限公司须按法律规定的内容和方式公开公司的财务会计报告，以便公司的股东和社会公众了解公司的经营情况。

二、股份有限公司的设立

（一）设立的条件

（1）发起人符合法定人数。发起人是指依法承担公司筹办事务，并对公司的设立承担责任者。设立股份有限公司，应当有 2 人以上、200 人以下为发起人，其中半数以上的发起人在中国境内须有住所。

（2）发起人认购和募集的股本达到法定资本最低限额。股份有限公司采取发起设立方式设立的，注册资本为在公司登记机关登记的全体发起人认购的股本总额；采取募集方式设立的，注册资本为在公司登记机关登记的实收股本总额。股份有限公司注册资本的最低限额为人民币 500 万元。法律、行政法规对股份有限公司注册资本的最低限额有较高规定的，从其规定。以募集设立方式设立股份有限公司的，发起人认购的股份不得少于公司股份总数的 35%；但是，法律、行政法规另有规定的，从其规定。

（3）股份发行、筹办事项符合法律规定。

（4）发起人制订公司章程。股份有限责任公司设立时，由发起人共同制订并通过公司章程。采用募集方式设立股份有限公司的，公司章程须经创立大会通过。公司章程应当载明以下事项：公司名称和住所；公司经营范围；公司设立方式；公司股份总数、每股金额和注册资本；发起人的姓名或者名称、认购的股份数、出资方式和出资时间；董事会的组成、职权和议事规则；公司法定代表人；监事会的组成、职权和议事规则；公司利润分配办法；公司的解散事由与清算办法；公司的通知和公告办法；股东大会会议认为需要规定的其他事项。

（5）有公司名称，建立符合股份有限公司要求的组织机构。

（6）有公司住所。

（二）股份有限公司设立的程序

股份有限公司的设立，可以采取发起设立或者募集设立的方式。发起设立，是指由发起人认购公司应发行的全部股份而设立公司。募集设立，是指由发起人认购公司应发行股份的一部分，其余股份向社会公开募集或者向特定对象募集而设立公司。

1. 发起设立的基本程序

（1）签订发起人协议。公司设立时，发起人应当签订发起人协议，明确各自在公司设立过程中的权利和义务。

（2）订立公司章程。

（3）认缴股款。发起人应当书面认足公司章程规定其认购的股份；一次缴纳的，应即缴纳全部出资；分期缴纳的，应即缴纳首期出资。公司全体发起人的首次出资额不得低于注册资本的 20%，其余部分由发起人自公司成立之日起两年内缴足；其中，投资公司可以在 5 年内缴足。在缴足前，不得向他人募集股份。股东可以用货币出资，也可以用实物、知识产权、土地使用权等可以用货币估价并可以依法转让的非货币财产作价出资，全体股东的货币出资金额不得低于股份有限公司注册资本的 30%。

（4）法定验资机构验资。发起人缴纳股款后，应由法定验资机构验资并出具证明。

（5）选举董事会和监事会。发起人首次缴纳出资后，应当选举董事会和监事会，以建立符合股份有限公司组织要求的组织机构。

（6）申请设立登记。完成公司机构的设置程序后，由董事会向公司登记机关报送公司章程、由依法设立的验资机构出具的验资证明以及法律、行政法规规定的其他文件，申请设立登记。经核准登记，取得登记机关核发的企业法人营业执照。

2. 募集设立的基本程序

（1）发起人认购部分股款。以募集设立方式设立股份有限公司的，发起人认购的股份不得少于公司股份总数35%；但是，法律、行政法规另有规定的，从其规定。

（2）制定招股说明书和认股书。招股说明书和认股书要载明：发起人认购的股份数、每股的票面金额和发行价格、无记名股票发行总额、认股人的权利和义务、本次募股的起止期限及逾期未募足时认股人可撤回所认股份的说明等。招股说明书应当附有发起人制定的公司章程。

（3）发起人与依法设立的证券公司签订承销协议，与银行签订代收股款协议。

（4）报经国务院证券监督管理机构核准。发行人必须向国务院证券监督管理机构提交公司法规定的申请文件和国务院证券监督管理机构规定的有关文件。提交的文件主要有：公司章程、发起人姓名或者名称、经营估算书、发起人认购股份数、出资种类及验资证明、招股说明书、代收股款银行的名称和住所、承销机构名称及承销协议和代收股款协议等。

（5）公告招股和认股。募股申请得到批准后，发起人即可向社会公告招股说明书和公司章程，邀约社会单位和个人认股。认股人应按认股书的要求填写认购股数、金额、住所，并签名、盖章。

（6）缴纳股款。待公开募集的股份认足后，各认股人应按所认股数额向代收股款的银行缴纳股款。

（7）召开公司创立大会。发行股份的股款缴足后，必须经依法设立的验资机构验资并出具证明。发起人应当自股款缴足之日起30日内主持召开公司创立大会。创立大会由发起人、认股人组成。发起人应当在创立大会召开15日前将会议日期通知各认股人或者予以公告。创立大会应有代表股份总数过半数的发起人、认股人出席，方可举行。

创立大会行使下列职权：审议发起人关于公司筹办情况的报告；通过公司章程；选举董事会成员；选举监事会成员；对公司的设立费用进行审核；对发起人用于抵作股款的财产的作价进行审核；发生不可抗力或者经营条件发生重大变化直接影响公司设立的，可以作出不设立公司的决议。创立大会对上述事项作出决议，必须经出席会议的认股人所持表决权过半数通过。

（8）申请设立登记。公司董事会应在创立大会结束后30日内向公司登记机关办理申请设立登记。公司登记机关自接到登记申请之日起30日内作出是否予以登记的决定。对符合规定条件的，予以登记，发给企业法人营业执照。

发起人向特定对象募集股份则不需公告招股以及与依法设立的证券公司签订承销协议，与银行签订代收股款协议。

三、股份有限公司的组织机构

(一) 股东大会

股份有限公司股东大会由全体股东组成，是公司的权力机构，其职权适用有关有限责任公司股东会职权的规定。

1. 股东大会的召集

股东大会应当每年召开一次年会。有下列情形之一的，应当在两个月内召开临时股东大会：(1) 董事人数不足法定人数或者公司章程所定人数的2/3时；(2) 公司未弥补的亏损达实收股本总额1/3时；(3) 单独或者合计持有公司10%以上股份的股东请求时；(4) 董事会认为必要时；(5) 监事会提议召开时；(6) 公司章程规定的其他情形。

股东大会会议由董事会召集，董事长主持。召开股东大会会议，应当将会议召开的时间、地点和审议的事项于会议召开20日前通知各股东；临时股东大会应当于会议召开15日前通知各股东；发行无记名股票的，应当于会议召开30前公告会议召开的时间、地点和审议事项。股东大会不得对通知中未列明的事项作出决议。

2. 股东大会的议事规则

股东出席股东大会会议，所持每一股份有一表决权。但是，公司持有的本公司股份没有表决权。股东大会作出决议，必须经出席会议的股东所持表决权过半数通过。但是，股东大会作出修改公司章程、增加或者减少注册资本的决议，以及公司合并、分立、解散或者变更公司形式的决议，必须经出席会议的股东所持表决权的2/3以上通过。上市公司股东大会还应当将公司在1年内购买、出售重大资产或者担保金额超过公司资产总额30%作出决议，并经出席会议的股东所持表决权的2/3以上通过。

股东大会选举董事、监事，可以依照公司章程的规定或者股东大会的决议，实行累积投票制。累积投票制，是指股东大会选举董事或者监事时，每一股份拥有与应选董事或者监事人数相同的表决权，股东拥有的表决权可以集中使用。

股东大会应当将所议事项的决定作成会议记录，主持人、出席会议的董事应当在会议记录上签名。会议记录应当与出席股东的签名册及代理出席的委托书一并保存。

(二) 董事会、经理和监事会

1. 董事会的组成和职权

股份有限公司设董事会，其成员为5～19人。董事会成员中可以有公司职工代表。董事会中的职工代表由公司职工通过职工代表大会、职工大会或者其他形式民主选举产生。董事会设董事长1人，可以设副董事长。董事长和副董事长由董事会以全体董事的过半数选举产生。

上市公司还应设立独立董事和董事会秘书。独立董事是指除董事职务外不在公司担任任何其他职务，并与其所聘的上市公司及其主要股东不存在可能妨碍其进行独立客观判断的一切关系的特定股东。独立董事产生的具体办法由国务院规定。上市公司董事会秘书负责公司股东大会和董事会会议的筹备、文件保管以及公司股东资料的管理，办理信息披露事务等事宜。

公司法关于有限责任公司董事任期和董事会职权的规定，适用于股份有限公司董事和董事会。

2. 董事会的召集和议事规则

董事长召集和主持董事会会议，检查董事会决议的实施情况。副董事长协助董事长工作，董事长不能履行职务或者不履行职务的，由副董事长履行职务；副董事长不能履行职务或者不履行职务的，由半数以上董事共同推举 1 名董事履行职务。

董事会每年度至少召开两次会议，每次会议应当于会议召开 10 日前通知全体董事和监事。代表 1/10 以上表决权的股东、1/3 以上董事或者监事会，可以提议召开董事会临时会议。董事长应当自接到提议后 10 日内，召集和主持董事会会议。董事会召开临时会议，可以另定召集董事会的通知方式和通知时限。

董事会会议应有过半数的董事出席方可举行。董事会作出决议，必须经全体董事的过半数通过。董事会决议的表决，实行一人一票。

上市公司董事与董事会会议决议事项所涉及的企业有关联关系的，不得对该项决议行使表决权，也不得代理其他董事行使表决权。该董事会会议由过半数的无关联关系董事出席即可举行，董事会会议所作决议须经无关联关系董事过半数通过。出席董事会的无关联关系董事人数不足 3 人的，应将该事项提交上市公司股东大会审议。

董事会应当将会议所议事项的决定作成会议记录，出席会议的董事应当在会议记录上签名。董事应当对董事会的决议承担责任。董事会的决议违反法律、行政法规或者公司章程、股东大会决议，致使公司遭受严重损失的，参与决议的董事对公司负赔偿责任。但经证明在表决时曾表明异议并记载于会议记录的，该董事可以免除责任。

3. 经理

股份有限公司设经理，由董事会决定聘任或者解聘。公司董事会可以决定由董事会成员兼任经理。公司法有关有限责任公司经理职权的规定，适用于股份有限公司经理。

4. 监事会

股份有限公司设监事会，其成员不得少于 3 人。监事会设主席 1 人，可以设副主席。监事会主席和副主席由全体监事过半数选举产生。监事会主席召集和主持监事会会议；监事会主席不能履行职务或者不履行职务的，由监事会副主席召集和主持监事会会议；监事会副主席不能履行职务或者不履行职务的，由半数以上监事共同推举 1 名监事召集和主持监事会会议。监事会每 6 个月至少召开 1 次会议。

公司法有关有限责任公司监事会的构成、职权、议事规则和监事的任期适用于股份有限公司监事会和监事。股份有限公司的董事、高级管理人员也不得兼任监事。

四、股份有限公司的股份发行与转让

（一）股份和股票

1. 股份和股票的概念

股份是股份有限公司的资本所划分成的均等的份额。股份是公司资本的构成单位，公司全部资本分为金额均等的若干股份，全部股份金额的总和即为公司资本总额。股份也是股东权利、义务的计量单位。每一股份代表的权利义务相等，股东在公司中的地位及其权利义务的大小，取决于其所拥有的股份数。

股票是股份的表现形式，是股份有限公司签发的证明股东按所持股份享有权利和承担义务的凭证，是一种要式有价证券。

2. 股份（票）的种类

（1）普通股和特别股

按股份所代表的股东权利的内容的不同，可将股份分为普通股和特别股。

普通股是指股东拥有的权利、义务相等，无差别待遇的股份。它是各国股份有限公司发行的股份中最为普遍的一种股份，也是构成公司资本的最基础部分。普通股的最大特点是股息率不固定，随公司盈利的多少而变化。

特别股是指股份所代表的权利义务不同于普通股而有特别内容的股份。特别股可分为优先股与劣后股。以普通股为基准，凡在分配收益及分配剩余资产等方面比普通股享有优先权的股份，为优先股；而在分配收益及分配剩余资产方面逊后于普通股的股份，为劣后股。优先股虽有优先于普通股参与公司分配的权利，但通常没有表决权。我国公司法没有对发行特别股作出规定，但公司法第132条规定：国务院可以对公司发行本法规定以外的其他种类的股份，另行作出规定。

（2）记名股与无记名股

依股东姓名是否记载于股票为标准，可将股份分为记名股与无记名股。

记名股是指将股东的姓名或名称记载于股票上的股份。这种股票所代表的权利只能由该股票所记载的股东本人享有，不是股票所记载的姓名或名称的人，即使持有该股票也不能享有该股票所代表的权利。

无记名股是股票上不记载股东姓名或名称的股份。该种股票的持有者，即为合法的所有者，享有该股票所代表的权利。

我国公司法规定，公司发行的股票，可以为记名股票，也可以为无记名股票。公司向发起人、法人发行的股票，应当为记名股票，并应当记载该发起人、法人的名称或者姓名，不得另立户名或者以代表人姓名记名。公司发行记名股票的，应当置备股东名册记载下列事项：①股东的姓名或者名称及住所；②各股东所持股份数；③各股东所持股票的编号；④各股东取得股份的日期。发行无记名股票的，公司应当记载其股票数量、编号及发行日期。

（3）额面股和无额面股

依股份是否以金额表示为标准，可将股份分为额面股（也称金额股）和无额面股（亦称比例股或分数股）

额面额是指在股票票面上标明了一定金额的股份。

无额面股是指股票票面上不标明金额，而只标明每股占公司资本总额的一定比例的股份。

从我国公司法的规定来看，股份有限公司只能发行额面股，而不能发行无额面股。

（4）国家股、法人股、个人股及外资股

依持股主体的不同为标准，可将股份分为国家股、法人股、个人股及外资股。

国家股是指有权代表国家投资的机构或部门向股份公司出资形成或依法定程序取得的股份。

法人股是指一般的法人企业或具有法人资格的事业单位和社会团体以其依法可支配的资产向股份公司出资形成或依法定程序取得的股份。

个人股是指单个自然人以其合法财产向股份公司投资形成或依法定程序取得的股份。

外资股是指由外国和我国香港、澳门、台湾地区投资者向公司投资形成或依法定程序取得的股份。

(5) 人民币股和人民币特别股

依是否以人民币认购和交易股份为标准，可将股份分为人民币股和人民币特别股。

人民币股又称A股，是指专供我国的法人和公民（不含我国港、澳、台地区的投资者）以人民币认购和交易的股份。上述国家股、法人股、个人股都属A股。

人民币特种股是指以人民币标明面值，以外币或港元认购和交易，专供外国和我国港、澳、台地区投资者买卖的股份。人民币特种股又可分为B股与H股。B股是以人民币标明面值，以美元认购和交易，在境内证券交易所上市交易的人民币特种股。H股是以人民币标明面值，以港元认购和交易，在香港联合交易所上市交易的人民币特种股。

无论哪种股票，都应采用纸面形式或者国务院证券管理部门规定的其他形式。股票应当载明下列主要事项：(1) 公司名称：(2) 公司登记成立的日期；(3) 股票的种类、票面金额及代表的股份数；(4) 股票的编号。股票由董事长签名，公司盖章。发起人的股票应当标明发起人股票字样。

（二）股份的发行

股份的发行，是指股份有限公司为了筹集资本或其他目的而出售公司股份的行为。股份发行可分为设立发行和新股发行。设立发行是指公司在设立时为募集资本而发行股份。新股发行是指成立之后为增加公司资本而发行股份。

1. 股份发行的原则

股份的发行实行公平、公正的原则。公平原则，是指同种类的每一股份应当具有同等权利；同次发行的同种类股票，每股的发行条件和价格应当相同；任何单位或者个人所认购的股份，每股应当支付相同价额。公正原则是指在处理股份发行过程中的问题时要本着公平、正义的精神，政府公正地对待所有股份发行人，股份发行人公正地对待所有的认股人。

2. 股票发行价格

根据股票面值和发行价格的关系，股票的发行价格可以分为平价发行和溢价发行。平价发行是指股票的发行价格与股票票面价格相等。溢价发行是指股票发行价格高于股票面额。我国公司法规定，股票发行价格可以按票面金额，也可以超过票面金额，但不得低于票面金额。股票发行采取溢价发行的，其发行价格由发行人与承销的证券公司协商确定。

3. 股份发行的条件

股份有限公司设立时，发行股份应具备的主要条件是：公司拟发行的股本总额不低于法定资本的最低限额；发起人认购的股本数额不少于公司拟发行的股本总额的35%，以及国务院证券监督管理机构规定的其他条件。

已成立的股份有限公司为增加公司资本而发行新股应具备以下条件：(1) 具备健全且运行良好的组织机构；(2) 具有持续盈利能力，财务状况良好；(3) 最近3年财务会计文件无虚假记载，无其他重大违法行为；（4）经国务院批准的国务院证券监督管理机构规定的其他条件。

上市公司非公开发行新股，应符合经国务院批准的国务院证券监督管理机构规定的条件，并报国务院证券监督管理机构核准。

公司发行新股募足股款后，必须向公司登记机关办理变更登记，并公告。

（三）股份转让

股份有限公司的股份转让，是指公司股份的持有人依法自愿将自己的股份转让给他人的法律行为。我国公司法规定，股东持有的股份可以依法转让。

1. 股份转让的条件

股份有限公司的股东可以自由转让其持有的股份，但股份转让自由是相对的，即股份转让须符合法律的规定。

（1）股东转让其股份，应当在依法设立的证券交易场所进行或者按照国务院规定的其他方式进行。上市公司的股票，依照有关法律、行政法规及证券交易所交易规则上市交易。

（2）股份转让必须依照法定形式进行。记名股票，由股东以背书方式或者法律、行政法规规定的其他方式转让；转让后由公司将受让人的姓名或者名称及住所记载于股东名册。股东大会召开前20日内或者公司决定分配股利的基准日前5日内，不得进行股东名册的变更登记。但是，法律对上市公司股东名册变更登记另有规定的，从其规定。无记名股票的转让，由股东将该股票交付给受让人后即发生转让的效力。

（3）股份转让主体的特殊限制。发起人持有的本公司股份，自公司成立之日起1年内不得转让。公司公开发行股份前已发行的股份，自公司股票在证券交易所上市交易之日起1年内不得转让。公司董事、监事、高级管理人员应当向公司申报所持有的本公司的股份及其变动情况，在任职期间每年转让的股份不得超过其所持有本公司股份总数的25%；所持本公司股份自公司股票上市交易之日起1年内不得转让。上述人员离职后半年内，不得转让其所持有的本公司股份。公司章程可以对公司董事、监事、高级管理人员转让其所持有的本公司股份作出其他限制性规定。

2. 股份的收购与抵押

公司不得收购本公司股份。但是，有下列情形之一的除外：（1）减少公司注册资本；（2）与持有本公司股份的其他公司合并；（3）将股份奖励给本公司职工；（4）股东因对股东大会作出的公司合并、分立决议持异议，要求公司收购其股份的。

公司因上述第（1）项至第（3）项的原因收购本公司股份的，应当经股东大会决议。公司依照上述规定收购本公司股份后，属于第（1）项情形的，应当自收购之日起10内注销；属于第（2）项、第（4）项情形的，应当在6个月内转让或者注销。公司依照第（3）项规定收购的本公司股份，不得超过本公司已发行股份总额的5%；用于收购的资金应当从公司的税后利润中支出；所收购的股份应当在1年内转让给职工。

公司不得接受本公司的股票作为质押权的标的。因为一旦出质人不履行其债务，公司实现其质押权，该股票即转归公司所有，这无异于公司收购本公司的股票。

第四节　公司债券

一、公司债券的概述

公司债券是指公司依照法定条件和程序发行的、约定在一定期限还本付息的有价证券。

根据不同的标准，可以对公司债券作出不同的分类。

（一）记名债券和无记名债券

记名债券是指在债券上记载了债权人的姓名或名称的公司债券。无记名公司债券是指在公司债券上不记载债权人姓名或名称的公司债券。我国公司法规定，公司债券可以为记名债券，也可以为无记名债券。

（二）可转换公司债券和非转换公司债券

可转换公司债券是指可以转换为公司股份的公司债券。非转换公司债券是指不能够转换为公司股份的公司债券。依照我国公司法规定，只有上市公司才可发行可转换公司债券。在公司按照规定向持有该债券的债权人换发股票时，债权人对是否将债券转换为股份享有选择权。

（三）有担保债券和无担保债券

有担保债券是公司为债券的还本付息提供了一定担保的公司债券；无担保债券是仅以公司信用为基础而无任何财产担保的公司债券。

二、公司债权的发行

（一）公司债券发行的条件

发行公司债券，必须符合以下条件：

（1）股份有限责任公司的净资产不低于人民币3 000万元，有限责任公司的净资产不低于人民币6 000万元；

（2）累计债券总额不超过公司净资产的40%，累计债券总额是指公司成立以来发行的所有的债券尚未偿还的部分；

（3）最近3年平均可分配利润足以支付公司债券1年的利息，可分配利润是指公司交纳各种税款、弥补亏损、提足法定公积金和公益金后所剩余的利润；

（4）筹集的资金设向符合国家的产业政策；

（5）债券的利率不得超过国务院限定的利率水平；

（6）国务院规定的其他条件。

（二）公司债券发行的程序

发行公司债券须经股东会作出决议；国有独资公司发行公司债券须由国有资产管理机构决定。

股东会作出决议或国有资产管理机构决定后，由董事会向国务院授权的部门提出发行公司债券的申请；上市公司发行可转换为股票的公司债券，应当报国务院证券监督管理机构核准。

经核准后，公司应当公告公司债券募集办法。公司债券募集办法中应当载明下列主要事项：(1) 公司名称；(2) 债券募集资金的用途；(3) 债券总额和债券的票面金额；(4) 债券利率的确定方式；(5) 还本付息的期限和方式；(6) 债券担保情况；(7) 债券的发行价格、发行的起止日期；(8) 公司净资产额；(9) 已发行的尚未到期的公司债券总额；(10) 公司债券的承销机构。上市公司发行可转换为股票的公司债券，还应在公司债券募集办法中规定具体的转换办法。

公司以实物券方式发行公司债券的，必须在债券上载明公司名称、债券票面金额、利率、偿还期限等事项，并由法定代表人签名，公司盖章。上市公司发行可转换为股票的公司债券，还应在债券上标明“可转换公司债券”字样。

公司可以发行记名债券，也可以发行无记名债券。公司发行公司债券应当置备公司债券存根簿。发行记名公司债券的，应当在公司债券存根簿上载明下列事项：(1) 债券持有人的姓名或者名称及住所；(2) 债券持有人取得债券的日期及债券的编号；(3) 债券总额，债券的票面金额、利率、还本付息的期限和方式；(4) 债券的发行日期。发行无记名公司债券的，应当在公司债券存根簿上载明债券总额、利率、偿还期限和方式、发行日期及债券的编号。

三、公司债券的转让

公司债券可以转让，转让价格由转让人与受让人约定。

记名公司债券，由债券持有人以背书方式或者法律、行政法规规定的其他方式转让；转让后由公司将受让人的姓名或者名称及住所记载于公司债券存根簿，否则不发生转让的效力。无记名公司债券的转让，由债券持有人将该债券交付给受让人后即发生转让的效力。公司债券在证券交易所上市交易的，按照证券交易所的交易规则转让。

第五节　公司董事、监事、高级管理人员的任职资格和义务

一、公司董事、监事、高级管理人员的任职资格

公司的董事、监事和高级管理人员的品质和能力与能否依法行使其职权、履行其义务有着密切的关系，直接影响到公司、股东、他人的利益，甚至还会影响社会经济秩序。因此有必要对董事、监事和高级管理人员的任职资格予以一定的限制。

我国公司法规定，有下列情形之一的，不得担任公司的董事、监事、高级管理人员：(1) 无民事行为能力或者限制民事行为能力；(2) 因贪污、贿赂、侵占财产、挪用财产或者破坏社会主义市场经济秩序，被判处刑罚，执行期满未逾5年，或者因犯罪被剥夺政治权利，执行期满未逾5年；(3) 担任破产清算的公司、企业的董事或者厂长、经理，对该公司、企业的破产负有个人责任的，自该公司、企业破产清算完结之日起未逾3年；(4) 担任因违法被吊销营业执照、责令关闭的公司、企业的法定代表人，并负有个人责任的，自该公司、企业被吊销营业执照之日起未逾3年；(5) 个人所负数额较大的债务

到期未清偿。

公司违反上述规定选举、委派董事、监事或者聘任高级管理人员的，该选举、委派或者聘任无效。董事、监事、高级管理人员在任职期间出现上述情形的，公司应当解除其职务。

二、公司董事、监事、高级管理人员的义务

董事、监事、高级管理人员应当遵守法律、行政法规和公司章程，对公司负有忠实义务和勤勉义务。

董事、监事、高级管理人员不得利用职权收受贿赂或者其他非法收入，不得侵占公司的财产。

董事、高级管理人员不得有下列行为：（1）挪用公司资金；（2）将公司资金以其个人名义或者以其他个人名义开立账户存储；（3）违反公司章程的规定，未经股东会、股东大会或者董事会同意，将公司资金借贷给他人或者以公司财产为他人提供担保；（4）违反公司章程的规定或者未经股东会、股东大会同意，与本公司订立合同或者进行交易；（5）未经股东会或者股东大会同意，利用职务便利为自己或者他人谋取属于公司的商业机会，自营或者为他人经营与所任职公司同类的业务；（6）接受他人与公司交易的佣金归为己有；（7）擅自披露公司秘密；（8）违反对公司忠实义务的其他行为。

董事、高级管理人员违反上述规定所得的收入应当归公司所有。

董事、监事、高级管理人员执行公司职务时违反法律、行政法规或者公司章程的规定，给公司造成损失的，应当承担赔偿责任。股东可依法向人民法院提起诉讼，追究其法律责任。

第六节　公司的财务会计

一、公司财务会计制度

公司财务会计制度是公司财务制度和会计制度的统称，具体指法律、法规及公司章程中所确立的一系列公司财务会计规程。

公司财务制度，是指关于公司资金管理、成本费用的计算、营业收入的分配、货币的管理、公司的财务报告、公司纳税等方面的规程。

公司会计制度，是指公司会计体制、组织、会计记账、会计核算等方面的规程。它是公司生产经营过程中各种财务制度的具体反映。公司的财务制度正是通过公司的会计制度来实现的。

公司应当依照法律、行政法规和国务院财政部门的规定建立本公司的财务、会计制度。《中华人民共和国会计法》、《企业会计准则》、《企业财务通则》以及财政部颁发的十大行业财务制度等，是我国公司建立财务会计制度的依据。

公司建立财务会计制度的显著标志，是依法编制财务会计报告。公司应当在每一会计年度终了时，依照法律、行政法规和国务院财政部门的规定编制财务会计报告，并依法经会计师事务所审计。公司将财务会计报告提交给其聘用的会计师事务所审计时，应当提供真实、完整的会计凭证、会计账簿、财务会计报告及其他会计资料，不得拒绝、隐匿、谎

报。公司除法定的会计账簿外，不得另立会计账簿。对公司资产，不得以任何个人名义开立账户存储。有限责任公司应当依照公司章程规定的期限将财务会计报告送交各股东。股份有限公司的财务会计报告应当在召开股东大会年会的 20 日前置备于本公司，供股东查阅；公开发行股票的股份有限公司必须公告其财务会计报告。

二、公积金

公积金是指公司依法从税后利润和其他收入中提取，用于弥补亏损、扩大生产经营或转增资本的准备金。公积金分为法定公积金和任意公积金。法定公积金是公司依照法律的强制性规定从税后利润和其他收入中提取的公积金；任意公积金是经股东会决议公司从税后利润中提取的公积金。我国公司法规定，公司从税后利润中提取法定公积金后，经股东会或者股东大会决议，还可以从税后利润中提取任意公积金。

法定公积金又分为资本公积金和法定盈余公积金。资本公积金是指直接由于资本的原因而形成的公积金，我国公司法规定，股份有限公司以超过股票票面金额的发行价格发行股份所得的溢价款以及国务院财政部门规定列入资本公积金的其他收入，应当列为公司资本公积金。《企业会计准则》规定，资本公积金包括股本溢价、法定财产重估增值、接受捐赠的资产价值等。法定盈余公积金是依法从公司盈余中提取的公积金，我国公司法规定，公司分配当年税后利润时，应当提取利润的 10% 列入公司法定公积金。公司法定公积金累计额为公司注册资本的 50% 以上的，可以不再提取。

公司的公积金用于弥补公司的亏损、扩大公司生产经营或者转为增加公司资本。但是，资本公积金不得用于弥补公司的亏损。法定公积金转为资本时，所留存的该项公积金不得少于转增前公司注册资本的 25%。

三、公司利润分配顺序

公司应按如下顺序进行利润分配：（1）弥补亏损，公司的法定公积金不足以弥补以前年度亏损的，先用当年利润弥补亏损；（2）缴纳所得税；（3）提取法定公积金；（4）提取任意公积金；（5）向股东分配利润。有限责任公司按照股东实缴的出资比例分配，但全体股东约定不按照出资比例分配的除外；股份有限公司按照股东持有的股份比例分配，但股份有限公司章程规定不按持股比例分配的除外。

股东会、股东大会或者董事会违反上述规定，在公司弥补亏损和提取法定公积金之前向股东分配利润的，股东必须将违反规定分配的利润退还公司。公司持有的本公司股份不得分配利润。

第七节　公司合并、分立、增资和减资

一、公司合并

公司合并是指两个或两个以上的公司依法组合为一个公司的法律行为。公司合并可以采取吸收合并或者新设合并。吸收合并是指一个公司吸收其他公司，被吸收的公司解散。

新设合并是指两个以上公司合并设立一个新的公司，合并各方解散。

公司合并，应当由合并各方签订合并协议，并编制资产负债表及财产清单。公司应当自作出合并决议之日起 10 日内通知债权人，并于 30 日内在报纸上公告。债权人自接到通知书之日起 30 日内，未接到通知书的自公告之日起 45 日内，可以要求公司清偿债务或者提供相应的担保。

公司合并时，合并各方的债权、债务，应当由合并后存续的公司或者新设的公司承继。

二、公司分立

公司分立是指一个公司依法分成两个或两个以上公司的法律行为。公司分立，分为新设分立和派生分立。新设分立是指将一个公司分割成两个或两个以上公司，原公司丧失法人资格。派生分立是指将原公司的一部分财产或营业分出去成立一个或几个新公司，原公司继续存在。

公司分立，其财产应作相应的分割。公司分立时，应当编制资产负债表及财产清单。公司应当自作出分立决议之日起 10 日内通知债权人，并于 30 日内在报纸上公告。

公司分立前的债务由分立后的公司承担连带责任。但是，公司在分立前与债权人就债务清偿达成的书面协议另有约定的除外。

三、公司减少注册资本

公司需要减少注册资本时，必须编制资产负债表及财产清单。公司应当自作出减少注册资本决议之日起 10 日内通知债权人，并于 30 日内在报纸上公告。债权人自接到通知书之日起 30 日内，未接到通知书的自公告之日起 45 日内，有权要求公司清偿债务或者提供相应的担保。公司减资后的注册资本不得低于法定的最低限额。

四、公司增加注册资本

有限责任公司增加注册资本时，股东认缴新增资本的出资，依照公司法设立有限责任公司缴纳出资的有关规定执行。股份有限公司为增加注册资本发行新股时，股东认购新股，依照公司法设立股份有限公司缴纳股款的有关规定执行。

五、公司的变更登记

公司合并或者分立，登记事项发生变更的，应当依法向公司登记机关办理变更登记；公司解散的，应当依法办理公司注销登记；设立新公司的，应当依法办理公司设立登记。公司增加或者减少注册资本，应当依法向公司登记机关办理变更登记。

第八节　公司解散和清算

一、公司的解散

公司解散，是指公司基于一定的法定事由，终止对外经营活动，消灭营业能力的法律行为。公司解散直接影响到公司股东和债权人的合法权益，因此公司解散必须依法进行。

我国公司法规定，公司因下列原因解散：(1) 公司章程规定的营业期限届满或者公司章程规定的其他解散事由出现；(2) 股东会或者股东大会决议解散；(3) 因公司合并或者分立需要解散；(4) 依法被吊销营业执照、责令关闭或者被撤销；(5) 当公司经营管理发生严重困难，继续存续会使股东利益受到重大损失，通过其他途径不能解决，人民法院应持有公司全部股东表决权 10% 以上的股东的请求解散公司。公司解散须对公司进行清算。

二、公司的清算

公司清算，是指解散的公司了结债权债务，分配剩余财产，终结公司的法律关系，消灭公司法人资格的法律行为。

公司被宣布解散后，进入清算程序。被解散的公司的法人资格虽尚未消灭，但已经丧失经营能力，原来代表公司的董事会不再具有代表公司的资格和法律赋予的职权，取而代之的是公司清算机关，由公司清算机关负责清算事宜。

(一) 成立清算组

公司除因合并或者分立需要解散之外，应当在解散事由出现之日起 15 日内成立清算组，开始清算。有限责任公司的清算组由股东组成，股份有限公司的清算组由董事或者股东大会确定的人员组成。逾期不成立清算组进行清算的，债权人可以申请人民法院指定有关人员组成清算组进行清算。人民法院应当受理该申请，并及时组织清算组进行清算。

(二) 清算组的职权

清算组在清算期间行使下列职权：(1) 清理公司财产，分别编制资产负债表和财产清单；(2) 通知、公告债权人；(3) 处理与清算有关的公司未了结的业务；(4) 清缴所欠税款以及清算过程中产生的税款；(5) 清理债权、债务；(6) 处理公司清偿债务后的剩余财产；(7) 代表公司参与民事诉讼活动。

清算组成员应当忠于职守，依法履行清算义务，不得利用职权收受贿赂或者其他非法收入，不得侵占公司财产。清算组成员因故意或者重大过失给公司或者债权人造成损失的，应当承担赔偿责任。

(三) 清算程序

清算程序要经过下述阶段：

(1) 清算通知和债权登记。清算组应当自成立之日起 10 日内通知债权人，并于 60 日内在报纸上公告。债权人应当自接到通知书之日起 30 日内，未接到通知书的自公告之日起 45 日内，向清算组申报其债权。债权人申报债权，应当说明债权的有关事项，并提供证明材料。清算组应当对债权进行登记。在申报债权期间，清算组不得对债权人进行清偿。

(2) 清理财产和编制清算方案。清算组在清理公司财产、编制资产负债表和财产清单后，应当制定清算方案，并报股东会、股东大会或者人民法院确认。

(3) 支付费用、清偿债务和分配剩余财产。公司财产能够清偿公司债务的，分别支付清算费用、职工的工资、社会保险费用和法定补偿金、缴纳所欠税款，清偿公司债务、向股东分配剩余财产。剩余财产的分配，有限责任公司按照股东的出资比例分配，股份有限公司则按照股东持有的股份比例分配。公司财产在未规定清偿前，不得分配给股东。

清算组在清理公司财产、编制资产负债表和财产清单后，发现公司财产不足以清偿债务的，应当依法向人民法院申请宣告破产。公司经人民法院裁定宣告破产后，清算组应当将清算事务移交给人民法院。公司被依法宣告破产的，依照有关企业破产的法律实施破产清算。

（4）制作清算报告和注销公司登记。公司清算结束后，清算组应当制作清算报告，报股东会、股东大会或者人民法院确认，并报送公司登记机关，申请注销公司登记，公告公司终止。

☞ 思考与练习

1. 什么是有限责任公司与股份有限公司？两者的主要区别有哪些？

2. 简述股份有限公司的设立方式与设立条件。

3. 什么是上市公司？股份有限公司申请其股票上市必须具备哪些条件？

4. 什么是公司债券？债券与股票有哪些区别？

5. 简述公司利润的分配。

6. 2006 年 2 月，某股份有限公司召开了股东会，并作出了如下决议：一、决定由公司财务负责人兼任监事会主席；二、决定更换由职工代表担任的董事，改由外聘专家担任，公司董事会中不再设职工代表，董事会只由股东代表和独立董事组成；三、决定解聘公司经理王某，聘任武某为公司经理。问：

（1）股东会的决议中，哪些决定不符合公司法的规定？

（2）股份有限公司的股东会、董事会、监事会各行使哪些职权？

7. 2006 年 6 月，天马股份有限公司因公司资金短缺，董事会决定向社会募集新股，股东会对募集新股的决议经出席会议的股东所持表决权的半数以上通过，于是为了顺利地募集资金，制作了虚假招股说明书，隐瞒了公司真实的财会状况。后经主管部门及时发现，责令停止募股。该公司将募集的股款返还给认股人并加同期银行存款利息。公司经理王某将其原来所持有的该公司股份 2000 股全部转让给某私营企业老板赵某，由于上述原因公司的名誉严重受损，该公司股票价格狂跌。该私营企业老板赵某认为王某转让股票的行为不合法，要求王某收回股票，但被王某拒绝。问：

（1）该股份有限公司发行新股不符合哪些条件？

（2）王某和赵某的股票转让是否合法？

8. 张斌和李洪均是某服装有限公司的董事，2006 年 2 月二人又与马龙合伙开办了一家名为龙马的服装厂。同年 5 月，某服装公司的股东在服装市场上发现龙马服装厂销售的服装同本公司生产的服装极为相似，使用的商标同本公司的注册商标也雷同。经调查得知张斌和李洪是该服装厂的合伙人。某服装公司立即召开股东大会，经股东大会表决，决定罢免张斌、李洪董事之职。同时，公司还要求张斌、李洪将在经营服装厂期间所得收入 18000 元交给公司，但遭到二人拒绝，于是公司向法院提起诉讼。问：

（1）公司是否有权要求张斌、李洪将在经营服装厂期间所得收入 18000 元交给公司？
（2）公司的董事、监事及高级管理人员对公司负有哪些义务？
（3）张斌和李洪应承担哪些法律责任？

第三章　合伙企业法

第一节　合伙企业法概述

一、合伙企业概述

合伙企业，是指自然人、法人和其他组织依法在中国境内设立的普通合伙企业和有限合伙企业。

根据我国现行的《中华人民共和国合伙企业法》，合伙企业具有如下特征：

（1）成立合伙企业必须由全体合伙人订立合伙协议。合伙协议是确定合伙人之间合伙关系的法律文书，是成立合伙企业的基础，没有合伙协议就不可能有合伙企业。

（2）合伙人对合伙企业组织共同投资、共同经营、共享收益、共担风险。

（3）合伙企业的合伙人既包括自然人、也包括法人和其他组织。

（4）合伙人既可以设立普通合伙企业，也可以设立有限合伙企业。其中，普通合伙企业的合伙人对合伙企业的债务承担无限连带责任；有限合伙企业的普通合伙人对合伙企业债务承担无限连带责任，有限合伙人以其认缴的出资额为限对合伙企业债务承担有限责任。

二、合伙企业法

合伙企业法的概念有广义和狭义之分，广义的合伙企业法是指调整合伙企业在设立、变更、生产经营和解散过程中所发生的社会关系的法律规范总称。它不仅包括我国合伙企业法，还包括其他法律法规中相关的法律规范。狭义的合伙企业法，仅指在1997年2月23日由第八届全国人民代表大会常务委员会第二十四次会议通过、2006年8月27日第十届全国人民代表大会常务委员会第二十三次会议修订的《中华人民共和国合伙企业法》。该法自2007年6月1日起施行。

我国现行的合伙企业法是为了规范合伙企业的行为，保护合伙企业及其合伙人、债权人的合法权益，维护社会经济秩序，促进社会主义市场经济的发展而制定的。

第二节　普通合伙企业

一、普通合伙企业的概念

普通合伙企业，是指由合伙人共同投资、共同经营、共享收益、共担风险，各合伙人对企业的债务承担无限连带责任的企业。普通合伙企业是相对于有限合伙企业而言的。

二、普通合伙企业的设立条件

合伙企业法第 14 条规定，设立合伙企业，应当具备下列条件：

（一）有两个以上合伙人

合伙人应当为两个或两个以上，并且必须是法律、行政法规允许从事营利性活动的自然人、法人和其他组织。

合伙人为自然人的，应当具有完全民事行为能力。其中国有独资公司、国有企业、上市公司以及公益事业性的单位、社会团体不得成为普通合伙人。

（二）有书面合伙协议

合伙协议是全体合伙人经协商一致以书面形式订立的、确立其权利义务关系的合同。合伙协议应载明的事项包括：（1）合伙企业的名称和主要经营场所的地点；（2）合伙目的和合伙企业的经营范围；（3）合伙人的姓名或者名称、住所；（4）合伙人出资的方式、数额和缴付期限；（5）利润分配、亏损分担办法；（6）合伙事务的执行；（7）入伙与退伙；（8）争议解决的办法；（9）合伙企业的解散与清算；（10）违约责任。合伙协议经全体合伙人签名、盖章后生效。合伙人按照合伙协议享有权利，承担责任。

（三）有合伙人认缴或者实际缴付的出资

合伙企业作为一种营利性组织，合伙人认缴或者实际缴付的出资是其从事营利性活动所必须具有的经济基础。合伙人的出资构成合伙企业财产中的原始部分，它反映了合伙企业的经济实力和经营规模，关系到合伙企业的资信。因此，各合伙人须实际缴付出资。合伙人可以用货币、实物、土地使用权、知识产权或者其他财产权利出资。其出资应当是合伙人的合法财产及财产权利。合伙人也可以用劳务出资，其评估办法由全体合伙人协商确定，并在合伙协议中载明。合伙人应当按照合伙协议约定的出资方式、数额和缴付出资的期限，履行出资义务。

（四）有合伙企业的名称和生产经营场所

在合伙企业存续过程中，合伙企业只有拥有自己的名称，才能以自己的名义参与民事法律关系，享有民事权利，承担民事义务，并参与诉讼，成为诉讼当事人。合伙企业有自己特定的名称，才能与其他市场主体相区别，便于他人同其进行经济往来活动。合伙企业在其名称中应当标明“普通合伙”字样。合伙企业是营利性经济组织，有经营场所，其生产经营才能正常进行，才便于国家有关部门对其经营活动进行监督管理。

（五）法律、行政法规规定的其他条件

除上述四个条件外，对于某些特殊的合伙企业，法律、行政法规有特别规定的，从其规定。

三、普通合伙企业设立的程序

根据合伙企业法的有关规定，设立合伙企业大体要经过以下几个步骤：

首先，全体合伙人在自愿、平等、公平、诚实信用的基础上，经协商一致，以书面形式订立合伙协议。

其次，合伙人按照合伙协议约定的出资方式、数额和缴付出资的期限，实际缴付出资。

再次，由全体合伙人指定的代表或共同委托的代理人向工商行政管理部门申请设立登记。申请合伙企业设立登记，应当向企业登记机关提交登记申请书、合伙协议书、合伙人身份证明等文件。法律、行政法规规定须报经有关部门审批的，应当在申请设立登记时提交批准文件。

最后，申请人提交的登记申请材料齐全、符合法定形式，企业登记机关能够当场登记的，应当当场登记，发给营业执照。除前款规定情形外，企业登记机关应当自收到申请登记文件之日起20日内，作出是否登记的决定。对符合法定条件的，予以登记，发给营业执照；对不符合法定条件的，不予登记，并应当给予书面答复，说明理由。合伙企业的营业执照签发日期，为合伙企业成立日期。

第三节　普通合伙企业的内部关系

合伙企业的内部关系是合伙人之间的权利义务关系，主要有财产关系和经营管理关系两方面的内容。

一、合伙企业的财产

合伙企业的财产，是指合伙企业存续期间合伙人的出资和所有以合伙企业名义取得的收益的总和。

（一）合伙企业财产的性质

合伙企业的财产不属于合伙企业独立所有，而是为全体合伙人所共有。共有分为按份共有和共同共有。从我国合伙企业法的规定来看，合伙企业的财产为全体合伙人共同共有。合伙企业财产共同共有的性质决定了在合伙企业存续期间，合伙人对于全部合伙财产不分份额地、平等地享有所有权，全体合伙人对合伙企业的财产共同管理和使用；合伙企业进行清算前，合伙人不得请求分割合伙企业的财产，除非合伙人退伙。

（二）合伙企业财产的转让

合伙企业财产的转让，是指合伙人将自己在合伙企业中的财产份额转让于他人的行为。

合伙企业的设立是以合伙人之间的相互信任为前提的，合伙人的相对固定是合伙企业得以发展的重要因素之一。合伙企业财产的转让则会导致合伙人的变动和各合伙人在合伙企业中财产份额的变化，在一定程度上也会影响到合伙企业的稳定性。因此我国合伙企业法虽然允许转让合伙企业财产，但其转让要受一定的限制。

合伙企业存续期间，合伙人向合伙人以外的人转让其在合伙企业中的全部或者部分财产份额时，须经其他合伙人一致同意。合伙人之间转让在合伙企业中的全部或者部分财产份额时，应当通知其他合伙人。合伙人依法转让其财产份额的，在同等条件下，其他合伙人有优先受让的权利。

合伙人以其在合伙企业中的财产份额出质的，须经其他合伙人一致同意。未经其他合伙人一致同意，合伙人以其在合伙企业中的财产份额出质的，其行为无效，由此给善意第三人造成损失的，由行为人依法承担赔偿责任。

二、普通合伙企业事务的执行

合伙企业没有其独立所有的财产，其财产为全体合伙人共同共有，合伙人对合伙企业的债务负无限连带责任，合伙企业的权利能力和行为能力没有与合伙人完全分立，因此合伙企业不设立专门的权力机构、执行机构和监督机构，而只能赋予每个合伙人对合伙企业事务管理的平等权利。每个合伙人都有权参与合伙企业事务的决策、执行和监督。

（一）合伙企业事务的决定

合伙人都有权参与合伙企业的各项决策，共同决定合伙企业的事务。合伙人依法或者按照合伙协议对合伙企业有关事项作出决议时，除合伙企业法另有规定或者合伙协议另有约定外，经全体合伙人决定可以实行一人一票的表决办法。

合伙企业的下列事务必须经全体合伙人同意：（1）改变合伙企业名称；（2）改变合伙企业的经营范围、主要经营场所的地点；（3）处分合伙企业的不动产；（4）转让或者处分合伙企业的知识产权和其他财产权利；（5）以合伙企业名义为他人提供担保；（6）聘任合伙人以外的人担任合伙企业的经营管理人员。

对于上述事务，执行合伙事务的合伙人无权单独或由几个合伙人协商决定，而必须经全体合伙人共同作出决定，只有在全体合伙人一致同意时，执行合伙事务的合伙人才有权依照全体合伙人的同意进行。

（二）合伙企业事务的执行方式

各合伙人对执行合伙企业事务享有同等的权利，原则上由全体合伙人共同执行合伙企业事务，每一个合伙人都有权利参与合伙事务的全部决策和执行活动，对外代表合伙企业。

如果合伙协议约定或者经全体合伙人决定合伙人执行合伙企业事务的权利范围，合伙人在其权利范围内执行合伙企业事务，在其权利范围内代表合伙企业。

合伙企业也可以由合伙协议约定或者全体合伙人决定，委托一名或者数名合伙人执行合伙企业事务，而其他合伙人不再执行合伙企业事务。执行合伙企业事务的合伙人，对外代表合伙企业。执行合伙企业事务的合伙人，应当依照约定向其他不参加执行事务的合伙人报告事务执行情况以及合伙企业的经营状况和财务状况，其执行合伙企业事务所产生的收益归全体合伙人，所产生的亏损或者民事责任，由全体合伙人承担。

（三）合伙企业事务的监督

对合伙人执行合伙企业事务进行监督是每个合伙人的权利。合伙人有权查阅账簿，了解合伙企业的经营状况和财务状况；有权监督检查执行合伙企业事务的合伙人执行合伙企业事务的活动。

合伙人分别执行合伙企业事务时，合伙人可以对其他合伙人执行的事务提出异议。提出异议时，应暂停该项事务的执行。如果发生争议，可由全体合伙人共同决定。

不参加执行事务的合伙人有权监督执行事务的合伙人，检查其执行合伙企业事务的情况。被委托执行合伙企业事务的合伙人不按照合伙协议或者全体合伙人的决定执行事务的，其他合伙人可以决定撤销该委托。

对合伙企业事务的决定、执行和监督既是合伙人的权利，也是合伙人的义务。除此义务之外，合伙人不得自营或者同他人合作经营与本合伙企业相竞争的业务；除合伙协议另有约定或者经全体合伙人同意外，合伙人不得同本合伙企业进行交易；合伙人不得从事损害本合伙企业利益的活动。

第四节 普通合伙企业与第三人关系

合伙企业的外部关系，即合伙人与第三人的关系，主要涉及合伙企业的对外代表权、合伙企业和合伙人债务清偿等问题。

一、合伙企业的对外代表权

根据合伙企业法的规定，执行合伙企业事务的合伙人，对外代表合伙企业。由全体合伙人共同执行合伙企业事务的，每个合伙人都有权对外代表合伙企业；如果合伙协议约定或者经全体合伙人决定合伙人执行合伙企业事务的权利范围，合伙人在其权利范围内对外代表合伙企业；合伙协议约定或者全体合伙人决定，委托一名或者数名合伙人执行合伙企业事务，受托执行合伙企业事务的合伙人，对外代表合伙企业。经全体合伙人同意聘任合伙人以外的人执行合伙事务的，其也享有对外代表权。

合伙企业事务的执行人在其权利范围内以合伙企业的名义所为的法律行为，其所产生的后果归属于合伙企业。合伙企业法规定，合伙企业事务执行人执行合伙事务所得的受益归全体合伙人，所产生的亏损或者民事责任，由全体合伙人承担。

合伙企业可对合伙人执行合伙企业事务以及对外代表合伙企业权利予以限制，但这是合伙企业的内部事务，其不得对抗不知情的善意第三人。对外没有代表权的合伙人或者虽有对外代表权，但超越了合伙企业对他授权范围的合伙人，与不知情的善意第三人进行交易产生的法律后果，对合伙企业有约束力。

二、合伙企业和合伙人的债务清偿

合伙企业的债务和合伙人的债务是两个互不关联的、当事人不同的债权债务关系，但合伙人在合伙企业财产中有一定的财产份额，且合伙人对合伙企业的债务承担无限责任，因而合伙企业的债务清偿和合伙人的债务清偿在用于清偿其债务的财产方面又有一定的关系。

（一）合伙企业的债务清偿

合伙企业对其债务，应先以其全部财产进行清偿。合伙企业财产不足以清偿到期债务的，各合伙人应当承担无限连带清偿责任。

以合伙企业财产清偿合伙企业债务时，其不足的部分，由合伙人依照合伙协议约定的亏损分担比例，或者合伙协议未约定亏损分担比例的，由各合伙人按平均的比例，用其在合伙企业出资以外的财产承担清偿责任。

合伙人之间债务分担的比例，对债权人没有约束力。债权人可以根据自己的清偿利益，请求所有合伙人中的一个或几个合伙人清偿其全部债务。合伙人由于承担连带责任，所清偿数额超过其应当承担的数额时，有权向其他合伙人追偿。

（二）合伙人的债务清偿

合伙人个人的债务应先用自己的个人财产进行清偿。合伙人个人财产不足以清偿其个人债务的，该合伙人只能以其从合伙企业中分取的收益用于清偿；债权人也可以依法请求人民法院强制执行该合伙人在合伙企业中的财产份额用于清偿。以合伙人在合伙企业中的财产份额清偿其个人债务时，必须通过民事诉讼法规定的强制执行程序进行，债权人不得自行从合伙企业中取走债务人在合伙企业中的财产份额。在强制执行合伙人在合伙企业中的财产份额时，对该合伙人的财产份额，其他合伙人有优先受让的权利。

合伙企业中某一合伙人的债权人，不得以该债权抵销其对合伙企业的债务。合伙人个人负有债务时，其债权人不得代位行使该合伙人在合伙企业中的权利。

第五节　入伙与退伙

一、入伙

入伙是指合伙成立后，第三人加入合伙企业并取得合伙人资格。

新合伙人入伙时，应当经全体合伙人同意，并依法订立书面入伙协议。最高人民法院《关于贯彻执行〈中华人民共和国民法通则〉若干意见》规定，当事人之间没有书面入伙协议，但具备合伙的其他条件，有两个无利害关系人证明的口头协议或者有其他证据证明的，可以认定为合伙关系。由此可见，只要具备合伙的其他条件，新合伙人与全体合伙人达成的口头入伙协议亦发生入伙效力。

订立入伙协议时，原合伙人应当向新合伙人告知原合伙企业的经营状况和财务状况。入伙的新合伙人与原合伙人享有同等权利，承担同等责任。入伙协议另有约定的，从其约定。入伙的新合伙人对入伙前合伙企业的债务承担连带责任。

二、退伙

退伙是指合伙人与其他合伙人脱离合伙关系，丧失合伙人的资格。退伙分为自愿退伙（又称任意退伙）和法定退伙。

（一）自愿退伙

自愿退伙是指基于合伙人的意思而退伙，它可分为协议退伙和声明退伙。

协议退伙是指退伙人与其他合伙人通过协商达成共同的意思表示，从而使退伙人的合伙人资格归于消灭。合伙企业法规定，合伙协议约定合伙企业的经营期限的，有下列情形之一时，合伙人可以退伙：（1）合伙协议约定的退伙事由出现；（2）经全体合伙人同意退伙；（3）发生合伙人难于继续参加合伙企业的事由；（4）其他合伙人严重违反合伙协议约定的义务。

声明退伙是指根据退伙人单方的意思表示终止与其他合伙人之间的合伙关系，使自己的合伙人资格归于消灭。合伙企业法规定，合伙协议未约定合伙企业的经营期限的，合伙人在不给合伙企业事务执行造成不利影响的情况下，可以退伙，但应当提前30日通知其他合伙人。

合伙人违反上述规定，擅自退伙的，应当赔偿由此给其他合伙人造成的损失。

（二）法定退伙

法定退伙是指合伙人基于法律的规定而退伙。法定退伙包括当然退伙和除名。

合伙人有下列情形之一的，当然退伙：（1）作为合伙人的自然人死亡或者被依法宣告死亡；（2）个人丧失偿债能力；（3）作为合伙人的法人或者其他组织依法被吊销营业执照、责令关闭、撤销，或者被宣告破产；（4）法律规定或者合伙协议约定合伙人必须具有相关资格而丧失该资格；（5）被人民法院强制执行在合伙企业中的全部财产份额。当然退伙以法定事由实际发生之日为退伙生效时间。

合伙人有下列情形之一的，经其他合伙人一致同意，可以决议将其除名：（1）未履行出资义务；（2）因故意或者重大过失给合伙企业造成损失；（3）执行合伙企业事务时有不正当行为；（4）发生合伙协议约定的事由。对合伙人的除名决议应当书面通知被除名人。被除名人自接到除名通知之日起，除名生效，被除名人退伙。被除名人对除名决议有异议的，可以在接到除名通知之日起30日内向人民法院起诉。

（三）退伙的法律后果

根据合伙企业法，退伙的法律后果涉及如下几个方面：

1. 退伙人财产的继承

合伙人死亡或者被依法宣告死亡的，对该合伙人在合伙企业中的财产份额享有合法继承权的继承人，依照合伙协议的约定或者经全体合伙人同意，从继承开始之日起，即取得该合伙企业的合伙人资格。合法继承人不愿意成为该合伙企业的合伙人的，合伙企业应退还其依法继承的财产份额。合法继承人为未成年人的，经其他合伙人一致同意，可以在其未成年时由监护人代行其权利。

2. 对合伙财产进行结算

合伙人退伙的，其他合伙人应当与该退伙人按照退伙时的合伙企业的财产状况进行结算，退还退伙人的财产份额。退伙时有未了结的合伙企业事务的，待了结后进行结算。退伙人在合伙企业中财产份额的退还办法，由合伙协议约定，或者由全体合伙人决定，可以退还货币，也可以退还实物。

3. 对合伙企业债务的责任分担

退伙人对其退伙前已发生的合伙企业债务，与其他合伙人承担连带责任。

4. 对退伙人的损益分配

合伙人退伙时分配应当以合伙企业财产减去合伙企业债务之后的剩余为限，即首先应偿还合伙企业到期债务。合伙企业财产少于合伙企业债务时，退伙人应当依照合伙协议约定的比例分担债务责任，合伙协议未约定亏损分担比例的，按平均的比例承担债务责任。

合伙企业登记事项因退伙、入伙、合伙协议修改等发生变更或者需要重新登记的，应当于作出变更决定或者发生变更事由之日起15日内，向企业登记机关办理有关登记手续。

第六节　有限合伙企业

一、有限合伙企业的概念

有限合伙企业是指由普通合伙人和有限合伙人共同投资设立的，普通合伙人对合伙企业的债务承担无限连带责任，有限合伙人以其认缴的出资额为限对合伙企业债务承担有限责任的企业。

二、有限合伙企业的设立条件

（一）有两个以上50个以下合伙人

有限合伙企业由两个以上50个以下合伙人设立，其中至少应当有1个普通合伙人。有限合伙企业仅剩有限合伙人的，应当解散；有限合伙企业仅剩普通合伙人的，应转为普通合伙企业。

（二）有特定的企业名称

有限合伙企业名称中应标明“有限合伙”字样。

（三）有书面合伙协议

合伙协议应当载明下列事项：（1）普通合伙人和有限合伙人的姓名或者名称、住所；（2）执行事务合伙人应具备的条件和选择程序；（3）执行事务合伙人权限与违约处理办法；（4）执行事务合伙人的除名条件和更换程序；（5）有限合伙人入伙、退伙的条件、程序以及相关责任；（6）有限合伙人和普通合伙人相互转变程序。

（四）有实际缴付的出资

有限合伙人可以用货币、实物、知识产权、土地使用权或者其他财产权利作价出资，但不得以劳务出资。

三、有限合伙企业事务的执行

有限合伙企业由普通合伙人执行合伙事务。

有限合伙人不执行合伙事务，不得对外代表有限合伙企业。有限合伙人未经授权以有限合伙企业名义与他人进行交易，给有限合伙企业或者其他合伙人造成损失的，该有限合伙人应当承担赔偿责任。

第三人有理由相信有限合伙人为普通合伙人并与其进行交易的，该有限合伙人对该笔交易承担与普通合伙人同样的责任。

有限合伙人的下列行为，不视为执行合伙事务：（1）参与决定普通合伙人入伙、退伙。（2）对企业的经营管理提出建议。（3）参与选择承办有限合伙企业审计业务的会计师事务所。（4）获取经审计的有限合伙企业财务会计报告。（5）对涉及自身利益的情况，查阅有限合伙企业财务会计账簿等财务资料。（6）在有限合伙企业中的利益受到侵害时，向有责任的合伙人主张权利或者提起诉讼。（7）执行事务合伙人怠于行使职权时，督促其行使职权或者为了本企业的利益以自己的名义提起诉讼。（8）依法为本企业提供担保。

四、有限合伙人的权利

有限合伙人可以同本有限合伙企业进行交易，但是，合伙协议另有约定的除外。

有限合伙人可以自营或者同他人合作经营与本有限合伙企业相竞争的业务，但是，合伙协议另有约定的除外。

有限合伙人可以将其在有限合伙企业中的财产份额出质，但是，合伙协议另有约定的除外。

有限合伙人可以按照合伙协议的约定向合伙人以外的人转让其在有限合伙企业中的财产份额，但应当提前30日通知其他合伙人。

五、入伙、退伙、转伙

（一）入伙

新入伙的有限合伙人对入伙前有限合伙企业的债务，以其认缴的出资额为限承担责任。

（二）退伙

有限合伙人具有下列情形之一的，当然退伙：（1）作为合伙人的自然人死亡或者被依法宣告死亡；（2）作为合伙人的法人或者其他组织依法被吊销营业执照、责令关闭、撤销，或者被宣告破产；（3）法律规定或者合伙协议约定合伙人必须具有相关资格而丧失该资格；（4）合伙人在合伙企业中的全部财产份额被人民法院强制执行。但是，作为有限合伙人的自然人在有限合伙企业存续期间丧失民事行为能力的，其他合伙人不得因此要求其退伙。

作为有限合伙人的自然人死亡、被依法宣告死亡或者作为有限合伙人的法人或者其他组织终止时，其继承人或者权利承受人可以依法取得该有限合伙人在有限合伙企业中的资格。有限合伙人退伙后，对基于其退伙前的原因发生的有限合伙企业债务，以其退伙时从有限合伙企业中取回的财产承担责任。

（三）转伙

除合伙协议另有约定外，普通合伙人转变为有限合伙人，或者有限合伙人转变为普通合伙人，应当经全体合伙人一致同意。

有限合伙人转变为普通合伙人的，对其作为有限合伙人期间有限合伙企业发生的债务承担无限连带责任。

普通合伙人转变为有限合伙人的，对其作为普通合伙人期间有限合伙企业发生的债务承担无限连带责任。

第七节　合伙企业解散与清算

一、合伙企业解散

合伙企业解散是指因法律规定的原因而使合伙企业的事业终结，全体合伙人的合伙关系归于消灭。

合伙企业有下列情形之一的，应当解散：(1) 合伙期限届满，合伙人决定不再经营；(2) 合伙协议约定的解散事由出现；(3) 全体合伙人决定解散；(4) 合伙人已不具备法定人数满 30 天；(5) 合伙协议约定的合伙目的已经实现或者无法实现；(6) 被依法吊销营业执照、责令关闭或者被撤销；(7) 法律、行政法规规定的其他原因。

二、合伙企业清算

合伙企业解散必然导致对合伙企业存续期间的财产、债权、债务予以清算。合伙企业法规定，合伙企业解散后应当进行清算。合伙企业解散而进入清算程序，其本身即停止一切民事活动，由清算人代表合伙企业进行清算事宜。

(一) 清算人的产生和职权

清算人的产生分为三种情况：(1) 清算人由全体合伙人担任；(2) 不能由全体合伙人担任清算人的经全体合伙人过半数同意，可以自合伙企业解散后 15 日内指定一名或者数名合伙人，或者委托第三人担任清算人；(3) 15 日内未确定清算人的，合伙人或者其他利害关系人可以申请人民法院指定清算人。

清算人产生后，应将合伙企业解散及有关事项通知和公告债权人。

清算人在清算期间执行下列事务：(1) 清理合伙企业财产，分别编制资产负债表和财产清单；(2) 处理与清算有关的合伙企业未了结事务；(3) 清缴所欠税款；(4) 清理债权、债务；(5) 处理合伙企业清偿债务后的剩余财产；(6) 代表合伙企业参加诉讼或者仲裁活动。

(二) 合伙企业财产的清偿顺序

合伙企业财产在支付清算费用后，按下列顺序清偿：(1) 合伙企业所欠的职工工资和社会保险费用、法定补偿金；(2) 合伙企业所欠税款；(3) 合伙企业的债务。

合伙企业财产按上述顺序清偿后仍有剩余的，按合伙协议约定的利润分配比例进行分配；合伙协议未约定或者约定不明确的，由合伙人协商决定。协商不成的，由合伙人按照实际出资比例分配；无法确定出资比例的，由合伙人平均分配。合伙企业清算时，其全部财产不足清偿其债务的，由合伙人以个人的财产按照合伙协议约定的比例，承担清偿责任；合伙协议未约定比例的，平均承担清偿责任。

(三) 清算结束

引起清算结束的原因有三种：一是以合伙企业的财产清偿了合伙企业的债务，并将剩余财产分配给了合伙人；二是以合伙企业及合伙人个人财产清偿了合伙企业的债务；三是在清算期间以合伙企业及全体合伙人个人财产仍不足清偿合伙企业债务的，应当结束清算程序。

清算结束，应当编制清算报告，经全体合伙人签名、盖章后，在 15 日内向企业登记机关报送清算报告，办理合伙企业注销登记。

合伙企业解散后，原合伙人对合伙企业存续期间的债务仍应承担连带责任。

第八节 法律责任

合伙企业、合伙人、清算人及有关行政管理机关及其工作人员违反合伙企业法及其他法律法规的规定，以及合伙人违反合伙协议的约定，应承担相应的法律责任。

一、合伙企业的法律责任

合伙人提交虚假文件或者采取其他欺骗手段取得企业登记的，责令其改正，可以处以5000元以上5万元以下的罚款；情节严重的，撤销企业登记，并处5万元以上20万元以下罚款。

在合伙企业名称中未正确使用法律要求的相应字样的，责令限期改正，并处2000元以上1万元以下的罚款。

合伙企业登记事项发生变更时，未按规定办理有关变更登记的，责令限期登记；逾期不登记的，处以2000元以上2万元以下的罚款。

二、合伙人的法律责任

合伙人执行合伙企业事务时，将应当归合伙企业的利益据为己有的，或者采取其他手段侵占合伙企业财产的，责令将该利益和财产退还合伙企业；给合伙企业或者其他合伙人造成损失的，依法承担赔偿责任。

合伙人对法定或者合伙协议约定必须经全体合伙人同意始得执行的事务，擅自处理，给合伙企业或者其他合伙人造成损失的，依法承担赔偿责任。不具有事务执行权的合伙人，擅自执行合伙企业的事务，给合伙企业或者其他合伙人造成损失的，依法承担赔偿责任。

合伙人从事与本合伙企业相竞争的业务，或者合伙协议没有约定或未经全体合伙人同意而与本合伙企业进行交易的，该收益归合伙企业所有；给合伙企业或者其他合伙人造成损失的，依法承担赔偿责任。

三、清算人的法律责任

清算人未按规定向企业登记机关报送清算报告，或者清算报告隐瞒重要事实，或者有重大遗漏的，责令改正。由此产生的费用和损失，由清算人承担和赔偿。

清算人在执行清算事务时，谋取非法收入或者侵占合伙企业财产的，责令将该收入和侵占的财产退还合伙企业；给合伙企业或者其他合伙人造成损失的，依法承担赔偿责任。

清算人违反规定，隐匿、转移合伙企业财产，对资产负债表或者财产清单作虚伪记载，或者在未清偿债务前分配企业财产的，责令改正；损害债权人利益的，依法承担赔偿责任。

四、行政管理机关及其工作人员的法律责任

有关行政管理机关及其工作人员滥用职权、徇私舞弊、收受贿赂、侵害合伙企业合法

权益的，依法给予行政处分；构成犯罪的，依法追究刑事责任。

【案例分析】

案例一　1997年9月，刘海燕、王丹、余晓军达成书面协议，共同出资，开设“向阳电器修理店”，注册为合伙企业。合伙协议约定：刘海燕提供房屋，作价6万元；王丹对房屋进行装修，提供相应设施，作价2万元；余晓军提供劳务及工具设备，共作价3万元。由余晓军负责管理电器修理店的日常事务，对外签订合同，但购进电器元配件的数额在5000元以上的交易必须征得其他合伙人的一致同意，否则合同无效。1998年10月，余晓军私自去外地某电器厂赊购6500元的电器元配件，在返回途中不幸发生车祸，货毁人亡。1998年12月，电器厂要求刘海燕、王丹清偿6500元的债务，二人均以合伙协议的约定，即购进电器元配件的数额在5000元以上的交易必须征得其他合伙人的一致同意，否则合同无效为由，拒不清偿债务。电器厂称自己并不知道上述合伙人的约定。在多次求偿未果的情况下，电器厂向人民法院提起诉讼。

【分析】本案主要涉及合伙企业对外代表权的问题。根据合伙企业法的规定，执行合伙事务的合伙人，对外代表合伙企业。原则上合伙企业的每个合伙人都有权执行合伙事务，但也可由全体合伙人决定，委托一名或数名合伙人执行合伙事务。合伙企业事务的执行人以合伙企业的名义所为的法律行为，其所产生的后果归属于合伙企业。合伙企业法规定，合伙企业事务执行人执行合伙事务所得的受益归全体合伙人，所产生的亏损或者民事责任，由全体合伙人承担。合伙协议可对合伙人执行合伙企业事务以及对外代表合伙企业权利予以限制，但这是合伙企业的内部关系，其不得对抗不知情的善意第三人。对外没有代表权的合伙人或者虽有对外代表权，但超越了合伙企业对他授权范围的合伙人，与不知情的善意第三人进行交易产生的法律后果，对合伙企业有约束力。

在本案中，合伙协议约定由余晓军执行合伙事务，但其购进电器元配件的数额在5000元以上的交易必须征得其他合伙人的一致同意，否则合同无效，这是对其对外代表权的限制。但由于电器厂对该合伙协议的约定并不知情，因而，根据合伙企业法的规定，刘海燕、王丹不得以合伙协议对余晓军对外代表权的限制，对抗不知情的善意第三人即电器厂，刘海燕、王丹须对其债务承担连带责任。

案例二　2010年8月，甲、乙各出资5万元设立某合伙企业。后因资金短缺，合伙人甲、乙一致同意丙加入合伙企业，并向丙介绍了合伙企业的经营状况和财务状况。三人于2010年10月15日签订了接纳丙加入合伙企业的书面协议：丙投入资金4万元，盈亏按投入资金占合伙企业全部资金的比例分配。随后三人到工商局办理了变更登记。后来因经营不善，2011年3月该合伙企业资不抵债。此时，其债权人要求甲、乙、丙偿还合伙企业于2010年10月之前所欠的货款。丙认为入伙前的合伙企业的债务与自己毫不相干；甲、乙则认为该债务应当按照合伙协议约定的分担债务的比例承担债务责任。甲、乙按照合伙协议约定的分担债务的比例履行了自认为应承担债务之后，债权人仍以甲、乙、丙为被告，向人民法院起诉，要求三名被告清偿其全部债务。

【分析】本案主要涉及合伙企业债务清偿及合伙人对入伙前的债务承担责任的问题。合伙企业法规定，合伙企业对其债务，应先以其全部财产进行清偿。合伙企业财产不足清偿到期债务的，各合伙人应当承担无限连带清偿责任。合伙人可在合伙协议中约定债务分担的比例，合伙人之间债务分担的比例，对债权人没有约束力。债权人可以根据自己的清偿利益，请求所有合伙人中的一个或几个合伙人清偿其全部债务。合伙人由于承担连带责任，所清偿数额超过其应当承担的数额时，有权向其他合伙人追偿。订立入伙协议时，原合伙人应当向新合伙人告知原合伙企业的经营状况和财务状况。入伙的新合伙人与原合伙人享有同等权利，承担同等责任。入伙协议另有约定的，从其约定。入伙的新合伙人对入伙前合伙企业的债务承担连带责任。

根据合伙企业法的规定，甲、乙、丙作为该合伙企业的合伙人应对合伙企业的债务承担无限连带责任，即使三人签订的合伙协议约定了债务分担的比例，债权人仍有权要求其中任何一个合伙人清偿其全部债务。丙在签订合伙协议时已了解了原合伙企业的经营情况和财务状况，其签订合伙协议表明他愿承担入伙以前的原合伙企业的债务。根据合伙企业法的规定，丙应对入伙前合伙企业的债务承担连带责任。

☞ 思考与练习

1. 合伙企业有哪几种形式？

2. 设立普通合伙企业应具备哪些条件？

3. 简述各类合伙企业事务的执行方式。

4. 合伙企业法对普通合伙企业的入伙、退伙是如何规定的？

5. 简述合伙企业的法律责任。

6. 2008 年 4 月，秦某与唐某、徐某协商合伙开办一家医疗诊所，三人签订了合伙协议：秦某以医疗器械出资，作价 1 万元，唐某和徐某各出资 1 万元现金；按出资比例分配利润，分担亏损；经营期限 10 年。2008 年 5 月，经市卫生局批准，取得了医疗职业许可证。后来秦某认为自己是医生而唐某和徐某是护士，与她们按出资比例分配利润甚不合理，于是提出退伙。唐某、徐某以合伙企业法第 46 条的规定为依据反对秦某退伙。问：

（1）唐某、徐某反对秦某退伙可否以合伙企业法为依据？

（2）合伙企业法适用的范围是什么？

7. 2008 年 11 月 15 日，程某、黄某、任某共同出资 35 万元，成立合伙企业经营服装面料批发业务。其中合伙人任某出资现金 10 万元。2009 年 4 月 2 日，任某因购车与他人合伙从事货物运输向朋友姜某借现金 3 万元，并且签订了借款协议。姜某是一家服装厂的老板，与合伙企业有生意上的往来。该借款协议到期时，因该货车是由报废车拼装的，被交管部门扣留并销毁，任某无力还款。2001 年 6 月，姜某曾从合伙企业购进价值为 3 万元的服装面料，尚未付款，于是姜某要求以其对任某的债权抵销他欠合伙企业的债务。这一主张遭到合伙企业其他合伙人的拒绝。姜某于是向人民法院提起诉讼，要求强制执行任某在该合伙企业中的财产份额用于清偿。问：

（1）姜某是否能以其对任某的债权抵销他对合伙企业的债务？

（2）法院是否应支持姜某的诉讼请求？

第四章　个人独资企业法

第一节　个人独资企业法概述

一、个人独资企业的概念和特征

（一）个人独资企业的概念

个人独资企业是指依法在中国境内设立的，由一个自然人投资，财产为投资人个人所有，投资人以其个人财产对企业债务承担无限责任的经营实体。

（二）个人独资企业的基本特征

1. 企业的投资人为一个自然人

我国的独资企业法只调整一个自然人投资设立的企业。不调整法人组织独资设立的企业，也不调整国家独资设立的企业。

2. 企业的财产为投资人个人所有

投资人对本企业的财产依法享有所有权，这种权利只归投资人个人所有。其有关权利可以依法进行转让或继承。

3. 企业须依法设立

个人独资企业必须依照《中华人民共和国个人独资企业法》规定的相应条件与必需的程序设立，严格依法办事。

4. 个人独资企业的投资人对企业的债务承担无限责任

个人独资在现实生活中似乎是一种拟制的关系，因为所有的投资人都不可能是独自一个人生活的，但是在法律上家庭财产在必要时是可以分割的。因此法律规定投资人可以用个人财产投资也可以用家庭财产投资。投资人以其个人（或家庭）全部财产对企业的债务承担无限责任。

5. 个人独资企业是非法人企业

个人独资企业是非法人企业。我国的法律不承认个人独资企业的法人身份。不承认其法人身份就意味着投资人对自己所办的企业债务承担无限责任。

二、个人独资企业法的概念

个人独资企业法是调整在国家协调经济运行过程中发生的关于个人独资企业的各种经济关系的法律规范的总称。

个人独资企业在中国数量众多，而且符合社会主义市场经济发展的需要。为了规范个人独资企业的行为，保护个人独资企业投资人和债权人的合法权益，维护社会经济秩序，促进社会主义市场经济的发展，第九届全国人大常委会第十一次会议于1999年8月30日通过的，并于2000年1月1日起实施的《中华人民共和国个人独资企业法》，是从中国实际出发，同时又借鉴国外通行做法而制定的，对于促进个人独资企业规范经营与健康发展，吸纳社会劳动力，创造社会财富，具有重要的意义。因此应当依法鼓励和正确引导个人独资企业的发展。

第二节　个人独资企业的设立

一、个人独资企业的设立条件

设立个人独资企业，应当具备下列条件：

(1) 投资人为一个自然人。法律、行政法规规定禁止从事营利性活动的人，不得作为投资人申请设立个人独资企业。

(2) 有合法的企业名称。名称应当与其责任形式及从事的营业相符合。因为它是非法人型企业，所以不得在名称中冠以有限责任等字样。

(3) 有投资人申报的出资。投资人在申请企业设立登记时明确以其家庭共有财产作为个人出资的，应当依法以家庭共有财产对企业债务承担无限责任。

(4) 有固定的生产经营场所和必要的生产经营条件。由于我国的个人独资企业法没有规定个人独资企业的最低注册资本额，因此，有人提出一元钱理论上可以申办私营独资企业。其实，这条规定无形中就否定了这一假设命题。私营独资企业也要具备充分的生产经营运作条件。

(5) 有必要的从业人员。

二、个人独资企业的设立程序

申请设立个人独资企业，应当由投资人或者其委托的代理人向个人独资企业所在地的工商管理登记机关提交设立申请书、投资人身份证明、生产经营场所使用证明等文件。委托代理人申请设立登记时，应当出具投资人的委托书和代理人的合法证明。

个人独资企业不得从事法律、行政法规禁止经营的业务；从事法律、行政法规规定须报经有关部门审批的业务，应当在申请设立登记时提交有关部门的批准文件。

登记机关应在收到设立申请文件之日起15日内，对符合个人独资企业法规定条件的，予以登记，发给营业执照。个人独资企业的营业执照的签发日期，为个人独资企业的成立日期。

个人独资企业设立分支机构，应由投资人或其委托的代理人向分支机构所在地的登记机关申请登记，领取营业执照。分支机构的民事责任由设立分支机构的个人独资企业承担。

第三节　个人独资企业的变更和解散

一、个人独资企业的变更

个人独资企业存续期间登记事项发生变更的，应当在做出变更决定之日起15日内依法向登记机关申请办理变更登记。

登记事项主要包括企业的名称和住所、投资人的姓名和居所、投资人的出资额和出资方式、经营范围等。对以上登记事项需要变更的，个人独资企业必须到登记机关办理变更登记，擅自变更的不具备法律效力。

二、个人独资企业的解散和清算

个人独资企业有下列情形之一时，应当解散：（1）投资人决定解散；（2）投资人死亡或者被宣告死亡，无继承人或者继承人决定放弃继承；（3）被依法吊销营业执照；（4）法律、行政法规规定的其他情形。

个人独资企业解散，由投资人自行清算或者由债权人申请人民法院指定清算人进行清算。

投资人自行清算的，应当在清算前15日内书面通知债权人，无法通知的，应当予以公告。债权人应当在接到通知之日起30日内，未接到通知的应当在公告之日起60日内，向投资人申报其债权。

清算期间，个人独资企业不得开展与清算无关的经营活动。在企业按规定清偿债务前，投资人不得转移、隐匿财产。

个人独资企业解散的，财产应当按照下列顺序清偿：（1）所欠职工工资和社会保险费用；（2）所欠的税款；（3）其他债务。

个人独资企业财产不足以清偿债务的，投资人应当以其个人的其他财产予以清偿。个人独资企业解散后，原投资人对个人独资企业存续期间的债务仍应承担偿还责任，但债权人在5年内未向债务人提出偿债请求的，该责任消灭。

个人独资企业清算结束后，投资人或者人民法院指定的清算人应当编制清算报告，并于15日内到登记机关办理注销登记。

第四节　个人独资企业的事务管理及权利和义务

一、个人独资企业的事务管理

个人独资企业投资人可以自行管理企业事务，也可以委托或者聘用其他具有民事行为能力的人负责企业的事务管理。

投资人委托或者聘用他人管理个人独资企业事务，应当与受委托人或者被聘用的人签订书面合同，明确委托的具体内容和授予的权利范围。受托人或者被聘用的人员应当履行诚信、勤勉义务，按照与投资人签订的合同负责个人投资企业的事务管理，不得有下列行为：（1）利用职务上的便利，索取或者收受贿赂；（2）利用职务或者工作上的便利侵占企业财产；（3）挪用企业的资金归个人使用或者借贷给他人；（4）擅自将企业资金以个人名义或者以他人名义开立账户储存；（5）擅自以企业财产提供担保；（6）未经投资人同意，从事与本企业相竞争的业务；（7）未经投资人同意，同本企业订立合同或者进行交易；（8）未经投资人同意，擅自将企业商标或者其他知识产权转让给他人使用；（9）泄露企业的商业秘密；（10）法律、行政法规禁止的其他行为。

投资人对受托人或者被聘用的人员职权的限制，不得对抗善意第三人。

二、个人独资企业的权利和义务

（一）个人独资企业的权利

国家依法保护个人独资企业的财产和其他合法权益：（1）个人独资企业依法享有经营自主权。（2）可以依法申请贷款，可以依法取得土地使用权，并享有法律、行政法规规定的其他权利。（3）单位和个人不得违反法律、行政法规的规定，以任何方式强制个人独资企业提供财力、物力、人力；对于违法强制提供财力、物力、人力的行为，个人独资企业有权拒绝。

（二）个人独资企业的义务

个人独资企业在享有权利的同时必须履行以下义务：（1）从事经营活动必须遵守法律、行政法规，遵守诚实信用原则，不得损害社会公共利益；（2）应当依法履行纳税义务；（3）应当依法设置会计账簿，进行会计核算；（4）招用职工，应当依法与职工签订劳动合同，保障职工的劳动安全，按时、足额发放职工工资；（5）应当按照国家规定参加社会保险，为职工缴纳社会保险费；（6）个人独资企业职工依法建立工会，工会依法开展活动。

第五节　个人独资企业的法律责任

一、个人独资企业违反个人独资企业法的法律责任

（一）违反企业设立规定的法律责任

违反个人独资企业法规定，提交虚假文件或者采取其他欺骗手段，取得企业登记，责令改正，处以5000元以下的罚款；情节严重的，并处吊销营业执照。

违反个人独资企业法规定，个人投资企业使用的名称与其在登记机关登记的名称不相符合的，责令限期改正，处以2000元以下的罚款。

（二）违反关于依法开业和变更登记的规定的法律责任

涂改、出租、转让营业执照的，责令改正，没收违法所得，处以3000元以下的罚款；情节严重的，吊销营业执照。

伪造营业执照的，责令停业，没收违法所得，处以5000元以下罚款，构成犯罪的，依法追究刑事责任。

个人独资企业成立后无正当理由超过6个月未开业的，或者开业后自行停业连续6个月以上的，吊销营业执照。

未领取营业执照，以个人独资企业名义从事经营活动的，责令停止经营活动，处以3000元以下的罚款。

个人独资企业登记事项发生变更时，未按个人独资企业法规定办理有关变更登记的，责令限期办理变更登记；逾期不办理的，处以2000元以下的罚款。

（三）侵犯职工合法权益的法律责任

个人独资企业违反个人独资企业法规定，侵犯职工合法权益，未保障职工劳动安全，不缴纳社会保险费用的，按照有关法律、行政法规予以处罚，并追究有关责任人员的责任。

（四）违反关于清算规定的法律责任

个人独资企业及其投资人在清算前或清算期间隐匿或转移财产、逃避债务的，依法追回其财产，并按照有关规定予以处罚；构成犯罪的，依法追究刑事责任。

二、投资人委托或者聘用的人员违反个人独资企业法的法律责任

投资人委托或者聘用的人员管理个人独资企业事务时违反双方订立的合同，给投资人造成损害的，承担民事赔偿责任。

投资人委托或者聘用的人员违反个人独资企业法第20条的规定（即不得为的行为），侵犯个人独资企业财产权益的，责令退还侵占的财产；给企业造成损失的，依法承担赔偿责任；有违法所得的，没收违法所得；构成犯罪的，依法追究刑事责任。

三、登记机关的直接责任人员违反个人独资企业法的法律责任

登记机关对不符合个人独资企业法规定条件的个人独资企业予以登记，或者对符合个人独资企业法规定条件的企业不予以登记的，对直接负责人员依法给予行政处分；构成犯罪的，依法追究刑事责任。

登记机关的上级部门的有关主管人员强令登记机关对不符合个人独资企业法规定条件的个人独资企业予以登记，或者对符合个人独资企业法规定条件的企业不予以登记的，或者对登记机关的违法登记行为进行包庇的，对直接责任人员依法给予行政处分；构成犯罪的，依法追究刑事责任。

【案例分析】

案例一 2003年1月，甲出资5万元设立A个人独资企业（以下简称A企业）。甲聘请乙管理企业事务，同时规定，凡乙对外签订标的额超过1万元以上的合同，须经甲同意。同年2月，乙未经甲同意，以A企业名义向丙购入价值2万元的货物。

2004年7月，A企业发生亏损，甲以乙未经同意擅自与丙签订合同为由，拒绝支付丙2万元货款。丙无奈向法院起诉，要求A企业支付所欠货款。

【分析】根据个人独资企业法的规定，投资人对被聘请的人员职权的限制，不得对抗善意第三人。本案中，尽管乙向丙购买货物的行为超越职权，但丙为善意第三

人，因此该行为有效，A 企业应该向丙支付 2 万元货款。

案例二　2002 年 4 月，张某投资 6 万元成立星光个人独资公司。2003 年 6 月，张某由于经营管理不善，出现负债经营，张某决定解散星光公司。经清算，星光公司现有财产 4 万元，但欠职工工资 2 万元，欠社会保险费用 1 万元，欠国家税款 8000 元，还欠甲公司债务 3 万元，欠乙公司债务 2 万元。问：应如何分配星光公司的财产？

【分析】根据个人独资企业法规定的企业解散时的财产清偿顺序，星光公司的 4 万元应当先支付职工工资 2 万元，支付社会保险费用 1 万元，支付国家税款 8000 元。由于个人独资企业的投资人承担的是无限责任，因此，投资人张某应用个人的其他财产偿还所欠甲公司和乙公司的债务。

☞ 思考与练习

1. 个人独资企业的概念和特征是什么？
2. 论述个人独资企业设立的条件和程序。
3. 个人独资企业具有哪些权利和义务？
4. 张某于 2000 年 3 月成立一家个人独资企业。同年 5 月，该企业与甲公司签订一份买卖合同。根据合同，该企业应于同年 8 月支付给甲公司货款 15 万元，后该企业一直未支付该款项。2001 年 1 月该企业解散。2003 年 5 月，甲公司起诉张某，要求张某偿还上述 15 万元债务。问：

（1）甲公司起诉张某是否超过诉讼时效？

（2）人民法院应如何处理本案？

5. 甲以夫妻共有的写字楼作为出资设立个人独资企业。企业设立后，其妻乙购买体育彩票中奖 100 万元，后提出与甲方离婚。离婚诉讼期间，甲的独资企业宣告解散，尚欠银行债务 120 万元。问：

（1）个人独资企业法对个人独资企业解散后的债务清偿是如何规定的？

（2）本案中债务的清偿责任应如何确定？

第五章　外商投资企业法

第一节　外商投资企业法概述

一、外商投资企业的概念和特征

（一）外商投资企业的概念

外商投资企业，是指依照中华人民共和国法律的规定，在中国境内设立的，由中国投资者和外国投资者共同投资或者由外国投资者单独投资的企业。根据我国宪法和有关法律的规定，中国投资者包括中国的企业和其他经济组织，外国投资者包括外国的企业和其他经济组织或者个人。

外商投资企业包括中外合资经营企业（以下简称合营企业）、中外合作经营企业（以下简称合作企业）、外资企业三种形式。

（二）外商投资企业的特征

外商投资企业具有以下基本特征：

第一，外商投资企业是外国企业和其他经济组织或者个人参与或独立设立的企业，企业的资本部分或者全部属于外国投资者，从而区别于完全由中国投资者投资举办的企业。

第二，外商投资企业是依照中华人民共和国法律设立，企业的主要办事机构设在中国境内。这就使外商投资企业既区别于依照外国法律设立的外国企业在我国境内从事生产经营的分支机构，也区别于我国的企业与外国人合资或者合作在中国境外设立的企业。

二、外商投资企业法的概念

外商投资企业法，是调整外商投资企业在设立、变更、终止及生产经营活动中发生的各种经济关系的法律规范的总称。

我国现行的调整外商投资企业的基本法律和行政法规主要有：1979 年 7 月 1 日全国人大颁布并分别于 1990 年 4 月 4 日和 2001 年 3 月 15 日修正的《中华人民共和国中外合资经营企业法》及 1983 年 9 月 20 日国务院颁布并分别于 1986 年 1 月 15 日、1987 年 12 月 21 日和 2001 年 7 月 22 日修正的《中华人民共和国中外合资经营企业法实施条例》；1988 年 4 月 13 日全国人大颁布并于 2000 年 10 月 31 日修正的《中华人民共和国中外合作经营企业法》以及 1995 年 9 月 4 日国务院颁布并于 2000 年 10 月 30 日修正的《中华人民共和国中外合作经营企业法实施细则》；1986 年 4 月 12 日全国人大颁布并于 2000 年 10 月 31 日修正的《中华人民共和国外资企业法》以及 1990 年 10 月 28 日国务院批准并于 2001

年4月12日修正的《中华人民共和国外资企业法实施细则》。

第二节　中外合资经营企业法

一、中外合资经营企业的概念

（一）中外合资经营企业的概念

中外合资经营企业（以下简称合营企业），是指外国的公司、企业和其他经济组织或者个人同中国的公司、企业或者其他经济组织，依照中国的法律和行政法规，经中国政府批准，设在中国境内，由双方共同投资、共同经营，并按照投资比例分享利润、分担风险及亏损的企业。

（二）中外合资经营企业的法律特征

中外合资经营企业具有下列法律特征：

（1）中外合资经营企业必须是中国合营者与外国合营者共同举办的。中国的合营者包括公司、企业和其他经济组织；外国合营者包括公司、企业、其他经济组织或者个人。中外合资经营企业必须有中国合营者和外国合营者参加，这是它区别于外资企业之处。

（2）中外合资经营企业的主要办事机构设在中国境内，按中国法律规定取得中国法人资格。这一特征使之区别于外国公司设在中国境内的分支机构。

（3）中外合资经营企业是股权式企业，其组织形式有限责任公司。中外合营者作为企业的股东，各自按照一定的投资比例出资，以其出资额为限对企业承担责任，并按照出资比例享有权利。这就使之区别于契约合营的中外合作经营企业。

合营企业法律制度主要包括《中华人民共和国中外合资经营企业法》以及《中华人民共和国中外合资经营企业法实施条例》。

二、中外合资经营企业的设立

（一）设立合营企业的条件

根据我国有关法律、行政法规的规定，在我国境内设立的合营企业，应当能够促进我国经济的发展和科学技术水平的提高，有利于我国的现代化建设。国家鼓励、允许、限制或者禁止设立合营企业的行业，按照国务院《指导外商投资方向的规定》及国务院对外经济贸易主管部门等机构颁布的《外商投资产业指导目录》执行。

2002年2月21日国务院颁布的《指导外商投资方向的规定》将外商投资项目分为鼓励、限制、禁止和允许四类。具体内容包括：

1. 鼓励类外商投资项目

属于下列情形之一的，列为鼓励类外商投资项目：（1）属于农业新技术、农业综合开发和能源、交通、重要原材料工业的；（2）属于高新技术、先进实用技术，能够改进产品性能、提高企业技术经济效益或者生产国内生产能力不足的新设备、新材料的；（3）适应市场需求、能够提高产品档次、开拓市场或者增加产品国际竞争能力的；（4）属于新技术、新设备，能够节约能源和原材料、综合利用资源和再生资源以及防治环境污染的；（5）能够发挥中西部地区的人力和资源优势，并符合国家产业政策的；（6）法律、行政法规规定的其他情形。

2. 限制类外商投资项目

属于下列情形之一的，列为限制类外商投资项目：（1）技术水平落后的；（2）不利于节约资源和改善生态环境的；（3）从事国家规定实行保护性开采的特定矿种勘探、开采的；（4）属于国家逐步开放的产业的；（5）法律、行政法规规定的其他情形。

3. 禁止类外商投资项目

属于下列情形之一的，列为禁止类外商投资项目：（1）危害国家安全或者损害社会公共利益的；（2）对环境造成污染损害，破坏自然资源或者损害人体健康的；（3）占用大量耕地，不利于保护、开发土地资源的；（4）危害军事设施安全和使用效能的；（5）运用我国特有工艺或者技术生产产品的；（6）法律、行政法规规定的其他情形。

4. 允许类外商投资项目

按照国务院颁布的《指导外商投资方向的规定》，上述鼓励类、限制类、禁止类之外的项目为允许类外商投资项目。

（二）设立合营企业的程序

1. 向审批机构申请

申请设立合营企业，由中外合营者共同向审批机构报送下列文件：（1）设立合营企业的申请书；（2）合营各方共同编制的可行性研究报告；（3）由合营各方授权代表签署的合营企业协议；（4）由合营各方委派的合营企业董事长、副董事长、董事人选名单；（5）审批机构规定的其他文件。

合营企业协议，是指合营各方对设立合营企业的某些重点和原则达成一致意见而订立的文件。

合营企业合同，是指合营各方设立合营企业就相互权利、义务达成一致意见而订立的文件。

合营企业章程，是指按照合营企业合同规定的原则，经合营各方一致同意，规定合营企业的宗旨、组织原则和经营管理方法等事项的文件。

合营企业协议与合营企业合同有抵触时，以合营企业合同为准。经合营各方同意，也可以不订立合营企业协议而只订立合营企业合同、章程。

2. 审批机构审批

在中国境内设立合营企业，必须经中华人民共和国国务院对外经济贸易主管部门审查批准。批准后，由国务院对外经济贸易主管部门发给批准证书。

凡具备下列条件的，国务院授权省、自治区、直辖市人民政府或者国务院有关部门审批：（1）投资总额在国务院规定的投资审批权限以内，中国合营者的资金来源已经落实的；（2）不需要国家增拨原材料，不影响燃料、动力、交通运输、外贸出口配额等方面的全国平衡的。受托机构批准设立的合营企业，应当报国务院对外经济贸易主管部门备案。国务院对外经济贸易主管部门和国务院授权的省、自治区、直辖市人民政府或者国务院有关部门，以下统称审批机构。审批机构自接到全部文件之日起，3个月内决定批准或者不批准。

3. 设立登记

申请者应当自收到批准证书之日起 1 个月内，按照国家有关规定，向工商行政部门管理机关（以下简称登记管理机构）办理登记手续。合营企业的营业执照签发日期，即为该合营企业的成立日期。

三、中外合资经营企业的注册资本与合营各方的出资方式、出资期限

（一）合营企业的注册资本

1. 合营企业的注册资本

合营企业的注册资本，是指为设立合营企业在登记管理机构登记的资本总额，应为合营各方认缴的出资额之和。在合营企业的注册资本中，外国合营者的投资比例一般不得低于 25%。合营企业在合营期限内，不得减少其注册资本，但因投资总额和生产经营规模发生变化，确需减少注册资本的，须经审批机构批准。对合营企业在合营期限内增加注册资本，法律没有禁止。合营企业注册资本的增加或减少，应当由董事会会议通过，并报原审批机构审批，向原登记管理机关办理变更登记手续。

2. 合营企业的投资总额

合营企业的投资总额，是指按照合营企业的合同、章程规定的生产规模需要投入的基本建设基金和生产流动资金的总额。

合营企业的注册资本与投资总额的比例，应遵守下列规定：（1）合营企业的投资总额在 300 万美元以下（含 300 万美元）的，其注册资本至少应占投资总额的 7/10。（2）合营企业的投资总额在 300 万美元以上 1000 万美元（含 1000 万美元）的，其注册资本至少应占投资总额的 1/2，其中投资总额在 420 万美元以下的，注册资本不得低于 210 万美元。（3）合营企业的投资总额在 1000 万美元以上至 3000 万美元（含 3000 万美元）的，其注册资本至少应占投资总额的 2/5，其中总投资总额在 1250 万美元以下的，注册资本不得低于 500 万美元。（4）合营企业的投资总额在 3000 万美元以上的，其注册资本至少应占投资总额的 1/3，其中投资总额在 3600 万美元以下的，注册资本不得低于 1200 万美元。

（二）合营各方的出资情况

合营各方可以用下列方式出资：

1. 货币出资

合营者以货币出资，是指合营者以自有的或者以自己的名义通过融资取得的货币或者有价证券进行投资。合营各方按照合营合同的规定向合营企业认缴的货币或者有价证券必须为合营者自己所有；合营各方不得用以合营企业名义取得贷款作为自己的出资；合营企业的任何一方也不得以合营企业的财产和权益或者合营他方的财产和权益为其出资担保。外国合营者以货币出资时，只能以外币缴付出资，不能以人民币缴付出资。外国合营者出资的外币，应当按缴款当日中国人民银行公布的基准汇率折算成人民币或者套算成约定的外币。中国合营者出资的人民币现金，需要折算成外币的，应当按缴款当日中国人民银行公布的基准汇率折算。

2. 实物出资

合营者以实物出资，是指合营者以建筑物、厂房、机器设备或者其他物料等实物出资。作为出资的实物只能是属于投资者所有并且未设立任何担保物权的实物。作为外国合营者出资的机器设备或者其他物料，应当是合营企业生产所必需的，且出资的机器设备或者其他物料的作价，不得高于同类机器设备或者其他物料当时的国际市场价格。国外合营者作为出资的机器设备或者其他物料，应当报审批机构批准。

3. 工业产权和专有技术出资

合营者以工业产权和专有技术出资，是指合营者以自己所有的、未设立任何担保物权的专利权、商标专用权、专有技术等无形资产出资。作为外国合营者出资的工业产权和专有技术，必须符合下列条件之一：（1）能显著改进现有产品的性能、质量，提高生产效率的；（2）能显著节约原材料、燃料、动力的。外国合营者以工业产权或者专有技术作为出资，应当提交该工业产权或者专有技术的有关资料，包括专利证书或者商标注册证书的复制件、有效状况及其技术特性、实用价值、作价的计算根据、与中国合营者签订的作价协议等有关文件，作为合营合同的附件。外国合营者作为出资的机器设备或者其他物料、工业产权或者专有技术，应当报审批机构批准。

4. 场地使用权出资

合营者以场地使用权出资，是指合营者以其依法取得的土地使用权作价出资。中国合营者可以用为合营企业经营期间提供的场地使用权作价出资，其作价金额应当与取得同类场地使用权所有缴纳的使用费相同。如果场地使用权未作为中国合营者出资的一部分，合营企业应向中国政府缴纳场地使用费。

（三）合营各方的出资期限

合营各方应当在合营合同中订明出资期限，并且应当按照合营合同规定的期限缴清各自的出资。

合营合同规定一次缴清出资的，合营各方应当自营业执照签发之日起 6 个月内缴清；合营合同规定分期缴付出资的，合营各方第一期出资，不得低于各自认缴出资额的 15%，并且应当在营业执照签发之日起 3 个月内缴清。合营各方未能在合营合同规定的上述期限内缴付出资的，视同合营企业自动解散，合营企业批准证书自动失效。合营企业应当向工商行政管理机关办理注销登记手续，缴销营业执照；不办理注销登记手续和缴销营业执照的，由工商行政管理机关吊销其营业执照，并予以公告。

合营各方缴付第一期出资后，超过合营合同规定的其他任何一期出资期限 3 个月，仍未出资或者出资不足时，工商行政管理机关应当会同原审批机关发出通知，要求合营各方在 1 个月内缴清出资。未按照规定的通知期限缴清出资的，原审批机关有权撤销对该合营企业的批准证书。批准证书撤销后，合营企业应当向工商行政管理机关办理注销登记手续，缴销营业执照，并清理债权债务；不办理注销登记手续和缴销营业执照的，工商行政管理机关有权吊销其营业执照，并予以公告。

合营一方未按照合营合同的规定如期缴付或者缴清其出资的，即构成违约。守约方应当催告违约方在 1 个月内缴付或者缴清出资。逾期仍未缴付或者缴清的，视同违约方放弃在合营合同中的一切权利，自动退出合营企业。守约方应当在逾期后 1 个月内，向原审批机关申请批准解散合营企业或者申请批准另找合营者承担违约方在合营合同中的权利和义务。守约方可以依法要求违约方赔偿因未缴付或者缴清出资造成的经济损失。守约方未按照规定向原审批机关申请批准解散合营企业或者申请批准另找合营者的，审批机关有权撤销对该合营企业的批准证书。批准证书撤销后，合营企业应当向工商行政管理机关办理注销登记手续，缴销营业执照；不办理注销登记手续和缴销营业执照的，工商行政管理机关有权吊销其营业执照，并予以公告。

对通过收购国内企业资产或股份设立外商投资企业的外国投资者，应自外商投资企业营业执照颁发之日起3个月内支付全部购买金。对特殊情况需延长支付者，经审批机关批准后，应自营业执照颁发之日起6个月内支付购买总金额的60%以上，在1年内付清全部购买金，并按实际缴付的出资额的比例分配收益，控股投资者在付清全部购买金额之前，不得取得企业决策权，不得将其在企业中的权益、资产以合并报表的方式纳入该投资者的财务报表。

中外合资经营企业的投资者均须按合同规定的比例和期限同步缴付认缴的出资额。因特殊情况不能同步缴付的，应报原审批机构批准，并按实际缴付的出资额比例分配收益。对中外合资经营企业中控股（包括相对控股）的投资者，在其实际缴付的投资额未达到其认缴的全部出资额前，不能取得企业决策权，不得将其在企业中的权益、资产以合并报表的方式纳入该投资者的财务报表。

（四）合营者出资额的转让

合营者出资额的转让，是指在合营企业中合营一方将其全部或者部分出资额转让给合营另一方或者第三方。

合营一方向第三者转让其全部或者部分出资时，须经合营他方同意，并报审批机构批准，向登记管理机关办理变更手续。合营一方转让其全部或者部分出资额时，合营他方有优先购买权。合营一方向第三方转让出资的条件，不得比向合营他方转让的条件优惠。违反上述规定的，其转让无效。

四、中外合资经营企业的组织形式与组织机构

（一）合营企业的组织形式

合营企业的组织形式为有限责任公司。合营企业中的各方对合营企业的责任以各自认缴的出资额为限，合营企业以其全部资产对其债务承担责任。规定合营企业的组织形式为有限责任公司，使得投资者承担的风险小，可以起到鼓励投资的作用。所谓认缴的出资额，是指合营各方为设立合营企业同意投入的资金数额。

（二）合营企业的组织机构

1. 合营企业的权力机构

合营企业的组织形式虽然是有限责任公司，但并不设立股东会。合营企业的董事会，是合营企业的最高权力机构。董事会的职权是按合营企业章程的规定，讨论决定合营企业的一切重大问题，包括：企业发展规划、生产经营活动方案、收支预算、利润分配、劳动工资计划、停业，以及总经理、副总经理、总工程师、总会计师、审计师的任命或聘请及职权和待遇等。

董事会由董事长、副董事长及董事组成。董事会成员不得少于3人。董事名额的分

配，由经营各方参照出资比例协商确定，董事由合营各方按照分配的名额委派和撤换。董事任期4年，可以连任。董事长和副董事长由合营各方协商确定或者由董事会选举产生。中外合营者的一方担任董事长，由他方任副董事长。董事长是合营企业的法定代表人。

董事会会议由董事长召集并主持，董事长不能召集或主持时，可以由董事长委托副董事长或者其他董事召集并主持董事会议。董事会会议每年至少召开1次。经1/3以上的董事提议，可以由董事长召开董事会临时会议。董事会会议应有2/3以上董事出席方能举行。董事不能出席的，可出具委托书委托他人代表其出席和表决。举行董事会会议的地点，一般应在合营企业的法定地址所在地。董事会会议对一般事项可根据合营企业章程载明的议事规则做出决议，但下列事项由出席董事会会议的董事一致通过方可做出决议：(1) 合营企业章程的修改；(2) 合营企业的终止、解散；(3) 合营企业注册资本的增加、减少；(4) 合营企业的分立、合并。

2. 合营企业的经营管理机构

合营企业设经营管理机构，负责企业的日常经营管理工作。经营管理机构设总经理1人，副总经理若干人。副总经理协助总经理工作。总经理执行董事会会议的各项决议，组织领导合营企业的日常经营管理工作。在董事会授权范围内，总经理对外代表合营企业，对内任免下属人员，行使董事会授予的其他职权。总经理、副总经理由合营企业董事会聘请，可以由中国公民担任，也可以由外国公民担任。经董事会聘请，董事长、副董事长、董事可以兼任合营企业的总经理、副总经理或者其他高级管理职务。总经理处理重要问题时，应当同副总经理协商。总经理或副总经理不得兼任其他经济组织的总经理或副总经理，不得参与其他经济组织对本企业的商业竞争。总经理、副总经理及其他高级管理人员有营私舞弊或者严重失职行为的，经董事会决议可以随时解聘。

五、中外合资经营企业的财务与会计管理及利润分配

（一）合营企业的财务与会计管理

合营企业应当建立健全的财务会计管理机构和财务会计制度。合营企业的财务与会计制度，应当按照中国有关法律和财务会计制度的规定，结合合营企业的情况加以制定，并报当地财政部门、税务机关备案。合营企业设总会计师，协助总经理负责企业的财务会计工作。必要时，可以设副总会计师。合营企业设审计师（小的企业可以不设），负责审查、稽核合营企业的财务收支和会计账目，向董事会、总经理报告。

合营企业会计年度采用日历年制，自公历每年1月1日起至12月31日止为一个会计年度。合营企业会计采用国际通用的权责发生制和借贷记账法记账。一切自制凭证、账簿、报表必须用中文书写，也可以同时用合营各方商定的一种外文书写。合营企业原则上采用人民币作为记账本位币。以外国货币作为记账本位币的合营企业，除编制外币的会计报表外，还应另编制折算成人民币的会计报表。合营企业应当向合营各方、当地税务机关和财政部门报送季度和年度会计报表。

（二）合营企业的利润分配

合营企业的利润是企业在一定时期内的经营成果，包括营业利润、投资净收益和营业外收支净额。

合营企业按照《中华人民共和国外商投资企业和外国企业所得税法》缴纳所得税后的利润分配原则如下：（1）提取储备基金、职工奖励及福利基金、企业发展基金，提取比例由董事会确定；（2）储备基金除用于垫补合营企业亏损外，经审批机构批准也可以用于本企业增加资本，扩大生产；（3）按照规定提取三项基金后的可分配利润，董事会确定分配的，应当按合营各方的出资比例进行分配。合营企业以前年度的亏损未弥补前不得分配利润。以前年度未分配的利润，可以并入本年度利润分配。

六、中外合资经营企业的合营期限、解散和清算

（一）合营企业的合营期限

《中外合资经营企业合营期限暂行规定》对有关合营企业合营期限的具体规定如下：

1. 应当约定合营期限的行业

举办合营企业，属于下列行业或者情况的，合营各方应当依照国家有关法律、法规的规定，在合营合同中约定合营期限：（1）服务性行业的，如饭店、公寓、写字楼、娱乐、饮食、出租汽车、彩扩洗相、维修、咨询等；（2）从事土地开发及经营房地产的；（3）从事资源勘察开发的；（4）国家规定限制投资项目的；（5）国家其他法律、法规规定需要约定合营期限的。

按规定在合同中应约定合营期限的项目，其期限应根据项目的行业类型、投资额、投资风险和投资回收期的长短确定，一般不超过 30 年。属于国家鼓励和允许投资的项目，在合同中约定合营期限的，可适当放宽，其约定的期限一般不超过 50 年。

2. 可以约定也可以不约定合营期限的行业

对于属于国家规定鼓励投资和允许投资项目的合营企业，除上述行业外，合营各方可以在合同中约定合营期限，也可以不约定合营期限。合营各方在合营合同中不约定合营期限的合营企业，按照国家规定的审批权限和程序审批。属于国家鼓励和允许投资的项目，在合同中不约定合营期限的，应在合同中订立终止条款，规定企业终止的条件、终止程序以及企业清算和财产分配原则。

3. 合营期限的续展

约定合营期限的合营企业，合营各方同意延长合营期限的，应当在距合营期限届满 6 个月前向审批机构提出申请。审批机构应自接到申请之日起 1 个月内决定批准或不批准。

（二）合营企业的解散

合营企业在下列情况下解散：（1）合营期限届满；（2）企业发生严重亏损，无力继续经营；（3）合营一方不履行合营企业协议、合同、章程规定的义务，致使企业无法继续经营；（4）因自然灾害、战争等不可抗力遭受严重损失，无法继续经营；（5）合营企业未达到其经营目的，同时又无发展前途；（6）合营企业合同、章程所规定的其他解散原因已经出现。

在发生上述第（2）、（4）、（5）、（6）种情况时，应由董事会提出解散申请书，报审批机构批准；在发生上述第（3）种情况时，由履行合同的一方提出申请，报审批机构批准。在上述第（3）种情况下，不履行合营企业协议、合同、章程规定的义务一方，应当对合营企业由此造成的损失负赔偿责任。

（三）合营企业的清算

合营企业宣告解散时，应当进行清算。合营企业应当按照《外商投资企业清算办法》的规定成立清算委员会，由清算委员会负责清算事宜。清算委员会的成员一般应当在合营企业的董事中选任。董事不能担任或者不适合担任清算委员会成员时，合营企业可以聘请中国的注册会计师、律师担任。审批机构认为必要时，可以派人进行监督。清算委员会的任务是对合营企业的财产、债权、债务进行全面清查，编制资产负债表和财产目录，提出财产作价和计算依据，制订清算方案，提请董事会会议通过后执行。清算期间，清算委员会代表该合营企业起诉和应诉。清算费用和清算委员会成员的酬劳应当从合营企业现存财产中优先支付。

合营企业解散时，其资产净额或者剩余财产减除企业未分配利润、各项基金和清算费用后的余额，超过实缴资本的部分为清算所得，应当依法缴纳所得税。合营企业以其全部资产对其债务承担责任。合营企业清偿债务后的剩余财产按照合营各方的出资比例进行分配，但合营企业协议、合同、章程另有规定的除外。

合营企业的清算工作结束后，由清算委员会提出清算结束报告，提请董事会会议通过后，报告审批机构，并向登记管理机构办理注销登记手续，缴销营业执照。合营企业解散后，各项账册及文件应当由原中国合营者保存。

第三节　中外合作经营企业法

一、中外合作经营企业的概念和特征

（一）中外合作经营企业的概念

中外合作经营企业（以下简称合作企业），是指外国的公司、企业和其他经济组织或者个人同中国的公司、企业或者其他经济组织，依照中国的法律和行政法规，经中国政府批准，设在中国境内的，按合作企业合同的约定分配收益或者产品、分担风险和亏损的企业。

（二）中外合作经营企业的特征

中外合作经营基本的法律特征，就在于它是契约式合营，合营的基础是合作企业合同，而中外合资经营企业是股权式企业。这一特征使中外合作经营企业与中外合资经营企业有下列不同之处：

1. 企业的组织形式不同

合营企业的组织形式是有限责任公司，具有法人资格，合营各方以其出资额对公司承担责任，公司以其全部资产对其债务承担责任。合作企业组织形式有两种：法人型合作企业具有法人资格，对外承担有限责任；合伙型合作企业不具有法人资格，合作各方承担无限连带责任。

2. 出资方式不同

合营企业合营各方各种方式的出资需折算成货币，以货币形式表示各方的投资比例。合作企业合作的投资或者合作条件，则无须折算成货币计算投资比例。

3. 利润分配与亏损及风险承担不同

合营企业合营各方按其出资比例分享利润和分担亏损及风险。合作企业按合作合同的约定分配收益或产品、分担亏损和风险。

4. 投资的回收方式不同

合营企业中的外国合营者在合营期满前不能回收投资。合作企业可以在合同中约定外国合作者在一定条件下在合作期间内先行回收投资。

5. 企业经营期满后财产归属不同

合营企业合营期满，清算后的剩余财产由合营各方按出资比例分配。合作企业合作期满，外国合作者已先行收回投资的，企业的全部固定资产归中方合作者所有。

6. 企业组织机构及经营管理不同

合营企业的最高权力机构为董事会，由总经理等组成经营管理机构，负责企业的日常经营管理工作。合作企业则设立董事会或者联合管理机构，决定企业的重大问题。董事会或联合管理机构可以但不是必须聘任总经理，负责企业的日常经营管理工作。

合作企业法律制度主要包括《中华人民共和国中外合作经营企业法》以及《中华人民共和国中外合作经营企业法实施细则》。

二、中外合作经营企业的设立

（一）设立合作企业的条件

在中国境内举办中外合作经营企业，应当符合国家的产业政策，遵守国家关于指导外商投资方向的规定。

中外合作经营企业法规定，国家鼓励举办产品出口企业或者技术先进的生产型合作企业。产品出口企业，是指产品主要用于出口，年度外汇总收入额减除年度生产经营外汇支出额和外国投资者汇出分得利润所需外汇额以后，外汇有结余的生产型企业。先进技术企业，是指外国投资者提供先进技术，从事新产品开发，实现产品升级换代，以增加出口创汇或者替代进口的生产型企业。

根据《中华人民共和国中外合作经营企业法实施细则》的规定，申请设立合作企业，有下列情形之一时，不予批准：（1）损害国家主权或者社会公共利益的；（2）危害国家安全的；（3）对环境造成污染损害的；（4）有违反法律、行政法规或者国家产业政策的其他情形的。

（二）设立合作企业的程序

1. 向审批机构报送文件

设立合作企业，应当向审批机构报送下列文件：（1）设立合作企业的项目建设书，并附送主管部门审查同意的文件；（2）合作各方共同编制的可行性研究报告，并附送主管部门审查同意的文件；（3）由合作各方的法定代表人或其授权的代表签署的合作企业协议、合同、章程；（4）合作各方的营业执照或者注册登记证明、资信证明及法定代表人的有效证明文件，外国合作者是自然人的，应当提供有关其身份、履历和资信情况的有效证明文件；（5）合作各方协商确定的合作企业董事长、副董事长、董事或者联合管理委员会主任、副主任、委员的人选名单；（6）审批机构要求报送的其他文件。

2. 审批机构审批

设立合作企业由国务院对外经济贸易主管部门或者国务院授权的部门和地方人民政府审查批准。设立合作企业属于下列情形的，由国务院授权的部门和地方人民政府审查批准：（1）投资总额在国务院规定由国务院授权的部门或者地方人民政府审批的投资限额以内的；（2）自筹资金，并且不需要国家平衡建设、生产条件的；（3）产品出口不需要领取国家有关主管部门发放的出口配额、许可证，或者需要领取，但在报送项目建议书前已征得国家有关主管部门同意的；（4）有法律、行政法规规定由国务院授权的部门或者地方人民政府审查批准的其他情形的。

审批机构应当自接到申请之日起45日内决定批准或者不批准。国务院对外经济贸易主管部门和国务院授权的部门批准设立的合作企业，由国务院对外经济贸易主管部门颁发批准证书。国务院授权的地方人民政府批准设立的合作企业，由有关地方人民政府颁发批准证书，并自批准之日起30日内将有关批准文件报送国务院对外经济贸易主管部门备案。

3. 设立登记

设立合作企业的申请经批准后，应当依法向工商行政机关申请登记，领取营业执照。合作企业的营业执照签发日期，为该企业的成立日期。合作企业应当自成立之日起30日内向税务机关办理税收登记。

（三）合作企业的注册资本与投资总额

1. 合作企业的注册资本

合作企业的注册资本，是指为设立合作企业，在工商行政管理机关登记的合作各方认缴的出资额之和。注册资本以人民币表示，也可以用合作各方约定的一种可自由兑换的外币表示。合作企业注册资本在合作期限内不得减少。但是，因投资总额和生产经营规模等变化，确需减少的，须经审批机构批准。

2. 合作企业的投资总额

合作企业的投资总额，是指按照合作企业合同、章程规定的生产经营规模，需要投入的资金总和。合作企业的注册资本与投资总额的比例，参照中外合资企业注册资本与投资总额比例的有关规定执行。

（四）合作各方的投资或者提供的合作条件

1. 合作各方的出资方式

合作各方应当依照有关法律、行政法规的规定和合作企业合同的约定，向合作企业投资或者提供合作条件。合作各方向合作企业的投资或者提供的合作条件可以是货币，也可以是实物或者工业产权、专有技术、土地使用权等财产权利。合作各方应当以其自有的财产或者财产权作为投资或者合作条件，对该投资或者合作条件不得设置抵押或者其他形式的担保。中国合作者的投资或者提供的合作条件，属于国有资产的，应当依照有关法律、行政法规的规定进行资产评估。

2. 合作各方的出资比例

在依法取得中国法人资格的合作企业中，外国合作者的投资一般不低于合作企业注册资本的25%。在不具有法人资格的合作企业中，对合作各方向合作企业投资或者提供合作条件的具体要求，由国务院对外经济贸易主管部门规定。

（五）合作各方的出资期限和出资转让

1. 合作各方的出资期限

合作各方应当根据合作企业的生产经营需要，依照有关法律、行政法规的规定，在合作企业合同中约定合作各方向合作企业投资或者提供合作条件的期限。合作各方没有按照合作企业合同约定缴纳投资或者提供合作条件的，工商行政管理机关应当要求其限期履行；限期届满仍未履行的，审批机构应当撤销合作企业的批准证书，工商行政管理机关应当吊销合作企业的营业执照，并予以公告。未按照合作企业合同约定缴纳投资或者提供合作条件的一方，应当向已按照合作企业合同约定缴纳投资或者提供合作条件的他方承担违约责任。合作各方缴纳投资或者提供合作条件后，应当由中国注册会计师验证并出具验资报告，由合作企业据以发给合作各方出资证明书。

2. 合作各方的出资转让

合作各方之间相互转让或者合作一方向合作他方以外的他人转让属于其在合作企业合同中全部或者部分权利的，须经合作他方书面同意，并报审批机构批准。审批机构应当自收到有关转让文件之日起30日内决定批准或者不批准。

三、中外合作经营企业的组织形式和组织机构

（一）合作企业的组织形式

合作企业包括依法取得中国法人资格的合作企业和不具有法人资格的合作企业。合作企业依法取得中国法人资格的，为有限责任公司。除合作企业合同另有约定外，合作各方以其投资或者提供的合作条件为限对合作企业承担责任，合作企业以其资产对合作企业的债务承担责任。不具有法人资格的合作企业的合作各方的关系是一种合伙关系，合作各方依照中国民事法律的有关规定，承担民事责任。

（二）合作企业的组织机构

1. 企业的权力机构

由于合作企业的组织形式分法人形式的合伙企业和合伙形式的合作企业，因此，合作企业在组织机构的设置上同合营企业有很大的区别。具有法人资格的合作企业设董事会，不具备法人资格的合作企业一般设联合管理委员会。董事会或者联合管理委员会是企业的权力机构，按照合作企业的合同或者章程的规定，决定合作企业的重大问题。中外合作者的一方担任董事会的董事长、联合管理委员会的主任的，由他方担任副董事长、副主任。董事长或者主任是合作企业的法定代表人。董事会或者联合管理委员会成员不得少于3人，其名额的分配由中外合作者参照其投资或者提供的合作条件协商确定。董事会董事或者联合管理委员会委员由合作各方自行委派或者撤换。董事会或者联合管理机构可以决定任命或者聘请总经理负责合作企业的日常经营管理工作。总经理对董事会或者联合管理委员会负责。

2. 企业的经营管理机构

合作企业设总经理1人，负责合作企业的日常经营管理工作，对董事会或者联合管理委员会负责。合作企业的总经理由董事会或者联合管理委员会聘任、解聘。总经理及其他高级管理人员可以由中国公民担任，也可以由外国公民担任。经董事会或者联合管理委员

会聘任，董事会或者委员会成员可以兼任合作企业的总经理或者其他高级管理职务。

3. 委托管理制

合作企业成立后委托合作各方以外的他人经营管理的，必须经董事会或者联合管理委员会一致同意，并应当与被委托人签订委托经营管理合同。合作企业应当将董事会或者联合管理委员会的决议、签订的委托经营管理合同，连同被委托人的资信证明文件，一并报送审批机构批准。审批机构应当自收到有关文件之日起30日内决定批准或者不批准。

四、中外合作经营企业的收益分配和回收投资

（一）合作企业的收益分配

中外合作者可以依照合作企业合同的约定，分配收益或者产品，承担风险和亏损。中外合作者可以采用分配利润、分配产品或者合作各方共同商定的其他方式分配收益。采用分配产品或者其他方式分配收益的，应当按照税法的有关规定，计算应纳税额。外国合作者在履行法律规定和合作企业合同约定的义务后分得的利润、其他合法收入和合作企业终止时分得的资金，可以依法汇往国外。

（二）外国合作者投资的回收

1. 先行回收投资的方式

中外合作者在合作企业合同中约定合作期限届满时，合作企业的全部固定资产无偿归中国合作者所有的，外国合作者在合作期限内可以申请按照下列方式先行回收其投资：(1) 在按照投资或者提供合作条件进行分配的基础上，在合作企业合同中约定扩大外国合作者的收益分配比例；(2) 经财政税务机关按照国家有关税收的规定审查批准，外国合作者在合作企业缴纳所得税前回收投资；(3) 经财政税务机关和审查批准机关批准的其他回收投资方式。

2. 先行回收投资的条件

外国合作者在合作期限内先行回收投资，必须符合下列条件：(1) 中外合作者在合作企业合同中约定合作期满时合作企业的全部固定资产归中国合作者所有；(2) 在合作企业的亏损弥补后，外国合作者才能先行回收投资；(3) 合作企业合同约定外国合作者在缴纳所得税前回收投资的，必须向财政税务机关提出申请，由财政税务机关依照国家有关税收的规定审查批准；(4) 中外合作者应当依照有关法律的规定和合作企业合同的约定对合作企业的债务承担责任；(5) 外国合作者提出先行回收投资的申请，应当具体说明先行回收投资的总额、期限和方式，经财政税务机关审查同意后，报审批机构审批。

五、中外合作经营企业的合作期限、解散与清算

（一）合作企业的合作期限

合作企业的合作期限由中外合作者协商确定，并在合作企业合同中订明。合作企业期限届满，合作各方协商同意要求延长合作期限的，应当在期限届满的180日前向审批机构提出申请，说明原合作企业合同执行情况、延长合作期限的原因，同时报送合作各方就延长的期限内各方的权利、义务等事项所达成的协议。审批机构应当自接到申请之日起30日内，决定批准或者不批准。经批准延长合作期限的，合作企业凭批准文件向工商行政管

理机构办理变更登记手续，延长的期限从期限届满后的第一天起计算。

合作企业合同约定外国合作者先行回收投资，并且投资已经回收完毕的，合作企业期限届满不再延长；但是，外国合作者增加投资的，经合作各方协商同意，可以依照《中华人民共和国合作经营企业法实施细则》的规定向审批机构申请延长合作期限。

（二）合作企业的解散

合作企业因下列情形之一出现时解散：（1）合作期限届满；（2）合作企业发生严重亏损，或者因不可抗力遭受严重损失，无力继续经营；（3）中外合作者一方或者数方不履行合作企业合同、章程规定的义务，致使合作企业无法继续经营；（4）合作企业合同、章程中规定的其他解散原因已经出现；（5）合作企业违反法律、行政法规，被依法责令关闭。

上诉第（2）、（4）项所列情形发生，应当由合作企业的董事会或者联合管理委员会做出决定，报审批机构批准。在上述第（3）项所列情形下，不履行合作企业合同、章程规定的义务的中外合作者一方或者数方，应当对履行合同的他方因此遭受的损失承担赔偿责任；履行合同的一方或者数方有权向审批机构提出申请，解散合作企业。

（三）合作企业的清算

合作企业期满或者提前终止时，应当依照法定程序对资产和债权、债务进行清算。中外合作者应当依照合作企业合同的约定确定合作企业财产的归属。合作企业期满或者提前终止，应当向工商行政管理机关和税务机关办理注销登记手续。

第四节　外资企业法

一、外资企业的概念和特征

（一）外资企业的概念

外资企业，是指国外的公司、企业和其他经济组织或者个人，依照中国的法律和行政法规，经中国政府批准，设在中国境内，全部资本由外国投资者投资的企业，但不包括外国公司、企业和其他经济组织在中国境内设置的分支机构。

（二）外资企业的特征

外资企业不同于中外合资经营企业、中外合作经营企业的主要特征是：

1. 企业投资主体不同

外资企业的全部资本是由外国投资者投资的；合营企业、合作企业的资本是由中外合营者或者中外合作者共同投资的。

2. 经营主体不同

外资企业是由外国投资者经营的；合营企业是由中外合营者共同经营的，合作企业除了少数实行委托管理制的以外，一般也是由中外合作者共同经营的。

外资企业法律制度主要包括《中华人民共和国外资企业法》以及《中华人民共和国外资企业法实施细则》。

二、外资企业的设立

（一）设立外资企业的条件

设立外资企业，须有利于中国国民经济的发展，能够取得显著的经济效益。国家鼓励外资企业采用先进技术和设备，从事新产品开发，实现产品升级换代，节约能源和原材料，并鼓励举办产品出口的外资企业。

禁止或者限制设立外资企业的行业，按照国家《指导外商投资方向的规定》及《外商投资产业指导目录》执行。

申请设立外资企业，有下列情况之一的，不予批准：（1）有损中国主权或者社会公共利益的；（2）危及中国国家安全的；（3）违反中国法律、法规的；（4）不符合中国国民经济发展要求的；（5）可能造成环境污染的。

（二）设立外资企业的程序

1. 提交报告

外国投资者在提出设立外资企业的申请前，应当就下列事项向拟设立外资企业所在地的县级或者县级以上地方人民政府提交报告。报告内容包括：（1）设立外资企业的宗旨；（2）经营范围、规模；（3）生产产品；（4）使用的技术设备；（5）用地面积及要求；（6）对公共设施的要求等。申请设立的外资企业，其产品涉及出口许可证、出口配额、进口许可证或者属于国家限制进口的应当依照有关管理权限事先征得对外经济贸易主管部门的同意。县级或者县级以上人民政府应当在收到外国投资者提交的报告之日起30日内以书面形式答复外国投资者。

2. 提出申请

外国投资者设立外资企业，应当通过拟设立外资企业所在地的县级或者县级以上地方人民政府向审批机构提出申请，并报送下列文件：（1）设立外资企业申请书；（2）可行性研究报告；（3）外资企业章程；（4）外资企业法人代表（或者董事会人选）名单；（5）外国投资者的法律证明文件和资信证明文件；（6）拟设立外资企业所在地的县级或者县级以上地方人民政府的书面答复；（7）需要进口的物资清单；（8）其他需要报送的文件。

两个或者两个以上外国投资者共同申请设立外资企业，应当将其签订的合同副本报送审批机关备案。

3. 审查批准

设立外资企业的申请，由国务院对外经济贸易主管部门或者国务院授权的机构审查批准。审批机构应当在收到申请设立外资企业的全部文件之日起90日内决定批准或者不批准。审批机构如果发现审批文件不齐备或者有不当之处，可以要求限期补报或者修改。

设立外资企业的申请由国务院对外经济贸易主管部门审查批准后，发给批准证书。设立外资企业的申请属于下列情形的，国务院授权省、自治区、直辖市和计划单列市、经济特区人民政府（以下简称受托机关）审查批准后，发给批准证书：（1）投资总额在国务院规定的投资审批权限以内的；（2）不需要国家调拨原材料，不影响能源、交通运输、外贸出口配额等全国综合平衡的。受托机关在国务院授权范围内批准设立外资企业，应当在批准后15日内报国务院对外经济贸易主管机关备案。国务院对外经济贸易主管部门和受托机构，统称审批机构。

4. 设立登记

设立外资企业的申请经审批机构批准后，外国投资者应当在收到批准证书之日起30日内向工商行政管理机关申请登记，领取营业执照。外资企业的营业执照签发日期，为该企业的成立日期。外国投资者在收到批准证书之日起满30日未向工商行政管理机关申请登记的，外资企业批准证书自动失效。外资企业应当在企业成立之日起30日内向税务机关办理登记。

三、外资企业的注册资本和外国投资者的出资

（一）外资企业的注册资本

外资企业的注册资本，是指为设立外资企业在工商行政管理机关登记的资本总额，即外国投资者认缴的全部出资额。外资企业的投资总额，是指开办外资企业所需资金总额，即按其生产规模需要投入的基本建设资金和生产流动资金的总和。外资企业的注册资本与其经营规模相适应，注册资本与投资总额的比例参照中外合资经营企业的有关规定执行。外资企业在经营期限内不得减少其注册资本。但是，因投资总额和生产经营规模等发生变化，确需减少的，须经审批机构批准。

外资企业注册资本的增加、转让，须经审批机构批准，并向工商行政管理机关办理变更登记手续。外资企业将其财产或者权益对外抵押、转让，须经审批机构批准并向工商行政管理机关备案。

（二）外国出资者的出资

1. 出资方式

外国投资者可以用自由兑换的外币出资，也可以用机器设备、工业产权、专有技术等作价出资。经审批机构批准，外国投资者也可以用其从中国境内举办的其他外商投资企业获得的人民币利润出资。

外国投资者以机器设备作价出资的，该机器设备应当是外资企业生产所必需的设备。该机器设备的作价不得高于同类机器设备当时的国际市场正常价格。对作价出资的机器设备，应当列出详细的作价出资清单，包括名称、种类、数量、作价等，作为设立外资企业申请书的附件一并报送审批机构。

外国投资者以工业产权、专有技术作价出资的，该工业产权、专有技术应当为外国投资者所有。该工业产权、专有技术的作价应当与国际上通常的作价原则相一致，其作价金额不得超过外资企业注册资本的20%。对作价出资的工业产权、专有技术，应当备有详细资料，包括所有权证书的复印件，有效状况及其技术性能、使用价值，作价的计算根据和标准等，作为设立外资企业申请书的附件一并报送审批机构。作价出资的工业产权、专有技术实施后，审批机构有权进行检查。该工业产权、专有技术与外国投资者提供的资料不符的，审批机构有权要求外国投资者限期改正。

2. 出资期限

外国投资者缴付出资的期限应当在设立外资企业申请书和外资企业章程中载明。外国

投资者可以分期缴付出资，但最后一期出资应当在营业执照签发之日起3年内缴清，其中第一期出资不得少于外国投资者认缴出资额的15%，并应当在外资企业营业执照签发之日起90日内缴清。

外国投资者未能在设立外资企业申请书和外资企业章程规定的期限内缴付第一期出资的，外资企业批准证书自动失效。外资企业应当向工商行政管理机关办理注销登记手续，缴销营业执照；不办理注销登记手续和缴销营业执照的，由工商行政管理机关吊销其营业执照，并予以公告。第一期出资后的其他各期的出资，外国投资者应当如期缴付。无正当理由逾期30日不出资的，依照未能缴付第一期出资的规定处理。外国投资者有正当理由要求延期出资的，应当经审批机构同意，并报工商行政管理机关备案。

外国投资者缴付每期出资后，外资企业应当聘请中国的注册会计师验证，并出具验资报告，报审批机构和工商行政管理机关备案。

四、外资企业的组织形式和组织机构

（一）外资企业的组织形式

外资企业的组织形式为有限责任公司。经批准也可以为其他责任形式。外资企业为有限责任公司的，外国投资者对企业的责任以其认缴的出资额为限。外资企业为其他责任形式的，外国投资者对企业的责任适用中国法律、法规的规定。

（二）外资企业的组织结构

外资企业的组织机构可以由外国投资者根据企业的不同的经营内容、经营规模、经营方式自行设置，中国政府不加干涉。

五、外资企业的财务管理和利润分配

（一）外资企业的财务管理

外资企业应当依照中国法律、法规和财政机关的规定，建立财务会计制度并报其所在地财政、税务机关备案。外资企业的会计年度自公历年1月1日至12月31日。外资企业的自制会计凭证、会计账簿和会计报表，应当用中文书写；用外文书写的，应当加注中文。

外资企业的年度会计报表和清算会计报表，应当依照中国财政、税务机关的规定编制。以外币编报会计报表的，应当同时编报外币折合为人民币的会计报表。外资企业的年度会计报表和清算会计报表，应当聘请中国的注册会计师进行验证并出具报告。

外资企业的年度会计报表和清算会计报表，连同中国的注册会计师出具的报告，应当在规定的时间内报送财政、税务机关，并报审批机构和工商行政管理机关备案。外资企业应当向财政、税务机关报送年度资产负债表和利润表，并报审批机构和工商行政管理机关备案。外资企业应当在企业所在地设置会计账簿，并接受财政、税务机关的监督。

（二）外资企业的利润分配

外资企业依照中国税法规定缴纳所得税后的利润，应当提取储备基金和职工奖励及福利基金。储备基金的提取比例不得低于税后利润的10%，当累计提取金额达到注册资本的50%时，可以不再提取。职工奖励及福利基金的提取比例由外资企业自行确定。

外资企业以往会计年度的亏损未弥补前，不得分配利润；以往会计年度未分配的利润，可与本会计年度可供分配的利润一并分配。

六、外资企业的经营期限、终止与清算

（一）外资企业的经营期限

根据《中华人民共和国外资企业法实施细则》的规定，外资企业的经营期限，根据不同行业和企业的具体情况，由外国投资者在设立外资企业的申请书中拟订，经审批机构批准。外资企业的经营期限，从其营业执照签发之日起计算。

外资企业经营期满需要延长经营期限的，应当在距经营期满180天前向审批机构报送延长经营期限的申请书。审批机构应当在收到申请书之日起30日内决定批准或不批准。外资企业经批准延长经营期限的，应当自收到批准延长期限文件之日起30日内，向工商行政管理机关办理变更登记手续。

（二）外资企业的终止和清算

1. 企业的终止

根据《中华人民共和国外资企业法实施细则》第72条的规定，外资企业有下列情形之一的，应予终止：（1）经营期限届满；（2）经营不善，严重亏损，外国投资者决定解散；（3）因自然灾害、战争等不可抗力而遭严重损失，无法继续经营；（4）破产；（5）违反中国法律、法规，危害社会公共利益被依法撤销；（6）外资企业章程规定的其他解散事由已经出现。

外资企业如存在上述第（2）、（3）、（4）项所列情形，应当自行提交终止申请书，报审批机构核准。审批机构做出核准的日期为企业的终止日期。

2. 企业的清算

外资企业依照《中华人民共和国外资企业法实施细则》第72条第（1）、（2）、（3）、（6）项的规定终止的，应当在终止之日起15日内对外公告并通知债权人，并在终止公告发出之日起15日内，提出清算程序、原则和清算委员会人选，报审批机构审核后清算。清算委员会应当由外资企业的法定代表人、债权人代表以及有关主管机关的代表组成，并聘请中国的注册会计师、律师等参加。

外资企业在清算结束之前，外国投资者不得将该企业的资金汇出或者携出中国境外，不得自行处理企业的财产。外资企业清算结束，其资产净额和剩余财产超过注册资本的部分视同利润，应当依照中国税法缴纳所得税。外资企业清算结束，应当向工商行政管理机关办理注销登记手续，缴销营业执照。

【案例分析】

案例一　广东某企业与香港某公司合资经营四州大酒店，双方先协商签订了合资经营企业合同，后又协商签订了合资经营协议。协议对合同的某些内容作了补充。在经营中双方发生争议，由于合营合同与合营协议的内容存在差异，解决该争议应以什么为准？

【分析】《中华人民共和国中外合资经营企业法实施细则》第10条规定，合营企

业协议与合营企业合同有抵触时，以合营企业合同为准。本案中虽然合营协议对合营合同的内容作了补充，但二者的内容存在差异，因此解决双方争议应以合营合同规定的内容为准。

案例二 某外国企业与某中国企业签订了合资经营企业合同，外方在规定的期限内未缴清出资额，对其应如何处理？

【分析】 根据我国中外合资经营企业法的相关规定，如果外方在规定的期限内未缴清出资额，合营企业自动解散，外方应按合同规定向中方支付迟延利息并赔偿损失。

☞ 思考与练习

1. 中外合资经营企业的概念和特征是什么？

2. 中外合作经营企业的概念和特征是什么？

3. 中外合资经营企业的董事会制度包括哪些内容？

4. 中外合作经营企业的组织形式和组织机构的特点是什么？

5. 1994 年 9 月，某市一家用电器厂与日本一家公司合资建立一家电子有限公司。双方签订的合营合同规定：日方以技术入股，作价金额为注册资本总额的 20%；中方以货币、合作场地、厂房来出资。在经营过程中，日方怕担当投资风险，让公司在日本办了财产安全险。公司成立半年后经济效益良好，日方在未经中方董事同意的情况下，以到会的一半董事通过为由，决定增加出资，后再次召开董事会合法通过。因增加出资的确是生产经营所需，所以中方认可了所增加的注册资本。问：

（1）双方在合资经营过程中有哪些地方不符合我国法律规定？

（2）中方应采取何种措施来维护自己的合法权益？

6. 某合资企业的投资双方在合资协议中约定，合同受成立合资企业时适用于中外合资企业的中国法律的约束，在合资企业成立后发生的对原法律的修订或新的立法不适用于该合资企业。问：

（1）我国法律对合营企业的法律适用问题是如何规定的？

（2）本案中合资企业的合资协议是否违反我国法律的规定？

第六章 国有企业法律制度

第一节 国有企业的性质及其分类

一、国有企业的性质和特点

国有企业是资本全部或主要由国家投入，该资本或由该资本形成的股份归国家所有的企业。

国有企业除具有一般企业的基本特征外，还有以下特殊性：

首先，国有企业的资本构成全部或主要来自国家投资。国家以归其所有的资产（国有资产）出资，投入企业的运营。国家（其授权的投资主体）可以作为企业唯一的出资人，开办国有独资企业。国家成为企业全部资本的所有人，对企业行使所有者权利。两个以上的国家授权投资主体也可以共同出资组成企业，该企业的财产权仍全部为国有。国家授权投资主体还可以同非国有单位或个人组成企业。如果国家投资主体的出资在企业总出资中占主要部分，即50%以上，或虽然低于50%，但实际上国有投资主体控制了该企业的经营决策权，一般也将其纳入国有企业的范围。

其次，国有企业一般是营利性的，但也有非营利性的，或者说国有企业不以营利为唯一目的。国有企业虽然同其他企业一样从事生产经营活动，但其要执行国家计划和经济政策，担负国家经济调节管理的职能。对于那些微利甚至不能营利的行业和部门，由于其关系到国计民生，国家也要进行投资和经营。当这些行业和部门能够营利或利润较高，其他资本愿意投资时，国有资本可以减少，甚至退出。

再次，国有企业同其他企业一样，都须依法设立，但其所依据和适用的法律有所不同。国有企业依据和适用关于国有企业的特别法，虽然也适用一般企业法的许多一般性规定。在设立程序方面，国有企业较其他企业更为严格、复杂；在企业的权利义务方面，国有企业既享有许多国家给予的政策性优惠和某些特权，如经营的垄断性、财政扶持、信贷优惠以及在资源的利用、原材料供应、国家订货和产品促销、外汇外贸等方面的优惠、亏损弥补和破产时的特殊对待等，同时，又受到国家的许多政策性限制，承担特别的义务，如必须执行国家的计划、价格权的限制、生产经营自主权的限制，要优先保障国家和社会的需要，满足国家调节经济的要求等；在国家对企业的管理关系方面，国家需要以政权和所有者双重身份进行管理，在许多方面，国家要以自己为一方主体同企业和企业中有关各方直接发生各种法律关系。

最后，国有企业作为法人与一般企业法人有所不同。各国对于具备法定条件的国有企业也赋予其法人资格。但一般企业法人对其财产拥有所有权，而国有企业（这里指国有独资企业）对其财产只享有经营管理权，所有权归国家。

二、国有企业的分类

（一）公法上的国有企业和私法上的国有企业

在一些发达国家，国有企业一般可以国家对企业的控制程度为标准，分为三种：（1）政府及其部门控制的没有独立人格的企业，其财务在一定程度上与政府预算有直接联系。美国法律规定，非法人的公共事业机构，如国家科研机关、实验室及各种实验性企业和工厂也应划入国有企业的行列。在日本，中央政府经营的国有企业主要集中在邮电、造币、印刷、国有林业、酒类专卖等“五现业”，这类企业被称为直营事业，有关机构虽原则上实行企业化经营，独立核算，但实行不同于一般会计的特别会计制度。德国国有企业中也存在资产独立于政府的预算，实行独立核算，但不具有独立法人地位的被称为“自主化的特殊资产”(如联邦的铁路、邮电等)，还有组织上和财务上均不独立的市镇直控企业（主要为小城镇的公用事业、屠宰、园艺、公墓、机关食堂等单位)。（2）公法人企业，即依照专门的法律设立和经营的具有独立法人地位的国有企业。如在日本主要是中央和地方政府独立出资或联合出资的包括银行、公库、公团、公社等在内的特殊法人企业，以及如法国的法国电力公司、煤气煤炭公司等公用事业企业。（3）政府控制的商事公司，即依照私法设立和经营，政府作为股东，依民商法和公司法参与决策和经营的企业。如在日本由中央政府、地方政府和私人企业共同投资建立，采取股份公司或有限责任公司形式，被称为“第三部门”的国有企业，以及法国的法国石油公司、美国的波音公司等。

以上第（1)、（2）种企业可以称为公法上的国有企业，第（3）种企业可以称为私法上或民商法上的国有企业。公法上的国有企业因各国的情况不同而有很大的差异，私法上的国有企业多采用有限责任公司或股份有限公司的形式，政府只是通过掌握股份、委派董事、聘任经理等方式控制企业，对其运作通常不直接干预。

与上述公法上的国有企业和私法上的国有企业相对应，我国现存的国有企业大致有两种：一种是适用企业法、公司法及其相关法规的国有企业。这类国有企业具有竞争性、营利性或商事性，与一般市场主体一道参与市场竞争，并不承担特殊的义务。另一种是适用特别法或行政法令、政策的国有企业。这类企业因在较大程度上受政策、公众利益及国家为其规定的特殊任务的约束，属于特殊意义的国有企业，如军工企业、航天、铁路、邮电、政策性银行、国家投资公司、开发性公司等。

（二）竞争性国有企业和非竞争性国有企业

竞争性国有企业以营利为目的，主要适用民商法等私法的有关规定，国家不进行直接干预，仅在普通企业法的范围内对其进行必要的监督，让其依照普通企业法，与普通企业一样参与市场竞争，属于私法上的国有企业；非竞争性的国有企业，其经营领域是具有自然垄断性质或者是国家基于政策目的而实施的垄断经营产业，其设立和运行主要适用公法的有关规定，属于公法上的国有企业。在我国，现有国有企业大多数属于竞争性的，国家对其经营管理不直接进行控制。但对于采矿、铁路运输等具有自然垄断性的国有企业，以及航天、军工、电信、烟草等关系国计民生的国有企业及供水、供电、城市公共交通等具有公益性质的国有企业和开发、进出口信贷及金融、保险等政策经营性的国有企业，为了保证国家和社会的利益，主要由中央或地方政府直接或授权有关机构投资经营，更多地担当调节社会经济的政策性功能。

（三）国有独资企业和国有公司

国有独资企业是指资本由国家单独投资，实行独资经营的非公司制企业；国有公司是指国家资本直接或间接介入，由国家实施控制的公司制企业，包括由单一国有投资主体投资经营的国有投资公司和由两个以上投资主体投资组成的国有公司。此外，依据国家控股的程度和方式不同，国有公司又可分为直接控股和间接控股、全资控制和参股控制。政府资本直接介入的企业为国家直接控股企业，新加坡著名的三大控股公司，即国家发展部控股公司、胜利控股公司和淡马锡控股公司，以及法国电力公司、法国煤气公司等属于国家直接控股；国家对直控企业的子公司、孙公司，则属于间接控股。新加坡的三大控股公司控制着新加坡全国绝大多数国有企业。在意大利，国家参与部也通过伊利公司、埃尼公司、埃菲姆公司等三大控股公司控制着直接从事生产经营的众多基层参与制企业。全资控制是指国有企业的资本完全由国有投资主体或财产主体所持有（如地方政府和中央政府共同投资）。在西方发达国家，资本全为国有资产的企业，即使是几个财政主体或公共团体联合投资的企业，通常也都是公法上的国有企业，具有较强的政策性或公益性。国家参股的国有企业则是国有主体与非国有主体合资经营，由国家控制的混合所有制企业，如日本的"第三部门"。从西方国家的情况看，除非是依照专门法律设立或运作的特殊企业，如实行民营化改革后的美国电信电话公司、日本电信电话公司等，国家参股企业无论是否由政府控制，都适用普通企业法、公司法，并适用一般企业会计制度，具有较大的自主性。

在我国，随着国有企业的改制，国有企业的类型不仅有国有独资企业，还包括国有资产控股或控制的混合所有制企业。国有资本通过股份制可以吸引和组织更多的社会资本，放大国有资本的功能，提高国有经济的控制力、影响力和带动力。

第二节　国有企业的设立

国有企业与其他企业一样都必须依法设立，但作为特殊形态的企业组织，其设立除需要遵循企业法的一般性规定外，更主要的是依据和适用国有企业法的特别规定。在西方市场经济国家，国有企业承担着调节国民经济结构和运行的特殊任务和使命，所投资的产业和领域具有投资规模大、建设周期长、风险系数高、全局意义重等特点。因此，各国对国有企业的开办规定了严格的准入条件，其设立条件和程序较其他企业更加严格、复杂。

一、国有企业设立的主要方式和途径

19 世纪末 20 世纪初，资本主义国家先后一次又一次的经济危机，暴露了市场机制在宏观经济调节中的缺陷，表明了国家干预经济的重要性。此后，西方各国开始进行直接投资，通过对国有资产的控制和运营，增强国家调节社会经济的物质力量，调节国民经济的结构和运行，国有企业开始大量涌现。国有企业的形成主要有征收、收购和投资兴建等几

种方式和途径。

（一）征收

征收是指国家对原属于私人或外国政府所有的财产收归国有的一种强制性措施，是国有化的一项重要手段，也是国有企业形成的一种重要的方式和途径。许多国家为了公共利益，采取这种方式将某种权利或私有财产收归国有。如1934年，巴西政府颁布矿业法，规定一切矿业资源和水利资源归国家所有，并成立了公共事业管理局、国家经济委员会和国家矿业局；1938年，巴西颁布石油国有化法令，成立石油委员会，并将最大的英资企业巴西洛伊德运河公司和一些私人铁路收归国有。二战后，由于各国经济重建的需要，许多国家对被法西斯政权所垄断的企业加以改造，形成了新的国有企业。德国联邦基本法明确规定，原帝国和普鲁士及巴伐利亚地方政府的财产以及所参与的企业均归联邦共和国所有。许多新独立的发展中国家为了维护民族经济利益、巩固政治独立，也采用征收这种方式进行经济改革。可以说，对于发展中国家而言，国有企业与民族独立是相伴而生的。

（二）收购

收购是国有企业形成的另一种途径，也是最为常见的一种国有化手段。早在20世纪20年代，德国政府就收购了一批濒临倒闭的私人企业，从而使20年代末德国国家和地方政府拥有的企业资产达到500多亿马克。仅20世纪70年代中期，英国政府就收购了25家私人大公司的股份，使国有企业的范围由原来的基础部门进一步扩张到金融、船舶工程和船舶修造、航空和制药工业等。1978年，英国政府已控制了全国邮电、铁路、电力、煤气、采矿、造船等部门的全部，航空航天和钢铁业的3/4，汽车工业的1/2，石油产业的1/4。

（三）投资新建

政府直接投资兴办各种形式的国有企业，是国有企业形成的基本方式。为了增强国家对经济的调节功能，各国政府都比较重视对基础行业和先导行业的投入。二战时，美国政府就设立了2600家大型工业企业，包括机械、化工、冶金、船舶、发电和军工企业等，总投资超过了同期私人企业的投资。美国政府还十分重视对科研和开发的投入，投资兴办了一大批国有的实验室、研究中心、开发性企业，促进了航天、电子、新材料、生物等高科技的发展。对于基础工业较为薄弱的发展中国家，直接投资对于国有企业的形成和发展更为重要。如在20世纪60年代中期，巴西政府先后兴建了300多家国有企业，包括飞机制造、核能等军工部门和其他新兴产业部门的企业。到20世纪80年代末，巴西全国投资的35%由国家直接掌握，在全国资产最多的25家企业中，国有企业在数量上占1/3，国有资产占80%。

我国在建国后，为了巩固新政权和建立社会主义的经济制度，通过没收、改造和大量投资等方式建立了强大的国有经济，奠定了我国工业化的基础。但由于指导思想上的误区，造成了我国国有经济布局不合理、企业组织形式单一、效率低下等问题。这些问题也正随着当前我国国有企业改革的不断深入而逐步得到解决。

二、国有企业设立的立法主义

企业设立的立法主义，是指法律规定的发起人在设立企业时所应遵循的基本原则，故又称为企业设立的立法原则，体现着国家对企业设立的基本态度。企业设立的立法原则大体有自由设立主义、特许主义、核准主义、准则主义等。从我国国有企业设立实践来看，准则主义、核准主义和特许主义都同时存在，只是其适用的范围和对象各异。

（一）准则主义

准则主义，又称登记主义，是指设立企业不需要报有关主管机关批准，只要符合法律规定的成立条件，即可向企业登记机关申请登记，经登记机关审查合格后授予合法主体资格。

根据我国公司法的有关规定，对于加工制造、商品流通和一般性服务咨询等竞争性行业的有限责任公司而言，它们与政府之间并不存在行业准入和管制的问题，而只是与工商行政管理部门之间存在着市场与竞争秩序的维护与管理问题，因此，符合公司设立条件的，可以径行注册登记，无须政府部门的事先审批。我国国有企业的设立依然实行“核准主义”，如果完全由“准则主义”取代“核准主义”，必然会带来国家投资的无序状况，但也应看到完全实行“核准主义”的弊端，应把“准则主义”作为国有企业设立登记的改革方向。

（二）核准主义

核准主义，又称“许可主义”或“审批主义”，指公司设立除具备法定的一般要件外，还须经政府行政主管机关进行审查批准方可成立。核准主义因其程序较为烦琐，难以适应市场经济发展的需要，逐渐被准则主义所取代。但直到现在，准则主义在一定范围内仍然适用，各国政府从国民经济整体发展的需要出发，对关系国计民生的特殊行业均给予必要的行业管制，要求从事特殊经营行业的公司必须履行事先审批手续。目前，我国对外贸、金融、交通、邮电、新闻出版、医药卫生等行业要求特殊审批，而国有企业主要集中在这些特殊行业。因此，核准主义仍将是国有企业设立的主要原则。

（三）特许主义

特许主义主要是依据特别法、专门法规或行政命令设立企业，或国家权力机关或国家领导人特许设立公司。目前各国仍然有少数大型国有企业是通过特许方式设立的，我国也有类似的特许企业，如国务院决定设立的行业总公司、长江三峡开发总公司、国家开发银行、中国农业银行等，其组织和经营管理不完全适用公司法，并有国务院特别批准的规章。

第三节　国有独资企业经营管理制度

一、国有独资企业的概念和特点

国有独资企业，在我国又称为全民所有制企业，是指资产完全归国家所有、不具有公司形态的法人企业。国有独资企业具有以下特点：

1. 企业投资主体的惟一性

即国家是国有独资企业的惟一投资主体。在实践中，代表国家作为投资主体的是各级有关国家机关或其授权部门。国家投资设立国有独资企业，通常依照的是国家制定的国民经济和社会发展计划。

2. 企业经营目标的社会公益性

国有独资企业的设立主要是为了调控经济，解决社会问题，如实现社会公平，为经济和社会发展提供良好的基础环境和基本条件。虽然追求利润是国有独资企业的重要目标，不过，利润目标对于国家和国有独资企业来说，始终服从于或服务于社会公平与安定的目标及实现经济和社会稳定发展的目标。

3. 企业经营决策的集权性

由于国有独资企业的投资者是国家，企业的经营者一般由国家直接任命或委派，企业的经营管理权集中在国家委派或任命的经营者手中，这种高度集中的企业经营决策体制，能够有效地贯彻国家的意图，实现国家特定的政治经济目标。

4. 企业法律调整的特殊性

为了确保国有独资企业实现其社会功能，国家有时会施之以更强的宏观控制，有时又会给予其更优惠待遇，如财政补贴、税收减免、价格照顾、资金供给等。各国国有独资企业一般都要以特殊的、专门的法律调整，在公司法之外，制定专门调整国有独资企业的法律、法规。我国第七届全国人民代表大会第一次会议于 1988 年 4 月 13 日通过并于 1988 年 8 月 1 日起施行的《中华人民共和国全民所有制工业企业法》，就是一部国有独资企业的基本法。

二、国有独资企业的法人财产和经营权

（一）国有独资企业法人财产权的性质

《国有企业财产监督管理条例》规定，国有企业依法享有法人财产权，具体内容是：(1)企业享有法人财产权，依法独立支配国家授予其经营管理的财产，政府和监督机构不得直接支配企业法人财产；(2) 除法律、行政法规另有规定外，政府和监督机构不得以任何形式抽出注入企业的资本金；(3) 国家对企业承担的财产责任以投入企业的资本额为限，企业以其全部的法人财产承担民事责任。这三条规定简练地概括了国有企业法人财产权的特征：首先，它明确了企业法人财产权是一种财产支配意义上的财产权，国家作为所有者不再对企业法人财产有直接支配权；其次，强调了企业法人财产权的法权性质，即企业法人财产受法律保护，国家作为所有者也不能抽调企业法人财产；最后，明确了国家和企业分别承担的责任。

（二）国有独资企业的经营权及其内容

国有企业经营权是指国有企业对国家授予其经营管理的财产享有的占有、使用和依法处分的权利。它是国家通过宪法、企业法和《全民所有制工业企业转换经营机制条例》赋予国有企业的最核心、最重要的权利。它具有以下特点：(1) 国有独资企业的经营权是国家所有权所派生的一项财产权利。国有独资企业的经营权源于国家所有权，国家所有权是企业经营权建立的前提。没有国家的投资行为以及授权行为，就没有国有独资企业的经营权。(2) 国有独资企业的经营权具有相对独立性。国有独资企业在法律和政策规定的范围内，可以自由行使经营权，任何组织和个人，包括国有独资企业的主管机关、上级机关及各级领导，都不得随意干预和侵犯。(3) 国有独资企业的经营权具有确定性。国

有独资企业的经营权一般通过法定程序确定，其后即使所有人也不得随意改变经营权权限。要改变必须经过法定程序。

根据企业法和《全民所有制工业企业转换经营机制条例》，国有独资企业经营权包括：

1. 生产经营决策权

即企业根据国家宏观计划指导和市场需求，有权作出生产经营决策、生产产品和为社会服务。企业生产经营决策权是企业经营权的首要内容，是实现企业转换经营机制的前提条件。

2. 产品、劳务定价权

即企业为适应市场供求需要依法对自己生产的产品或所提供的劳务自行确定价格的权利。目前除法律另有规定外，企业对自己生产或提供的下述产品或劳务，有自主定价权：(1) 除国务院物价部门和省级政府物价部门管理价格的个别产品外的日用工业消费品；(2) 除国务院物价部门和省级政府物价部门颁布的价格分管目录所列的少数产品外的生产资料；(3) 加工、维修、技术协作等劳务。

3. 产品销售权

即企业依照有关的法律、法规、自行销售本企业的产品的权利，除法律另有规定或者国家明令禁止在市场上销售的产品外，企业可以在全国范围内自主销售本企业生产的指令性计划外的产品。

4. 物资采购权

企业对指令性计划供应的物资，有权要求与生产企业或者其他供货方签订合同；企业对指令性计划外所需的物资，可以自行选择供货单位、供货形式、供货品种和数量，自主签订订货合同，并可以自行进行物资调剂；企业有权拒绝执行任何部门和地方政府以任何形式为企业指定的、指令性计划以外的供货单位和供货渠道。

5. 进出口权

即企业为发展对外贸易，加强对外经济技术合作与交流，在进出口出入境或外汇使用方面所享有的权利。

6. 投资决策权

即企业依照法律、法规和政策的规定自主进行各种投资活动所享有的权利，包括对内和对外投资权。

7. 留用资金支配权

即企业对留用资金依法支配使用的权利。根据规定，企业在保证实现企业财产保值增值的条件下，有权自主确定税后留用利润中各项基金的比例和用途，报政府有关部门备案。

8. 资金处置权

资金处置权是企业依法处置固定资产的权益。除法律和行政法规另有规定外，企业根据生产需要，对一般固定资产，可以自主决定出租、抵押或者有偿转让；对关键设备、成套设备或重要建筑物，可以出租，经政府主管部门批准后也可以抵押、有偿转让。

9. 联营、兼并权

联营、兼并权是企业为了发展生产加强联合，依法同其他企业、事业单位从事联营的权利。

10. 劳动用工权

即企业在招收、录用、辞退、奖惩职工和决定用工方面所享有的权利。

11. 人事管理权

人事管理权是企业在实行厂长负责制的基础上依法进行各项人事管理工作的权利，即企业按照德才兼备、任人唯贤的原则和责任与权利相统一的要求，自主行使人事管理权。

12. 工资、奖金分配权

即企业在按国家规定提取的工资总额内，有自主使用、自主分配工资和奖金的权利。

13. 内部机构设置权

即企业自主决定内部机构的设立、调整和撤销，决定企业的人员编制的权利。

14. 拒绝摊派权

即企业拒绝任何机关和单位以任何方式在法律、法规的规定之外，要求提供人力、物力、财力的行为。

三、国有独资企业的内部领导体制

我国现行的国有独资企业内部领导体制，主要是依据《中华人民共和国全民所有制工业企业法》、《全民所有制工业企业厂长工作条例》、《全民所有制工业企业职工代表大会条例》、《中国共产党全民所有制工业企业基层组织工作条例》等法规和政策的规定建立起来的，其基本内容可概括为："厂长全面负责，党委保证监督，职工民主管理。"

"厂长全面负责"是指厂长在企业中拥有最高法律地位，统一行使企业生产经营管理的决策权和指挥权，并对此负全面责任。全民所有制工业企业法第45条规定，厂长是企业的法定代表人，企业建立以厂长为首的生产经营管理系统，厂长在企业中处于中心地位，对企业的物质文明建设和精神文明建设负有全面责任。厂长负责制是国有独资企业内部领导体制的核心内容。

"党委保证监督"是指企业党委有义务使决策和执行机构正确地做出决策和切实地实施决策，并有权对决策和执行机构在经营管理过程中出现的违法和违反政策的偏向和行为采取措施予以纠正。全民所有制工业企业法第8条规定，中国共产党在企业中的基层组织对党和国家的方针、政策在本企业的贯彻执行实行保证监督。可见，企业党委实际上具有一定的监督和执行职能，有义务保证企业的生产经营决策和其他经营管理活动符合党和国家的方针政策，并使之得以贯彻执行。

"职工民主管理"是指企业职工通过职工代表大会等形式对企业决策的执行者和指挥者进行有效的监督，并依法在一定程度上参与企业的决策，维护职工的利益。实行企业职工民主管理，既是社会化大生产的客观要求，又是保证职工主人翁地位的必然要求，它使得企业经营决策拥有深厚的群众基础，能够维护职工的切身利益。

第四节　国有公司的经营管理体制

国有公司是指资本全部或主要由国家投入，依法设立从事生产经营活动的公司企业，包括国家独资经营的国有独资公司和两个以上的国有企业或者其他两个以上的国有投资主体投资设立的公司以及由国家控股的混合所有制性质的公司企业。

我国国有公司的经营管理体制也是由公司法确立，按照公司制度的一般法则来进行运作，其内部治理结构由股东会、董事会、监事会和经理层组成。关于国有公司股东会、董事会、监事会的组成、运作、职权等，参见公司法一章。这里仅就党委会、职代会和工会在国有公司中的地位和作用进行阐述。

党委会、职代会和工会通常被称为“老三会”，它是我国政治制度在国民经济基层单位的具体体现，是传统企业组织制度的精髓。在公司制改造后，上述组织仍会存在。它们在公司中到底应处于什么地位？如何协调和理顺它们与股东会、董事会、监事会（俗称“新三会”）之间的关系成为不少国有公司的一个重要问题。对此党的十五届四中全会提出了原则意见，指出“国有独资公司和国有控股公司的党委负责人可以通过法定程序进入董事会、监事会，董事会、监事会都要有职工代表参加”。

党委会作为党在公司中设置的基层组织，不能成为公司的行政机构，不能直接干预公司的日常决策和行政事务，更不能取代股东会和董事会行使公司的经营决策权。其主要任务是贯彻党的方针、政策，发挥政治核心和监督保证作用，通过抓好党的自身建设，增强党员在生产和工作中的模范带头作用。符合条件、受股东和职工信任的党委成员，可以被选举为董事会和监事会成员，但决不能依靠党和政府背景，干扰董事会执行公司事务。

职代会是企业职工参与民主管理、行使当家做主权利的一项基本制度。由于职工是企业生产经营行为的主体，职工生产积极性的发挥程度和劳动效率的高低，对企业的生产经营状况有举足轻重的影响。因此，由职工推选代表组成的职工代表大会在行使民主管理权利上有重要意义。我国公司法规定，有限责任公司和国有独资公司可以设立职代会，但也可以采取其他形式进行民主管理。还应明确，即使设立职代会，它也仅是公司民主管理机构而非权力机构。股东会在审议表决有关公司生产经营的重大问题时，应当认真听取和充分考虑职代会的意见。但职代会不能代替股东会行使公司重大事务的决定权。当然，为了强化职工参与民主决策管理，应坚持公司董事会、监事会成员中必须有一定比例的职工代表，职工代表由职代会民主选举产生。

工会在维护职工合法权益、改善劳动条件等方面具有特殊的重要作用。因此，我们不仅不能削弱工会组织，还需要加强工会作用。每个公司都有义务为本公司工会提供必要的活动条件，凡涉及用工制度、劳动报酬、劳动保护、职业培训、社会保险等关系职工利益的重大问题的讨论，都应当吸收工会代表参加，听取工会组织的意见。

【案例分析】

某市国有资产监督管理机构出资的甲国有独资公司（以下简称“甲公司”）拟将60%的国有产权转让给乙上市公司（以下简称“乙公司”）。双方拟订的有关协议部分要点如下：

(1) 甲公司的产权转让应当经董事会审议，并报市国有资产监督管理机构批准；甲公司的职工安置方案应当报职工代表大会备案。

(2) 国有产权转让事项经审批后，由甲企业组织清产核资，并根据清产核资结果编制资产负债表和资产移交清册，并委托会计师事务所实施全面审计，包括对甲公司法定代表人的离任审计。

(3) 在清产核资和审计的基础上，委托丙资产评估事务所进行资产评估，评估报告经核准或者备案后，按照评估结果的85%确定实际交易价格。

(4) 乙公司采取分期付款方式，首期付款不得低于总价款的20%，并在合同生效之日起10个工作日内支付；其余款项应当按同期银行存款利率向甲公司支付延期付款期间利息，付款期限不得超过3年。

(5) 甲公司的产权转让收入，应当首先安置本公司职工并偿还银行债务，其余部分由财政部门组织解缴本级人民政府国库，用以弥补财政赤字。

(6) 本次产权转让完成后，甲公司应当首先向原产权登记机关申请办理变动产权登记，然后向工商行政管理部门申请变更登记。

要求：

(1) 根据国有资产管理法律制度规定，指出本题要点（1）中不符合规定之处，并说明理由。

(2) 根据国有资产管理法律制度规定，指出本题要点（2）中不符合规定之处，并说明理由。

(3) 根据国有资产管理法律制度规定，指出本题要点（3）中不符合规定之处，并说明理由。

(4) 如果丙资产评估事务所与委托人串通作弊，故意出具虚假的资产评估报告，根据国有资产管理法律制度规定，丙资产评估事务所应当承担何种法律责任？

(5) 根据本题要点（4）的内容，指出乙公司分期付款的支付期限是否符合规定？并说明理由。

(6) 根据国有资产管理法律制度规定，指出本题要点（5）中不符合规定之处，并说明理由。

(7) 根据国有资产管理法律制度规定，如果甲、乙公司串通，低价转让国有产权，造成国有资产流失，应承担何种法律责任？

(8) 根据国有资产管理法律制度规定，指出本题要点（6）中不符合规定之处，并说明理由。

【分析】(1) 首先，甲公司的国有产权转让报市国有资产监督管理机构批准不符合规定。根据规定，转让企业国有产权致使国家不再拥有控股地位的，应当报本级人民政府批准。其次，甲公司的职工安置方案报职工代表大会备案不符合规定。根据规定，职工安置事项应当经职工代表大会讨论通过。

(2) 由甲公司组织清产核资不符合规定。根据规定，转让国有产权导致转让方不再拥有控股地位的，由同级国有资产监督管理机构组织清产核资。

（3）按照评估结果的85%确定实际交易价格不符合规定。根据规定，在产权交易过程中，当交易价格低于评估结果的90%时，应当暂停交易，在获得相关产权转让批准机构同意后方可继续进行。

（4）资产评估机构与委托人串通作弊，故意出具虚假的资产评估报告的，没收违法所得，处以违法所得1～5倍的罚款，并予以暂停执业；给利害关系人造成重大经济损失或者产生恶劣社会影响的，吊销资产评估资格证书。

（5）乙公司分期付款的支付期限不符合规定。根据规定，采取分期付款方式的，受让方首期付款不得低于总价款的30%（而非20%），并在合同生效之日起5个工作日支付（而非10日）；其余款项应当提供合法的担保，并应当按同期银行贷款利率（而非存款利率）向转让方支付延期付款期间的利息，付款期限不得超过1年（而非3年）。

（6）甲公司的产权转让收入用以弥补财政赤字不符合规定。根据规定，转让企业国有产权的净收益，应当首先安置本企业职工并偿还银行债务，其余部分由财政部门组织解缴本级人民政府国库，列入专门账户，专项用于支持结构调整或者补充需要扶持的国有企业资本金，不得用于经营性支出、弥补财政赤字、发放工资奖金。

（7）国有资产监督管理机构应当要求转让方终止产权转让活动，必要时应当依法向人民法院提起诉讼，确认转让行为无效。对直接责任人员，由国有资产监督管理机构给予警告，情节严重的，给予纪律处分；造成国有资产流失的，应当负赔偿责任。

（8）甲公司申请变更登记的顺序不符合规定。根据规定，甲公司应当向工商行政管理部门申请变更登记前，向原产权登记机关办理变动产权登记。

☞ 思考与练习

1. 什么叫国有企业？其特点和分类如何？
2. 国有企业设立的方式和途径有哪些？其设立的立法主义原则是什么？
3. 什么叫国有独资企业和国有公司？
4. 国有独资企业经营权的主要内容是什么？
5. 党委在国有独资企业领导体制中起什么作用？
6. 职工代表大会在国有公司经营管理体制中的地位和作用是什么？

第七章　企业破产法

第一节　破产法概述

一、破产法的概念

破产法是指调整破产程序中，破产人、破产财产管理人（清算组）和破产企业的债权人、债务人、法院及其他参加人之间，在企业破产、和解、重整等活动中发生的社会关系的法律规范的总称。

二、破产制度的意义

破产制度的意义，有以下几个方面：首先，对于债权人，通过破产程序，可以使他们的债权请求得到公正的待遇，避免在缺乏公平清偿秩序的情况下可能受到的损害。其次，对于债务人的企业，破产程序可以起到两种作用，一是淘汰落后，二是起死回生。再次，对于社会，破产制度的意义，一是规范破产行为，维护正常的债务清偿秩序；二是妥善处理破产事件，减少消极影响，维护社会安定；三是通过优胜劣汰机制，实现资源优化组合，促进经济发展。

三、我国的破产法律规范

普通规范包括2006年8月27日第十届全国人民代表大会常务委员会第二十三次会议通过的《中华人民共和国企业破产法》，1991年《最高人民法院关于贯彻执行〈企业破产法（试行）〉若干问题的意见》，1992年《最高人民法院关于适用〈中华人民共和国民事诉讼法〉若干问题的意见》第16节“企业法人破产还债程序”，2002年最高人民法院《关于审理企业破产案件若干问题的规定》。

特别规范包括商业银行法和国务院关于试点城市国有企业破产的文件。

四、破产案件的管辖

企业破产案件由债务人所在地人民法院管辖。债务人所在地指企业主要办事机构所在地。

五、破产原因

破产界限也称破产原因，是指债务人达到一个什么样的客观状态，便有了被宣告破产的可能。我国企业的破产原因基本有两项事实：一是企业不能清偿到期债务；二是企业资产不能清偿全部债务或明显缺乏偿债能力。

第二节　破产案件的申请和受理

一、破产案件的申请

（一）债权人申请

债权人申请破产，企业法人无力清偿到期债务，债权人可以申请宣告债务人破产还债。

（二）债务人申请

债务人不能清偿到期债务时，也可以向人民法院申请宣告债务人破产还债。这被称作自愿破产申请。

二、破产案件的受理

（一）破产案件受理的概念

破产案件的受理，又称立案，是法院在收到破产案件申请后，认为申请符合法定条件而予以接受，并由此开始破产程序的司法行为。

（二）破产案件受理的条件

1. 形式审查

判定破产申请是否具备法律规定的破产申请形式条件的工作程序，称为形式审查。形式审查的内容包括以下几项：

（1）申请人是否具备破产申请资格（即是否为债权人或债务人）；

（2）申请材料是否符合法律规定；

（3）本法院对本案有无管辖权；

（4）债务人是否属于破产法适用范围内的民事主体。

人民法院收到破产申请后，应当在7日内决定是否立案；破产申请人提交的材料需要更正、补充的，人民法院可以责令申请人限期更正、补充。按期更正、补充材料的，人民法院自收到更正补充材料之日起7日内决定是否立案；未按期更正、补充的，视为撤回申请。

2. 实质审查

判定破产申请是否具备法律规定的破产申请实质条件的工作程序，称为实质审查，又称理由审查。实质审查的内容就是破产原因的存在与否。所以，在破产案件受理阶段的实质审查是一种表面事实的审查，即依据申请人提交的材料进行的审查。

3. 受理通知

人民法院决定受理企业破产案件的，应当制作案件受理通知书，并送达申请人和债务人。通知书作出时间为破产案件受理时间。

4. 受理前的撤回申请

在人民法院决定受理企业破产案件前，破产申请人可以请求撤回破产申请。人民法院准许申请人撤回破产申请的，在撤回破产申请之前已经支出的费用由破产申请人承担。

（三）受理的效果

1. 对债务人的约束

（1）财产保全义务、说明义务和提交义务。

（2）不对个别债权人清偿的义务。

2. 对债权人的约束

（1）破产案件受理后，债权人只能通过破产程序行使权利。

（2）有财产担保的债权人，在破产案件受理后至破产宣告前的期间，未经人民法院准许，不得行使优先权。

（3）债务人的开户银行，不得扣划债务人的既存款和汇入款抵还贷款。

3. 对其他人的约束

（1）债务人开户银行的协助义务。

（2）债务人企业职工保护企业财产的义务。

4. 对其他民事程序的影响

人民法院受理企业破产案件后，以债务人为原告的其他民事纠纷案件尚在一审程序的，受诉人民法院应当将案件移送受理破产案件的人民法院；案件已进行到二审程序的，受诉人民法院应当继续审理。

人民法院受理企业破产案件后，对债务人财产的其他民事执行程序应当中止。以债务人为被告的其他债务纠纷案件，根据下列不同情况分别处理：

（1）已经审结但未执行完毕的，应当中止执行，由债权人凭生效的法律文书向受理破产案件的人民法院申报债权。

（2）尚未审结且无其他被告和无独立请求权的第三人的，应当中止诉讼，由债权人向受理破产案件的人民法院申报债权，在企业被宣告破产后，终结诉讼。

（3）尚未审结并有其他被告或者无独立请求权的第三人的，应当中止诉讼，由债权人向受理破产案件的人民法院申报债权。待破产程序终结后，恢复审理。

（4）债务人系从债务人的债务纠纷案件继续审理。

三、债权申报

（一）债权申报的概念

债权申报是指破产案件受理后，债权人依法定程序主张并证明其债权，以便参加破产程序的法律行为。

（二）债权申报的程序

破产案件受理后，债权人应在规定期间内向人民法院申报债权，逾期未申报债权的，视为自动放弃债权。债权人申报债权的，应说明债权的数额和有无财产担保，并提交有关证明材料。人民法院对于申报的债权，应指派专人进行登记造册。申报的债权，须经债权人会议审查确认，方为确定。

（三）逾期未报的后果

债权人虽未在法定期间申报债权，但有民事诉讼法第 76 条规定情形的，在破产财产分配前可向清算组申报债权。清算组负责审查其申报的债权，并由人民法院审查确定。债权人会议对人民法院同意该债权人参加破产财产分配有异议的，可以向人民法院申请复议。

第三节　债权人会议

一、债权人会议的概念

债权人会议是全体债权人参加破产程序并集体行使权利的决议机构。

二、债权人会议的法律地位、组成及职权

（一）债权人会议的法律地位

债权人会议是全体债权人参加破产程序并集体行使权利的决议机构，是债权人团体在破产程序中的意思发表机关。其职能是要使全体债权人能够就他们的权利行使和权利处分作出共同的意思表示，并维护其共同利益。

（二）债权人会议的职权

其职权是：审查有关债权的证明材料，确认债权有无财产担保及其数额；讨论通过和解协议草案；讨论通过破产财产的变价和分配方案。

三、债权人会议的组成

（一）债权人会议成员

债权人会议成员分为有表决权的债权人和无表决权的债权人两种。

1. 有表决权的债权人

有表决权的债权人是指有权出席债权人会议和发表意见，并有权对债权人会议议决事项投票表达个人意志的债权人。主要包括以下几种：①对债务人直接享有已生效债权而且无财产担保的债权人；②对债务人直接享有已生效债权而且有财产担保，但已放弃优先受偿权的债权人；③对债务人直接享有已生效债权而且有财产担保的债权人，已行使优先权但未能就担保物获得足额清偿的债权人；④已代替债务人向他人清偿债务的保证人或者其他连带债务人。

2. 无表决权的债权人

无表决权的债权人是指有权出席债权人会议和发表意见，但无权对债权人会议议决事项投票表达个人意志的债权人。主要包括以下几种：①对债务人直接享有已生效债权而且有财产担保，未放弃并且未行使优先受偿权的债权人；②债权附有停止条件，其条件尚有待成就的债权人；③尚未代替债务人向他人清偿债务的保证人或者其他连带债务人。

（二）债权人会议主席

债权人会议主席，即负责主持和召集债权人会议的人。债权人会议主席由人民法院从有表决权的债权人中指定。必要时，人民法院可以指定多名债权人会议主席，成立债权人会议主席委员会。

四、债权人会议的召开和议决程序

第一次债权人会议应在债权申报期限届满后15日内召开，由人民法院召集和主持。以后的债权人会议在人民法院或者管理人、债权人委员会认为必要时召开，也可以在清算组或占无财产担保债权总额的1/4以上的债权人向债权人会议主席提议召开。

债权人会议的决议，由出席会议的有表决权的债权人的过半数通过，并且其所代表的债权额必须占无财产担保债权总额的半数以上，但在通过和解协议时，应当占这一总额的2/3以上。债权人会议的决议，对于全体债权人均有约束力。债权人认为债权人会议的决议违法的，可在该决议作出后15日提请法院裁定。

第四节　和解和重整程序

一、和解的概念

和解是指人民法院在受理破产案件后至作出破产宣告前，由债权人申请和解并提出和解协议草案，经债权人会议讨论通过，并经人民法院认定后，发布公告中止破产程序的一种程序。整顿是指全民所有制企业发生破产原因，由债权人申请破产案件中，被申请破产企业的上级主管机关为挽救和振兴该企业而向人民法院提出整顿申请，在被申请破产企业而向人民法院提出整顿申请，在被申请破产企业与债权人会议达成和解协议之后，按照企业整顿计划和方案进行整顿，走出困境，恢复活力的一种程序。

二、和解协议的成立和生效

和解协议成立的方式，是债务人以提出和解协议草案的形式向债权人团体发出要约，债权人会议以通过和解协议草案的决议形式作出承诺。债权人会议通过和解协议草案的决议，符合“由出席会议的有表决权的债权人的过半数通过，并且其所代表的债权额占无担保债权总额的2/3以上”的条件时，即为达成和解协议。

和解协议的生效。债务人和债权人达成和解协议，必须经人民法院认可方能生效。

经债权人会议通过的和解协议，提交人民法院认可的，人民法院应当从协议内容和会议程序两个方面进行审查。如未发现违法情事，则予认可。如果发现违法则不予认可并宣告债务人破产。

人民法院认可和解协议，应当发布公告，中止破产程序。和解协议自公告之日起具有法律效力。

三、重整

（一）重整申请的提出

债权人申请对债务人进行破产清算的，在人民法院受理破产申请后、宣告债务人破产前，债务人或者出资额占债务人注册资本1/10以上的出资人，可以向人民法院申请重整。人民法院审查后认为符合条件的，应当裁定重整，并予以公告。

（二）重整计划的制订和批准

债务人或者管理人应当自人民法院裁定债务人重整之日起6个月内，同时向人民法院和债权人会议提交重整计划草案。重整计划经债权人会议讨论，债权人会议实行分项讨论，会议通过后，执行重整计划，未获通过人民法院裁定终止重整程序，并宣告债务人破产。

（三）重整计划的执行

重整计划由债务人执行，债务人不能执行或不执行重整计划的，经管理人或者利害关系人请求，人民法院应当裁定终止重整程序，并宣告债务人破产。

第五节　破产宣告和破产清算

一、破产宣告

（一）破产宣告的概念

破产宣告，就是法院对债权人具备破产原因的事实作出有法律效力的认定。

（二）破产宣告的依据

债务人具备破产原因，是破产宣告的基本依据和必要条件。没有破产原因的事实存在，则不得进行破产宣告。

（三）破产宣告的效果

1. 对破产案件的效果

破产宣告对于破产案件的效果，就是破产案件转入破产清算程序。在破产案件受理后，破产宣告以前，债务人还可以通过和解或者其他方式（例如取得担保，在短期内清偿债务）而避免破产清算。而一旦进行破产宣告，则破产案件不可逆转地进入清算程序。

2. 对债务人的效果

（1）债务人成为破产人。

（2）债务人财产成为破产财产。

（3）债务人丧失对财产和事务的管理权。

（4）债务人的法定代表人承担与清算有关的法定义务。

3. 对债权人的效果

（1）未到期的债权视为到期。

（2）有财产担保的债权人可以随时由担保物获得清偿。

（3）对破产企业负有债务的债权人享有破产抵销权。

(4) 无担保债权人依破产分配方案获得清偿。

4. 对第三人的效果

(1) 破产人占有的属于他人的财产，其权利人有权取回。

(2) 破产人的债务人，应当向清算组清偿债务。

(3) 持有破产人财产的人，应当向清算组交付财产。

(4) 破产人的开户银行，应当将破产人银行账户供清算组专用。

(5) 待履行合同解除或继续履行时，相对人享有相应的权利。

二、管理人

(一) 管理人的性质

管理人是依照破产法规定，在破产宣告后成立的独立执行破产清算事务的机关。管理人具有以下法律特征：

(1) 管理人是依破产法的规定，在破产宣告后成立的特别机关。

(2) 管理人是负责执行破产财产管理、变价、分配等清算事务的专门机关。

(3) 管理人是以自己名义执行破产清算事务的独立机关。

(4) 管理人是随破产清算程序终结而解散的临时机关。

(二) 管理人的组成

(1) 管理人由人民法院指定。

(2) 管理人可以由有关部门、机构的人员组成的清算组或者依法设立的律师事务所、会计师事务所、破产清算事务所等社会中介机构担任。

(3) 管理人对人民法院负责并且报告工作，接受人民法院的监督。

三、破产债权

(一) 破产债权的构成要件

(1) 必须是破产宣告前成立的债权。

(2) 必须为财产请求权。

(3) 必须为无财产担保的债权。

(4) 必须是依破产程序申报确认的债权。

(二) 破产债权的范围

破产债权依破产宣告前成立为基本要件，主要由以下几部分构成：

(1) 无财产担保的债权和放弃了优先受偿权的有财产担保的债权。

(2) 有财产担保的债权，其数额超过担保物价值未受清偿的部分。

(3) 破产企业的保证人或其他连带债务人，因代位清偿后而取得的求偿权。但是，当保证人未代替被保证人清偿债务的，则有两种选择：债权人可将其全部债权作为破产债权申报并参加分配，不足部分还可以向保证人追偿；或在债权人不参加破产程序的情况下，保证人可将其保证的债务作为破产债权申报并据此分配。

(4) 清算组行使撤销权决定解除的合同，另一方当事人因合同解除受到损害而发生的损害赔偿请求权。

（5）票据发票人或背书人被宣告破产，其付款人或承兑人不知其破产事实而付款或承兑，由此产生的债权视为破产债权。

（6）破产宣告时破产企业未到期的债权视为已到期的债权，并入破产债权，但应减去未到期的利息。

四、破产财产

（一）破产财产的含义

破产财产是指破产宣告时至破产程序终结前，所有归破产企业拥有的可用于破产分配的全部财产的总和。即破产宣告时破产人所有的财产以及破产宣告后至破产程序终结前破产人取得的财产都列入破产财产。由此，破产财产的构成有以下几部分：

（1）破产宣告时破产企业经营管理的全部财产。

（2）破产企业在被宣告破产后至破产程序终结前所取得的财产，如清算组依法进行必要民事活动所取得的财产，清算组行使追回权所追回的财产。

（3）应当由破产企业行使的其他财产权利，如专利权、商标权、专有技术以及破产企业原来与其他企业联营所投入的财产和应得的利益等。

（二）取回权、撤销权、抵销权

取回权是指从清算人接管的财产中取回不属于破产企业所有的财产请求权。取回权之标的物在被取回之前，是列入破产财产的。破产企业内属于他人的财产，由该财产的权利人通过清算组取回。

撤销权是指破产企业在破产案件受理前的法定时间内和受理案件后实施的，违反公平清偿原则并有损于债权人共同利益而处分的财产，依法应由管理人通过向人民法院申请追回该财产的一种权利。

在破产宣告时，破产债权人对破产人负有债务，不论债权人的债权同他所负担的债务是否属于相同的种类，不论这种债权是否到期，债权人享有用其债权抵销其所负担的债务的权利，这种权利称为破产抵销权。

五、破产费用和共益债务

（一）破产费用的范围

破产费用，是指破产程序开始后，为破产程序的进行以及为全体债权人的共同利益而在破产财产的管理、变价和分配中产生的费用，以及为破产财产进行诉讼和办理其他事务而支付的费用。

破产费用包括：破产案件的诉讼费用；管理、变价、分配债务人财产的费用；管理人执行职务的费用、报酬和聘用工作人员的费用。

（二）共益债务的范围

共益债务，是指为债权人的共同利益而在破产程序中支付其他费用。共益债务包括：

（1）因管理人或者债务人请求对方当事人履行双方示履行完毕合同所产生的债务。

（2）债务人财产人财产受无因管理所产生的债务。

（3）因债务人不当得利所产生的债务。

（4）因债务人继续营业而支付的劳动报酬和社会保险费用以及由此产生的其他债务。

（5）管理人或者相关人员执行职务致人损害所产生的债务。

（三）债务清偿程序和顺序

1. 破产财产变价

破产财产变价，是指清算人将非金钱的破产财产，通过合法方式加以出让，使之转化为金钱形态，以便于清算分配的过程。破产财产在变价前，有必要进行估价的，应当进行估价。清算组进行破产财产的变价，应当制订变价方案，提交债权人会议审议通过。依照国家规定不能公开拍卖或出售的财产，应依国家规定的方式变卖。变卖破产财产，原则上应公开进行，通常采用的形式有拍卖、招标出售、标价出售。

2. 破产分配

破产分配，应首先由清算组提出破产财产分配方案，经债权人会议通过，报清法院裁定后执行破产财产。在优先清偿破产费用和共益债务后，依照下列顺序清偿：

（1）破产人所欠职工工资和医疗、伤残补助、抚恤费用、所欠的应当划入职工个人账户的基本养老保险、基本医疗费用，以及法律、行政法规规定应当支付给职工的补偿金。

（2）破产人欠缴的除前项规定以外的社会保险费用和破产人所欠税款。

（3）普通破产债权。

破产财产不足以清偿同一顺序的清偿要求的，按照比例分配。在先顺序清偿完毕后，有剩余财产的，进行下一顺序的清偿；每一顺序的债权，破产财产足够清偿的，予以定额清偿；不足清偿的，按比例清偿。

（四）破产程序的终结

破产程序终结的法律后果：破产企业的法人资格归于消灭；未得到清偿的债权不再清偿。

【案例分析】

案例一 2002年3月1日，人民法院受理了甲公司就自己不能支付到期债务而提出的破产申请，并依照法定程序，于同年10月10日宣告该公司破产，同年10月20日成立了清算组。清算组接管甲公司后，对该公司的财产进行了清理，有关清理情况如下：

1. 甲公司资产总额为1800万元（变现价值）；负债总额为4000万元，其中，流动负债的情况为：

（1）应付职工工资80万元，未交税金220万元。

（2）短期借款500万元。其中：2001年3月5日，以甲公司全部厂房作抵押，向中国工商银行贷款300万元；2001年6月1日，以全部机器设备作抵押，向中国建设银行贷款200万元。

（3）应付账款640万元。其中包括但不限于：

①应付乙公司2001年4月到期货款100万元。乙公司经多次催收无效后向人民法院提起诉讼，2002年2月25日，人民法院终审判决甲公司支付乙公司欠款及违约

金和赔偿金等共计120万元，并将甲公司办公楼予以查封，拟用于抵偿乙公司的债权。人民法院受理甲公司破产申请时，此判决尚未执行。

②应付丙公司2001年7月18日到期货款180万元。2001年6月18日应丙公司的要求，甲公司与丙公司签订了一份担保合同，担保合同约定：以甲公司机器设备作抵押，若2002年6月18日前甲公司仍不能支付丙公司180万元货款，则以甲公司机器设备变卖受偿。

③应付丁公司2002年1月30日到期货款200万元。

(4) 其他流动负债合计1660万元。

2. 甲公司于1999年8月10日在某港口城市设立的甲分公司，至人民法院受理破产申请之日止，账外资金累计余额为90万元。2002年3月20日，甲分公司的主要负责人将该90万元作为奖金予以私分。

3. 甲公司2001年4月26日为戊公司向城市商业银行贷款70万元（贷款期限为18个月），提供担保，并与城市商业银行签订了保证合同。保证合同约定：当戊公司不能偿还到期贷款时，由甲公司承担连带保证责任。城市商业银行在法定期限内未申报债权。

4. 甲公司在破产程序中支付的破产费用为40万元。

5. 经评估确认：甲公司厂房变现价值为160万元，办公楼变现价值为190万元，机器设备变现价值为320万元。经查，甲公司的股东用于出资的房产在出资时作价300万元，而当时的实际价值仅为120万元；甲公司用于抵押的厂房、机器设备于合同签订的当天全部办理了抵押登记手续。

根据以上事实，在不考虑债权利息的情况下，分别回答下列问题：

1. 人民法院查封的甲公司的办公楼可否用于偿还所欠乙公司的货款？并说明理由。

2. 甲公司所欠丙公司的货款是否属于破产债权？并说明理由。

3. 对甲分公司私分的财产应如何处置？并说明理由。

4. 甲公司与城市商业银行订立的保证合同是否应当终止？并说明理由。

5. 甲公司的破产财产额是多少？并具体说明破产财产的构成。

6. 如果甲公司的破产债权额确认为3125万元，则丁公司可分配的财产具体数额为多少（金额保留至元）？并列明计算过程。

【分析】 1. 人民法院查封的甲公司的办公楼不能用于偿还所欠乙公司的货款。根据企业破产法的规定，人民法院受理企业破产案件后，对债务人财产的其他民事程序应当中止。

或：以债务人为被告的其他债务纠纷案件，如果已经审结但未执行完毕的，应当中止执行，由债权人凭生效的法律文书向受理破产案件的人民法院申报债权，统一依破产程序公平受偿。

或：甲公司所欠乙公司的货款属于破产债权，其办公楼不能用于偿还所欠乙公司的货款。

2. 甲公司所欠丙公司的货款，部分属于破产债权，部分不属于破产债权。因为，甲公司的机器设备既用于中国建设银行的贷款抵押担保，又用于丙公司债权的抵押担保。根据破产法的规定，破产企业对其同一财产设定两个以上抵押权的，抵押合同自登记之日起生效的，拍卖，变卖抵押物所得的价款按照抵押物登记的先后顺序清偿。故甲公司机器设备的变现价值应先用于清偿中国建设银行的贷款，剩余部分再用于清偿丙公司的货款，该剩余部分为120万元。

或：在甲公司所欠丙公司的货款中，有财产担保的为120万元，不属于破产债权，无财产担保的为60万元，属于破产债权。

3. 对甲分公司私分的财产，应纳入破产程序进行清理，并由清算组向人民法院申请追回，并入破产财产分配。理由：第一，根据企业破产法的规定，债务人设立的分支机构和没有法人资格的全资机构的财产，应当一并纳入破产程序进行清理。第二，根据企业破产法的规定，人民法院受理破产案件前6个月至破产宣告之日的期间内，破产企业私分财产的行为无效，清算组有权向法院申请追回财产。追回的财产，并入破产财产分配。

4. 甲公司与城市商业银行订立的保证合同应当终止。根据有关规定，债权人在得知保证人破产的情况后，如果未申报债权参加破产程序，保证人的担保义务即从债权申报期限届满之日起终止。

5. 甲公司的破产财产额是1590万元。甲公司破产财产的构成：一是，公司资产总额扣除已作为债务担保物的财产计1320万元（1800万元-160万元-200万元-120万元）；二是，清算组追回甲公司被私分的财产90万元；三是，因甲公司股东出资额不足应当由该股东补足的出资180万元（300万元-120万元）。

6. 丁公司应分配的财产数额为80万元。计算公式为：［1590万元（破产财产额）-40万元（破产费用）-80万元（应付工资）-220万元（未交税金）］÷3125万元（破产债权额）×200万元（丁公司的破产债权）= 80万元。

案例二 2008年4月1日，人民法院受理了甲国有企业（以下简称“甲企业”）的破产案件，并于2008年6月1日宣告甲企业破产。甲企业的有关情况如下：

1. 2008年3月1日，甲企业和A企业签订了100万元的设备买卖合同，根据双方签订的所有权保留条款，A企业于2008年3月10日交付设备，甲企业于2010年6月10日支付货款后设备的所有权转移至甲企业。人民法院宣告甲企业破产时，甲企业尚未支付100万元的设备款。

2. 2008年1月1日，甲企业和B企业共同投资设立合伙型联营企业（以下简称“乙企业”）。2008年2月1日，乙企业向中国工商银行贷款200万元，贷款期限为1年。清算组接管甲企业后，决定收回甲企业对乙企业的投资及应得收益150万元，计入甲企业的破产财产。因甲企业提前退出联营企业，给B企业造成的实际损失为100万元。

3. 2008年1月1日，甲企业向中国建设银行贷款1000万元，贷款期限为1年。甲企业以通过划拨方式取得的国有土地使用权设定抵押，并依法办理了抵押登记手续。经查，该抵押未经具有审批权限的土地行政管理部门批准。

4. 2008年2月1日，甲企业向中国农业银行贷款800万元，贷款期限为2年。甲企业以其办公楼设定抵押，并依法办理了抵押登记手续。经查，该办公楼的国有土地使用权是甲企业通过转让方式取得的，但甲企业以办公楼设定抵押时未经有关主管部门的批准。

5. 2008年3月1日，甲企业向中国银行贷款600万元，贷款期限为1年。甲企业以其机器设备设定抵押，并依法办理了抵押登记手续。经查，甲企业以机器设备设定抵押时未经政府主管部门的批准。

根据破产法律制度的规定，分析回答下列问题：

1. 根据本题要点1提示的内容，该设备是否属于甲企业的破产财产？并说明理由。

2. 根据本题要点2提示的内容，在甲企业被宣告破产时，中国工商银行能否向人民法院申报破产债权？并说明理由。

3. 根据本题要点2提示的内容，在甲企业被宣告破产时，B企业能否向人民法院申报破产债权？并说明理由。

4. 根据本题要点3提示的内容，在甲企业被宣告破产时，中国建设银行对国有土地使用权的拍卖所得是否享有优先受偿权？并说明理由。

5. 根据本题要点4提示的内容，在甲企业被宣告破产时，中国农业银行对办公楼的拍卖所得是否享有优先受偿权？并说明理由。

6. 根据本题要点5提示的内容，在甲企业被宣告破产时，中国银行对机器设备的拍卖所得是否享有优先受偿权？并说明理由。

【分析】1. 该设备不属于甲企业的破产财产。根据规定，破产企业在所有权保留买卖中尚未取得所有权的财产不属于破产财产。在本题中，由于甲企业尚未支付货款，根据所有权保留条款，甲企业尚未取得该设备的所有权，因此不属于甲企业的破产财产。

2. 中国工商银行可以申报破产债权。根据规定，破产企业与他人组成合伙型联营企业的，在退伙收回投资时，破产企业作为退伙人应当对退伙前联营企业的全部债务承担连带责任，联营企业的债权人可以作为破产债权人参加破产程序，接受清偿。

3. B企业可以申报破产债权。根据规定，破产企业与他人组成合伙型联营企业的，在退伙收回投资时，给联营他方造成损失的，联营他方可以实际损失申报破产债权。

4. 中国建设银行对国有土地使用权的拍卖所得没有优先受偿权。根据规定，破产企业对其以划拨方式取得的国有土地使用权无处分权，以该土地使用权为标的物设定抵押，除依法办理抵押物登记手续外，还应经具有审批权限的人民政府或土地行政管理部门批准。否则，应当认定抵押无效。因此，甲企业以该土地使用权设定的抵押无效，中国建设银行对国有土地使用权的拍卖所得没有优先受偿权。

5. 中国农业银行对办公楼的拍卖所得享有优先受偿权。根据规定，如果破产企业将建筑物与“以出让、转让方式取得的国有土地使用权”一并设定抵押的，即使未经有关主管部门批准，亦应认定抵押有效。因此，甲企业以办公楼设定的抵押有效，中国农业银行对办公楼的拍卖所得享有优先受偿权。

6. 中国银行对机器设备的拍卖所得享有优先受偿权。根据规定，国有工业企业以机器设备、厂房等财产设定抵押，如无其他法定的无效情形，不应当仅以未经政府主管部门批准为由认定抵押合同无效。因此，甲企业以机器设备设定的抵押有效，中国银行对机器设备的拍卖所得享有优先受偿权。

☞ 思考与练习

1. 什么叫破产法？
2. 破产案件受理的条件有哪些？
3. 简述破产债权申报程序。
4. 简述债权人会议的组成。
5. 荣昌针织总厂（以下简称“荣昌厂”）始建于20世纪50年代初期，属地方国有企业，因经营管理不善，长期亏损，已严重不能清偿到期债务。1996年9月1日，该厂向人民法院提出了破产申请，人民法院受理此案后，依照法定程序，于1996年12月20日宣布荣昌厂破产，并于同年12月25日成立了清算组接管荣昌厂。随后，清算组对荣昌厂的财产进行了清理，有关清理情况如下：

（1）荣昌厂资产总额为6000万元（变现价值），其中，流动资产1000万元，长期投资800万元，固定资产4000万元，其他资产200万元；负债总额为12000万元，其中，流动负债11000万元，长期负债1000万元。

（2）荣昌厂流动负债的具体情况为：

①应付职工工资及劳动保险费用200万元，应交税金500万元。

②短期借款4200万元。其中，1995年10月5日，以荣昌厂厂房A、机器设备作抵押，向中国建设银行荣昌支行共贷款2200万元；1996年2月1日向中国工商银行荣昌支行信用贷款2000万元。

③应付账款3100万元。其中包括但不限于：（a）欠宏达公司1994年9月到期货款160万元。宏达公司经多次催要无效后，起诉于人民法院，1996年8月2日，人民法院经过二审审理，判决荣昌厂支付宏达公司欠款及违约金和赔偿金等共计200万元，随后将荣昌厂办公楼予以查封，拟用于抵偿宏达公司的债权。人民法院受理荣昌厂破产申请时，此判决正在执行之中。（b）欠华天公司1995年6月到期货款100万元。华天公司经多次催要无效后，于1996年8月10日起诉于人民法院。人民法院受理荣昌厂破产申请时，此案正在审理之中。（c）欠万达公司1996年5月5日到期的货款150万元。1996年6月5日，应万达公司的要求，荣昌厂与万达公司签订了一份担保合同，担保合同约定：若1996年8月5日荣昌厂不能支付万达公司150万元欠款，则以荣昌厂厂房B折价抵偿万达公司欠款。（d）其他流动负债合计3000万元。

（3）经评估确认：荣昌厂厂房A变现价值为500万元，厂房B变现价值为200万元，办公楼变现价值为300万元，机器设备变现价值为1400万元。

（4）荣昌厂在破产程序中支付的破产费用为100万元。

根据以上事实，在不考虑债权利息的情况下，请分别回答下列问题：

(1) 中国建设银行荣昌支行的破产债权额是多少？

(2) 荣昌厂欠宏达公司、华天公司、万达公司的货款是否属于破产债权？为什么？

(3) 荣昌厂的破产财产应为多少？依照企业破产法的规定应按何种顺序分配？

(4) 中国工商银行荣昌支行应分配的财产具体数额为多少？

第八章　合　同　法

第一节　合同法概述

一、合同的概念及特征

合同有广义和狭义之分。广义的合同泛指一切确立权利义务关系的协议，它几乎在各部门法中都有表现，如结婚和离婚协议、收养协议（婚姻法）、遗赠扶养协议（继承法），劳动合同（劳动法），以及各类行政合同等。狭义的合同是指两个以上的当事人，为达到共同目的，在当事人之间设立、变更、终止民事权利义务关系的协议，当事人可以是企业、自然人或其他组织。这里所说的即狭义上的合同。合同具有以下几个法律特征：

首先，合同是一种法律行为。法律行为是指以发生一定的法律后果为目的的合法行为，这种行为产生的权利义务关系是法律关系。合同以意思表示为要素，并且要按意思表示的内容赋予法律效果，因此它是当事人之间确立、变更、终止权利义务关系的法律行为。

其次，合同是双方或多方的法律行为。法律行为有单方的法律行为，也有双方或多方的法律行为。单方的法律行为只需有一个意思表示即可成立。双方或多方的法律行为则必须是双方或多方的意思表示一致才能成立。任何单方的法律行为都不能产生合同，这是合同这种法律行为同其他法律行为的重要区别。

再次，合同当事人的法律地位平等。合同当事人在合同法律关系中具有独立、平等的地位，任何一方都不得对他方加以限制和强迫。

最后，合同是以设立、变更、终止权利义务关系为内容的法律行为。合同成立后，各方当事人之间依据合同达到其目的。

二、合同立法

合同法，即调整合同关系的法律规范的总称，是市场经济条件下的基本法律。

合同法的产生、发展和完善，是与社会商品经济发展状况相适应的，我国合同立法大体经历了三个阶段。

第一阶段是中华人民共和国成立初期，为适应当时的社会经济状况，政务院财政委员会于 1950 年 9 月 27 日颁布了我国第一部合同法规，即《机关、国营企业、合作社签订合同契约暂行办法》。随后，中央各部、委相继颁布了 40 余件相关配套的法规。到 1956 年，我国的合同立法已粗具规模。

第二阶段是党的十一届三中全会以后，随着以经济建设为中心的基本路线的确立，1982年7月1日国家颁行了《中华人民共和国经济合同法》；1985年7月1日国家颁行了《中华人民共和国涉外经济合同法》；1987年11月1日国家颁行了《中华人民共和国技术合同法》。这些标志着我国合同立法又前进了一步。

第三阶段是为了适应日益发展的社会主义市场经济的需要并与国际合同法惯例接轨，1999年3月15日第九届全国人民代表大会第二次会议通过了《中华人民共和国合同法》，自1999年10月1日起施行。新合同法的颁布施行，标志着我国合同立法日臻成熟，也标志着我国市场经济法律体系建设取得了实质性的进展。

（一）新合同法的立法指导思想和特点

首先，从中国改革开放和发展社会主义市场经济、建立全国统一的大市场及与国际市场接轨的经济背景出发，总结以往合同法的司法实践经验和理论研究成果，广泛参考发达国家和地区的立法判例及国际公约，采用现代市场经济客观规律的共同规则，制定一部统一的较为完备、先进的合同法，使之既能适应社会主义市场经济体制建成后对法律调整的要求，同时又兼顾由计划经济向市场经济体制过渡的特点。

其次，充分体现意思自治原则，同时限以诚实信用原则。

再次，在价值取向上兼顾经济效益与社会公平，交易便捷与交易安全的原则。

最后，将原有合同法及有关行政法规、司法解释中有效的部分尽量吸收进来，并加以完善，保持法律的连续性、稳定性，同时注重法律规范的明确性、科学性和操作性。

（二）新合同法的构架

新合同法由总则、分则、附则组成，共23章428条。其中总则部分共129条，规定了合同法的基本原则，合同的订立、效力、履行、变更、转让、终止、违约责任，合同的解释、监督、法律适用及争议解决办法，体现了合同法的基本精神与共同规则。分则包括买卖合同，使用电、水、气、热力合同，赠与合同，借款合同，租赁合同，融资租赁合同，承揽合同，建设工程合同，运输合同，技术合同，保管合同，仓储合同，委托合同，行纪合同，居间合同，共计15种有名合同，可以说基本反映了现实经济中主要的交易类型。

（三）新合同法的基本原则

新合同法的基本原则包括平等原则，自愿原则，公平原则，诚实信用原则和遵守法律、法规，尊重社会公德原则。

新合同法首先确立了意思自治、合同自由这一最高原则，同时突出地强调了现代民法的“帝王条款”——诚实信用原则。该法突出了诚实信用原则，如第60条规定，当事人应当遵循诚实信用原则，根据合同的性质、目的和交易习惯履行通知、协助、保密等义务；第125条规定，对理解有争议的合同条款，应当按照合同所使用的词句、合同的有关条款、合同的目的、交易习惯以及诚实信用原则，确定该条款的真实意思。

（四）分则部分

新合同法改变了经济合同法将各种合同的履行与违约责任分成两章来规定的不合理体系，除了将一些共同的规则抽象出来放在总则中外，特别将每个有名合同列为一章，具体规定了其概念、双方的权利义务、违约责任等。

(五) 新合同法与其他有关的合同法律的关系

(1) 新合同法施行后，原三大合同法同时废止。

(2) 新合同法中虽然规定了“运输合同”一章，但铁路法、海商法、民用航空法有规定的仍然从其规定。

(3) 有关商标、专利、著作权、担保、保险等合同仍分别适用商标法、专利法、著作权法、担保法、保险法，上述法律未作规定的，可以适用新合同法总则的规定。

三、合同的分类与种类

(一) 合同的分类

合同的分类，是指按一定的标准，从理论上对合同所做的划分。它可分为以下几种：

1. 有名合同和无名合同

以法律上是否以特定名称命名并设有专门规范为标准，合同分为有名合同与无名合同。合同法分则中规定的合同都是有名合同，有名合同以外的，尚未统一确定一定名称的合同，则为无名合同。区分它们主要的原因在于处理这两类合同纠纷所适用的规则不同。

2. 有偿合同与无偿合同

以合同当事人取得利益是否必须支付相应代价为标准，合同分为有偿合同与无偿合同。有偿合同是指双方当事人一方须给予他方相应的利益方能取得自己的利益的合同。无偿合同是指合同一方给予对方利益而自己并不取得相应利益的合同。

3. 单务合同和双务合同

以在合同中给付义务是否由双方当事人相互担负为标准，合同分为单务合同与双务合同。双务合同是指合同当事人双方互相享有权利、互相负有义务的合同；单务合同是指合同当事人一方只负担义务而不享受权利，另一方只享受权利而不负担义务的合同。

4. 诺成性合同与实践性合同

以合同的成立是否必须给付标的物或者完成其他给付为标准，合同分为诺成性合同与实践性合同。诺成性合同是指当事人意思表示一致即可成立的合同。不仅意思表示一致，而且须交付标的物才能成立的合同为实践性合同。

5. 要式合同与不要式合同

以合同的成立是否必须使用法律要求的特定形式为标准，分为要式合同与不要式合同。要式合同是指合同必须采用特定形式的合同，不要式合同是无须采用特定形式的合同。要式合同不采取所规定的特定形式，合同将因缺乏形式要件而不能成立、生效；不要式合同，当事人采用任何形式均不影响合同的成立和效力。

6. 主合同与从合同

以合同相互之间的主从关系或依附关系为标准，合同分为主合同与从合同。主合同是指不依赖其他合同可独立存在的合同，从合同是指以他合同的存在为存在前提的合同。从合同命运决定于主合同，主合同终止，从合同也随之终止。

(二) 合同的种类

这里所说的合同种类，是我国合同法按照合同的内容所作的一种分类。合同法在分则中规定了 15 种合同。

1. 买卖合同

买卖合同是出卖人转移标的物所有权于买受人，买受人支付价款的合同。其中转移标的物所有权给他方的当事人称为出卖人，受领标的物并支付价款的一方称为买受人。

2. 供用电、水、气、热力合同

供用电、水、气、热力合同是供电、水、气、热力人向用电、水、气、热力人供用电、水、气、热力，用电、水、气、热力人支付费用的合同。其实质仍为买卖合同，具有双务、有偿、诺成性的特征。

3. 赠与合同

赠与合同是赠与人将自己的财产无偿给予受赠人，受赠人表示接受赠与的合同。给予财产一方为赠与人，按受财产一方为受赠人。

4. 借款合同

借款合同是借款人向贷款人借款，到期返还借款并支付利息的合同。

5. 租赁合同

租赁合同是出租人将租赁物交付承租人使用，承租人支付租金的合同。其中出租人是提供租赁物给他人使用的一方当事人；承租人是使用租赁物并支付租金的一方当事人。

6. 融资租赁合同

融资租赁合同是出租人根据承租人对出卖人、租赁物的选择，向出卖人购买租赁物，提供给承租人使用，承租人支付租金的合同。

7. 承揽合同

承揽合同是承揽人按照定作人的要求完成工作成果，定作人给付报酬的合同。其中承揽人是指应完成工作并交付工作成果的一方当事人；定作人是指应接受承揽人的工作成果并支付报酬的一方当事人。

8. 建设工程合同

建设工程合同是指承包人进行工程建设，发包人支付价款的合同。建筑工程合同具体包括工程勘察合同、设计合同和施工合同。

9. 运输合同

运输合同是承运人将货物或旅客从起运地点运输到约定地点，旅客、托运人支付票款或者支付运输费用的合同。运输合同包括客运合同、货运合同、多式联运合同。

10. 技术合同

技术合同是当事人就技术开发、转让、咨询或者服务订立确定相互之间权利和义务的合同。技术合同包括技术开发合同、技术转让合同、技术咨询合同和技术服务合同。

11. 保管合同

保管合同是保管人保管寄存人支付的保管物，并返还该物的合同。其中保管人是指保管物品的一方当事人；寄存人是指将物品支付保管的一方当事人。

12. 仓储合同

仓储合同是保管人储存存货人交付的仓储物，存货人支付仓储费的合同，又称为仓储保管合同。其中保管人是指为他方提供仓储保管服务的一方当事人；存货人是指交付仓储物的一方当事人。

13. 委托合同

委托合同是委托人和受托人约定，由受托人处理委托人事务的合同。

14. 行纪合同

行纪合同是行纪人以自己的名义为委托人从事贸易活动，委托人支付报酬的合同。其中接受委托办理事务的一方称为行纪人或受托人；委托行纪人为自己利益进行行纪行为的一方称为委托人。

15. 居间合同

居间合同是居间人向委托人报告订立合同的机会或者提供订立合同的媒介服务，受托人支付报酬的合同。其中提供订立合同机会及服务的一方称为居间人；他方则为委托人。

第二节　合同的订立

合同的订立是订立合同的双方当事人就合同的主要条款达成意见一致的过程。合同的订立往往是当事人交易行为的开始。一般来说，没有合同的订立，当事人双方就不可能形成合同法律关系。所以合同的订立是合同法上责任得以成立的前提。合同订立的洽商阶段可产生合同义务及缔约过失责任。合同成立，但属于无效或被撤销时可产生缔约过失责任。合同成立并有效，当事人违约时可产生违约责任。

一、订立合同的程序

合同法第 13 条规定，当事人订立合同，采取要约、承诺方式。

（一）要约

1. 要约的概念及成立条件

要约，是指一方当事人向对方提出的订立合同的确定的建议和要求。即希望和他人订立合同的意思表示。要约又称为发价、发盘。

要约应当符合下列规定：（1）内容具体确定；（2）表明经受要约人承诺，要约人即受该意思表示约束。

要约与要约邀请不同，要约有明确的法律意义，一经发出，即对要约人和受要约人产生一定的拘束力。相反，要约邀请只是希望他人向自己发出要约，至于他人是否向自己发出要约，在法律上没有意义，不可能产生合同成立与否的法律后果，对要约邀请人和相对人都没有拘束力。寄送的价目表、拍卖公告、招标公告、招股说明书、商业广告等为要约邀请；商业广告的内容符合要约规定的才视为要约。

2. 要约的生效

对于要约生效时间的规定，依要约的送达方式不同而不同。采用直接送达的方式发出要约的，记载要约的文件交给受要约人时即为到达；采用普通邮寄送达要约的，以受要约人收到要约文件或者要约送达受要约人信箱的时间为到达时间；采用数据电文形式发出要约的，电文进入收件人的指定系统的时间，或在未指定接收信息的系统情况下电文进入收件人的任何系统的首次时间作为要约的到达时间。

3. 要约的撤销

要约一旦发出即对要约产生约束力，但为了保护双方当事人的利益，法律又规定已发出的要约可以撤回或撤销。合同法第 17 条规定，要约撤回的条件是撤回要约的通知应当在要约到达受要约人之前或者与要约同时到达受要约人。

但是，下列情形下，要约不得撤销：（1）要约人确定了承诺期限或者以其他形式明示要约不可撤销；（2）要约人有理由认为要约是不可撤销的，并已经为履行合同作了准备工作。

4. 要约的失效

要约的失效即要约消灭，是指要约丧失了对要约人和受要约人的法律拘束力。

合同法第 20 条规定了四种要约失效的情况：（1）拒绝要约的通知到达要约人；（2）要约人依法撤销要约；（3）承诺期限届满，受要约人未作出承诺；（4）受要约人对要约的内容作出实质性变更。

（二）承诺

1. 承诺的概念

承诺，是受要约人完全同意了要约人的建议和要求，即受要约人同意要约的意思表示。表明各方就合同的主要条款达成协议，合同成立。

2. 承诺的要件

有效的承诺应具备以下要件：

（1）承诺必须由受要约人向要约人作出。要约是要约人向特定的受要约人发出的，受要约人是要约人选定的交易相对方，只有受要约人才能取得承诺的权利。承诺是对要约的同意答复，是受要约人与要约人订立合同，当然要向要约人作出。

（2）承诺的内容应当与要约的内容一致。受要约人对要约的内容作出实质性变更的，为新要约。承诺对要约的内容作出非实质性变更的，除要约人及时表示反对或者要约表明承诺不得对要约内容作出任何变更的除外，该承诺有效，合同内容以承诺的内容为准。

（3）承诺应当在要约确定的期限内到达要约人。受要约人超过期限发出承诺的，除要约人及时通知受要约人应该承诺有效的以外，否则为新要约。要约没有确定承诺期限的，承诺应当依照下列规定到达：①要约以对话方式作出，应当即时作出承诺，但当事人另有约定的除外；②要约以非对话方式作出的，承诺应当在合理期限内到达。

（4）承诺一般以一定的方式作出。通常情况下，承诺应当以通知的方式作出，但根据交易习惯或者要约表明可以通过行为作出承诺的除外。

3. 承诺期限的计算

对于承诺生效时间，合同法第 26 条规定，承诺通知到达受要约人时生效。承诺不需要通知的，根据交易习惯或者要约的要求作出承诺的行为时生效。承诺生效时合同成立，即承诺生效的时间即为合同成立的时间，当事人就此时开始享有合同权利，同时承担合同义务。

承诺也是可以撤回的。承诺的撤回是指受要约人阻止承诺发生法律效力的意思表示。由于承诺一经送达要约人即发生法律效力，合同即刻成立，所以撤回承诺的通知应当在承诺通知到达之前或者与承诺通知同时到达要约人。

二、合同的形式

合同的形式，是指表现当事人之间订立的合同的方式。根据合同法的规定，合同形式的种类主要有书面形式、口头形式和其他形式。

（一）书面形式

书面形式是指以文字的方式表现当事人之间所订立合同内容的形式。合同法第11条规定，书面形式是指合同书、信件和数据电文（包括电报、电传、传真、电子数据交换和电子邮件）等可以有形地表现所载内容的形式。

（二）口头形式

口头形式是指当事人用谈话的方式所订立的合同，如当面交谈、电话联系等。以口头形式订立合同的特点是直接、简便、快速。数额较小或者现款交易，通常采用口头形式。

（三）其他形式

其他形式是指采用除书面形式、口头形式以外的方法来表现合同内容的形式。其他形式一般包括推定形式和默示形式。推定形式是指当事人并不直接用书面形式或口头形式进行意思表示，而是通过实施某种行为来进行意思表示。默示方式是指当事人采用沉默不语的方式进行意思表示。

三、合同订立的原则

合同的订立，是指双方或多方当事人依法就合同的内容进行充分协商，达成协议的法律行为。为保证合同的合法有效，订立合同必须遵守以下五个原则：

（一）合法原则

合法原则，即订立合同应当遵守法律、行政法规、尊重社会公德、不扰乱社会经济秩序，不损害社会公共利益。

（二）平等原则

平等原则，即订立合同的当事人法律地位一律平等。在订立合同时，任何一方都无权以大压小，以强凌弱，合同的内容只能经过双方当事人平等协商确定，任何一方都不得把自己提出的合同条款强加于对方，不得强迫对方签订所谓的“霸王合同”。

（三）自愿原则

自愿原则，即当事人依法享有自愿订立合同的权利，任何单位和个人不得非法干预。

（四）公平原则

公平原则，即当事人应公平确定各方权利义务，显失公平将影响合同的效力。

（五）诚实信用原则

诚实信用原则，即当事人订立合同应当诚实守信，不可欺诈对方。

四、合同的一般条款

合同法第12条规定，合同的内容由当事人约定，一般包括以下条款：当事人的名称或者姓名和住所；标的；数量；质量；价款或者报酬；履行期限、地点和方式；违约责任；解决争议的方式。

（一）当事人的名称或住所

即明确合同的主体，谁来承担合同约定的义务。

（二）标的

即合同双方当事人权利义务共同指向的对象。任何合同都应有标的，没有标的或者标的不明确，当事人的权利义务就无所指向或无法落实，合同就不能执行。

（三）数量

数量是用计量单位和数字来衡量标的尺度，决定权利义务的大小。如产品数量多少、完成工作量多少。标的数量要确定，必须按国家规定的计量单位计量。

（四）质量

质量是标的的具体特征，是标的内在素质和外观形态的综合，如产品的规格，等级标准。

（五）价款或酬金

是指当事人向对方支付的货币。价款是取得了标的物的一方向对方支付的货币，酬金是获得服务的一方向对方支付的货币，这两者没有本质的区别。

（六）履行期限、地点和方式

履行期限是指双方当事人完成自己合同义务的时间界限。履行地点是指合同标的物的支付的场所。不同的标的物交付地点可能是不同的。标的物的交付地点是确定诉讼管辖地的依据之一。履行方式是指为当事人履行合同义务的方法。因合同标的物的不同，其履行方式也不同，通常包括运输方式、包装方式、保管方式、结算方式、验收方式等。

（七）违约责任

是指合同当事人因过错不履行或不完全履行合同时应受到的制裁。解决违约责任的方式有支付违约金、赔偿损失、违约补救、定金制裁和强制履行。

（八）解决争议的方法

指合同双方当事人因合同的主要条款发生争议时如何解决的方法。

以上条款为合同的主要内容。合同内容由当事人自主协商确定，法律一般不予干预。但合同的条款是否齐备、准确，决定了合同能否成立、生效以及能否顺利地履行和实现订立合同的目的，所以，合同法规定了合同的主要条款。主要条款的规定只具有提示性和示范性。不同的合同，由其类型与性质所决定，其主要条款内容可以有所不同。

第三节　合同的效力

合同的效力，又称合同的法律效力，是指已成立的合同具有的法律约束力。合同的成立与合同的效力不同，合同成立与否取决于当事人之间是否就合同内容达成一致，而合同具有怎样的效力取决于法律作出怎样的评价。合同成立之后，既可能因符合法律规定而生效，也可能因违反法律规定或意思表示不完全而无效、可变更或可撤销。

一、合同的生效

（一）一般合同的生效

合同生效，是指合同所产生的法律上的约束力。合同生效后就意味着：（1）在当事人之间产生法律效力。合同一旦成立生效后，当事人依法受合同的拘束，此为合同的对内效力。（2）对当事人以外的第三人产生一定的法律拘束力。合同一旦生效后，任何单位和个人都不得侵犯当事人的合同权利，不得非法阻挠当事人履行义务，此为合同的对外效力。（3）合同生效后的法律效果还表现在当事人违反合同的，将依法承担法律责任。

合同生效应具备以下条件：（1）行为人具有相应的民事行为能力；（2）行为人的意思表示真实；（3）不违反法律或者社会公共利益。

合同生效的时间，根据合同法的规定，有三种情况：（1）依法成立的合同，自成立时生效；（2）法律、行政法规规定应当办理批准、登记等手续生效的，依照其规定；（3）附条件生效。

（二）特殊合同的生效

1. 超越能力订立的合同

根据合同法第47条规定，限制民事行为能力人订立的合同，经法定代理人追认后，该合同方可有效，但纯获利益的合同以及与其年龄、智力、精神健康状况相适应而订立的合同，不必经法定代理人追认。限制民事行为能力人签订的合同，法定代理人应在一个月内予以追认。法定代理人未作表示的，视为拒绝追认。

行为人没有代理权，超越代理权或者代理权终止后以被代理人名义订立的合同，未经被代理人追认，对被代理人不发生效力，由行为人承担责任。此时，行为人与第三人订立的合同并非无效，只是此合同对被代理人不发生效力。以被代理人名义订立合同，当事人一方有理由相信行为人有代理权的，合同对被代理人发生效力，由被代理人承担责任。

法人或者其他组织的法定代理人、负责人超越权限订立的合同，除相对人知道或者应当知道其超越权以外，该代表行为有效，由法人、其他组织承担责任。

2. 附条件和附期限的合同

当事人对合同的效力可以约定附条件和附期限。

附生效条件的合同，自条件成立时生效；例如，甲与乙约定，如果甲购买到房屋，就由乙装修，甲乙之间的装修合同的效力就取决于甲是否能够买到房屋。附解除条件的合同，自条件成立时失效。例如，甲与乙约定，如甲将来从单位分得住房，就解除双方之间的房屋租赁关系。根据我国法律规定，当事人为自己的利益不正当地阻止条件成就的，视为条件已成就；不正当地促成条件成就的，视为条件不成就。

附生效期限的合同，是指合同当事人约定一定的期限作为合同效力发生或终止的条件的合同。其中，附生效期限的合同，自期限届至时生效；附终止期限的合同，自期限届满时失效。

二、合同的无效和撤销

（一）无效合同

合同无效，是指合同已经成立，但因其欠缺有效要件而被确认无效。

无效合同不发生法律效力，是指不发生该合同当事人所追求的法律后果，而不是指无效合同不发生任何其他意义上的法律效果。

合同无效是指合同自始、绝对、当然不发法律效力。自始无效是从合同成立时就无效；绝对无效是确定无疑地无效；当然无效是指合同无效不以任何人主张和法院、仲裁机构的确认为要件。

合同无效并不一定是全部无效，有的只是部分无效。部分无效，不影响其他部分的效力，其他部分仍然有效。

我国合同法规定了导致合同无效的五种情形：（1）一方以欺诈、胁迫的手段订立合同，损害国家利益的；（2）恶意串通，损害国家、集体或者第三人利益的；（3）以合同形式掩盖非法目的；（4）损害社会公共利益的；（5）违反法律、行政法规的强制性规定的。

（二）可变更、可撤销合同

可变更、可撤销合同，是指欠缺合同生效要件，一方当事人可依照自己的意思使合同的内容变更或使合同的效力归于消灭的合同。可撤销合同是一种相对无效的合同，其效力取决于当事人的意思表示。

按照我国法律规定，导致合同可能变更或撤销的有：（1）因重大误解订立的合同；（2）在显失公平的情况下订立的合同；（3）一方以欺诈、胁迫的手段或者乘人之危，使对方在违背真实意思的情况下订立的合同。

具备上述条件的合同最终是否被撤销取决于享有撤销权的人以及撤销权人在撤销期限内是否行使撤销权。

撤销权人是指在因欺诈、胁迫而订立的合同中的受欺诈人、受胁迫人，在因重大误解而订立的合同中的误解人，在显失公平的条件下订立合同的受到重大不利之人。

撤销权人应及时行使其权利。如果具有撤销权的当事人自知道或者应当知道撤销事由之日起 1 年内没有行使撤销权，则其撤销权归于消灭。

三、效力待定的合同

效力待定的合同，是指合同欠缺有效条件，能否发生当事人预期的法律效力尚未确定，只有经过有权人的追认，才能化欠缺有效要件为符合有效要件，发生当事人预期的法律效力；有权人在一定期间内不予追认，合同归于无效。

效力待定合同主要是：

（一）限制民事行为能力人订立的合同

限制民事行为能力人订立的合同，经法定代理人追认后，该合同有效。但纯获利益的合同或者与其年龄、智力、精神健康状况相适应而订立的合同，不必经法定代理人追认。

相对人可以催告法定代理人在 1 个月内予以追认。法定代理人未作表示的，视为拒绝追认，合同被追认之前，善意相对人有撤销的权利。撤销应当以通知的方式作出。

（二）无代理权人以他人名义订立的合同

行为人没有代理权、超越代理权或者代理权终止后以被代理人名义订立的合同，未经被代理人追认，对被代理人不发生效力，由行为人承担责任。但相对人有理由相信行为人有代理权的，该代理行为有效。例如，相对人见到了行为人所持的有效的某法人的介绍信，则应认定行为人与该单位之间代理关系有效。

相对人可以催告被代理人在1个月内予以追认。被代理人未作表示的，视为拒绝追认。合同被追认之前，善意相对人有撤销的权利。撤销应当以通知的方式作出。

（三）法定代理人、负责人超越权限订立的合同

法人或其他组织的法定代表人、负责人超越权限订立的合同，除相对人知道或者应当知道其超越权限的以外，该代表行为有效。

（四）无处分权人处分他人财产的合同

无处分权的人处分他人财产，经权利人追认或者无处分权的人订立合同后取得处分权的，该合同有效。

四、合同无效和被撤销的法律后果

（一）返还财产

合同无效或者被撤销后，因该合同取得的财产，应当予以返还；不能返还或者没有必要返还的，应当折价补偿。当事人恶意串通，损害国家、集体或第三人利益的，因此取得的财产收归国家所有或者返还集体、第三人。

（二）赔偿损失

合同无效或者被撤销后，有过错的一方应当赔偿对方因此所受到的损失，双方都有过错的，应当各自承担相应的责任。

第四节　合同的担保与保全

一、合同的担保

（一）合同担保概述

合同担保，是指合同订立时为了保证合同当事人恪守信用，切实履行合同义务，保障当事人合同权益得以实现的法律措施。合同的担保是为了防止违约，保证合同履行的一种法律形式。

担保合同是依附于主合同的从合同，随主合同的成立而成立，随主合同的终止而终止。担保合同是单务、无偿合同。担保合同中只有担保人一方负担义务，担保权人只享有权利；担保人在提供担保时，不能向主债权人收取费用。担保制度的核心是连带责任制，当主合同的当事人不履行或者不能完全履行合同规定的义务时，担保关系的义务人便依约定的担保措施来承担法律责任。

依据我国有关法律规定，担保有定金、保证、抵押、质押、留置五种形式。

（二）定金

定金是为确保合同履行，由当事人一方按合同价金总额的一定比例，预先给付对方一定数额的货币。作为债权的担保，债务人履行债务后、定金应当抵作价款或者收回。

定金这种担保形式有以下几个特点：

（1）定金通常是在订立合同的同时给付，但也可以在合同订立后至履行前期内给付。这一点与保证不同，保证只有在被保证人不履行义务时，保证人才承担法律责任。

（2）定金具有预定赔偿的性质。即合同一方当事人不履行合同时，给付定金的一方无权要求返还定金。

（3）定金具有预先给付价款的性质。在实际生活中，交付定金有时也起着证明合同订立或成立的作用。采取定金担保，在当事人没有违约时，定金应充当价款。

（三）保证

保证是指合同双方当事人以外的第三人，为了向一方当事人表明另一方当事人能履行合同，而以自己的名义提供的一种担保。保证合同关系中，对债务人履行合同提供担保的第三人称为保证人；被担保履行合同义务的当事人为被保证人，被保证人是主合同的债务人；在债务人不履行合同时有权向保证人请求履行义务或要求其承担责任的人为保证人的相对人，是主合同的债权人。

根据担保法的规定，保证人与债权人应当以书面形式订立保证合同。保证合同应当包括以下内容：（1）被保证的主债权种类、数额；（2）债务人履行债务的期限；（3）保证的方式；（4）保证担保的范围；（5）保证的期间；（6）双方认为需要约定的其他事项。

保证的方式分为一般保证和连带责任保证。债务人不能履行债务时，由保证人承担保证责任的，为一般保证。当事人在保证合同中约定保证人与债务人对债务承担连带责任的，为连带责任保证。当事人对保证方式没有约定或者约定不明确的，按照连带责任保证承担责任。

保证担保的范围包括主债权及利息、违约金、损害赔偿金和实现债权的费用。保证合同另有约定的按照约定。当事人对保证担保的范围没有约定或者约定不明确的，保证人应对全部债务承担责任。保证期间由保证人与债权人在保证合同中约定。

保证合同一经订立，在合同约定或法定的保证期间内，债务人不能履行债务时，保证人应在保证范围内承担保证责任或根据约定与债务人一起承担连带责任。保证人承担保证责任后，有权向债务人追偿保证人所承担的保证责任。

（四）抵押

抵押，是指债务人或者第三人不转移对财产的占有，将该财产作为债权的担保。债务人不履行债务时，债权人有权依照本法规定以该财产折价或者以拍卖、变卖该财产的价款优先受偿。前款规定的债务人或者第三人为抵押人，债权人为抵押权人，提供担保的财产为抵押物。

1. 抵押物的范围

（1）下列财产可以抵押：

①抵押人所有的房屋和其他地上定着物；

②抵押人所有的机器、交通运输工具和其他财产；

③抵押人依法有权处分的国有的土地使用权、房屋和其他地上定着物；

④抵押人依法有权处分的国有的机器、交通运输工具和其他财产；

⑤抵押人依法承包并经发包方同意抵押的荒山、荒沟、荒丘、荒滩等荒地的土地使用权。

（2）下列财产不可以抵押：

①土地所有权；

②耕地、宅基地、自留地、自留山等集体所有的土地使用权；

③学校、幼儿园、医院等以公益为目的的事业单位、社会团体的教育设施、医疗卫生设施和其他社会公益设施；

④所有权、使用权不明或者有争议的财产；

⑤依法被查封、扣押、监管的财产。

2. 抵押合同

（1）抵押合同应当包括以下内容：

①被担保的主债权种类、数额；

②债务人履行债务的期限；

③抵押物的名称、数量、质量、状况，所在地、所有权权属或者使用权权属；

④抵押担保的范围。

（2）订立抵押合同时，抵押权人和抵押人在合同中不得约定在债务履行期届满抵押权人未受清偿时，抵押物的所有权转移为债权人所有。

（3）抵押物的登记部门：

①以无地上定着物的土地使用权抵押的，为核发土地使用权证书的土地管理部门为登记部门；

②以城市房地产或者乡（镇）、村企业的厂房等建筑物抵押的，县级以上地方人民政府规定的部门为登记部门；

③以林木抵押的，县级以上林木主管部门为登记部门；

④以航空器、船舶、车辆抵押的，运输工具的登记部门为抵押品登记部门；

⑤以企业的设备和其他动产抵押的，为财产所在地的工商行政管理部门为登记部门。

（4）抵押的范围：

①抵押担保的范围包括主债权及利息、违约金、损害赔偿金和实现抵押权的费用。抵押合同另有约定的，按照约定。

②债务履行期届满，债务人不履行债务致使抵押物被人民法院依法扣押的，自扣押之日起抵押权人有权收取由抵押物分离的天然孳息以及抵押人就抵押物可以收取的法定孳息。抵押权人未将扣押抵押物的事实通知应当清偿法定孳息的义务人的，抵押权的效力不及于该孳息。前款孳息应当先充抵收取孳息的费用。

（5）抵押权的实现：

债务履行期届满抵押权人未受清偿的，可以与抵押人协议以抵押物折价或者以拍卖、变卖该抵押物所得的价款受偿；协议不成的，抵押权人可以向人民法院提起诉讼。抵押物折价或者拍卖、变卖后，其价款超过债权数额的部分归抵押人所有，不足部分由债务人清偿。抵押权因抵押物灭失而消灭。因灭失所得的赔偿金，应当作为抵押财产。

同一财产向两个以上债权人抵押的，拍卖、变卖抵押物所得的价款按照以下规定清偿：

①抵押合同已登记生效的，按照抵押物登记的先后顺序清偿；顺序相同的，按照债权比例清偿；

②抵押合同自签订之日起生效的，该抵押物未登记的，按照合同生效时间的先后顺序清偿，顺序相同的，按照债权比例清偿。抵押物已登记的先于未登记的受偿。

③城市房地产抵押合同签订后，土地上新增的房屋不属于抵押物。需要拍卖该抵押的房地产时，可以依法将该土地上新增的房屋与抵押物一同拍卖，但对拍卖新增房屋所得，抵押权人无权优先受偿。依照本法规定以承包的荒地的土地使用权抵押的，或者以乡(镇)、村企业的厂房等建筑物占用范围内的土地使用权抵押的，在实现抵押权后，未经法定程序不得改变土地集体所有和土地用途。

④拍卖划拨的国有土地使用权所得的价款，在依法缴纳相当于应缴纳的土地使用权出让金的款额后，抵押权人有优先受偿权。

(五) 质押

根据质押物的不同，可以分为动产质押和权利质押。

1. 动产质押

动产质押，是指债务人或者第三人将其动产移交债权人占有，将该动产作为债权的担保。债务人不履行债务时，债权人有权依照本法规定以该动产折价或者以拍卖、变卖该动产的价款优先受偿。前款规定的债务人或者第三人为出质人，债权人为质权人，移交的动产为质物。出质人和质权人应当以书面形式订立质押合同。

(1) 质押合同应当包括以下内容：

①被担保的主债权种类、数额；

②债务人履行债务的期限；

③质物的名称、数量、质量、状况；

④质押担保的范围包括主债权及利息、违约金、损害赔偿金、质物保管费用和实现质权的费用；

⑤质押合同自质物移交于质权人占有时生效；

⑥当事人认为需要约定的其他事项。质押合同不完全具备前款规定内容的，可以补正。

出质人和质权人在合同中不得约定在债务履行期届满质权人未受清偿时，质物的所有权转移为质权人所有。

(2) 质权（债权）人的权利与义务：

①质权人有权收取质物所生的孳息。

②质权人负有妥善保管质物的义务。因保管不善致使质物灭失或者毁损的，质权人应当承担民事责任。质权人不能妥善保管质物可能致使其灭失或者毁损的，出质人可以要求质权人将质物提存，或者要求提前清偿债权而返还质物。质物有损坏或者价值明显减少的可能，足以危害质权人权利的，质权人可以要求出质人提供相应的担保。出质人不提供

的，质权人可以拍卖或者变卖质物，并与出质人协议将拍卖或者变卖所得的价款用于提前清偿所担保的债权或者向与出质人约定的第三人提存。

③债务履行期届满债务人履行债务的，或者出质人提前清偿所担保的债权的，质权人应当返还质物。债务履行期届满质权人未受清偿的，可以与出质人协议以质物折价，也可以依法拍卖、变卖质物。质物折价或者拍卖、变卖后，其价款超过债权数额的部分归出质人所有，不足部分由债务人清偿。

④质权因质物灭失而消灭。因灭失所得的赔偿金，应当作为出质财产。质权与其担保的债权同时存在，债权消灭的，质权也消灭。

2. 权利质押

可以质押的权利包括：

（1）汇票、支票、本票、债券、存款单、仓单、提单。以汇票、支票、本票、债券、存款单、仓单、提单出质的，应当在合同约定的期限内将权利凭证交付质权人。质押合同自权利凭证交付之日起生效。以载明兑现或者提货日期的汇票、支票、本票、债券、存款单、仓单、提单出质的，汇票、支票、本票、债券、存款单、仓单、提单兑现或者提货日期先于债务履行期的，质权人可以在债务履行期届满前兑现或者提货，并与出质人协议将兑现的价款或者提取的货物用于提前清偿所担保的债权或者向与出质人约定的第三人提存。

（2）依法可以转让的股份、股票。以依法可以转让的股票出质的，出质人与质权人应当订立书面合同，并向证券登记机构办理出质登记。质押合同自登记之日起生效。股票出质后，不得转让，但经出质人与质权人协商同意的可以转让。出质人转让股票所得的价款应当向质权人提前清偿所担保的债权或者向与质权人约定的第三人提存。以有限责任公司的股份出质的，适用公司法股份转让的有关规定。质押合同自股份出质记载于股东名册之日起生效。

（3）依法可以转让的商标专用权、专利权、著作权中的财产权。以依法可以转让的商标专用权、专利权、著作权中的财产权出质的，出质人与质权人应当订立书面合同，并向其管理部门办理出质登记。质押合同自登记之日起生效。

（4）依法可以质押的其他权利。权利出质后，出质人不得转让或者许可他人使用，但经出质人与质权人协商同意的可以转让或者许可他人使用。出质人所得的转让费、许可费应当向质权人提前清偿所担保的债权或者向与质权人约定的第三人提存。

二、合同的保全

合同的保全，是指为防止因债务人的财产不当减少而给债权人的债权带来危害，允许债权人采取一定的法律手段，以保护其债权的法律制度。合同保全的核心内容是债权人的代位权和债权人的撤销权、抵销权。其目的在于保持债务人自身的偿债能力，从而对债权人不能获得清偿起预防和补救作用。

（一）代位权

代位权是指债务人怠于行使其对第三人享有的权利而有害债权人的债权时，债权人为保全自己的债权，可以向人民法院请求以自己的名义代位行使债务人的权利。我国合同法规定，因债务人怠于行使其到期债权，对债权人造成损害的，债权人可以向人民法院请求以自己的名义代位行使债务人的债权，但该债权专属于债务人自身的除外。代位权的行使范围以债权人的债权为限。债权人行使代位权的必要费用，由债务人负担。

（二）撤销权

撤销权是指当债务人放弃其到期债权，无偿或低价处分财产而损害债权人的债权时，债权人为保全自己的债权，可以向人民法院请求撤销债务人所实施的行为。撤销权的行使范围以债权人的债权为限。债权人行使撤销权的必要费用，由债务人负担。撤销权自债权人知道或者应当知道撤销事由之日起1年内行使；自债务人的行为发生之日起5年内没有行使撤销权的，该撤销权消灭。

（三）抵销权

合同法第99条规定，当事人互负到期债务，该债务的标的物种类、品质相同的，任何一方可将自己的债务与对方的债务抵销。意思是指在上述情形下当事人可以依法以一方的债权清偿其对另一方所负的债务，从而使其债务与对方的债务在对等额内予以抵销。

第五节　合同的履行

一、合同履行的基本规则

（一）合同履行的范围

合同当事人除应按照约定全面履行自己在合同中所作的承诺，即约定义务，同时还应履行必要的法定义务。即当事人应当遵循诚实信用原则，根据合同的性质、目的和交易习惯履行通知、协助、保密等义务。

（二）履行过程中合同条款的确定

合同生效后，当事人就合同内容没有约定或者约定不明确的，可以协议补充。当事人不能达成补充协议的，按照合同有关条款或者交易习惯确定。依照前两种方式仍不能确定的，适用下列法律规定：

（1）质量要求不明确的，按照国家标准、行业标准履行；没有国家标准、行业标准的，按照通常标准或者符合合同目的的特定标准履行。

（2）价款或者报酬不明确的，按照订立合同时履行地的市场价格履行；依法应当执行政府定价或者政府指导价的，按照规定履行。

（3）履行地点不明确，给付货币的，在接受货币一方所在地履行；交付不动产的，在不动产所在地履行；其他标的，在履行义务一方所在地履行。

（4）履行期限不明确的，债务人可以随时履行，债权人也可以随时要求履行，但应当给对方必要的准备时间。

（5）履行方式不明确的，按照有利于实现合同目的的方式履行。

（6）履行费用的负担不明确的，由履行义务一方负担。

（三）执行政府定价的合同中价格的确定

执行政府定价或者政府指导价的，在合同约定的交付期限内政府价格调整时，按照交付时的价格计价。逾期交付标的物的，遇价格上涨时，按照原价格执行；价格下降时，按照新价格执行。逾期提取标的物或者逾期付款的，遇价格上涨时，按照新价格执行；价格下降时，按照原价格执行。即执行对违约方不利的价格。

（四）由于债权人的原因导致履行困难时的履行

债权人分立、合并或者变更住所没有通知债务人，致使履行债务发生困难的，债务人可以中止履行或者将标的物提存。

（五）提前履行

债权人可以拒绝债务人提前履行债务，但提前履行不损害债权人利益的除外。债务人提前履行债务给债权人增加的费用，由债务人负担。

（六）部分履行

债权人可以拒绝债务人部分履行债务，但部分履行不损害债权人利益的除外。债务人部分履行债务给债权人增加的费用，由债务人负担。

（七）合同主体发生变化对合同履行的影响

合同生效后，当事人不得因姓名、名称的变更或者法定代表人、负责人、承办人的变动而不履行合同义务。

二、合同对第三人的效力

（一）为第三人利益订立的合同

当事人可以约定由债务人向第三人履行债务，如大量存在的为第三人利益订立的人寿保险合同。事实上第三人并不是订立合同的当事人，其仅可以依照债权人与债务人的约定而享有请求履行的权利，债务人未向第三人履行债务或者履行债务不符合约定，应当向债权人承担违约责任。

（二）第三人代为履行的合同

合同当事人可以约定由第三人代替债务人履行债务，但第三人并没有因履行债务而成为合同当事人，故第三人不履行债务或者履行债务不符合约定的，债务人应当向债权人承担违约责任。

三、合同履行中的抗辩权

（一）后履行抗辩权

抗辩权又称异议权，是指对抗请求权或者否认他人权利主张的权利，其作用是使对方的权利受到阻碍或者消灭。当事人互负债务，有先后履行顺序，先履行一方未履行或履行债务不符合约定的，后履行的一方有权拒绝应该先履行一方的履行请求或拒绝其相应的履行请求，此时后履行的一方当事人行使的则属一种后履行抗辩权。这种抗辩权适用的条件是：（1）由同一双务合同产生互负债务；（2）债务的履行有先后顺序；（3）应该先履行的一方未履行或者履行债务不符合约定；（4）应该先履行的债务有履行的可能。

（二）同时履行抗辩权

当事人互负债务，没有先后履行顺序的，应当同时履行。一方在对方履行之前有权拒绝其履行要求。一方在对方履行债务不符合约定时，有权拒绝其相应的履行要求。同时履行抗辩权的适用条件为：(1) 由同一双务合同产生互负的债务；(2) 在合同中未约定履行顺序；(3) 对方当事人未履行债务或未按照约定正确履行债务；(4) 对方的对待给付是可能履行的义务。

（三）不安抗辩权

双务合同中在当事人双方有先后的履行顺序时，如果后履行合同的一方当事人财产状况恶化，先履行债务的一方如果先为给付，那么其合同权利显然难以实现，在这种情况下强迫其仍先履行债务则有失公平。因此，先履行债务的一方在后履行债务的一方未履行或者未提供担保前有权拒绝先为履行，这种权利称为不安抗辩权。合同法规定，应当先履行债务的当事人，有确切证据证明对方有下列情形之一的，可以中止履行：(1) 经营状况严重恶化；(2) 转移财产、抽逃资金，以逃避债务；(3) 丧失商业信誉；(4) 有丧失或者可能丧失履行债务能力的其他情形。当事人没有确切证据中止履行的，应当承担违约责任。当事人中止履行的，应当及时通知对方。对方提供适当担保时，应当恢复履行。中止履行后，对方在合理期限内未恢复履行能力并且未提供适当担保的，中止履行的一方可以解除合同。

第六节　合同的变更、转让与终止

一、合同的变更

合同的变更是指在合同成立以后至未履行或未完全履行之前，依据法律规定或当事人的约定对合同内容进行的修改和补充。

合同的变更应根据法律的规定或者当事人的约定。合同的变更主要是通过当事人的协商产生；但有的时候，也可以依据法律的规定产生。例如合同法第 54 条规定，一方当事人有权请求人民法院或者仲裁机构对重大误解或者显失公平的合同进行变更。

合同内容的变更可能是合同标的变更，也可能是履行地点、履行方式的变更，还可能是合同履行期的提前或延期、违约责任的重新约定、当事人给付价款或者报酬的调整、合同担保条款以及解决争议方式的变化，等等。当事人对合同变更的内容约定不明确的，推定为未变更。

合同的变更必须遵守法定的形式。对合同的变更，法律要求采取一定方式的，须遵守该要求。

二、合同的转让

合同转让，是指合同当事人依法将合同的全部或者部分权利义务转让给他人的合法行为。合同的转让是合同主体的变更，而合同的内容并不发生变化。按照转让的内容和原因的不同，合同的转让可划分为三种类型。

（一）合同权利的转让

合同权利的转让，是指不改变合同权利的内容，由债权人将权利转让给第三人的行为。债权人可以将合同权利全部转让，也可以将合同权利部分转让。

我国合同法规定债权人可以将合同权利转让给第三人，但下列三种情况除外：

（1）根据合同性质不得转让。当事人与任何关系订立的委托合同、雇佣合同及赠与合同等都属于合同权利不得转让的合同。

（2）按照当事人的约定不得转让。合同是双方当事人协商一致的结果，只要是双方当事人依法订立的、约定不得转让的，合同就受法律保护。

（3）依照法律规定不得转让。法律禁止的行为属于一种强制性的规定，属于必须履行的义务，如果违反法律规定，会导致合同转让的无效。

债权人转让权利是法律赋予的一项权利，但债权人和债务人之间存在合同关系，债权人转让权利的行为会给债务人的履行造成一定的影响，因此在债权人享有权利时应给其增加相应的义务，同时赋予债务人新的权利，以保护债务人的利益。根据合同法的规定，债权人转让权利的，应当通知债务人；未经通知，该转让对债务人不发生效力。

（二）合同义务的移转

合同义务的移转，是指合同中的债务人将自己应履行的义务转移给第三人的行为。债务人可以将合同义务全部转移，也可以将合同义务部分转移。

债务人转移义务的主效条件是经债权人同意，未经债权人同意，债务人转移合同义务的行为对债权人不发生效力。债权人有权拒绝第三人向其履行，同时有权要求债务人继续履行义务。有的合同转移义务还应当依照法律、行政法规的规定办理批准、登记等手续，这样才能保障转移义务的行为最终的法律效力。

（三）合同权利义务的全部转让

合同权利义务的全部转让，是指原合同的一方当事人经对方同意，将其合同权利和义务一并出让给合同外第三人的情形。根据合同法规定，合同权利义务的全部转让包括两种情形：

（1）当事人一方经对方同意，将自己在合同中的权利和义务一并转让给第三人，即依据当事人之间的约定而发生的权利义务的全部转让。

（2）当事人订立合同后合并的，由合并后的法人或者其他组织行使合同权利，履行合同义务；当事人订立合同后分立的，除债权人和债务人另有约定，由分立的法人或者其他组织对合同的权利和义务享有连带债权，承担连带债务。这是法律对权利义务全部转让所作的强制性规定。

三、合同的终止

合同的终止，是指当事人双方终止合同关系，合同确立的当事人之间的权利义务关系消灭。合同终止的后果是消灭了当事人之间既存的权利义务关系。

根据合同法的规定，合同终止有七种法定原因：

（一）债务已经按照约定履行

合同是当事人为达到其利益要求而达成的协议，合同目的的实现，有赖于债务的履行。债务按照约定履行，一方面可以使合同债权得到满足；另一方面也可以使合同债务归于消灭，产生合同权利义务终止的后果。

（二）合同解除

合同解除，是指合同成立后，因当事人一方的意思表示或者双方的协议，而使基于合同发生的权利义务关系终止的行为。

合同解除限于有效合同，无效合同、可撤销合同不发生合同解除；合同解除还须具备法律规定的条件，非依法律规定，当事人不得随意解除合同。

合同的解除有两种类型：

1. 协议解除

协议解除是指当事人通过协商一致解除合同关系。合同法规定了两种情形：一是在合同履行或者履行过程中，当事人协商一致，可以解除合同，即事后协商解除；二是在订立合同时当事人就可以约定解除合同的条件，一旦条件成熟，有解除权一方的当事人就可以解除合同，又称事前约定解除。

2. 法定解除

法定解除是指合同成立后，在没有履行或者在履行过程中，当事人一方行使法定解除权而终止合同。法定解除与协议解除的主要区别在于法定解除是当事人一方行使法定解除权的结果，是一种单方的法律行为，在法定解除条件出现时，有解除权的一方可以直接行使解除权，不必经过对方的同意；而协议解除是双方的法律行为，并非一方行使解除权的后果。

合同法第94条规定了五种法定解除的条件：（1）因不可以抗力致使不能实现合同目的；（2）在履行期限届满之前，当事人一方明确表示或者以自己的行为表明不履行主要债务；（3）当事人一方迟延履行主要债务，经催告在合理期限内仍未履行；（4）当事人一方迟延履行债务或者有其他违约行为致使不能实现合同目的；（5）法律规定的其他情形。如合同法第268条规定的定作人可以随时解除承揽合同，第410条规定的委托人或者受托人可以随时解除委托合同等。

（三）债务相互抵销

债务相互抵销，指当事人互负到期债务，以自己的债权充抵对方的债权，使自己的债务与对方的债务在等额内消灭。抵销有法定抵销和协议抵销两种。

法定抵销，是指合同当事人双方互负到期债务并且该债务的标的物种类、品质相同，任何一方当事人作出相当数额的债务同归消灭的意思表示。当事人主张抵销的，应当通知对方，通知到达对方时生效；并且抵销不得附加条件或者期限。

协议抵销，是当事人双方经协商一致而发生的抵销。它只是要求当事人互负债务，而不论债务是否到期，也不论标的物种类、品质是否相同。

（四）债务人依法将标的物提存

提存，是指由于债权人的原因，债务人无法向对方交付合同标的物时，债务人将该标的物交给提存部门而消灭合同的制度。根据合同法的规定，提存的原因有四种：（1）债权人无正当理由拒绝受领；（2）债权人下落不明；（3）债权人死亡未确定继承人，或者债权人丧失民事行为能力未确定监护人；（4）法律规定的其他情形。

提存的效力为标的物提存后，毁损、灭失的风险由债权人承担；提存标的物的孳息归债权人所有；提存费用由债权人负担。

发生提存后，除债权人下落不明的以外，债务人应当及时通知债权人或者债权人的继承人、监护人。

发生提存后，债权人对提存物有领取权，即债权人可以随时领取提存物。但债权人领取提存物的权利，必须自提存之日起5年内行使，若不行使即归于消灭，提存物在扣除提存费用后归国家所有。

（五）债权人的免除

债权人的免除，是指债权人以消灭债务人的债务为目的而抛弃债权的意思表示。债权人可以免除债务人部分债务，亦可免除其全部债务，其合同的权利义务因此而部分或全部终止。

（六）债权债务的混同

债权债务的混同，就是指合同的债权人和债务人同归一人，从而使合同关系消灭。债的关系须有债权人和债务人同时存在时方能成立，当债权人和债务人合为一人时，债权债务就当然消灭。现实生活中，由于资产重组、兼并等导致合同权利义务归于一人的法律事实经常发生，所以混同只是一种事实，并不需要当事人进行任何意思表示。

（七）法律规定或者当事人约定终止的其他情形

合同终止，虽然当事人之间的权利义务关系消灭，但当事人根据诚实信用原则，根据交易习惯仍具有通知、协助、保密等义务。

第七节　违约责任

一、违约责任概述

（一）违约责任的概念

违约责任是指合同当事人违反合同义务所应承担的责任。

依法成立的合同，对当事人具有约束力，当事人应当按照合同的约定履行自己的义务，一旦合同当事人不履行合同义务或者履行合同义务不符合规定时就应承担一定的法律后果，即违约责任。违约责任制度是保障当事人履行合同义务的重要措施。违约责任制度的确立，对于促进合同全面履行、弥补违约造成的损失，对合同当事人以及整个社会都具有重要意义。违约行为可分为预期违约和实际违约。

（二）违约形式的类型

1. 预期违约和实际违约

这是根据当事人的意思表示还是根据实际情况来确定其违约的一种分类。

预期违约又称先期违约，是指在合同履行期限届满之前，一方当事人无正当理由明确肯定地向另一方当事人表示将不履行合同，或者以自己的行为或客观事实表明将不履行合同的行为。我国合同法规定，当事人一方明确表示或者以自己的行为表明不履行合同义务的，对方可以在履行期限届满之前，要求其承担违约责任。

实际违约又可分为不履行、迟延履行、不适当履行和其他违约行为。不履行，即完全不履行，是指当事人根本未履行任何合同义务的违约行为。迟延履行是指违反履行期限的违约行为。不适当履行是指虽有履行，但履行质量不符合合同约定或法律规定的违约行为。其他违约行为是指违反履行数量、地点、方法或其他随附义务等行为。合同法规定，当事人一方不履行合同义务或者履行合同义务不符合约定的，应当承担继续履行、采取补救措施或者赔偿损失的违约责任。

2. 单方违约、双方违约、因第三人原因违约

这是根据违约的责任方所作的一种分类。

单方违约，是指只存在一方违约的情形。合同的双方当事人只有一方违约时，应由违约方向非违约方承担违约责任，但非违约方负有减损义务，即当事人一方违约后，对方应当采取适当措施防止损失的扩大，没有采取适当措施致使损失扩大的，不得就扩大的损失要求赔偿。当事人因防止损失扩大而支出的合理费用，由违约方承担。

双方违约，是指当事人双方都违反合同义务的情形。在这种情况下，违约双方应当各自承担相应的责任。

因第三人原因造成的违约，是指当事人一方没有履行合同约定的义务，不在于当事人自身的过错，而是因为第三人的原因引起的情形。在此情况下，应当依照法律规定或者按照约定解决。

二、合同法规定的违约行为形式

（一）不履行合同义务

1. 不能履行

不能履行，又称给付不能，是指债务人由于某种情形，在客观上已经没有履行能力，导致事实上已经不可能再履行债务。

2. 拒绝履行

拒绝履行是指当事人一方明确表示或者以自己的行为表明不履行合同义务，它是违约的一种形态。

拒绝履行与不能履行存在着明显的不同，前者强调当事人有履行能力而不履行，后者则主要强调客观上不能履行。合同法规定，当事人一方明确表示或者以自己的行为表明不履行合同义务的，对方可以在履行期限届满之前要求其承担违约责任。

（二）履行合同义务不符合约定

履行合同义务不符合约定亦称为不适当履行，是指债务虽然已经履行，但是履行没有完全按照合同约定义务的内容进行。

三、违约责任的承担方式

违约责任的承担方式，是指当事人违反合同后，承担法律规定或合同约定的责任的具体方式。根据合同法的规定，违约责任的承担方式主要有以下几种：

（一）继续履行

继续履行，是指当事人以国家强制力为后盾，请求违约方按照合同约定履行义务。继续履行不能以其他标的代替原合同标的，也不能以违约金或者损失赔偿代替合同履行。

继续履行合同义务的，其履行应当符合四个条件：（1）必须有违约行为；（2）必须

是非违约方提出继续履行合同的请求；(3) 继续履行不违背合同的性质和法律；(4) 违约方有条件继续履行合同。

在确定是否按照原标的履行合同时，合同法分情况作了规定：

当事人一方未支付价款或者报酬的，对方可以要求其支付价款或者报酬。

当事人一方不履行非金钱债务或履行非金钱债务不符合约定的，对方可以要求履行，但有下列情形的，不必继续履行：(1) 法律上或者事实上不能履行；(2) 债务的标的不适于强制或者履行费用过高；(3) 债权人在合理期限内未要求履行的。

(二) 采取补救措施

采取补救措施通常表现为恢复原状、修理重做、更换、退货、减少价款或者报酬等。根据合同法第111条规定，质量不符合约定的，应当按照当事人的约定承担违约责任。对违约责任没有约定或者约定不明确，依照本法第61条的规定仍不能确定的，受损害方根据标的物的性质以及损失的大小，可以合理选择要求对方修理、更换、重作、退货、减少价款或者报酬等违约责任。

(三) 赔偿损失

赔偿损失，是指一方当事人不履行合同义务或者履行合同义务不符合约定，给另一方当事人造成损失，依照法律规定或者合同约定，由违约方支付损失赔偿金。

赔偿损失应当符合三个条件：(1) 必须有违约行为；(2) 必须有受害人受到损失；(3) 违约行为与损害结果之间有因果关系。

赔偿损失具有一定程度的任意性，当事人可以约定一方违约时应当根据违约情况向对方支付一定数额的违约金，也可以约定因违约产生的损失赔偿额的计算方法。同时，赔偿损失应以赔偿当事人实际遭受的全部损失为原则。损失赔偿额应当相当于因违约所造成的损失，包括合同履行后可以获得的利益，但不得超过违反合同一方订立合同时预见到或者应当预见到的因违反合同可能造成的损失。

(四) 支付违约金

违约金是指当事人在违反合同义务时，按照法律规定或者合同约定支付给对方当事人的一定数量的货币。

违约金具有补偿性和惩罚性。违约金的补偿性，指违约金用于弥补因违约造成的损失。具体表现在，约定的违约金低于造成的损失的，当事人可以请求人民法院或者仲裁机构予以增加；约定的违约金过分高于造成的损失的，当事人可以请求人民法院或者仲裁机构适当减少。违约金的惩罚性，是指只要有违约行为，不论损失大小，都要按约定向对方支付违约金。具体表现在：当事人一方违约时应当根据违约情况向对方付相应的违约金，只有约定的违约金过分高于造成的损失时，才可以请求人民法院或者仲裁机构予以适当减少；当事人就迟延履行约定违约金的，违约方支付违约金后，还应当履行债务。

(五) 支付定金

定金是指合同当事人为了确保合同的履行，依照法律规定或者当事人约定，由一方当事人按照合同标的额的一定比例，给付对方当事人的货币。根据合同法规定，当事人可以依照担保法约定，一方向对方给付定金作为债权的担保。债务人履行债务后，定金应当抵作价款或者收回，给付定金的一方不履行约定的债务的，无权要求返还定金；收受定金的一方不履行约定的债务的，应当双倍返还定金。

四、违约责任的免除

任何国家的合同法在确定行为人的违约责任时，一般都要规定行为人在法定或约定的条件下可以不承担违约责任。在法律上规定免除违约责任的理由，有利于保护无过错当事人的利益，维护公平原则的实现，也可以促进人们预先确立未来可能出现的各种风险，从而准确地计算风险，合理解决风险负担问题。

我国合同法规定：因不可抗力不能履行合同，根据不可抗力的影响大小，确定部分或者全部免除责任，但法律另有规定的除外。不可抗力是当事人不能预见、不能避免并且不能克服的客观情况，通常是指：自然灾害，如地震、台风、洪水；政府行为，如国家政策或法律的改变；社会异常现象，如战争、社会动乱等。当事人一方因不可抗力不能履行合同的，应当及时通知对方，以减少可能给对方造成的损失，并应在合理期限内提供证明。当事人延迟履行后发生的不可抗力，不能免除责任。

除以上情形外，合同当事人还可以在合同中特别约定不可抗力的范围，但不得违反法律的强制性规定。

【案例分析】

案例一　A国一著名精密仪器生产厂商与我国某仪表厂洽谈在中国设立中外合资企业，双方已就合作的条件达成共识，但A国某厂提出我国某仪表厂设备陈旧，要求该厂先进行技术改造，达到一定水平后再正式签订合资合同。我国某仪表厂投资200万元人民币按A国某厂商的要求进行了技术改造，技术改造将近完成时，A国某厂商提出因为国际市场形势发生巨大变化，决定终止与我国某仪表厂继续洽谈。

依《中华人民共和国合同法》规定，回答：

(1) 我国某仪表厂是否有权要求A国某厂商与其签订合同？为什么？

(2) 如果我国某仪表厂不愿意继续与A国某厂商进行合作，是否有权向A国某厂商要求赔偿损失？为什么？

【分析】(1) 我国某仪表厂有权要求A国某厂商与其签订合同。因为依合同法规定，受要约人有理由认为要约是不可撤销的，并已经为履行合同作了准备工作的，要约不得撤销。我国某仪表厂投资技术改造是为履行合同作准备工作，因此，A国某厂商不得中止洽谈，撤销其要约，我国某仪表厂有权对继续有效的要约进行承诺。

(2) 我国某仪表厂有权向A国某厂商要求赔偿损失。因为合同法规定，在缔约过程中有违反诚实信用原则的行为，给对方当事人造成损失的，应当承担赔偿责任。A国某厂商在依法不得撤销要约的情况下撤销要约，导致合同不能成立，属于合同法所规定的其他违反诚实信用原则的行为。

案例二　A市甲公司从报纸上看到乙公司登载的一则广告，介绍本公司生产的新型电热炉具，价格为每台250元，多购可以优惠。正好本市市场上这种新型炉具紧俏，当即发电报给乙公司，电文为："欲购买你公司电热炉具1000台，如价格能降

10%，则购买2000台，货到后验收合格即付款。”乙公司收到电报后，回电称：“同意降价10%，但现在本公司存货只有1000台，可以立即发运；另1000台1个月后发运。”甲公司收到电报后未作答复，乙公司即派销售员李某将1000台电热炉具运往A市。李某将货物送到甲公司，甲公司验收合格后以每台225元的价格支付了货款。李某告知甲公司由于本公司加紧生产，另外1000台电热炉具可以在10日内运到，请甲公司做好接货准备。甲公司当即回答本公司已经从其他渠道购入了1000台同类电热炉具，不再需要另1000台电热炉具。李某立即回公司报告此情况，乙公司认为甲公司不能擅自撕毁合同，决定按时发运第二批1000台电热炉具，仍由李某押运。第二批电热炉具运到甲公司，甲公司拒绝接受。李某无奈，将该批炉具存入A市某仓储公司仓库后，立即赶回公司请示处理办法。当夜天降百年罕遇的大雨，仓储公司仓库的屋顶被雨浸泡漏水，电热炉具打火系统受潮，不能使用。请根据《中华人民共和国合同法》回答下列问题：

(1) 甲乙两公司之间的电热炉具合同是否已经成立？为什么？

(2) 乙公司交运的第一批电热炉具应当如何处理？为什么？

(3) 乙公司交运的第二批电热炉具不能使用的损失应当如何承担？为什么？

【分析】(1) 甲乙两公司之间的电热炉具合同没有成立。乙公司的回电对甲公司的要约作了实质性变更，应当被视为新的要约。甲公司收到第一批电热炉具后，明确表示拒绝接受第二批电热炉具，应当视为拒绝乙公司的要约。

(2) 如果甲、乙两公司不能就第一批炉具达成新的协议，应当相互返还。因为合同并未成立，双方相互交付货物和价款没有法律根据。

(3) 乙公司交运的第二批炉具不能使用的损失应当由甲公司自行承担，因为合同并未成立，风险应当由所有人自行承担。

案例三 甲乙两公司订立木材买卖合同。合同约定在付清全部价款之前甲方保留所有权。乙收到木材后，经检验认为木材质量次于合同约定的标准，于是拒付部分货款。双方为此发生争议。乙公司因为资金周转困难，以该批木材为抵押物从某银行贷款，但未办理抵押登记手续。此时丙公司向乙公司订购一批家具，乙公司接受了订单。双方约定：如乙公司延迟交货，则应当按日支付延迟交货的违约金；如丙公司延迟付款，则应当按中国人民银行的规定支付逾期付款的利息。合同成立后，乙公司即以从甲公司买来的木材加工此批家具。家具加工完毕后，乙公司通知丙公司提货付款，此时某银行得知乙丙之间的买卖合同，遂通知丙公司制作该批家具的木材是银行的抵押品。丙公司收到通知后，立即停止付款，要求乙公司作出明确解释，并要求乙公司提供担保。乙公司认为木材抵押与丙公司无关，要求丙公司立即付款提货。合同履行期限已超过两个月，双方仍在为此事争论，丙公司遂宣告解除合同。乙公司诉至法院，请求丙公司履行合同，并承担违约责任，丙公司反诉乙公司，要求乙公司承担违约责任。

请根据《中华人民共和国合同法》回答下列问题：

(1) 人民法院应当如何确定本案当事人？

（2）乙丙二公司间的购销合同纠纷在实体上应当如何处理？

（3）如乙公司在诉讼期间破产，则该批家具应当如何处理？

【分析】（1）法院应当以乙公司为原告，丙公司为被告，并将甲公司和某银行列为第三人。

（2）丙公司有确切证据证明第三人有可能就标的物主张权利，有权中止付款。丙公司的行为不构成违约；乙公司不能提供担保，致使合同不能正常履行，应当对超过合同履行期限未履行合同负责，丙公司有权解除合同，并要求乙公司承担违约责任。

（3）如乙公司在诉讼期间破产，则该批家具不属于破产财产，其所有权属于甲公司。

☞ 思考与练习

1. 什么是合同？订立合同的程序是什么？完备的合同应具备哪些基本内容？

2. 什么是合同的效力？它是如何划分的？

3. 何谓不安抗辩权？当事人在什么情况下可以行使此项权利？

4. 在合同保全中债权人可享受什么权利？

5. 什么情况下合同的权利义务即行终止？

6. 违约责任的承担方式有哪些？

7. 甲、乙两公司订立了一份买卖合同，总价款为人民币200万元，双方在合同中约定：定金为货款总额的10%，违约金为货款总额的20%，后来，接受定金的甲方违约，给乙方造成20万元的经济损失。问：

（1）乙方可以要求甲方返还定金吗？

（2）乙方可以要求甲方支付违约金吗？

（3）乙方可以要求甲方既支付违约金又支付定金吗？

8. 2009年5月，甲、乙双方签订了买卖10台卡车的合同。双方约定，甲方的交货日期为2010年1月到3月底，甲方一次性交货，并负责运输。2010年1月20日，甲方书面通知乙方，无力履行合同。2010年3月1日，乙方通知甲方解除合同，甲方于2010年3月4日收到解除合同的通知，2010年3月6日，甲方将货送到乙方，乙方予以拒绝。问：

（1）甲方的行为属于实际违约还是预期违约？

（2）乙方有无解除合同的权利？为什么？

（3）乙方拒绝受领有无过错？

第九章　反不正当竞争法

第一节　反不正当竞争法概述

一、不正当竞争法的概念和立法概况

反不正当竞争法，是指由国家制定的，为保护国家和人民的利益，保护社会主义竞争秩序，制裁生产经营活动中不正当竞争行为的法律规范的总称。

竞争是市场经济的灵魂，是市场经济最重要的运行机制。市场竞争是商品的生产经营者在市场经营活动中为了各自的经济利益而进行的相互斗争。在任何社会制度下市场竞争的功能都是双重的，即正当竞争可以推动市场经济的发展，而不正当竞争则会阻碍乃至破坏市场经济的发展。我们要发展社会主义市场经济，必须运用法律来规制不正当竞争行为。

中国反不正当竞争立法始于1980年《国务院关于开展和保护社会主义竞争的暂行规定》，1992年初，国家工商行政管理局根据全国人大常委会的立法计划成立专门的起草小组，负责反不正当竞争法的起草任务。1993年9月2日第八届全国人大常委会第三次会议通过了《中华人民共和国反不正当竞争法》，并于1993年12月1日起施行。

为配合该法的实施，国家工商行政管理局又制定了与之相配套的行政法规，主要有《关于禁止有奖销售活动中不正当竞争行为的若干规定》、《关于禁止公用企业限制竞争行为若干规定》、《关于禁止仿冒知名商品特有的名称、包装、装潢的不正当竞争行为的若干规定》、《关于禁止侵犯商业秘密行为的若干规定》等。另外，北京、上海、海南、河南、江苏、四川等省市还制定了反不正当竞争法的地方法规，这也是中国反不正当竞争法的重要构成部分。

二、反不正当竞争法的作用

在我国社会主义市场经济条件下，反不正当竞争法在维护市场经济体制方面有着重要作用。

（一）保障竞争机制正常发挥作用，保护公平竞争

反不正当竞争法律制度在促进和保障竞争积极作用的同时，对竞争产生的消极作用一律予以制止与惩罚。法律保障经营者在市场经济活动中公平地竞争。经营者无论规模大小、实力强弱，都应该凭质量和优质服务公平竞争，而靠投机性、欺诈性、掠夺性行为来损人利己的不正当竞争方式，必然破坏竞争规则，导致竞争机制的混乱和失调，最终导致

市场经济的混乱。因此，反不正当竞争法的首要作用是保护竞争机制，鼓励经营者通过正当努力获取最大经济收益，保证社会生产力持续稳定地发展。

（二）规范市场行为，维护市场秩序

反不正当竞争法具体规定了什么是不正当竞争行为，哪些行为是不正当竞争行为，这就为经营者的活动建立了行为标准，经营者可以根据这些标准来决定自己的交易行为。同时，法律对合法行为予以保护，对违法行为加以惩罚，这样才能建立和维护以公平竞争为核心的市场经济秩序。因此，反不正当竞争法是促进市场经济健康稳定发展的前提。

（三）保护经营者和消费者的合法权益

不正当竞争行为不仅损害其他经营者的合法权益，而且损害消费者的权益。比如，擅自使用知名商品特有的名称、包装、装潢的行为，既窃取了知名商品的竞争优势，侵犯其经营者的合法权益，又使消费者上当受骗，蒙受经济甚至身心健康的损失。因此，反不正当竞争法通过对不正当竞争行为的制止和惩罚，保护了正当经营者和消费者的合法权益。

三、反不正当竞争法的基本原则

对不正当竞争行为进行处理的原则，包括以下方面：

（一）自愿、平等、公平竞争的原则

参与社会主义市场经济的一切竞争者，按照同一的竞争规则，自主决定参与或退出市场竞争而不受外在意志的干预，共同接受价值规律和优胜劣汰的作用和评判，独立承担竞争的结果。

（二）遵守公认的商业道德原则

公认的商业道德是反不正当竞争法强调并保护的原则。公认的商业道德是指在长期的市场交易活动中形成的为社会所普遍承认和遵守的商业行为准则，它不是仅用中国的道德标准来评判的，是在市场经济数百年的发展历程中沉淀并升华成国际性、公认性、通用性的商业道德规则。比如经营者应该尊重客户的生活习惯和宗教信仰。公认的商业道德在一定的条件下成为评判是非曲直、解决争议的根据。

第二节　不正当竞争行为

一、不正当竞争行为的概念和特征

反不正当竞争法第 2 条规定：不正当竞争，是指经营者违反本法规定，损害其他经营者的合法权益，扰乱社会经济秩序的行为。

经营者，是指从事商品经营或者营利性服务的法人、其他经济组织和个人。经营者的特征是具有营利性，即只有向社会、他人提供商品或劳务并获得利润的才是经营者，没有从事商品经营或营利性服务的，就不能构成不正当竞争的主体。其主体可以是组织，也可以是个人，不仅包括中国公民，也包括在中国境内从事商品经营或营利性服务的外国人。

经营者的行为构成不正当竞争必须具备以下特征：一是违法性，经营者的行为违反法律的规定；二是侵权性，不正当竞争行为损害了或者可能损害其他经营者的合法权益；三是社会危害，不正当竞争行为不仅给特定的经营者造成损害，还扰乱了公平竞争所赖以存在的、良好的、正常的社会经济秩序。具备这些特征的行为就是不正当竞争行为。

二、不正当竞争行为

反不正当竞争法第二章规定了不正当竞争行为，具体表现为11种：

（一）假冒或仿冒的不正当竞争行为

假冒或仿冒的不正当竞争行为，主要表现在四个方面：

（1）假冒他人的注册商标。假冒他人的注册商标是指伪造或仿造他人注册商标，将伪造或仿造的商标用于自己生产或销售的商品之上，混淆真伪，造成消费者的误认误买，它既是违反我国商标法的行为，又是违反本法的不正当竞争行为。

（2）擅自使用知名商品特有的名称、包装、装潢，或者使用与知名商品近似的名称、包装、装潢，造成和他人的知名商品相混淆，使购买者误认为是该知名商品。所谓知名商品是指在相关公众中有一定知名度的商品，其特有的名称、包装、装潢，是指经营者为自己生产的商品独创的有显著性的而非相关商品通用的名称、包装、装潢，仿冒行为造成与他人的知名商品相混淆。

（3）擅自使用他人的企业名称或者姓名，引人误认为是他人的商品。企业名称或者姓名显示了经营者的营业或服务活动的外在特征，是经营者付出资本和精力获得的无形资产，擅自使用不仅侵犯他人的合法权利，也是对消费者的欺骗。

（4）在商品上伪造或者冒用认证标志、名优标志等质量标志，伪造产地，对商品质量作引人误解的虚假表示。

（二）限定专购的不正当竞争行为

限定专购的不正当竞争行为是指公用企业或者其他依法具有独占地位的经营者，限定他人购买其指定的经营者的商品，以排挤其他经营者的公平竞争。"公用企业"是指其商品或服务涉及城乡人民群众基本的物质生活需要的一些行业，如自来水、电力、煤气、公共交通等领域。"其他依法具有独占地位的经营者"是指除公用企业外，依法律法规规定而享有独占经营权的其他经济实体，如烟草专卖经营者。这类经营者凭借其特殊地位，限定他人购买自己指定的经营者的商品，一方面排挤其他经营者的公平竞争，同时又变相扩大垄断行为。

（三）滥用行政权力限制竞争行为

滥用行政权力限制竞争行为是指政府及其所属部门滥用行政权力，限定他人购买其指定的经营者的商品，限制其他经营者正当的经营活动，以及限制外地商品进入本地市场，或者本地商品流向外地市场。

该行为的主体不是经营者，而是政府机关及其所属部门。国外一般的竞争立法，只限于规范经营者的行为，我国反不正当竞争法将政府及其所属部门的行为列入调整的范围，这是我国反不正当竞争法的特点之一。因为该行为阻碍市场竞争机制正常地发挥经济调节作用，以至阻碍全国统一市场的形成，而且使市场自身的运行规则屈从于行政干预，影响经济健康发展，还容易产生权钱交易、官商勾结等腐败现象。

（四）商业贿赂的不正当竞争行为

该行为是指经营者采用财物或者其他手段进行贿赂以销售或者购买商品。其他手段包括如提供出国考察、免费旅游或度假、色情服务、房屋装修、高档宴席以及解决子女或亲属入学、就业等多种形式。经营者采取贿赂手段销售、购买商品违背了诚实信用的原则，否定了公平竞争，对诚信的经营者造成打击。经营者在销售、购买商品时可以给对方折扣和给中间人佣金，但这些必须是公开进行的，并且买卖双方包括中间人必须将其如实入账。我国反不正当竞争法明确规定，在账外暗中给予对方单位或者个人回扣的，以行贿论处；对方单位或者个人在账外暗中收受回扣的，以受贿论处。

（五）引人误解的虚假宣传、广告行为

该行为是指经营者利用广告或者其他方法，对商品的质量、制作成分、性能、用途、生产者、有效期限、产地等作引人误解的虚假宣传及广告的经营者在明知或者应知的情况下，代理、设计、制作、发布虚假广告。

引人误解的虚假宣传包括虚假宣传和引人误解的宣传，虚假宣传是指商品宣传的内容和商品的真实情况不符，如将普通保健品宣传成治疗癌症的药品；引人误解的宣传则是指可能使宣传对象对商品的真实情况产生错误的理解导致误购，如家具经营者在广告上标示“意大利聚酯漆家具”，其实是用意大利进口漆涂的家具，但普通人可能会理解为意大利进口家具而购买。

我国反不正当竞争法同时对广告经营者也规定了相关义务，即广告的经营者不得在明知或者应知的情况下，代理、设计、制作、发布虚假广告。

（六）侵犯商业秘密的不正当竞争行为

商业秘密，是指不为公众所知悉、能为权利人带来经济利益、具有实用性并经权利人采取保密措施的技术信息和经营信息。商业秘密是与知识产权最相邻近的财产权，是权利人花费了时间、精力、资金获得的，可以为权利人带来经济利益。侵犯商业秘密的不正当竞争行为主要表现为：（1）以盗窃、利诱、胁迫或者其他不正当手段获取权利人的商业秘密；（2）披露、使用或者允许他人使用上述各项手段获取的权利人的商业秘密；（3）违反约定或者违反权利人有关保守商业秘密的要求，披露、使用或者允许他人使用其所掌握的商业秘密。（4）第三人明知或者应知向其转授商业秘密的人具有前面所列违法行为时接受使用或者披露了他人的商业秘密。

（七）以排挤竞争对手为目的，以低于成本的价格销售商品的不正当竞争行为

该行为的主要特征是：（1）经营者以低于成本的价格销售商品的；（2）行为主体是处于卖方地位的经营者；（3）经营者实行销售的目的是为了排挤竞争对手。在有些情况下，经营者以低于成本的价格销售商品的行为，目的不是为了排挤竞争对手，而是为了解决自己的一些困难，则在法律上不能将其列为不正当竞争行为，如销售鲜活商品；处理有效期限即将到期的商品或者其他积压的商品；季节性降价；因清偿债务、转产、歇业降价销售商品。

（八）搭售商品或者附加其他不合理的条件的不正当竞争行为

该行为是指经营者销售商品时，违背购买者的意愿，在销售一种商品或提供一种服务时，要求购买者以购买另一种商品或接受另一种服务为条件，或者对商品或服务的价格、

销售对象、地区等进行不合理的限制。经营者利用其经济优势，搭售商品以扩大销售量，违背消费者的意愿，破坏公平竞争，破坏社会经济秩序，构成不正当竞争。

（九）不正当的有奖销售行为

有奖销售行为是指经营者以提供奖品或奖金的手段推销商品的行为，主要包括附赠品和抽奖两种形式。有奖销售作为经营者的一种促销手段，在市场竞争中有着双重影响：符合惯例和商业道德且在一定范围内的有奖销售可以活跃市场，反之则会破坏竞争秩序。反不正当竞争法只是禁止以下三种行为：（1）采用谎称有奖或者故意让内定人员中奖的欺骗方式进行有奖销售；（2）利用有奖销售的手段推销质次价高的商品；（3）抽奖式的有奖销售，最高奖的金额超过五千元。

（十）捏造、散布虚伪事实，损害竞争对手的商业信誉、商品声誉的不正当竞争行为

该行为是指经营者通过捏造、散布虚伪事实等不正当手段，损害竞争对手的商业信誉、商品声誉，削弱对手竞争能力。商业信誉是社会对经营者商业道德、商品品质等方面的积极评价；商品声誉是社会对特定商品品质、性能的赞誉，他们是经营者在市场竞争中保持优势地位的支柱。假如某些经营者为了竞争目的，通过制造谣言来诋毁或贬低竞争对手长期建立的商业信誉，不仅会给该经营者的正常经营活动造成重大损失，而且广大消费者也会受到损失。只有打击这种不正当竞争行为，经营者的商业信誉、商品声誉在市场竞争中才能得到法律的保护，才能有正常经营的安全感。

（十一）招标、投标中的不正当竞争行为

我国反不正当竞争法第15条规定，投标者不得串通投标，抬高标价或者压低标价；投标者和招标者不得相互勾结，以排挤竞争对手的公平竞争。所谓招标投标，是指招标人发出招标的表示，然后投标人分别提出其条件实行公平竞争，招标人选择其中最优者中标，与之订立合同的法律形式，是签订合同的一种特殊方式。公开招标投标可以改善企业管理，提高企业和社会的经济效益，是经济体制的一项重大改革，其基本特点是要求投标者在投标过程中必须进行公平、合理的竞争。如果招标者和投标者为排挤竞争对手而相互勾结、相互串通，则会破坏公平竞争，可能使国家、集体利益遭受重大损失。因此，为鼓励和保护公平竞争，保障社会主义市场经济的健康发展，必须打击在招标、投标中的不正当竞争行为。

第三节　不正当竞争行为的监督检查

一、不正当竞争行为的监督检查部门

所谓监督检查是指法定机关按照法定程序对涉嫌不正当竞争行为的经营者采用了解、取证、督促措施以及必要的行政强制措施。

我国反不正当竞争法第3条规定，县级以上人民政府工商行政管理部门对不正当竞争行为进行监督检查；法律、行政法规规定由其他部门监督检查的，依照其规定。监督检查的部门主要是县级以上工商行政管理部门，也包括法律、行政法规规定的有权进行监督检查的其他部门，如国家技术监督局有权对有关产品质量的不正当竞争行为进行监督检查。

监督检查机关对不正当竞争行为的受理主要有以下途径：（1）依职权在日常监督管理中发现的；（2）受害人申请；（3）群众举报；（4）上级机关交办或有关部门移送。

二、监督检查部门在监督检查不正当竞争行为中的职权

监督检查部门在监督检查不正当竞争行为中有权行使下列职权：（1）按照规定程序询问被检查的经营者、利害关系人、证明人，并要求提供证明材料或者与不正当竞争行为有关的其他资料；（2）查询、复制与不正当竞争行为有关的协议、账册、单据、文件、记录、业务函电和其他资料；（3）检查与本法第5条规定的不正当竞争行为有关的财物，必要时可以责令被检查的经营者说明该商品的来源和数量，暂停销售，听候检查，不得转移、隐匿、销毁该财物。

监督检查部门工作人员监督检查不正当竞争行为时，应当出示检查证件。

三、被监督检查当事人的权利义务

监督检查部门在监督检查不正当竞争行为时，被检查的经营者、利害关系人和证明人应当如实提供有关资料或者情况。

当事人对监督检查部门作出的处罚决定不服的，可以自收到处罚决定之日起15日内向上一级主管机关申请复议；对复议决定不服的，可以自收到复议决定书之日起15日内向人民法院提起诉讼；也可以直接向人民法院提起诉讼。

四、对不正当竞争行为的社会监督

我国反不正当竞争法第4条规定，国家鼓励、支持和保护一切组织和个人对不正当竞争行为进行社会监督。国家机关工作人员不得支持、包庇不正当竞争行为。

反不正当竞争行为涉及社会经济生活的各个方面，单靠政府部门的监督是不够的，社会各界人士及一切组织和个人都可以对其进行广泛的社会监督，国家对此予以鼓励、支持和保护。

第四节　不正当竞争行为的法律责任

不正当竞争行为的法律责任，是指经营者违反反不正当竞争法在法律上应承担的责任，主要包括行政责任、民事责任、刑事责任。

一、行政责任

承担行政责任的主要方式有：

（一）责令停止违法行为

监督部门在宣布不正当竞争行为为非法后，首先责令其停止违法行为。例如经营者利用广告或者其他方法，对商品作引人误解的虚假宣传的，监督检查部门应当责令停止违法行为，即责令其经营者立即停止引人误解的虚假宣传，并处理好相关事宜。

（二）没收违法所得

经营者违法实施不正当竞争行为，监督部门可以对其作出没收违法所得的处罚。例如采用财物或者其他手段进行贿赂以销售或者购买商品的不正当竞争行为，限定专购的不正当竞争行为，虚假广告宣传的不正当竞争行为，都应承担没收违法所得的法律责任。

（三）罚款

经营者违法实施不正当竞争行为，监督部门可以对其作出罚款的处罚。罚款数额，有1万元至20万元的规定，也有其违法所得的1至3倍的规定。例如侵犯商业秘密的不正当竞争行为，监督检查部门可以根据情节处以1万元以上20万元以下的罚款。商标侵权的不正当竞争行为，监督检查部门可处其违法所得的1倍以上3倍以下的罚款。

（四）吊销营业执照

经营者擅自使用知名商品特有的名称、包装、装潢，或者使用与知名商品近似的名称、包装、装潢，造成和他人的知名商品相混淆，使购买者误认为是该知名商品，情节严重的，监督检查部门可以吊销其营业执照。

（五）宣布行为无效

经营者实施不正当竞争行为在法律上被宣布无效，该行为产生的法律后果也被宣布无效。例如，投标者串通投标，抬高标价或者压低标价；投标者和招标者相互勾结，以排挤竞争对手的公平竞争的，其中标无效。

（六）责令改正

经营者违法实施不正当竞争行为，监督部门可以对其作出责令改正的处罚。例如政府及其所属部门违反本法第七条规定，限定他人购买其指定的经营者的商品、限制其他经营者正当的经营活动，或者限制商品在地区之间正常流通的，由上级机关责令其改正。

（七）行政处分

经营者违法实施不正当竞争行为，可由同级或上级机关对直接责任人给予行政处分的处罚。例如，政府及其所属部门限定专购的行为，情节严重的，由同级或者上级机关对直接责任人员给予行政处分。

二、民事责任

民事责任突出了合法经营者受到实际损害时得以补偿的保护，主要方式有：

（一）停止侵害

经营者正在实施的不正当竞争行为一经查出，应责令其停止侵害。例如，经营者利用广告或者其他方法，对商品作引人误解的虚假宣传的行为一经查出，侵权者应当立即停止侵害。

（二）赔偿损失

经营者实施不正当竞争行为，给受害的经营者造成损失的，应当承担损害赔偿责任，被侵害的经营者的损失难以计算的，赔偿额为侵权人在侵权期间因侵权所获得的利润；并应当承担被侵害的经营者因调查该经营者侵害其合法权益的不正当竞争行为所支付的合理费用。

（三）消除影响

经营者利用广告或者其他方法，对商品作引人误解的虚假宣传的，或是实施假冒商标的不正当竞争行为，损害他人信誉，以及以其他方法进行不正当竞争，损害他人商品的声誉、信誉的，应承担消除影响的法律责任。

三、刑事责任

反不正当竞争法在刑事责任方面只作了原则性规定，要确定具体的刑事责任，适用刑法的有关规定。

【案例分析】

案例一　原告声称：1997 年 11 月，其自主开发研制并由清华大学出版社出版了股市操作类软件产品“股神”。该软件自问世以来，一直位于同类产品销售量前列，占有相当的市场份额，且有较高的知名度，已成为知名商品。1999 年 4 月 28 日，原告取得第 1268788 号商标注册证，在第九类商品范围内对“股神”商标享有专用权。自 2000 年开始，被告在其软件产品外包装上冠以“股神 2000”的名称，而内装软件的名称是“股市经典”；同时，被告在该公司的网站主页上宣传其开发的“股市经典”时，还使用了“股神 2000”和“股神 2000 隆重上市”等字样。为此，原告认为，被告的上述行为，使消费者将“股市经典”误认为“股神”的升级换代产品，侵犯了原告的合法权益。故诉请法院判令被告：一、立即停止销售侵权产品，消除所有侵权产品的包装、装潢，并删除其网站主页上的不实宣传；二、公开赔礼道歉、消除影响，并在其网站主页以及《电脑报》、《电脑商情报》上登载致歉声明；三、给原告赔偿经济损失 20 万元。

被告辩称：一、“股神”商标核定使用的商品范围是第九类的“计算机硬件”，不包括“软件”。原告将“股神”商标用于其开发的软件上，是擅自扩大商标使用范围。就此，我中心已向国家商标局提出撤销注册不当商标的申请。二、“股神 2000”是我中心独立开发的股票分析软件，其设计和包装与原告的“股神”软件完全不同，二者之间没有任何联系，更不是该软件的升级版。三、被告产品的外包装上使用“股神 2000”字样，是因为这是被告另一商品“财神 2000”的系列产品。这两种软件在产品包装、名称、字体方面是一致的，与原告的“股神”软件完全不同，且在包装显著位置上注明是由被告开发；四、原告在起诉书中称“股神”产品为知名商品，与事实不符。从产品销量、市场占有率方面看，该产品均不是第一位，北京软件代理商销量排行榜也证明了这一点。基于以上理由，法院应当驳回原告的全部诉讼请求。

法院经审理后判决：一、自判决生效之日起，被告停止在其“股市经典”软件的包装及相关的广告宣传中使用“股神”二字；二、自判决生效之日起 30 日内，被告在《电脑报》和其网站主页上刊登声明，向原告公开致歉；三、自判决生效之日起 10 日内，被告赔偿原告经济损失 2 万元。

【分析】 本案法院责任认定基于两方面理由：一是原告已向国家商标局申请并获

准在第九类商品“计算机硬件”上注册“股神”商标，原告对“股神”二字享有商标注册专用权。虽然该商标的核定使用商品为“计算机硬件”，而被告使用“股神2000”的产品是软件，但是根据计算机硬件与计算机软件均属商品分类表中的同一大类，二者均与计算机的运行密切相关，在计算机硬件和软件上分别使用相同或者近似的商标标记，容易使消费者产生该硬件与软件有相同来源的认识。因此，从普通消费者易于产生联系认识的角度看，计算机硬件与计算机软件属于商标法所指的类似商品。根据商标法第52条规定：未经商标注册人的许可，在同一种商品或者类似商品上使用与其注册商标相同或者近似的商标的，是侵犯注册商标专用权的行为。二是，根据反不正当竞争法第5条规定：擅自使用知名商品特有的名称、包装、装潢，或者使用与知名商品近似的名称、包装、装潢，造成和他人的知名商品相混淆，使购买者误认为是该知名商品的，是不正当竞争行为。原告先于被告开发出软件产品并进行了大量的广告宣传，其产品在连邦专业软件销售榜上保持了一段时间的领先地位，具有一定的知名度，应认定为知名商品。被告在其后开发的同类软件产品的外包装上使用“股神2000”并标注“第二代主流炒股软件”等行为一方面有违软件命名的惯例，一方面足以使人误认为该产品是“股神”软件的第二代升级版，该行为有违反不正当竞争法第5条的规定，构成不正当竞争，侵犯了原告的合法权益，应承担侵权责任。据此，法院做出了上述责任认定。

需要指出的是，本案除涉及上述两方面法律问题外，尚有著作权保护的问题值得关注。“股神”并非炒股软件的通用名称，而是原告开发的计算机软件产品的特有名称。该名称本身亦属智力创作的成果，应享有著作权，且该著作权自创作完成时自动享有。未经许可，他人不得使用该名称。被告使用“股神2000”，其核心乃是“股神”二字，该行为构成对原告著作权的侵犯。此外，法院之所以没有支持原告要求被告停止销售侵权产品、赔偿20万元的诉讼请求，是因为被告销售的“股市经典”就其内容而言，是被告自行开发的产品，且被告在产品内部名称上仍使用了“股市经典”的名称，其侵权行为不是很严重。

【启示】人类社会的发展已迎来知识经济的时代，一方面基于知识的运用而形成的各种智力成果已成为提升企业竞争力、推动社会进步的主动力；另一方面，各种对智力成果的侵权行为也层出不穷。如何有效防止各种侵权行为正在成为世界性的问题。而在各种权益保护方法中，反不正当竞争法的保护值得重视。我国反不正当竞争法规定了11种不正当竞争行为，尽管这种列举式的规定难免僵化，略显不足，但是它是著作权法、专利法以及商标法三大知识产权保护法之外涉及对智力成果进行保护的重要法律，某种程度上起到了拾遗补缺的作用。本案中，原告没有仅仅局限于商标权或著作权某一方面的权益主张来寻求司法保护，而是通过商标权、著作权并结合反不当竞争法，从不同角度主张权益，以争取最大限度地保护自己。最终，法院确认了其商标权、反不正当竞争法上的权益而使原告的诉求得到了支持。这一思路值得借鉴。

案例二 江苏徐州某漆厂是生产水性漆的企业，该厂生产的一种新型水性漆具有防腐、无味、性能好的特点，深受用户好评，1993 年被铁路部门推荐使用，并且被大连、青岛、上海、宁波等多家船厂采用，并于 2002 年初建立了自己的网页。

2002 年 10 月该厂在办公室上网时无意中发现，徐州市某装饰公司在网上宣传自己公司生产的一种水性漆的网页内容竟然和他们厂的网页内容完全相同，包括漆的各项性能指标、获得的各种荣誉和销售的区域，所不同的是漆的型号、联系电话和网址。

厂方马上意识到对方盗用了自己的宣传资料在作虚假宣传，该厂生产的水性漆曾经获得过国家级荣誉证书和省级科技成果奖，对方的行为已构成不正当竞争，便及时电话通知该装饰公司，要求其立即停止上述宣传行为。但直到 2003 年 2 月 18 日装饰公司网上宣传的内容仍未删除。

2003 年 2 月 20 日，徐州某漆厂一纸诉状将徐州某装饰公司告到徐州市鼓楼区人民法院，要求依法判决被告停止侵权行为，赔礼道歉，消除影响，赔偿损失费人民币 10 万元，承担本案诉讼费及律师代理费。

徐州市鼓楼区法院审理查明，被告某装饰公司对该网址系自己设立不持异议，仅口头辩称内容不是自己所为，并没有提供相关证据，且对其网页上宣传的内容也举不出原件加以证实；而原告却提供了有关该产品性能指标和荣誉称号的所有原件，该原件内容和被告网上宣传的内容完全一致。被告仅将原告所生产水性漆的型号改成了自己所生产水性漆的型号，网页最后的联系方式改成了被告的电话和地址。

另，原告向法庭提供了原告 2001 年全年销售利润为 238 300. 19 元，2002 年全年销售利润为 123 721. 58 元，该数据是依据徐州市国税局征收分局在两年度增值税纳税申报表取得，其合理部分法庭予以认定，作为定案依据。

案件审理过程中，原告向徐州市第二公证处提出申请，对被告的网上宣传内容进行了证据公证。被告在庭审中辩称自己的产品只在试制，没有销售，但又在相关场所及网上大幅宣传其新型水性漆的性能和荣誉，并宣传该产品已销往有关各地，陈述上自相矛盾，在限期举证期限内也没有提供其没有销售该新型水性漆的证据。

鼓楼区法院于 2003 年 12 月 18 日一审判决：被告徐州市某装饰公司停止虚假宣传，在搜狐网上登载（经法院审查后）向原告徐州某漆厂的赔礼道歉书；一次性赔偿原告损失费 27 000 元、公证费、律师费等合计 35 000 余元。被告不服提起上诉，2004 年 3 月 11 日，徐州市中级法院驳回其上诉，维持原判。

【分析】原告徐州某漆厂生产的水性漆先后获得国家有关部门的认定及众多用户的好评，取得了良好的经济效益和社会效果。被告某装饰公司违背诚实信用原则和基本商业道德，把原告所取得的荣誉作为其业绩，在网上作虚假宣传，客观上产生了截留客户的后果，属为自己谋利的不正当竞争行为，严重损害了原告的合法权益，给该厂造成了一定的经济损失和商业信誉的毁损，使其产品销售量明显降低，2002 年全年销售利润比 2001 年减少了 10 万余元。

结合公证过的被告网上宣传内容可以认定：被告利用原告的产品和所获荣誉，宣传自己的产品，其宣传的商品和服务与真实性不相符，含有虚假的内容，足以对消费者构成误导，其目的是为了扩大自己产品的销售量和服务范围，从而在客观上既损害了原告的合法权益，又对原告提供相同、类似产品和服务范围构成了不正当竞争。法院判决某装饰公司停止虚假宣传、赔礼道歉、赔偿损失，是适当的。

☞ 思考与练习

1. 我国反不正当竞争法的作用有哪些?
2. 我国反不正当竞争法规定的不正当竞争行为有哪些种类?
3. 我国反不正当竞争法规定的不正当竞争行为应承担的法律责任有哪些?

第十章　产品质量法

第一节　产品质量法概述

一、产品质量法的概念及适用范围

产品质量法是调整因产品质量所发生的经济关系的法律规范的总称。我国产品质量法的产品需满足以下条件：

首先，必须是经过“加工、制作”的产品，而不包括内在质量主要取决于自然因素的产品。各种直接取之于自然界，未经加工、制作的产品，如籽棉、稻、麦、蔬菜、饲养的鱼虾等种植业、养殖业的初级产品，采矿业的原油、原煤等直接开采出来未经炼制、洗选加工的原矿产品等，均不适用本法的规定。当然，这些未经加工、制作的初级产品，也有分等、分级的质量标准问题，订立这类产品的买卖合同的出售人，应当按照合同约定的质量标准承担履约义务，产品质量与合同约定不符的，也要承担违约责任，对此应适用合同法的有关规定。由于行为人的过错，也可能使这类初级产品产生致人损害的缺陷，例如，用明知是含有某种有害物质的饲料喂鱼，导致鱼体内残留这种有害物质，养殖人将鱼出售后，使食用这种鱼的人健康受到损害，养殖人应承担因自己的过错造成他人损害的侵权责任，对此应适用民法通则等民事法律关于侵权责任的规定，而不适用本法关于产品责任的规定。

其次，必须是用于销售的产品。非用于销售的产品，即不作为商品的产品，如自己制作、自己使用或馈赠他人的产品，不属于国家进行质量监督管理的范围，也不能对其制作者适用本法关于产品责任的严格规定。

同时，建设工程不适用本法规定，如房屋、公路、桥梁、隧道等。由于建设工程的质量问题与一般加工、制作的产品有较大的不同，对建设工程的质量问题，应当适用建筑法等法律的规定。但是，用于建设工程的各种建筑材料和建筑构配件、设备等，属于本条第二款定义的“产品”范围内的，适用本法规定。这一规定，指明了产品质量法不调整初级农产品和不动产。这符合国际上的通行做法。

我国重视产品质量立法。近年来，我国质量立法主要有，国务院先后发布和批准发布的《工业产品质量责任条例》、《交通部工业产品质量监督抽查试行办法》、《中华人民共和国产品质量认证管理条例》等。国家颁布的商标法、计量法、标准化法、药品管理法、食品卫生法、反不正当竞争法、消费者权益保护法及民法通则等法律，都有关于产品质量的规定。

1993 年 2 月 22 日第七届全国人大常委会第三十次会议通过了我国第一部系统规定产品质量的《中华人民共和国产品质量法》，在打击假冒伪劣、保护消费者权益方面发挥了不可替代的重要作用，却也在实践中暴露出了覆盖面小、对一些违法制约力度不够的脆弱一面，于是 2000 年 7 月 8 日第九届全国人民代表大会常务委员会第十六次会议通过《关于修改〈中华人民共和国产品质量法〉的决定》并于 2000 年 9 月 1 日实施新产品质量法。

二、产品质量法的调整对象

产品质量法是调整在生产、流通和消费过程中因产品质量所发生的经济关系的法律规范的总称。一般包括产品质量责任、产品质量监督管理、产品质量损害赔偿及处理质量争议等方面的法律规定。调整对象包括两个方面：一是国家对企业的产品质量进行监督管理过程中所发生的产品质量管理关系，它是指各级产品质量监督管理部门与生产者、销售者之间在产品质量监督管理活动中产生的管理与被管理的关系，具有行政管理的性质。二是产品的生产者、销售者与产品的用户或销售者之间因产品缺陷而产生的产品质量责任关系，属私法性质的关系，即当事人之间平等的民事关系。

三、产品质量法的适用范围

从空间上说，该法适用于在中华人民共和国境内从事产品生产、销售活动，包括销售进口商品。香港和澳门特别行政区除外。

从主体上说，该法适用于生产者、销售者、用户和消费者以及监督管理机构。

从客体上说，该法只适用于生产、流通的产品，即各种动产，而不包括不动产。

四、产品质量法的基本原则

为加强对产品质量的监督管理，明确产品质量责任，保护用户、消费者的合法权益，维护社会经济秩序，我国产品质量法的基本原则包括：

（1）加强产品质量监督管理原则。

（2）保护用户、消费者合法权益原则。

（3）贯彻奖优罚劣原则。

（4）严格产品质量责任原则。

第二节　产品质量的管理与监督

一、我国产品质量管理体制

产品质量管理的目的在于使产品的质量符合一定的标准和规格。没有有效的产品质量管理，就没有可靠的产品质量。依照产品质量法的规定，我国产品质量管理体制包括以下层次有别、任务不同的机构：

（1）国务院产品质量监督部门主管全国产品质量监督工作。其主要职责是：对产品质量进行宏观的管理和指导，推行现代化质量管理方法，负责国家质量奖的评审和管理工作，负责国优产品的评审和管理工作，负责生产许可证管理工作。

（2）县级以上地方产品质量监督部门主管本行政区域内的产品质量监督工作。县级以上地方人民政府有关部门在各自的职责范围内负责产品质量监督工作。

（3）法律对产品质量的监督部门另有规定的，依照有关法律的规定执行。

二、产品质量管理制度

（一）企业质量体系认证制度

企业质量体系认证制度是指国务院产品质量监督管理部门或者由它授权的部门认可的认证机构，依据国际通用的质量管理和质量保证系列标准，对企业的质量体系和质量保证能力进行审核，经认证合格，颁发企业质量体系认证证书，以兹证明的制度。所谓国际通用的“质量管理和质量保证”系列标准，指的是国际标准化组织（ISO）于1987年3月正式发布的ISO9000系列国际标准。

（二）产品质量认证制度

产品质量认证制度是指依据具有国际水平的产品标准和技术要求，经过认证机构确认并通过颁发认证证书和产品质量认证标志的形式，证明产品符合相应标准和技术要求的制度。

（三）生产许可制度

生产许可证是指国家对于具备生产条件并对其产品检验合格的工业企业，发给其许可生产该项产品的凭证。国家规定对重要的工业产品特别是对可能危及人体健康、人身、财产安全和公共利益的工业产品实行生产许可制度，是为了保证产品质量，维护国家、用户和消费者利益的强制性措施。

（四）标准化管理制度

产品质量的标准化管理是指产品质量标准及与产品质量有关的其他标准的制定、实施活动的总称。

三、产品质量的监督检查

（一）国家监督

产品质量的监督管理，是指国家指定的产品质量专门机构，根据正式产品标准的规定，依照法定职权和法定程序，对企业产品质量所进行的监督性检验。

国家监督，是国家对产品质量实行以抽查为主要方式的监督检查制度，对可能危及人体健康和人身、财产安全的产品，影响国计民生的重要工业产品以及消费者、有关组织反映有质量问题的产品进行抽查。

监督抽查工作由国务院产品质量监督部门规划和组织。县级以上地方产品质量监督部门在本行政区域内也可以组织监督抽查。法律对产品质量的监督检查另有规定的，依照有关法律的规定执行。

为保证产品质量的监督检查，产品质量法对检验机构的设置和任务等作了规定：产品质量检验机构必须具备相应的检测条件和能力，经省级以上人民政府产品质量监督部门或者其授权的部门考核合格后，方可承担产品质量检验工作。产品质量检验机构、认证机构必须依法按照有关标准，客观、公正地出具检验结果或者认证证明。

（二）社会组织监督

法律规定，任何单位和个人有权对产品质量违法行为向产品质量监督部门或者其他有关部门进行检举。

广播、电视、报刊等社会舆论单位，有权按照国家的有关规定，运用新闻媒介，对产品质量进行舆论监督。

我国消费者权益保护法专章规定了“消费者组织”，在消费者协会的职能中，明确规定：“参与有关行政部门对商品和服务的监督、检查”，“投诉事项涉及商品和服务质量问题的，可以提请鉴定部门鉴定，鉴定部门应当告知鉴定结果”，“就损害消费者合法权益的行为，支持受损害的消费者提起诉讼”等。

（三）消费者监督

消费者权益保护法设立专章规定了消费者的权利。消费者有权就产品质量问题向产品的生产者、销售者查询；向产品质量监督部门、工商行政管理部门及有关部门申诉，接受申诉的部门应当负责处理。

保护消费者权益的社会组织可以就消费者反映的产品质量问题建议有关部门负责处理，支持消费者对因产品质量造成的损害向人民法院起诉。

第三节　生产者与销售者的产品质量责任

一、产品质量责任的主体和归责原则

（一）产品质量责任的主体

所谓产品质量责任主体，就是对产品质量问题应该承担相应责任的单位和个人。可以说，参加产品运动过程的任何一个主体都负有保证其经手产品的质量的义务，如产品的设计者、原材料的供应者、制造装配者、储存者、运输者、进口商、批发商、零售商等，都有可能成为承担产品责任的主体。而消费者则处于链条的最末端，当其受到损害时，往往难以找到对产品的特定缺陷负责的人。为分清责任和诉讼上的便利，消费者往往向与之关系最密切的销售者或可能最终承担责任的制造者提起诉讼，因这两个责任主体责任最重，发生损害也最多。虽然其他环节也可能成为责任主体，但对消费者来说，与其处于间接关系，况且他们的责任可以由生产者和销售者来予以追究。因此我国产品质量法主要规定了产品的生产者、销售者为产品质量责任主体。

（二）质量责任的归责原则

产品质量责任的归责原则是追究产品制造者或销售者责任的依据。从产品质量责任的发展历史和现实司法实践来看，产品质量责任经历了从合同责任到侵权责任，从侵权行为的过错责任到无过错责任的发展阶段。现代社会，产品责任以严格责任为归责原则已成为世界产品责任发展的趋势。

我国的产品质量法采用了三种归责原则：（1）对生产者采用了严格责任原则。该法

第 41 条规定，因产品存在缺陷造成人身、缺陷产品以外的其他财产损害的，生产者应当承担赔偿责任。根据这条规定，生产者的赔偿责任，不是以生产者具有过错（故意或过失）为责任成立要件，属于严格责任。（2）对销售者采用了过错责任原则。该法第 42 条规定，由于销售者的过错使产品存在缺陷，造成人身、他人财产损害的，销售者应当承担赔偿责任。根据这条规定，由于销售者的过错使产品存在缺陷，销售者应当承担赔偿责任，即销售者的责任是以销售者具有过错为责任成立要件，属于过错责任。（3）根据第 41 条规定，"缺陷产品"本身的损害，应按照合同法上的瑕疵担保责任加以救济。

二、产品质量责任的构成要件

产品质量责任作为一种特殊的侵权责任，其成立须具备以下几个要件：

（一）产品本身有缺陷

产品缺陷是产品责任得以成立的必备条件。所谓产品缺陷，在国外一般是指产品的"不合理危险"状态或者"缺乏应有安全"的状态。这里的"不合理危险"指普通消费者认为仅凭对产品及其特征的一般知识了解不到的危险。我国法律目前对产品缺陷没有非常明确统一的定义，一般是指产品质量不符合国家的有关法规的规定、质量标准以及合同规定的对产品适用、安全和其他特性的要求。

产品缺陷比较复杂，一般将产品的质量缺陷分为四种类型。

（1）设计缺陷，指产品的设计存在着不合理的危险性，是导致产品潜在危险的根本因素。

（2）制造缺陷，指产品在生产制造过程中产生的不安全因素。

（3）指示缺陷，指产品的提供者对产品的危险性没有做出必要的说明、警告或指导而对使用者构成的不合理危险。

（4）发展缺陷，指明产品投入流通时的科技水平尚不能发现的而后又被证明确实存在的缺陷。

因前三种产品质量缺陷造成损害的，应发生产品责任。第四种缺陷造成损害的，按我国产品质量法规定不负责任。

（二）生产者与销售者有提供缺陷产品的行为

生产者与销售者违反法律上的义务，提供缺陷产品主要表现为两种情况：一是提供的产品本身不符合法规、标准和合同质量的要求。二是生产者与销售者没有履行或没有适当履行向消费者的"告知"义务。

（三）存在造成他人损害的事实

这里的损害不是产品本身的损毁灭失，而是指产品造成了他人的人身伤害、死亡和财产上的毁坏和损失。这里的他人，是指任何受到损害的人，不管是购买者、使用者还是旁观者、过路人，不管是自然人还是法人，不管受害人是否与生产者和销售者之间存在合同关系等。

（四）损害事实和提供有缺陷产品行为间有因果关系

所谓因果关系，是指损害是由提供有缺陷产品的行为直接造成的，而不是由于他人把产品作为实施侵权的工具造成的。

实践中，对如何判断致损产品是否确有缺陷，主要分两种情况对待。一是致损产品在损害事实发生后仍处于原状态的情况，如某些家具甲醛含量超标，在对使用者造成人身伤害后，该气体仍然存在，这种情况下，判断产品是否有缺陷比较好解决，一般将致损产品送交产品质量检验部门进行检验即可解决。第二种情况是致害产品在损害事实发生后不复存在或虽存在但面目全非，如冰箱发生爆炸后已面目全非，此时认定产品质量因果关系比较困难。我们可以在确定受害人确无过错，被告人无证据证明其质量合格并且合理排除其他致损原因的前提下，采取推定的办法，例如：如果同批产品普遍存在质量问题，即使该致损产品已不复存在，则可推定该产品为缺陷产品；如果产销者有产品质量违法行为，例如他们使用的原材料不合格，也可推定其提供的产品有缺陷；根据“事实本身说明问题”的原则，认定该产品有缺陷。

三、生产者、销售者的产品质量责任和义务

（一）生产者的产品质量责任和义务

（1）生产者应当对其生产的产品负责，并使其生产的产品质量符合下列要求：不存在危及人身、财产安全的不合理的危险，有保障人体健康和人身、财产安全的国家标准、行业标准的，应当符合该标准；具备产品应当具备的使用性能，但是，对产品存在使用性能的瑕疵作出说明的除外；符合在产品或者其包装上注明采用的产品标准，符合以产品说明、实物样品等方式表明的质量状况。

（2）遵守产品质量标识制度。产品或其包装上的标识应当符合下列要求：有产品质量检验合格证明；有中文标明的产品名称、生产厂家的厂名和厂址；根据产品的特点和使用要求，需要标明产品规格、等级、所含主要成分的名称和含量的，用中文相应予以标明；需要事先让消费者知晓的，应当在外包装上标明，或者预先向消费者提供有关资料；限期使用的产品，应当在显著位置清晰地标明生产日期和安全使用期或者失效日期；使用不当，容易造成产品本身损坏或者可能危及人身、财产安全的产品，应有警示标志或者中文警示说明。裸装的食品和其他根据产品的特点难以附加标识的裸装产品，可以不附加产品标识。

（3）易碎、易燃、易爆、有毒、有腐蚀性、有放射性等危险物品以及储运中不能倒置和其他有特殊要求的产品，其包装质量必须符合相应要求，依照国家有关规定作出警示标志或者中文警示说明，标明储运注意事项。

（4）生产者不得生产国家明令淘汰的产品。

（5）生产者不得伪造产地；不得伪造或者冒用他人的厂名、厂址；不得伪装或者冒充合格产品。

（二）销售者的产品质量责任和义务

产品质量法对销售者的产品质量义务，作了如下重要规定：

（1）建立并认真执行进货检查验收制度。

（2）采取措施，保持销售产品的质量。

（3）不得销售国家明令淘汰并停止销售的产品和失效、变质的产品。

（4）销售者销售的产品标识，应当符合产品质量法关于产品或者其包装上的标识的

各项规定。

(5) 销售者不得伪造产地，不得伪造或者冒用他人的厂名、厂址。

(6) 销售者不得伪造或者冒用认证标志等质量标志。

(7) 销售者销售产品，不得掺杂、掺假；不得以假充真、以次充好；不得以不合格产品冒充合格产品。

四、产品质量责任的免责条件

我国产品质量法第41条规定，因产品存在缺陷造成人身、缺陷产品以外的其他财产损害的，生产者应当承担赔偿责任。同时也规定了生产者的一定的免责事由，如果生产者能够证明有下列情形之一的，不承担赔偿责任：(1) 未将产品投入流通的；(2) 产品投入流通时，引起损害的缺陷尚不存在的；(3) 将产品投入流通时的科学技术水平尚不能发现缺陷存在的。

此外，在司法实践中有下列情形者不负质量责任：(1) 损害是由于消费者擅自改变产品性能、用途或者没有按照产品的使用说明使用并且确因改变或使用不当造成的。(2) 损害是由于受害人的故意造成的。(3) 损害是由于常识性的危险造成的。(4) 产品已过有效期限。(5) 超过诉讼和赔偿请求时效。

第四节　违反产品质量法的法律责任

产品质量责任的法律形式主要有三种，即民事责任、行政责任和刑事责任。根据我国产品质量法的规定，违反产品质量法应当承担民事责任、行政责任或刑事责任。除以上三种法律责任的形式外，对产品质量责任纠纷的一般性问题由消费者协会调解解决。

一、民事责任

产品质量法中所涉及的主要因产品缺陷造成损害的民事责任，其内容如下：

(1) 售出的产品有下列情形之一的，销售者应当负责修理、更换、退货；给购买产品的消费者造成损失的，销售者应当赔偿损失：①不具备产品应当具备的使用性能而事先未作说明的；②不符合在产品或者其包装上注明采用的产品标准的；③不符合以产品说明、实物样品等方式表明的质量状况的。

销售者依照前款规定负责修理、更换、退货、赔偿损失后，属于生产者的责任或者属于向销售者提供产品的其他销售者的责任的，销售者有权向生产者、供货者追偿。

(2) 因产品存在缺陷造成人身、他人财产损害的，产品生产者应当承担赔偿责任。生产者能够证明有下列情况之一的，不承担赔偿责任：①未将产品投入流通的；②产品投入流通时，引起损害的缺陷尚不存在的；③产品投入流通时的科学技术水平尚不能发现缺陷存在的。

(3) 由于销售者的过错使产品存在缺陷，造成人身、他人财产损害的，或者销售者不能指明缺陷产品的生产者或供货者的，销售者应当承担赔偿责任。

(4) 因产品存在缺陷造成受害人人身伤害的，侵害人应当赔偿医疗费、治疗期间的护理费、因误工减少的收入等费用；造成残疾的，还应当支付残疾者生活自理费、生活补助费、残疾赔偿金以及由其扶养的人所必需的生活费等费用；造成受害人死亡的，并应当支付丧葬费、死亡赔偿金以及由死者生前扶养的人所必需的生活费等费用。造成受害人财产损失的，侵害人应当恢复原状或折价赔偿。受害人因此遭受其他重大损失的，侵害人应当赔偿损失。

(5) 因产品存在缺陷造成人身、他人财产损害的，受害人可以向产品生产者要求赔偿，也可以向产品的销售者要求赔偿。属于产品生产者的责任，销售者在赔偿后有权向生产者追偿。属于产品的销售者的责任，生产者在赔偿后有权向销售者追偿。

(6) 产品质量认证机构违反规定，对不符合认证标准而使用认证标志的产品，未依法要求其改正或者取消其使用认证标志资格的，对因产品不符合认证标准给消费者造成的损失，与产品的生产者、销售者承担连带责任；社会团体、社会中介机构对产品质量作出承诺、保证，而该产品又不符合其承诺、保证的质量要求，给消费者造成损失的，与产品的生产者、销售者承担连带责任。

二、行政责任

产品质量的行政责任包括两个方面，一是生产者、销售者的行政责任，二是从事产品质量监督管理的国家工作人员的行政责任。

(1) 生产者、销售者有违反产品质量法规定的情形的，由有关行政管理部门，视情节轻重分别给予责令更正、责令停止生产、没收违法所得、没收违法产品、罚款、吊销营业执照等行政处罚。行政处罚视情节，既可单处，也可并处。

①责令更正。例如伪造产品产地的，伪造或者冒用他人厂名、厂址的，伪造或者冒用认证标志等质量标志的，责令改正。

②责令停止生产、销售。例如在产品中掺杂、掺假，以假充真，以次充好，或者以不合格产品冒充合格产品的，责令停止生产、销售。

③没收违法所得、罚款。例如在产品中掺杂、掺假，以假充真，以次充好，或者以不合格产品冒充合格产品的，责令停止生产、销售，没收违法生产、销售的产品，并处违法生产、销售产品货值金额50%以上3倍以下的罚款；有违法所得的，并处没收违法所得。

④吊销营业执照。例如生产、销售不符合保障人体健康和人身、财产安全的国家标准、行业标准的产品，情节严重的，吊销营业执照。

(2) 各级政府工作人员和其他国家机关工作人员有下列情形之一，不构成犯罪的依法给予行政处分：

①包庇、放纵产品生产、销售中违反本法规定行为的。

②向从事违反本法规定的生产、销售活动的当事人通风报信，帮助其逃避查处的。

③阻挠、干预产品质量监督部门或者工商行政管理部门依法对产品生产、销售中违反本法规定的行为进行查处，造成严重后果的。

(3) 产品质量监督部门在产品质量监督抽查中超过规定的数量索取样品或者向被检查人收取检验费用的，由上级产品质量监督部门或者监察机关责令退还；情节严重的，对直接负责的主管人员和其他直接责任人员依法给予行政处分。

(4) 产品质量监督部门或者其他国家机关违反产品质量法的规定，向社会推荐生产者的产品或者以监制、监销等方式参与产品经营活动，情节严重的，对直接负责的主管人员和其他直接责任人员依法给予行政处分。

(5) 产品质量监督部门或者工商行政管理部门的工作人员滥用职权、玩忽职守、徇私舞弊，尚不构成犯罪的，依法给予行政处分。

三、刑事责任

根据产品质量法和中华人民共和国刑法的规定，承担刑事责任的情形有：

(1) 生产、销售不符合保障人体健康和人身、财产安全的国家标准、行业标准的产品，构成犯罪的，依法追究刑事责任。

(2) 在产品中掺杂、掺假，以假充真，以次充好，或者以不合格产品冒充合格产品构成犯罪的，依法追究刑事责任。

(3) 销售失效、变质的产品，构成犯罪的，依法追究刑事责任。

(4) 产品质量检验机构、认证机构伪造检验结果或者出具虚假证明构成犯罪的，依法追究刑事责任。

(5) 知道或者应当知道属于本法规定禁止生产、销售的产品而为其提供运输、保管、仓储等便利条件的，或者为以假充真的产品提供制假生产技术构成犯罪的，依法追究刑事责任。

(6) 各级人民政府工作人员和其他国家机关工作人员有下列情形之一的，依法给予行政处分；构成犯罪的，依法追究刑事责任：

①包庇、放纵产品生产、销售中违反本法规定行为的。

②向从事违反本法规定的生产、销售活动的当事人通风报信，帮助其逃避查处的。

③阻挠、干预产品质量监督部门或者工商行政管理部门依法对产品生产、销售中违反本法规定的行为进行查处，造成严重后果的。

(7) 产品质量监督部门或者工商行政管理部门的工作人员滥用职权、玩忽职守、徇私舞弊，构成犯罪的，依法追究刑事责任。

(8) 以暴力、威胁方法阻碍产品质量监督部门或者工商行政管理部门的工作人员依法执行职务的，依法追究刑事责任；拒绝、阻碍并使用暴力、威胁方法的，由公安机关依照治安管理处罚条例的规定处罚。

我国产品质量法确立了民事赔偿先行原则，其第64条规定，违反本法规定，应当承担民事赔偿责任和缴纳罚款、罚金，其财产不足以同时支付时，先承担民事赔偿责任。这条规定要求在违法者的财产不足以同时向受害消费者支付民事赔偿费用和向执法机关缴纳罚款、罚金的情况下，应当先向受害消费者履行民事赔偿，对于切实保护消费者的合法权益意义巨大。

【案例分析】

原告诉称：

原告的亲属林志圻在乘坐被告生产的日本三菱吉普车时，因前挡风玻璃在行驶途中突然爆裂而被震伤致猝死。我国法律规定，生产者应当对其生产的产品负责，经营者应当保证其提供的商品或者服务符合保障人身、财产安全的要求。据此请求判令被告对林志圻之死承担责任，给原告赔偿丧葬费、误工费、差旅费、鉴定费、抚恤金、教育费、生活补助费等共计人民币50万元。

被告辩称：

经玻璃生产厂家两次鉴定和中华人民共和国国家建材局安全玻璃质量监督检验中心（以下简称国家质检中心）的分析测试，都认为事故车的挡风玻璃是在受到较大外力冲击的情况下爆破的。无论是《中华人民共和国产品质量法》第29条第1款（修订后的条款为第41条第1款），还是《中华人民共和国消费者权益保护法》第35条第2款都规定，产品生产者对消费者承担赔偿责任，要同时具备两个严格的前提条件：第一，必须是产品存在缺陷；第二，必须是因产品存在的缺陷造成人身或财产损害。事实已经证明，发生事故的车辆不存在产品质量问题，也就是说不存在产品缺陷，因此谈不上因产品缺陷造成损害。原告的诉讼请求没有事实根据和法律依据，应当驳回。

一审法院经审理后认定：《中华人民共和国民法通则》第106条第2款规定：公民、法人由于过错……侵害他人财产、人身的，应当承担民事责任。本案查明的事实不能证明被告三菱公司在林志圻死亡问题上有过错，林志圻的死亡与三菱公司无必然的因果关系。原告要求三菱公司赔偿因林志圻死亡所遭受的损失，没有事实根据和法律依据。据此判决：驳回原告要求被告三菱公司赔偿损失人民币50万元的诉讼请求。

原告不服一审判决提起上诉。二审经审理后查明：

事故发生后，被告三菱公司即将破损玻璃封存。应车主某单位的要求，被告将破损玻璃的照片寄回日本国内玻璃的生产厂家进行鉴定，结论为：判断为受外强力致破损，实验均满足规格要求。车主单位对此不予以认可，要求被告将封存的玻璃交北京中国建筑材料科学研究院国家进出口商检局安全玻璃认可的实验室进行鉴定。但是被告却擅自将玻璃运回国内，交玻璃生产厂家进行鉴定，鉴定结论为：挡风玻璃本身不存在品质不良现象，破损系由外部原因造成。后车主单位委托国家质检中心进行鉴定。国家质检中心出具的报告称："由于所提供的样品是从原吉普车上拆卸后经过多次运输，已经相当破损，无法从上面切取作强度实验所需的试验片。我中心只能结合委托方提供的玻璃破损照片进行推断、分析；从玻璃破碎的塌陷形式看，能够造成此种破坏状态的外力来自外部。"

二审法院认为：

根据产品质量法的相关规定，因产品缺陷致人身损害应承担无过错责任，无需证明生产者有过错。此外产品是否存在缺陷的举证责任应由生产者承担。本案中玻璃生产厂家的两次鉴定，由于生产厂家不是法定的鉴定机构且生产厂家具有利害关系，该两份鉴定结论均不具法律效力。国家质检中心的鉴定是在前挡风玻璃从日本运回中国后已失去检验条件的情况下，仅凭照片和相当破碎的玻璃实物得出的推断性分析结论，并且没有说明致前挡风玻璃突然爆破的外力是什么，对本案事实没有证明力，故也不予采信。本案惟一证明产品是否存在缺陷的物证——爆破后的前挡风玻璃，车主单位在与被上诉人三菱公司约定封存后，曾数次提出要交国家质检中心检验鉴定。三菱公司承诺后，却不经车主单位许可，擅自将玻璃运往日本；后虽然运回中国，但三菱公司无法证明运回的是原物，且玻璃此时已破碎得无法检验。三菱公司主张将与事故玻璃同期、同批号生产出来的玻璃提交给国家质检中心进行实物鉴定，遭上诉人的反对。由于种类物确实不能与特定物完全等同，上诉人的反对理由成立。在此情况下，举证不能的败诉责任理应由三菱公司承担。据此，二审判决撤销一审判决；判令被上诉人（被告）于判决生效后30日内支付上诉人（原告）各项损失计496 901.9元。

【分析】 本案涉及两方面的法律问题：一是产品质量责任的归责原则，即是实行过错责任还是无过错责任，但这并非本案的关键问题所在；二是举证责任的分配及证据的采信，这才是本案的核心问题。

在产品质量责任的归责原则上，权威说认为是实行无过错责任，即不要求产品生产者对造成的损害具有过错，只要证明其生产的产品存在缺陷、有受损害事实且产品缺陷与损害事实之间有因果关系即可。一审法院认为根据民法通则第106条的规定，应适用过错责任明显有悖于此。这是该判决无法回避的一处硬伤，也是该判决遭推翻的直接原因。但这并不是本案的实质所在。本案一审判决之所以被推翻，更主要的原因在于举证责任的认定及证据的审查认定上。

从举证责任分配上分析，一审与二审不同之处在于：一审认为证明产品存在缺陷的责任应由原告承担，这一认定应该说是符合谁主张谁举证的法定举证责任分配原则的；二审则认为根据产品质量法的立法原意，在实行无过错责任的情形下，应由被告承担举证责任，证明其产品不存在缺陷，否则即认定其产品有缺陷。这一认定是根据举证责任倒置理论而来的。从举证责任倒置的理论及相关规定分析，法官可以根据案件的特殊情形，在考查双方当事人的举证能力、举证条件等因素的情形下决定举证责任倒置，将本应由一方当事人承担的举证责任分配给对方当事人。本案中，二审关于举证责任的分配是符合举证责任倒置理论的，但是该认定目前尚缺少相关法律规定的直接支持。

从证据的审查认定上分析，一审对于被告提供的两份鉴定结论及原告申请的鉴定结论均予以认可，并最终判决原告败诉。而二审则对该三份证据全部否定，并且，根据其所认定的举证责任最终判决由被告方承担举证不能的败诉责任。应该说，二审对证据的审查认定更合理或者说更具有社会妥当性。因为，倾向弱者应是民法、民事诉讼法的基本价值理念，从保护弱者的角度考量，二审的认定更具合理性。当然，肯定二审的认定并不否认一审的认定也有其合理性。这反映出，在实行法官自由心证的证据审查制度下，证据的审查认定不可避免地带有很大的主观随意性。

☞ 思考与练习

1. 我国产品质量法的调整对象是什么?

2. 我国产品质量法确立了哪些产品质量监督管理体制?

3. 生产者有哪些产品质量义务?

4. 销售者有哪些产品质量义务?

5. 产品质量责任的构成要件有哪些?

6. 一日，李女士在家中做饭时高压锅突然爆炸，李女士被炸飞的锅盖击中头部，抢救无效死亡。后据质量检测专家鉴定，高压锅发生爆炸的直接原因是设计不尽合理，使用时造成排气孔堵塞而发生爆炸。本案中，可以以何种依据判定生产者承担责任?

第十一章　工业产权法

第一节　工业产权法概述

一、工业产权的概念和特征

工业产权是人们依照法律对应用于商品生产和流通中的创造发明和显著标记等智力成果，在一定期限和地区内享有的专有权。是商标权和专利权的统称。

工业产权是一种无形财产权，与有形财产权相比较有下述法律特征：

（1）专有性。法律规定智力成果的无形财产权专属于创造人或其所属单位，从而排除了他人享有同样权利的可能性。非经权利人同意，任何人均不得使用其专利或注册商标，否则将因构成侵权而受到法律制裁。对某一项智力成果的专有权，只能授予一次，其他人不能再成为该项工业产权的所有人。

（2）地域性。依照特定国家法律承认和保护的工业产权，一般只能在该国领域内有效，对其他国家不发生法律效力，即不发生域外效力。如果想在该国获得保护，必须依照该国法律规定履行必要的程序，经审查批准在该国获得专有权。这是对工业产权的空间限制，有形的物质财产权则没有这种限制。

（3）时间性。工业产权的保护是有一定期限的，这个时间界限就是专利权、注册商标专用权的有效保护期。一旦法律规定的期限届满，这种专有权利便自行失去效力，该智力成果便成为社会的共有财富，人们可以任意加以利用。有形的物质财产权是随着物质财产本身存在而存在，并不受时间上的限制。

二、工业产权法的概念

工业产权法是调整因确认、保护和使用工业产权而发生的各种社会关系的法律规范的总称。

从20世纪80年代至今，我国已相继颁布和实施了《中华人民共和国商标法》、《中华人民共和国商标法实施细则》、《中华人民共和国专利法》、《中华人民共和国专利法实施细则》等法律法规。随着工业产权制度的不断健全和完善，对加强社会主义市场经济建设，进一步扩大对外开放，促进我国对外贸易活动开展，将起到巨大的推动作用。

第二节 商 标 法

一、商标和商标法的概念

（一）商标的概念

商标是由文字、图形、字母、数字三维标志和颜色组合，以及上述要素的组合，使用于一定的商品或者服务项目，用以区别商标使用者与同类商品的生产经营或者同类服务业经营者的显著标记。

（二）商标的作用

（1）区别商品的不同生产者、经营者和商业服务的不同服务者，这是商标最本质、最基本的作用。通过商标可以了解商品的来源和服务处所，这对确立企业信誉，追究商品生产者、经营者和商业服务者的产品及服务责任具有重要的意义。

（2）促使商品生产者、经营者和服务者保证和提高产品和服务质量。产品和服务质量是商标信誉的基础，信誉卓著的商标又为消费和服务提供了安全感，因此，商标在保证和提高产品质量和服务质量方面具有重要作用。

（3）便于广告宣传。商标是生产经营者与消费者之间的桥梁，商标可以引导消费者选购商品，选购服务者，信誉好的商标往往为消费者带来安全感。现代社会的消费者更是习惯根据商标来判断商品、服务的质量和特点。信誉好的商标，通常通过消费者和客户的主动介绍而广为人知，商标本身也起到了广告的作用。

（4）有利于发展国际贸易。在国际贸易中，商标对于打开销路，占领国际市场，提高商品的竞争力具存重要作用。

（三）商标法的概念

商标法是调整在确认、保护商标专用权和商标使用过程中发生的社会关系的法律规范的总称。

1982 年 8 月 23 日第五届全国人大第二十四次会议通过了《中华人民共和国商标法》，于 1983 年 3 月 1 日起施行。该法分别于 1993 年和 2001 年作了两次修正。1983 年 3 月颁布了《中华人民共和国商标法实施条例》并于 1988 年、1993 年、2002 年进行了修订。商标法及其实施条例是我国商标法律制度中最重要的法律文件。

现代意义的商标，已不是一种单纯的商品或服务的标记，而成为可以转让、买卖，受到法律保护的一种无形财产。我国商标法的任务就是加强商标管理，保护商标专用权，促使生产者、经营者保证商品和服务质量，维护信誉，以保护消费者和生产、经营者的利益，促进社会主义市场经济的发展。

二、商标注册

（一）商标注册的概念

商标注册，是指商标使用人为取得商标权，将其使用的商标向国家商标主管机关申请，经主管机关审核予以登记备案在册的法律行为。

经过商标局核准注册并刊登在商标公告上的商标称为注册商标。

（二）商标注册的原则

1. 自愿注册和强制注册相结合的原则

商标法规定，自然人、法人或者其他组织对其生产、制造、加工、拣选、经销的商品或者对其提供的服务项目，需要取得商标专用权的，应当向商标局申请商标注册。因此，是否取得商标专用权由商标使用人自行决定，自愿注册。与此同时，对部分商品实行强制注册，国家规定必须使用注册商标的商品，必须申请商标注册，未经核准注册的，不得在市场销售。

2. 申请在先的原则

两个或者两个以上的商标注册申请人，在同一种商品或者类似商品上，以相同或者相近似的商标申请注册的，初步审定并公告申请在先的商标；同一天申请的，经初步审定并公告使用在先的商标，驳回其他人的申请，不予公告。

（三）商标注册的申请人的条件

申请人必须是自然人法人或者其他组织。外国人或者外国企业在中国申请商标注册的，应当按所属国和中华人民共和国签订的协议或者共同参加的国际条约办理，或者按照对等原则办理。

商标共有是指两个以上的自然人、法人或者其他组织可以共同向商标局申请注册同一商标，共同享有和行使该商标专用权。

（四）商标构成的条件

1. 商标的必备条件

（1）必须具备法定的构成要素。商标法规定，任何能够将自然人、法人或者其他人组织的商品与他人的商品区别开来的可视性标志，包括文字、图形、字母、数字三维标志和颜色组合，以及上述要素的组合，均可作为商标申请注册。

（2）商标必须具有显著性，申请注册的商标，应当有显著特征，便于识别，并不得与他人在先取得的合法权利相冲突。

2. 商标的禁止条件

（1）不得侵犯他人在先取得的合法权利。

（2）商标禁用标志。

商标法第 10 条规定，下列标志不得作为商标使用：

①同中华人民共和国的国家名称、国旗、国徽、军旗、勋章相同或者相近似的，以及同中央国家机关所在地特定地点的名称或者标志性建筑物的名称、图形相同的。

②同外国的国家名称、国旗、国徽、军旗相同或者近似的，但该国政府同意的除外。

③同政府间国际组织的名称、旗帜、徽记相同或者近似的，但经该组织同意或者不易误导公众的除外。

④与表明实施控制、予以保证的官方标志、检验印记相同或者近似的，但经授权的除外。

⑤同“红十字”、“红新月”的名称、标志相同或者近似的。

⑥带有民族歧视性的。

⑦夸大宣传并带有欺骗性的。

⑧有害于社会主义道德风尚或者有其他不良影响的。

县级以上行政区划的地名或者公众知晓的外国地名，不得作为商标。但是地名具有其他含义或者作为集体商标，证明商标组成部分的除外；已经注册的使用地名的商标继续有效。

(3) 商标法规定，下列标志不得作为商标注册：

①仅有本商品的通用名称、图形、型号的。

②仅仅直接表示商品的质量、主要原料、功能、用途、重量、数量及其他特点的。

③缺乏显著特征的。

以上所列标志经过使用取得显著特征，并便于识别的，可以作为商标注册。

④以三维标志申请注册商标的，仅由商品自身的性质产生的形状，为获得技术效果而需有的商品形状或者使商品具有实质性价值的形状，不得注册。

⑤商标中有商品的地理标志，而该商品并非来源于该标志所标示的地区，误导公众的，不予注册并禁止使用；但是，已经善意取得注册的继续有效。

三、商标注册的程序

（一）申请的代理

自然人、法人或者其他组织对其商品或服务需要取得商标权的，应当向商标注册管理机构提出申请。我国的商标注册管理机构是国家工商行政管理局商标局。中国申请人可以自己直接申请，也可以委托代理人申请。外国人或者外国企业在中国申请商标注册或者办理其他商标商标事宜，应当委托国家认可的商标代理组织代理。

（二）注册申请人的审查

注册机关对注册申请的审查分为形式审查和实质审查。

形式审查是对商标申请的手续、程式合法性的审查，主要包括：申请人的资格是否符合法律的规定，申请文件是否齐备，书写是否规范，注册申请费是否交纳等。申请经形式审查合格后，进入实质审查阶段，即审查商标是否具备受保护的要件。

实质审查后注册机关认为可以授予商标权的，我国实行异议前置，对实质审查认定符合注册条件的，初步审定并告之；经审查不符合注册条件的，驳回申请，申请人对驳回申请的裁定不服的，可以在收到驳回通知书之日起 15 日内向商标评审委员会申请复审，当事人对复审不服的，可以自收到复审决定通知之日起 30 日内向人民法院起诉。

（三）异议程序

异议程序是商标注册机关经审查对商标的注册初步审定并公告后，为有关公众提供的反对该商标注册的程序。如果无人提起异议，该程序就不会启动。我国实行异议前置制度，任何公众均有权提起异议。我国的商标注册异议期为初步审定公告之日起 3 个月。商标局在听取异议和异议人与被异议人陈述的事实或理由之后，经调查核实，作出裁定。当事人不服的，可以自收到通知之日起 15 日内向商标评审委员会申请复审。当事人对商标评审委员会的裁定不服的，可以自收到通知书之日 30 日内向人民法院起诉。

（四）核准注册

对初步审定的商标，异议期届满无人提出异议或裁定异议不成立的，商标局应予以核准注册，发给申请人商标注册证，并进行公告。

四、注册商标的续展、转让和使用许可

（一）注册商标的续展

注册商标的有效期为10年，自核准之日起计算。但注册商标的有效期可以通过续展的方式延长。注册商标有效期满，需要继续使用的，应当在期满前6个月内申请续展注册；在此期未能提出申请的，可以给予6个月的宽展期。宽展期满仍未提出申请的，注销其注册商标。每次续展注册的有效期为10年。续展注册经核准后，予以公告。

（二）注册商标的转让

注册商标的转让是指注册商标所有人依法将因注册商标产生的商标权转让给他人的行为。注册商标转让后，原注册商标所有人不再享有该注册商标的专用权，受让人成为该注册商标的所有人，享有商标专用权。

转让注册商标，转让人和受让人应让签订转让协议，并共同向商标局提出申请。受让人应当保证使用该注册商标的商品质量。转让注册商标经核准后，予以公告，受让人自公告之日起享有商标专用权。

（三）注册商标的使用许可

注册商标的使用许可，是指注册商标所有人通过签订商标使用许可合同，许可他人使用其注册商标的行为。

商标注册人可以通过签订商标使用许可合同，许可他人使用其注册商标。许可人应当监督被许可人使用其注册商标的商品质量。被许可人应当保证使用该注册商标的商品质量。经许可使用他人注册商标，必须在使用该注册商标的商品上标明被许可人的名称和商品产地。商标使用许可合同应当报商标局备案。

五、商标的管理

（一）注册商标的管理

使用注册商标，有下列行为之一的，由商标局责令限期改正或者撤销其注册商标：

（1）自行改变注册商标的。

（2）自行改变注册商标的注册人名义、地址或者其他注册事项的。

（3）自行转让注册商的。

（4）连续三年停止使用的。

（5）使用注册商标，其产品粗制滥造，以次充好，欺骗消费者的，还应由工商管理部门分别不同情况，责令限期改正，并可以予以通报或者处以罚款。

（二）未注册商标的管理

使用未注册商标，有下列行为之一的，由地方工商行政管理部门予以制止，限期改正，并可以予以通报或者处以罚款：

（1）冒充注册商标的。

(2) 违法使用商标禁用标志的。

(3) 粗制滥造,以次充好,欺骗消费者的。

六、驰名商标的保护

(一) 驰名商标概念

驰名商标是在市场上享有较高声誉,为相关公众所熟知的商标。

(二) 驰名商标的认定

依据商标法规定,认定驰名商标应当考虑下列因素:

(1) 相关公众对该商标的知晓程度。

(2) 该商标使用的持续时间。

(3) 该商标的任何宣传工作的持续时间、程度和地理范围。

(4) 该商标作为驰名商标受保护记录。

(5) 该商标驰名的其他因素。

(三) 驰名商标特殊保护

我国对驰名商标的特殊保护主要体现在以下几个方面:

(1) 驰名商标保护不以注册为前提。在相同或类似商品上申请注册或使用他人的未注册驰名商标,容易导致混淆的,不予注册并禁止使用。

(2) 注册驰名商标的禁止权不受商品或服务类别的限制。禁止在可能误导公众的情况下,于非类似商品或服务上注册或使用与注册驰名商标相同或类似商标。

(3) 如他人恶意注册驰名商标,驰名商标所有人的撤销权不受时间限制。

(4) 他人将驰名商标作为企业名称登记,可能欺骗公众或引起公众误解的,驰名商标所有人可以向企业名称登记主管机关申请撤销该企业名称登记。

七、商标专用权的保护

(一) 注册商标专用权的保护范围

注册商标的专用权,以核准注册的商标和核定使用的商品为限。

(二) 商标侵权行为的表现形式

依据商标法规定,有下列行为之一的,均属侵犯注册商标专用权:

(1) 未经商标注册人许可,在同一种商品或者类似商品上使用与其注册商标相同或者近似的商标的。

(2) 销售侵犯注册商标专用权的商品的。

(3) 伪造、擅自制造他人注册商标标识或者销售伪造、擅自制造的注册商标标识的。

(4) 未经商标注册人同意,更换其注册商标并将更换商标的商品又投入市场的。

(5) 给他人的注册商标专用权造成其他损害的。

(三) 对商标侵权行为处理

有侵犯注册商标专用权行为之一,引起纠纷的,由当事人协商解决;不愿协商或者协商不成的,商标注册人或者利害关系人可以向人民法院起诉,也可以请求工商行政部门处理。工商行政部门处理时,认定侵权行为成立的,责令立即停止侵权行为,没收、销毁侵权商品和专门用于制造侵权商品，伪造注册商标标识的工具，并可处以罚款。

侵犯商标专用权的赔偿数额，为侵权人在侵权期间因侵权所获得的利益，或者被侵权人在被侵权期间因被侵权所受到的损失，包括被侵权人为制止侵权行为所支付的合理开支。因侵权所得利益，或者被侵权人因被侵权所受损失难以确定的，由人民法院根据侵权行为的情节判决给予50万元以下的赔偿。销售不知道是侵犯注册商标专用权的商品，能证明该商品是自己合法取得的并说明提供者的，不承担赔偿责任。

对侵犯注册商标专用权的行为，工商行政管理部门有权依法查处；涉嫌犯罪，移送司法机关依法处理。对构成犯罪的商标侵权行为由司法机关依法追究行为人的刑事责任。

第三节　专　利　法

一、专利法概述

（一）专利权的概念

专利权是指按专利法的规定，由国家专利机关授予发明人、设计人或其所属单位，在一定期限内对某项发明创造享有的专有权。

（二）专利法的概念

专利法是指调整因发明创造的开发、实施及其保护等过程中发生的各种社会关系的法律规范的总称。

1984年3月12日，第六届全国人民代表大会常务委员会第四次会议通过了《中华人民共和国专利法》，于1985年4月1日起施行，并于1992年和2000年对专利法进行了两次修正，2001年6月15日，国务院发布了《中华人民共和国专利法实施细则》，标志着我国保护发明创造的法律制度进入了一个新的历史时期。

二、专利权的主体

专利权的主体是指具体参加特定的专利权法律关系并享有专利权的人。依照专利法规定，发明人或设计人、职务发明创造的单位、发明创造的受让人、外国人和外国企业或者外国其他组织都可以成为专利权的主体。

（一）发明人或者设计人

专利法所称的发明人或设计人，是指对发明创造的实质性特点作出创造性贡献的人。

（二）职务发明创造的单位

职务发明创造是指发明人或者设计人执行本单位的任务，或者主要是利用单位的物质技术条件所完成的发明创造。凡是不能被证明为职务发明创造的，为非职务发明创造。

职务发明创造申请专利的权利属于该单位，申请被批准后，该单位为专利权人。

非职务发明创造，申请专利的权利属于发明人或者设计人；申请被批准后，该发明人或者设计人为专利权人。

利用本单位的物质技术条件所完成的发明创造，单位与发明人或者设计人订有合同，对申请专利的权利的归属作出约定的，从其约定。

（三）共同发明

两个以上单位或者个人合作完成的发明创造，一个单位或者个人接受其他单位或者个人委托所完成的发明创造，除另有约定除外，申请专利的权利属于完成或者共同完成的单位或者个人；申请被批准后即可成为专利权的主体。

（四）合法受让人

合法受让人，是指依转让继承方式承取得专利权的人。专利申请权和专利权中的财产权可以转让，专利权中的财产权可以继承。专利权经合法受让后，受让人就成为专利权的主体。

（五）外国人、外国企业或者外国其他组织

外国人、外国企业或者外国其他组织在我国申请和取得专用权，依照规定办理。

(1) 在中国有经常居所或者营业所的外国人、外国企业或外国其他组织在中国申请专利的，根据《巴黎公约》的规定和国际惯例，享有我国国民同等待遇。

(2) 在中国没有经常居所或者营业所的外国人、外国企业或者外国其他组织在中国申请专利的，依照其所属国同中国签订的协议或者共同参加的国际条约，或者依照互惠原则，依照专利法的规定办理。

(3) 在中国没有经常居所或者营业所的外国人、外国企业或者外国其他组织在中国申请专利和办理其他专利事务的，应当委托国务院专利管理机关指定的专利代理机构办理。

三、专利权的客体

专利权的客体，也称专利法保护的对象，是指可以获得专利法保护的发明创造。我国专利法规定的发明创造是指发明、实用新型和外观设计。

（一）发明

1. 发明的概念及特征

发明是对产品、方法或者其改进所提出的新的技术方案。

发明具有两个特征：(1) 发明是利用自然规律而进行的创造；(2) 发明是具体的技术方案。

2. 发明的分类

发明一般分为产品发明和方法发明两类。产品发明是指人们通过研究开发出来的关于各种新产品、新材料、新物质等的技术方案，如电子计算机、超导材料等。方法发明是指人们为制造产品或者解决某个技术课题而研究开发出来的操作方法、制造方法以及工艺流程等技术方案，如汉字输入方法、无铅汽油的提炼方法等。

（二）实用新型

实用新型是指产品的形状、构造或者其结合所提出的适于实用的新的技术方案。

实用新型具有如下特征：

(1) 实用新型是一种新的技术方案，也称小发明。

(2) 实用新型仅限于产品，不包括方法。

(3) 实用新型要求产品必须是具有固定的形状、构造的产品。

（三）外观设计

外观设计是指对产品的形状、图案或者其结合以及色彩与形状、图案的结合所作出的富有美感并适于工业应用的新设计。

外观设计具有如下特征：

（1）外观设计必须与产品相结合。外现设计必须以产品的外表为依托构成产品与设计的组合。

（2）外观设计必须能在产业上应用。外观设计必须能够用于生产经营目的制造或生产。如果设计不能用工业的方法复制出来，或者达不到批量生产的要求，就不是专利法意义上的外观设计。

（3）外观设计富有美感。外观设计包含的是美术思想，即解决产品的视觉效果问题，而不是技术思想。这一点与实用新型相区别。

四、授予专利权的条件

（一）发明或实用新型专利权的授予条件

授予专利权的发明或实用新型，应当是具备新颖性、创造性和实用性。

1. 新颖性

新颖性，是指在申请日以前没有同样的发明或者实用新型在国内外出版物上公开发表过，在国内公开使用过或者以其他方式为公众所知，也没有同样的发明或者实用新型由他人向专利行政部门提出过申请并且记载在申请日以后公布的专利申请文件中。

新颖性的判断标准：

（1）现有技术。发明创造的新颖性判断是以现有技术为客观标准的。所谓现有技术，是指申请日（有优先权的，指优先权日）前在国内外出版物上公开发表，在国内公开使用或者以其他方式为公众所知的技术。当一项发明创造不属于现有技术时，就认为是新的，如果它属于现有技术，则不具备新颖性。

发明创造一旦公开，便成为现有技术，失去新颖性。公开包括以下形式：

①出版物公开，是指在正式出版物上已经记载了同样发明创造的情况；

②使用公开，即通过实施或利用而导致技术内容公开；

③以其他方式公开，指上述方式以外，其他可为公众获知的方式。

判断一项发明创造是具有新颖性，还要有一定的地域性，即在什么范围内公开的技术内容才构成现有技术。对出版物公开，其地域范围指全世界，对使用公开和以其他方式公开，则地域范围限于我国国内。

（2）抵触申请，是指同样的发明或者实用新型是否已由他人提出过申请并记载在专利文件中。抵触申请的存在不仅会破坏后申请的新颖性，还可能造成对同样的发明造创重复授予专利权的结果。如果存在抵触申请，抵触申请中的技术，也就被认为是现有技术。

（3）丧失新颖性的例外。专利法规定，申请专利的发明创造在申请日以前6个月内，有下列情况之一的，不丧失新颖性：

①在中国政府主办或者承认的国际展览会上首次展出的；

②在规定的学术会议或者技术会议上首次发表的；

③他人未经申请人同意而泄露其内容的。

2. 创造性

创造性是指同申请日以前已有的技术相比，该发明有突出的特点和显著的进步，该实用新型有实质性的特点和进步。

所谓实质性特点是指发明创造具有一个或几个技术特征与现有技术相比有本质的区别。

所谓进步是指与现有技术相比有所发展和前进。如克服了现有技术存在的缺点和不足，或者具有新的优点或效果，或者代表了某种新的技术趋势。

3. 实用性

实用性是指该发明或者实用新型能够制造或者使用并且能够产生积极效果。

实用性的判断标准：

(1) 具有可实施性。即发明创造必须能够解决技术问题，并且能够在产业中应用，能够制造或者使用。

(2) 具有再现性。即所属技术领域的技术人员根据公开的技术内容，能够重复实施专利申请中为解决技术问题所采用的技术方案。

(3) 具有用益性。即发明创造能够在经济、技术和社会领域产生积极和有益的效果。

(二) 外观设计专利权的授予条件

专利法规定，授予专利权的专观设计，应当同申请日以前在国内外出版物上公开发表过或者国内公开使用过的外观设计不相同和不相近似，并不得与他人在先取得的合法权利相冲突。

(三) 不授予专利权的项目

专利法规定，对下列各项不授予专利权：

(1) 科学发现。

(2) 智力活动的规则与方法。

(3) 疾病的诊断和治疗方法。

(4) 动物和植物品种；动物与植物品种的生产方法，可以申请并按规定授予专利权。

(5) 用原子核变换方法获得的物质。

五、授予专利权的程序

(一) 专利权申请的原则

一是形式法定原则。申请专利的各种手续都应当以书面形式或者国家专利行政部门规定的其他形式办理。

二是先申请原则。是指两人以上的申请人分别就同样的发明创造申请专利的，专利权授予最先申请的人。

三是单一性原则。一件发明或者实用新型专利申请应当限于一项发明或者实用新型。一件外观设计专利申请应当限于一种产品所使用的一项外观专利。

(二) 专利权申请的审批

1. 发明专利权的审批

（1）初步审查。在初步审查阶段，专利审批部门审查申请文件是否齐备，格式是否正确，技术方案是否具有明显的实质性缺陷，是否属于专利法不予保护的对象。

（2）早期公开。专利审批部门对初步审查合格的申请，自申请日起满 18 个月，即行公布，专利审批部门可以根据申请人的请求早日公布其申请。

（3）实质审查。实质审查是对技术是否具有新颖性、创造性、实用性的审查。自申请日起 3 年内，专利审批部门可以根据申请人随时提出的请求，对其进行实质审查；申请人无正当理由逾期不请求实质审查的，该申请视为被撤回。专利审批部门认为必要时，也可以自行实质审查。

（4）驳回或授权。专利申请经实质审查合格的，授予专利权，发给专利证书，并予以登记和公告。经实质审查不符合专利法规定的，驳回申请。

2. 实用新型与外观设计专利权的审批

对实用新型和外观只进行初步审查，审查后决定驳回申请或予以授权。

（三）专利权的复审

当事人对国务院专利行政部门驳回专利申请的决定不服，可以自收到通知之日起 3 个月内向国务院专利行政部门设立的专利复审委员会请复审。专利复审委员会复审后作出决定，并通知专利申请人，专利申请人对专利复审委员会的复审决定不服的，可以自收到通知之日起 3 个月内向人民法院起诉。

六、专利权人的权利和义务

（一）专利权人的权利

根据专利法的相关规定，专利权人的权利包括以下几种：

1. 专利独占实施权

发明和实用新型专利权被授予后，除本法另有规定的除外，任何单位或个人未经专利权人许可，都不得实施其专利，即不得为生产经营目的制造、使用、许可销售、销售、进口其专利产品，或者使用其专利方法以及使用许可销售、销售、进口依照该专利方法直接获得的产品。

外观设计专利权被授予后，任何单位或者个人未经权利人许可，都不得实施其专利，即不得为生产目的制造、销售、进口其外观设计专利产品。

2. 专利转让权

转让权是专利权人依法将自己所有或持有的专利转让给他人的权利。但转让必须符合法律规定，中国单位或个人向外国人转让专利权，必须经国务院有关主管部门批准，当事人必须订立书面专利权转让合同，并向国务院专利部门登记，由其进行公告，专利权的转让自登记之日起生效。

3. 专利实施许可权

实施许可权是专利权人许可他人实施其专利并取得收取专利使用费的权利。专利权人应与被许可人订立书面专利实施许可合同，并自合同生效之日起 3 个月内向国务院专利行政部门备案。

4. 专利标记权

专利权人有权在其专利产品或该产品包装上标明专利标记和专利号。

（二）专利权人的义务

（1）缴纳专利年费；

（2）依法对职务发明创造的发明人或设计人给予奖励。

七、专利权的期限

专利法规定，发明专利权的期限为20年，实用新型和外观设计专利期限为10年，均自申请日起计算。

八、专利实施的强制许可

专利实施的强制许可，是指国务院专利行政部门依据法律规定情形，不经专利权人同意而允许他人实施其发明专利或实用新型专利。

符合允许强制许可的法定情形包括：

（1）具备实施条件的单位以合理的条件请求专利权实施其专利，而未能在合理的时间内获得这种许可。

（2）在国家出现紧急状态或者非常情况下，或者为了公共利益的目的。

（3）一项专利比已经取得的前一项专利在技术上先进，其实施又有赖于前一专利实施的，在此种情况下，可强制许可后一专利权人实施前一专利。在该种情形下，国务院专利行政部门根据前一专利权人的申请，也可给予实施后一发明或实用新型的强制许可。

取得强制许可的单位或个人不享有独占实施权，且无权允许他人实施，并应向专利权人支付合理的使用费。

九、专利权的保护

专利侵权行为，是指在专利权的有效期内，未经专利权人许可以生产经营为目的实施专利的行为。

（一）侵害专利权的行为

（1）未经专利权人许可，实施其专利的行为。

（2）假冒他人专利的行为。

（3）以非专利产品冒充专利产品，以非专利方法冒充专利方法的行为。

（二）根据专利法规定，有下列情形之一的，不视为侵犯专利权

（1）专利权人制造、进口或者经专利权人许可而制造、进口的专利产品或者依照专利方法获得的产品售出后，使用、许可销售或者销售该产品的；

（2）在专利申请目前已制造相同产品、使用相同方法或者已经做好制造使用的必要准备，并且仅在原有范围内继续制造使用的；

（3）临时通过中国领陆、领水、领空的外国运输工具，依照其所属国同中国签订的协议或者共同参加的国际条约，或者依照互惠原则，为运输工具自身需要而在其装置和设备中使用有关专利的。

（三）专利权的保护

侵犯专利权，引起纠纷的，由当事人协商解决；不愿协商或者协商不成的，专利权或者利害关系人可以向人民法院起诉，也可以请求管理专利工作的部门处理。管理专利工作的部门处理时，认定侵权行为成立的，可以责令侵权人立即停止侵权行为，当事人不服的，可以自收到处理通知之日起15日内向人民法院起诉；侵权人期满不起诉又不停止侵权行为的，管理专利工作的部门可以申请人民法院强制执行。进行处理的管理专利工作的部门应当事人的请求，可以就侵犯专利权的赔偿数额进行调解；调解不成的，当事人可以向人民法院起诉。

侵犯专利权的赔偿数额，按照权利人因被侵权所受到的损失或者侵权人因侵权所获得的利益确定，被侵权人的损失或者侵权人获得的利益难以确定的，参照该专利许可使用费的倍数合理确定。

【案例分析】

案例一　2001年3月21日，甲公司在国家工商行政管理总局商标局申请注册了“鹏鸿”注册商标，已核准使用在第19类半成品木材上，包括地板胶合板、木材等。2004年4月甲公司发现乙公司在销售标注“东方鹏鸿”商标的木芯板的行为，故向法院提起诉讼，要求乙公司停止商标侵权行为并承担商标侵权责任。

【分析】甲公司作为“鹏鸿”商标的商标权人，有权禁止他人制造、销售侵犯其注册商标权的行为。涉案木芯板上标注“东方鹏鸿”四字与注册商标“鹏鸿”相同，虽有“东方”二字区别，但构成近似，并都用于同类的木质商品上，足以造成消费者的误认。

根据我国商标法规定，未经注册商标人许可，将与他人注册商标相同或相近似的文字作为商标在相同或类似的商品上突出使用，容易使相关公众产生误认的行为，属于给他人注册商标造成损害的商标侵权行为。故甲公司提出的诉讼请求，应得到法律支持，应判处乙公司的商标侵权行为成立，责令停止商标侵权行为并承担相应的侵权责任。

案例二　1992年11月26日，甲木材厂申请了覆膜竹质人造建筑模板的发明专利。1996年4月6日国家专利局授予其发明专利。乙竹胶板厂于1987年开始研制建筑用竹胶合板膜板，1990年初该厂在原产品的基础下，又开发出竹胶合板上覆木单板和纸的覆面竹胶合板。1991年9月，国家模板工程协会通过该项新成果的鉴定书，并从1991年起由一些建筑安装公司使用。2001年7月8日，甲木材厂以乙竹胶板厂侵犯其专利权为由，起诉到法院要求判令竹胶板厂停止侵权行为，而乙竹胶板厂以享有先用权抗辩，否认侵犯指控。

【分析】本案的关键在于乙竹胶板厂的行为是否侵犯了原告的专利权。

我国专利法第69条规定，在专利申请日前已经制造相同产品、使用相同方法或者已经作好制造、使用的必要准备，并且仅在原有范围内继续制造、使用的，不视为侵犯专利权。根据案例提供的事实，乙竹胶板厂在1990年试制出“覆面竹胶合板”，据此可以认为：(1) 乙竹胶厂已经制造了涉案模板，即有实施相同专利技术方案的行为；(2) 制造行为在涉案模板专利申请日前已经发生并处于持续状态，且仍在原有范围内继续制造；(3) 乙竹胶厂在先制造的涉案模板，是该厂独立研究开发完成的，技术方案是依法原始取得的，与专利权人没有任何关联，按专利法有关规定，乙竹胶板厂的抗辩理由满足先用权的构成条件，其先于专利申请日制造行为在原范围内不受涉案模板专利权的约束和限制，因此认定乙竹胶板厂的行为不构成专利侵权。

☞ 思考与练习

1. 什么是工业产权？工业产权具有哪些法律特征？
2. 商标注册的基本原则有哪些？
3. 什么是商标侵权行为？
4. 专利权的取得条件有哪些？
5. 如何认定专利侵权行为？
6. 甲公司于 1998 年 5 月 14 日在国家工商行政管理局依法注册由中文“温蓝得”及拼音变形而成的蝴蝶状图案商标，注册的类别为服装。1998 年 10 月，该公司所设计的真丝机绣女式短袖上衣上市使用了“温蓝得”文字商标，同时在水洗标上印有其注册的蝶状图案商标。2001 年 7 月，甲发现乙公司销售的真丝机绣女工短袖上衣领部标有乙公司的标牌（未注册），但在衣服内侧下摆处的水洗标上印有甲公司蝶状注册商标图形，与甲公司的水洗标上的图案完全一致。问：

(1) 乙公司的行为是否为商标侵权行为？为什么？

(2) 对乙公司的行为应如何处理？为什么？

7. 一科研所已退休两年研究员受某生产单位委托，研究开发新的生产工艺，双方未就开发过程中完成的发明创造的归属作出约定，该研究员利用生产单位按约定提供的研究设备和技术资料完成了新工艺的开发，并发明了一种新的生产方法。该研究员就该项发明创造提出专利申请，生产单位提出异议，认为该项发明创造使用了本单位的设备和资料，所以应与研究员共有专利申请权。研究员提出专利是一种无形资产，新生产方法是其头脑中的构思，当然归其本人所有。问：

(1) 该项发明创造是职务发明还是非职务发明？还是共同发明？

(2) 该项发明创造的专利申请权应当归谁？为什么？

第十二章　消费者权益保护法

《中华人民共和国消费者权益保护法》于 1993 年 10 月 31 日第八届全国人民代表大会常务委员会第四次会议审议通过，于 1994 年 1 月 1 日施行。这是中华人民共和国成立以来制定的第一部以消费者为主体，以消费者权利为核心，保护消费者权益的专门性法律。它对于保护消费者的合法权益，规范经营者的经营行为，加强对商品和服务的国家和社会监督，维护社会经济秩序，促进社会主义市场经济健康发展，都具有十分重要的意义。

第一节　消费者权益保护法概述

一、相关主要概念

（一）消费

消费是社会再生产的重要环节之一，如果说生产是整个社会再生产过程的起点，那么消费就是它的终点。消费有生产消费和生活消费之分，所谓生产消费是指在生产过程中生产工具、原材料、燃料等生产资料和劳动力的消费。所谓生活消费，也就是人们为了满足生活需要而购买、使用商品或接受服务，它是人类生存和发展的基本需求，它既包括人们的衣、食、住、行等物质消费，也包括人们为了满足精神文化生活需要进行的精神消费，并且，随着人们生活水平的不断提高，精神消费的比重将越来越大。消费者权益保护法（下简称“消法”）所指消费主要是指生活消费。

（二）消费者

在经济学上，消费者是经济运行中与政府和企业并列的三大主体之一；在法学上，消费者是消费者权益保护法最主要的主体，是消法保护的对象。对于消费者的概念，国际标准化组织（ISO）认为，消费者是以个人消费为目的而购买或使用商品和接受服务的个体社会成员。我国消费者权益保护法第 2 条规定，消费者为生活消费需要购买、使用商品或者接受服务，其权益受本法保护，本法未作规定的，受其他有关法律法规保护。依此规定精神，法律上所称的消费者是指为满足生活需要而购买、使用商品和接受服务的社会成员。但作为我国的特殊国情，团体、企事业单位购买生活消费品的很多，单位购买生活消费品而用于个人消费的情况也大量存在，据此，我们可理解为消费者是指生活消费品的使用者，主要是指个人消费者，但不排除集体消费者。

（三）消费者权益

它是指消费者依法享有的权利及该权利受到保护时给消费者带来的应得的利益，其核心是消费者法定的权利，并在广义上包含了消费者的上述权利受法律保护时应得的利益，对此消费者权益保护法第二章作了专门规定。

（四）消费者权益保护法

它是指国家为了调整在保护消费者权益过程中发生的社会关系而制定的法律规范的总称，是我国经济法律体系中的重要组成部分。对消费者权益保护法可以作广义和狭义两种解释，狭义的仅指《中华人民共和国消费者权益保护法》，广义的除《中华人民共和国消费者权益保护法》外，还包括产品质量法、反不正当竞争法、商标法、广告法、食品卫生法、药品管理法等法律法规中有关保护消费者权益的法律规范。

二、消费者权益保护法的立法宗旨、调整对象、范围和原则

（一）立法宗旨

消法作为我国经济法的部门法，其宗旨与经济法在根本上是一致的，即协调个体盈利性和社会公益性的矛盾，兼顾效率与公平，以推动经济的稳定增长，保障社会公共利益和基本人权。此外作为独立的部门法，它同时也有自己更为直接和具体的立法宗旨。我国消费者权益保护法第1条明确规定该法的立法宗旨是：（1）保护消费者的合法权益；（2）维护社会经济秩序，促进社会主义市场经济健康发展。

（二）调整对象

消费者权益保护法的调整对象是消费过程中所发生的社会关系，包括：（1）国家机关与经营者之间的关系，主要是指国家有关管理部门在对经营者的生产、销售、服务活动进行监督管理，维护消费者合法利益而发生的关系；（2）国家机关与消费者之间的关系，主要是指国家管理部门在为消费者提供指导、服务与保护过程中所发生的关系；（3）消费者与经营者的关系，主要指经营者因进行违法经营给消费者造成损害，消费者请求赔偿，以及消费者对经营者进行监督而发生的关系。

（三）调整范围

消费者权益保护法的调整范围是指该法效力所及的时间、空间和主体范围。根据我国消费者权益保护法的规定，本法的调整范围包括：（1）消费者为生活需要购买、使用商品和接受服务，其权益受该法保护。（2）经营者为消费者提供其生产、销售的商品或提供服务，应遵守该法。（3）农民购买、使用直接用于农业生产的生产资料，参照该法执行。第三种属特殊情况，这样规定的原因在于，一方面，农村生产力还很不发达，农民的经济活动能力还不高，经营规模也很有限，农业生产较低的社会化程度决定了农民的生产消费与生活消费有着更密切、更直接的联系；另一方面，生产和销售假劣农药、化肥、种子等坑农害农的现象还相当严重，而农民在遭到损害后又缺少适当的途径和方式寻求到有力的保护。因此，为了更好地保护农民的消费权益，特作此规定。

（四）基本原则

消费者权益保护法的基本原则是指贯穿于消费者权益保护立法、司法以及消费活动的基本准则，它集中反映了在市场经济条件下国家保护消费者权益的指导思想和根本宗旨。根据消费者权益保护法第4条至第6条的规定，我国消费者权益保护法的基本原则有以下几项：

1. 自愿、平等、公平、诚实信用

此原则是我国民法通则确立的民事活动的基本准则，经营者和消费者进行交易时，也应遵循这一原则。它强调交易应自愿，非强迫；公平交易，无显失公平；以诚相待、信守诺言，非弄虚作假、恶意欺诈。

2. 消费者给予特别保护

从法律地位看，消费者和经营者属于平等的主体，他们的合法权益都受法律的平等保护。但从现实看，单个的消费者与组织有序的经营者相比，无论在经济实力还是在消费知识水平、诉讼能力等方面，都处于弱者地位，极易受侵害。因此，国家给予消费者特别的保护。如在第二章规定了消费者权利时并未同时规定其义务，在第三章规定经营者义务时也未同时规定其权利等。

3. 国家保护和社会监督相结合

消费者是单个的社会成员，其经济及掌握各种知识的能力都非常有限，无力与经营者抗衡，需要国家与社会站在消费者--方，对消费领域进行适度干预，在消费者利益受到侵害的情况下，对消费者提供各种帮助。消费者权益保护法在总则第5条明确规定：国家保护消费者的合法权益不受侵害；国家采取措施，保障消费者依法行使权利，维护消费者的合法权益。第6条规定：国家鼓励、支持一切组织和个人对损害消费者合法权益的行为进行社会监督。

第二节　消费者的权利

一般认为，消费者权利的概念最初是由美国总统肯尼迪提出的。1962年3月15日，肯尼迪总统向美国国会提出了一份《关于保护消费者利益的总统特别国情咨文》。在这篇咨文中，他指出，消费者具有四项权利，即获得安全商品的权利、正确了解商品的权利、自由选择商品的权利及就与消费者有关的事务提出意见和建议的权利。1969年美国总统尼克松又提出消费者在人身或财产遭受损害时具有要求获得适当赔偿的权利，即消费者的索赔权。

1985年联合国通过的《保护消费者准则》规定，要确保消费者下列合理的需要得到满足：消费者的安全与健康不受危害；促进和保护消费者的经济利益；使消费者取得充足的信息以便他们能够按照个人意愿和需要做出具体的选择；获得消费教育；获得有限的消费赔偿；有组织消费者及其他有关团体或组织的自由。

国际消费者组织联盟则提出了消费者的八项权利，即消费者有权得到必须的物品和服务借以生存，应该得到公平的价格和选择，应当得到安全，应有足够的信息，应该得到公平的赔偿和法律援助，应该获得消费教育，应当享受一个健康的环境。

我国消费者权益保护法在广泛吸取各国及国际消费者保护立法经验的基础上，从第7条到第15条具体规定了消费者享有的九项权利。

一、消费者的安全权

消费者的安全权，是指消费者在购买、使用商品或接受服务时所享有的人身和财产安全不受侵犯的权利。这是消费者最重要的权利。它包括人身安全权（包括消费者的生命安全权和健康安全权）和财产安全权。消费者权益保护法第7条规定，消费者在购买、使用商品和接受服务时享有人身、财产安全不受损害的权利，消费者有权要求经营者提供的商品和服务符合保障人身、财产安全的要求。

二、消费者的知情权

知情权是指消费者在购买、使用商品和接受服务时享有的了解和熟悉真实情况的权利。知情权意味着消费者有权了解、熟悉经营者提供商品的价格、产地、生产者、用途、性能、规格、等级、成分、生产日期、有效期限、检验合格证明、使用方法说明书，售后服务和服务的内容、规格、费用等情况，这既是消费者据以作出自由选择并实现公平交易的前提，又是其购买商品后正确和安全使用的必要保证。经营者应当向消费者提供真实的信息，不得作引人误解的虚假宣传。

三、消费者的自主选择权

我国消费者权益保护法第9条规定，消费者享有自主选择商品或者服务的权利。这一规定的核心是消费者能根据自己的消费需求、意向和兴趣自主选择、自主决定自己满意的商品和服务。这一权利具体体现在：消费者有权自主选择提供商品或服务的经营者；有权自主选择商品品种或服务方式；有权自主决定购买或不购买任何一种商品，接受或不接受任何一种服务，在自主选择商品或服务时，有权进行比较、鉴别和挑选。

四、消费者的公平交易权

公平交易权是指消费者享有的在购买、使用商品或接受服务时，获得质量保证、合理价格、正确计量等公平交易条件，拒绝强制交易的权利。公平交易权首先表现在消费者有权要求商品应当具备公众普遍认为其应当具备的功能，即商品应具有适销性。其次，消费者有权要求商品或服务的定价合理。商品的价格应当与质量保持一致，优质高价、劣质低价。再次，消费者有权要求商品的计量正确，不得克扣、短斤少两。最后，交易须是自愿的，无强制。

五、消费者的求偿权

求偿权是指消费者在购买、使用商品或接受服务过程中受到的人身、财产损害，依法享有获得赔偿的权利。按此规定，只要消费者在购买商品过程中、在使用商品过程中、在接受服务过程中受到人身、财产损害，都有权通过法律途径获得赔偿。求偿权的范围包括两个方面，即人身损害赔偿和财产损害赔偿。人身损害赔偿包括生命健康权、姓名权、名誉权、荣誉权等的损害赔偿，财产损害赔偿包括财物灭失、破损等，以及伤、残、死亡所支付的费用等的赔偿。

六、消费者的结社权

消费者的结社权是指消费者为了维护自身的合法权益而依法组织社会团体的权利。它是宪法规定的结社权在消费领域的具体体现。赋予消费者这一权利，是因为消费者对于经营者而言是弱者，无法与经营者相抗衡，故需要团结起来自我救济，以充分保障自己的消费权益。通过结社而成的消费者组织一方面对经营者进行有力的监督，起到了政府部门难以起到的作用；另一方面充分发挥法律赋予的职能，向消费者提供信息和咨询服务，受理消费者的投诉，及时解决消费权益纠纷，减少争讼，促进经济秩序的稳定。

七、消费者的知识获取权

消费者的知识获取权是指消费者享有的获得有关消费和消费者权益保护方面知识的权利。这里的“知识”包括两大类：消费知识和有关消费者权益保护的知识。

消费知识是指消费者应了解基本商品信息（如商品的性质、质量、特点、性能、主要成分）和服务信息，了解市场的基本知识（如通过必要的市场调查了解商品及服务的品种、价格、质量），以及消费心理方面的知识。获取相应的消费知识，有助于消费者作出正确的消费选择。消费者权益保护知识，主要指我国法律、法规规定的对消费者权益施以保护的知识。除消费者权益保护法外，消费者还应了解如民法通则、产品质量法、价格法、计量法、食品保护法、药品管理法、商品法、广告法等法律，进一步明确消费者的权利及经营者的义务，懂得消费者权益争议的解决办法和途径。

八、消费者的受尊重权

消费者的受尊重权是指消费者在购买、使用商品或接受服务时，享有的人格尊严、民族风俗习惯得到尊重的权利。这一权利体现在两个方面：一是人格尊严权；二是民族习俗受尊重权。消费者的人格尊严权包括姓名权、名誉权、肖像权、人身自由权等，我国宪法已经规定并明确保护公民的人格尊严不受侵犯，这一权利的保护在消费领域又一次具体化。同时，我国是一个多民族国家，共有56个民族。在长期的历史发展过程中，各民族都形成了不同的风俗习惯，并在生活消费中表现出来，尊重各民族的风俗习惯也就是尊重民族感情、民族尊严、民族意识，这有利于维护少数民族消费者的合法权益，实现民族大团结。

九、消费者的监督权

消费者的监督权是指消费者依法享有对商品、服务和保护消费者权益工作等进行监督的权利。这一权利包括两个方面的内容：一是对商品和服务的监督，监督对象是经营者，二是对消费者保护工作的监督，监督对象包括相关行政部门和消费者组织。监督的内容是经营者对消费者的侵权行为、国家机关及工作人员在消费者保护工作中的违法失职行为。实现这一权利的方式是检举、控告以及提出建议和批评。

第三节　经营者的义务

在消费法律关系中，经营者是与消费者相对的另一方当事人，消费者权益保护法中的经营者是指向消费者提供与生活消费有关的商品和服务的公民、法人及其他经济组织。所谓经营者的义务，是指由消费者权益保护法及其他有关法律所确认或经营者与消费者所约定的，在消费领域经营者对消费者必须作出一定行为或不得作出一定行为的约束。该法第三章具体规定了经营者的义务。

一、履行法律义务或约定义务

消费者权益保护法第16条规定：经营者向消费者提供商品或服务，应当依照《中华人民共和国产品质量法》和其他有关法律、法规规定履行义务。我国的产品质量法、药品管理法、食品卫生法、反不正当竞争法等法律都根据不同情况对经营者的义务进行了规定。经营者在向消费者提供商品或服务时，必须严格履行相应的法定义务，不得以任何理由逃避，否则会受法律的制裁。此外，该法还要求经营者须严格履行与消费者约定的义务。经营者和消费者有约定的，应当按照约定履行义务，但双方的约定不得违背法律、法规的规定。

二、接受监督的义务

经营者应当听取消费者对其提供的商品和服务的意见，接受消费者的监督。这是与消费者的监督权相对应的经营者的义务。这一规定意味着消费者无论在购买商品或接受服务时，还是不购买商品或不接受服务时，都有权对经营者及其商品和服务提出意见和建议，经营者应正确对待消费者就商品和服务提出的意见和建议。

三、保证商品和服务安全的义务

这是与消费者的安全权相对应的经营者的义务。该法第18条规定，经营者应当保证其提供的商品或服务符合保障人身、财产安全的要求。对可能危及人身、财产安全的商品和服务，应当向消费者作出真实的说明和明确的警示，并说明和标明正确使用商品或接受服务的方法以及防止危害发生的方法。

经营者发现其提供的商品或服务对人身、财产安全造成危害的，应当立即向有关行政部门报告和告知消费者，并采取防止危害发生的措施。

四、提供商品和服务真实信息的义务

这是与消费者的知情权对应的经营者的义务。该法第19条对经营者的行为作了以下规定：（1）应当向消费者提供有关商品或服务的真实信息，不得作引人误解的虚假宣传。商业宣传是经营者的促销手段，对消费者的消费行为的影响也是很大的，因此，经营者无论采取何种形式，提供给消费者的信息须是真实可靠、实事求是的，不得作引人误解的虚假宣传。（2）经营者对消费者就其提供的商品或服务的质量和使用方法等问题提出的询问，应作出真实、明确的答复。（3）商店提供商品应当明码标价。商店的价格信息是消费者是否购买商品的重要参考依据，实行明码标价有利于消费者很好地行使自主选择权。我国的明码标价制度要求“价签、价目齐全，标准准确，字迹清楚，货签到位，一货一签，标志醒目。价格变动时应当及时更换”。

五、标明真实名称和标记的义务

消费者权益保护法第20条规定，经营者应当标明其真实名称和标记。租赁他人柜台或场地的经营者，应当标明其真实名称和标记。这一规定意味着经营者负有对自己真实身份的表明义务。由于经营者的名称和标记代表着经营者的信誉，所以经营者履行此项义务，一方面有利于消费者作出正确的判断、选择，避免上当受骗，另一方面消费者即使受到侵害也便于获得救济。

六、出具购货凭证和服务单据的义务

购货凭证和服务单据是消费者与经营者从事交易行为的主要依据，某种意义上它带有合同的性质，具有重要的证据价值。因此，为维护消费者权益，消费者权益保护法第21条规定，经营者提供商品或服务，应当按照国家有关规定或商业惯例向消费者出具购货凭证或服务单据；消费者索要购货凭证或服务单据的，经营者必须出具。

七、保证商品和服务质量的义务

经营者提供商品或服务时，除应保证其安全外，还应当保证其质量符合法律、法规的要求或约定的要求以实现消费者的消费目的。该法第22条规定，经营者应当保证在正常使用商品或接受服务的情况下其提供的商品或服务应当具有的质量、性能、用途和有效期；但在消费者购买商品或接受服务前已知其存在瑕疵的除外。经营者以广告、产品说明、实物样品或其他方式表明商品或服务的质量状况的，应当保证其提供的商品或服务实际质量与表明的质量状况相符。依此规定，经营者的质量义务包含以下几个方面的内容：（1）经营者的质量义务是有前提的，须是消费者正常使用商品或接受服务，否则经营者可不承担此项义务。（2）消费者在购买该商品或接受该服务前已经知道其存在瑕疵的，经营者也不受上述质量义务的约束。（3）在消费者正确使用其商品或接受其服务的情况下，经营者应当保证该商品或该服务应有的质量、性能和用途等。（4）经营者若以广告、产品说明、实物样品或其他方式表明商品或服务的质量状况的，应当保证其提供的商品或服务的实际质量与表明的质量状况相符。

八、承担“三包”和相应的责任义务

消费者权益保护法第23条规定，经营者提供商品和服务，按照国家规定或与消费者的约定，承担包修、包换、包退或其他责任的，应当按照国家规定或约定履行，不得故意拖延或无理拒绝。这一规定有两方面的意思：（1）经营者须履行法定的强制性义务。1995年8月国家相关部门发布了《部分商品修理更换退货责任规定》，公布了第一批实行“三包”（即包修、包换、包退）的商品目录，共18类商品。这些商品的经营者必须承担不低于法定“三包”的义务，不得以合同免除，不得无故拒绝或拖延。（2）经营者须履行与消费者约定的义务。这方面的意思又包括：经营者可与消费者约定严于法律规定的义务；经营者还可与消费者约定“三包”义务以外的义务。

九、不得以格式合同等方式约定损害消费者利益的义务

在消费领域，有些经营者往往从自己利益出发，通过各种形式单方面地对消费者作出不公平、不合理的规定，并以此来减轻或免除自己应承担的民事责任。经营者的这种单方行为，在法律上是无效的，消费者可置之不理。该法第 24 条规定，经营者不得以格式合同、通知、声明、店堂告示等方式作出对消费者不公平、不合理的规定，或减轻、免除其损害消费者合法权益应当承担的民事责任。格式合同、通知、声明、店堂告示等含有前款所列内容的，其内容无效。

十、不得侵犯消费者人格权的义务

人格权是民事主体作为独立的人而享有的基本权利，包括生命权、健康权、名誉权、肖像权、姓名权、隐私权、婚姻自主权等。其中，可能经常受经营者侵害的消费者人格权包括生命权、健康权和名誉权。现实生活中，经营者对消费者侮辱、诽谤、搜身甚至扣留、拘禁、殴打的现象极易发生，因此，消费者权益保护法第 25 条规定，经营者不得对消费者进行侮辱、诽谤，不得搜查消费者的身体及其携带的物品，不得侵犯消费者的人身自由。

第四节　消费者合法权益的保护

在消费领域，消费者与经营者虽然法律地位平等，但消费者在实力上总是处于弱势，因此对消费者的权益保护应该是多重的、全面的。除了消费者依法保护自身外，还有来自国家的特别保护、消费者组织的保护以及社会舆论的监督。

一、国家对消费者权益的保护

国家对消费者权益的保护是指国家站在公正的角度，运用国家权力对消费者给予保护，对损害消费者合法权益的行为进行制裁。消费者权益保护法第 5 条规定，国家保护消费者的合法权益不受侵犯。国家采取措施，保护消费者依法行使权利，维护消费者的合法权益。

1. 立法保护

国家和地方立法机关制定有关保护消费者权益的法律、法规。国务院制定关于保护消费者权益的法规和政策。在制定法律、法规和政策时，应当听取消费者的意见和要求。

2. 行政保护

首先，各级人民政府应当加强领导，组织、协调、督促有关行政部门做好保护消费者合法权益的工作。各级人民政府应当加强监督，预防危害消费者人身、财产安全行为的发生，及时制止危害消费者人身、财产安全的行为。

其次，各级人民政府工商行政管理部门和其他有关行政部门应当依照法律、法规的规定，在各自的职责范围内，采取措施，保护消费者的合法权益。有关行政部门应当听取消费者及其社会团体对经营者交易行为、商品和服务质量问题的意见，及时调查处理。

3. 司法保护

有关国家机关应当依照法律、法规的规定，惩处经营者在提供商品和服务中侵害消费者合法权益的违法行为。人民法院应当采取措施，方便消费者提起诉讼。对符合《中华人民共和国民事诉讼法》起诉条件的消费者权益争议，必须受理，及时审理。这就要求司法机关通过侦查、审判等活动揭露、打击经济生活中侵犯消费者利益的违法犯罪行为；通过审理涉及消费者利益的民事、行政争议案件，维护消费者的合法权益。

二、消费者组织对消费者合法权益的保护

消费者组织是依法成立的对商品和服务进行社会监督以保护消费者合法权益的社会团体。除消费者协会外，还包括依法成立的其他消费者组织。1984 年，中国消费者协会成立，其基本任务是对市场商品和服务进行监督，指导公众消费，帮助或代表消费者调查、处理消费者争议，维护广大消费者的权益。其职能包括：（1）向消费者提供消费信息和咨询服务；（2）参与有关行政部门对商品和服务的监督、检查；（3）就有关消费者合法权益问题，向有关行政部门反映、查询，提出建议；（4）受理消费者的投诉，并对投诉事项进行调查、调解；（5）投诉事项涉及商品和服务质量问题的，可以提请鉴定部门鉴定，鉴定部门应当告知鉴定结论；（6）就损害消费者合法权益的行为，支持受损害的消费者提起诉讼；（7）对损害消费者合法权益的行为，通过大众传播媒体予以揭露、批评。

三、社会舆论监督

消费者权益保护法第 6 条规定，保护消费者的合法权益是全社会的责任。国家鼓励、支持一切组织和个人对损害消费者合法权益的行为进行监督。这就赋予了一切组织包括大众传播媒介和公民个人以维护消费者合法权益的权利和义务。广播、电视、报刊等媒体应充分发挥自身的优势，向消费者积极宣传消费领域的法律保护知识，正确行使权利，对侵害消费者合法权益的行为进行曝光、批评。

第五节　消费争议的解决和法律责任

一、消费争议的解决

消费争议是指在消费领域发生的，消费者在购买、使用商品或接受服务过程中，因经营者不依法履行或不适当履行义务致消费者合法权益受损而引起的争议。对这类争议，消费者权益保护法规定了五种解决途径。

（一）双方协商和解

协商和解是最好的一种解决争议的方式。消费者和经营者可以在自愿、互谅的基础上友好协商，分清责任，使问题得到解决。

（二）第三方调解

消费者在不能与经营者协商和解时，可请求消费者协会居中调解，以使争议得到及时处理。消费者协会在接到消费者请求调解的要求后，可在查清事实、分清责任的基础上，

就争议的事项居中进行调解，或代表受损害的消费者与经营者进行交涉，以求得争议的妥善解决。

（三）向有关行政部门申诉

当消费者在消费过程中的合法权益受到侵害时，可就有关事实通过口头或书面形式向有关行政机关反映情况，请求解决争议。这里的“有关行政部门”是指那些有保护消费者权益职能的各级人民政府所属部门，如工商行政管理部门、质量监督管理部门、卫生行政管理部门等。有关行政管理部门在接到消费者的申诉后，应分别情况作出处理。

（四）根据与经营者达成的仲裁协议提请仲裁机构仲裁

仲裁是指当事人根据事先或事后达成的仲裁协议自愿将争议提交第三方裁决以解决争议的一种法律制度。消费者在与经营者发生消费争议后，如果双方协商和解不成，可在与经营者达成仲裁协议的前提下，提请仲裁机构仲裁。值得注意的是仲裁作出的裁决具有终局性，仲裁裁决一旦作出，当事人就不能再申请仲裁或向法院提起诉讼，且仲裁的裁决跟法院的判决一样具有法律效力。

（五）向法院提起诉讼

消费者争议发生后，当事人在没有仲裁协议的情况下，可向法院提起诉讼。由于消费者权益争议是一种民事权益纠纷，故此处所称的提起诉讼是指民事诉讼，亦即消费者在自己的合法权益受到经营者不法侵害后，可直接向人民法院提起民事诉讼，请求司法保护。

二、法律责任

（一）赔偿主体的确定

由于赔偿主体与消费争议的解决密切相关，因此，消费者权益保护法第六章对赔偿主体作出了明确的规定，以防止生产者和销售者之间互相推诿。

（1）消费者在购买、使用商品时，其合法权益受到损害的，可以向销售者要求赔偿，而不管这种损害是由生产者或销售者中哪一方造成的。如确属于生产者的责任的，销售者在先行赔偿后依法有权向生产者追偿。

（2）消费者或其他受害人因商品缺陷造成人身、财产损害的，可以向销售者要求赔偿，也可以向生产者要求赔偿，消费者可以自由选择；生产者和销售者在先行赔偿后，有权向责任者追偿。

（3）消费者在接受服务时合法权益受损的，直接向服务者要求赔偿。

（4）消费者在购买、使用商品或接受服务时，其合法权益受损害，因原企业分立、合并的，可以向变更后的企业要求赔偿，并且在企业分立的情况下，分立后的各企业应当承担连带责任。

（5）使用他人营业执照的违法经营者提供商品或服务，损害消费者合法权益的，消费者可以向违法经营者要求赔偿，也可向营业执照的合法持有人要求赔偿。

（6）在展销会、租赁柜台购买商品或接受服务，其合法权益受损的，可以向销售者或服务者索赔；在展销会结束或柜台租赁期满后，也可以向展销会举办者、柜台出租者索赔。

（7）消费者因经营者利用虚假广告提供商品和服务，其合法权益受损的，可以向经营者索赔。广告经营者发布虚假广告的，消费者可以请求行政部门予以惩处。广告经营者不能提供商品或服务的经营者的真实名称、地址的，应当承担赔偿责任。

（二）法律责任的承担

1. 侵害消费者权益的民事责任

消费者权益保护法第40条规定了经营者应当依照《中华人民共和国产品质量法》和其他有关法律、法规的规定承担民事责任的9种法定情形：商品存在缺陷的；不具备商品应当具备的使用性能而出售时未作说明的；不符合在商品或者其包装上注明采用的商品标准的；不符合商品说明、实物样品等方式表明的质量状况的；生产国家明令淘汰的商品或者销售失效、变质的商品的；销售的商品数量不足的；服务的内容和费用违反约定的；对消费者提出的修理、重作、更换、退货、补足商品数量、退还货款和服务费用或者赔偿损失的要求，故意拖延或者无理拒绝的；法律、法规规定的其他损害消费者权益的情形。

（1）人身损害的民事责任方式。根据所造成人身损害的程度不同，分别规定如下：

造成消费者或第三人一般人身损害的，应当支付医疗费、治疗期间护理费、误工损失。造成消费者或第三人残疾的，除上述三项外，另外支付：残疾人生活自理费；生活补助费；残疾赔偿金；由残疾人抚养的人所需的生活费。

造成消费者或第三人死亡的，支付：丧葬费；死亡赔偿金；由死亡人生前抚养的人所需的生活费。

对消费者进行侮辱、诽谤，搜查身体及物品，侵害其人格尊严或人身自由的，应承担：停止侵害；恢复名誉；消除影响；赔礼道歉；精神损害赔偿。

（2）财产损害的民事责任方式：修理；重作；更换；退货；补足商品数量；退款；赔偿财产损失。

（3）几种特殊情况下的民事责任：

关于履行“三包”的民事责任，消费者权益保护法第45条规定，对国家规定或者经营者与消费者约定包修、包换、包退的商品，经营者应当负责修理、更换或者退货。在保修期内两次修理仍不能正常使用的，经营者应当负责更换或者退货。

以邮购方式销售商品的民事责任，消费者权益保护法第46条规定，经营者以邮购方式提供商品的，应当按照约定提供。未按照约定提供的，应当按照消费者的要求履行约定或者退回货款，并应当承担消费者必须支付的合理费用。

以预收款方式提供商品或服务的民事责任，消费者权益保护法第47条规定，经营者以预收款方式提供商品的，应当按照约定提供。未按照约定提供的，应当按照消费者的要求履行约定或者退回预付款；并应当承担预付款的利息、消费者必须支付的合理费用。

（4）经营者欺诈行为的民事责任

所谓欺诈，是指经营者采用虚假或者其他不正当的手段欺骗、误导消费者，使消费者的合法权益受到损害的行为。为了有效维护消费者权利和打击经营者欺诈行为，我国消费者权益保护法第49条规定，经营者提供商品或者服务有欺诈行为的，应当按照消费者的要求增加赔偿其受到的损失，增加赔偿的金额为消费者购买商品的价款或者接受服务的费用的一倍。除了对消费者的补偿之外，这一规定具有明显的惩罚性，确立了对经营者欺诈行为的惩罚性赔偿金制度。它主要适用于经营者提供商品或服务有欺诈的情形下，具体包括：发布令人误解的、虚假的广告；对价格做虚假表示；假冒注册商标、质量认证标志、伪造产地，冒用他人商品特有的名称、包装和装潢；商品存在瑕疵而故意不告知；谎称降价处理商品实则抬价推销劣质商品等等。

2. 侵害消费者权益的行政责任

经营者的行政责任是指经营者在消费领域违反国家有关行政管理法规所应承担的责任。我国消费者权益保护法规定承担行政责任的情形有：生产、销售的商品不符合保障人身、财产安全要求的；在商品中掺杂、掺假，以假充真，以次充好，或者以不合格商品冒充合格商品的；生产国家明令淘汰的商品或者销售失效、变质的商品的；伪造商品的产地，伪造或者冒用他人的厂名、厂址，伪造或者冒用认证标志、名优标志等质量标志的；销售的商品应当检验、检疫而未检验、检疫或者伪造检验、检疫结果的；对商品或者服务作引人误解的虚假宣传的；对消费者提出的修理、重作、更换、退货、补足商品数量、退还货款和服务费用或者赔偿损失的要求，故意拖延或者无理拒绝的；侵害消费者人格尊严或者侵犯消费者人身自由的；法律、法规规定的对损害消费者权益应当予以处罚的其他情形。

上述行为是消费者权益保护法明确规定应当承担行政责任的，其承担的方式有责令改正、没收违法所得、罚款、责令停业整顿、吊销营业执照等等。

3. 侵害消费者权益的刑事责任

承担刑事责任分为经营者的刑事责任和国家机关工作人员的刑事责任。应当指出，刑事责任只对已经构成犯罪的行为人才适用，对虽有一般违法行为但尚不构成犯罪的经营者，不能适用刑事责任。消费者权益保护法规定追究刑事责任的情形有：经营者提供商品或服务，造成消费者人身伤害，构成犯罪的；经营者提供商品或服务，造成消费者死亡，构成犯罪的；以暴力、威胁等方法阻碍有关行政部门工作人员执法的；国家机关工作人员玩忽职守或包庇经营者侵害消费者合法权益的行为，情节严重，构成犯罪的。

根据我国刑法规定，刑事责任的承担方式有主刑和附加刑两类，主刑有管制、拘役、有期徒刑、无期徒刑、死刑五种；附加刑有罚金、剥夺政治权利和没收财产三种，附加刑可以独立适用，也可以与主刑合并适用。

【案例分析】

案例 2000年2月18日，刘某在联通公司一营业部购买手机一部，并办理了GSM“如意行”业务服务合同，当时他在合同上签完字后，联通公司即称其可以免费使用来电显示业务，至于来电显示是否一直免费，服务登记表上没有明确说明。2004年4月7日，联通公司突然在媒体上刊登业务广告，称从5月1日起，将对2003年5月1日以前入网的联通用户收取每月5元的来电显示费，用户如不办理来电显示关闭手续，公司将开始对老客户收取来电显示费。刘某认为联通公司未经老客户的认可，单方变更履行合同义务的行为是无效行为，侵犯了包括原告在内的广大联通老客户的合法权益。2004年4月16日，刘某将联通公司起诉到法院，请求依法判令被告单方变更合同的行为无效，并承担本案诉讼费用。

【分析】（1）该行为不符合消费者权益保护法关于自愿、平等、公平、诚实信用原则。

消费者权益保护法第 4 条规定，经营者与消费者进行交易，应当遵循自愿、平等、公平、诚实信用原则。这与民法的原则相一致。此案在告知消费者应对来电显示业务收费的过程中，完全背离了这一原则。联通公司在决定收费、收费多少的问题上完全凭自己的垄断地位行事。

（2）联通公司部分剥夺了消费者的知情权

消费者权益保护法第 8 条规定，消费者享有知悉其购买、使用的商品或接受的服务的真实情况的权利，消费者有权根据商品或服务的不同情况，要求经营者提供商品的价格、产地、生产者、用途、性能、规格、等级、主要成分、生产日期、有效期限、检验合格证明、使用方法说明书、售后服务，或者服务的内容、规格、费用等有关情况。作为手机用户，在接受联通公司的服务时，至少要知悉自己所接受的服务的真实情况，包括服务的具体内容和服务的费用。联通公司应事先告知消费者免费服务是暂时的，收费会是多少，让消费者心中有数。

（3）联通公司变相限制了消费者的自主选择权

消费者权益保护法第 9 条规定，消费者享有自主选择商品和服务的权利。消费者有权自主选择提供商品或服务的经营者，自主选择商品品种或服务方式，自主决定购买或不购买任何一种商品，接受或不接受任何一项服务。如果在 5 月 1 日以前联通公司告知手机用户，来电显示在将来会收费，手机用户就可根据自己的实际情况进行选择。

☞ 思考与练习

1. 如何理解我国消费者权益保护法的基本原则？

2. 消费者自主选择权包括哪些内容？

3. 什么是公平交易权？

4. 经营者的义务有哪些？

5. 消费者和经营者之间争议的解决途径有哪些？

6. 2003 年 6 月 9 日，石某从某商品批发店购买了 40 箱啤酒，并且用卡车将啤酒拉回家中。当石某卸货至第 36 箱时，其中一瓶啤酒突然爆炸，致使石某右眼球受伤，后因医治无效，石某右眼失明。由于石某在运输和搬动啤酒的过程中没有任何过错，于是他向某商品批发店要求赔偿，但商店称啤酒瓶的爆炸可能是由于厂家生产时质量不合格而致，自己并没有过错，因此要石某向厂家索赔，石某遂诉至法院。请结合所学知识加以分析。

7. 每个月 10 元的移动梦网费，让王先生心里感到很纳闷，因为他从来没有订过此项业务。到服务大厅查询后方得知，原因出自几月前收到的一条服务信息。去年 9 月初，王先生的手机收到一条来自某公司的短信息，说其正在享受该公司的每日娱乐短信预订服务。当时王先生并没有在意，随手将这条短信删除了。经服务大厅的工作人员介绍才知道遇到这种情况回复就可以直接取消，如果在几分钟内不回复的话表示默示订阅。现在，王先生想要取消此项服务，可苦于征订号码已被删除，找不到退订的方法，最后不得不将自己的手机号码更换。问：王先生的何种权利被侵犯？

第十三章 财 政 法

第一节 财政与财政法概述

一、财政的一般原理

（一）财政的概念

财政，是指国家和其他公共团体为满足公共需求而取得、使用和管理资财活动的总称。它包括中央财政和地方财政。财政是国家参与国民收入分配和再分配的重要手段，在宏观调控和保障社会稳定方面都具有重要的作用。

财政作为一个经济范畴，是与私人经济相对立的，它在很大程度上决定着社会财富的分配；财政作为一个历史范畴，是与国家的产生和发展形影相随的。没有国家，就没有财政；同时，没有财政，国家也很难存续。财政是保障国泰民安的重要手段。

（二）财政的特征

财政作为公共经济，与私人经济中的企业财务、私人家计等有许多不同。财政的基本特征是：（1）财政的主体是国家，它以国家的强制力为保障，同时，财政活动需以国家的法律为依据，促进国家实现自身职能。（2）财政的目的是满足公共欲望，实现公共需要。（3）财政的内容包括财政收入、财政支出、财政管理三个部分，其涉及领域广阔，并围绕满足公共欲望这一中心展开。上述特征，是私人经济所不具备的。

从上述财政的基本特征中，还可以概括出财政的如下引申特征：（1）强制性。与私人经济的资财转移不同，在公共经济中，国家从私人经济中取得资财是依其主权地位和所有者地位，并且是以强制、无偿取得为主，而不是私人经济中的完全平等、自愿，因此，必须以国家强制力为后盾，依强行法为之。（2）非营利性。财政具有公共目的性，并非像私人经济那样以利润最大化为目标。财政收支、管理活动主要是为了向社会提供公共物品，增进社会福利，而不是以营利为目的。因此，取之于民，用之于民，是财政的根本要义。（3）永续性。在存续时间上，财政与国家或政府并存，具有一种永久连续性，不像私人经济那样容易出现非连续性。

（三）财政的职能

财政的职能是财政范畴所含有的基本功能。财政的职能主要有如下三种：

1. 分配收入的职能

由于财政的内容是财政收入、支出、管理活动，即集中部分社会财富而后进行分配，因此，分配收入是财政的最原始、最基本的职能。财政分配收入的职能，具体地表现为对分配关系的调节，即财政能够调节国家、企业、居民等各分配主体之间的物质利益关系。在整个社会分配体系中，财政分配占有重要地位，它包括公共经济领域以及公共经济与私人经济之间的分配。

财政分配活动包括两个阶段：其一是国家凭借主权地位或所有者地位占有一定数量的社会产品的财政收入阶段；其二是国家按照一定的政治经济原则，将占有的社会产品用于社会的生产和生活的财政支出阶段。两者构成了财政参与国民收入分配和再分配的总体。财政收支规模及财政活动领域的广狭，决定了财政分配收入职能发挥作用的深度和广度。

2. 配置资源的职能

财政配置资源的职能，就是通过资源的分配，引导人力和物力的流向，以形成一定的资产结构和产业结构，实现资源的有效配置。财政能够把社会的资源在政府部门与非政府部门之间进行分配，同时，还能够根据国家的经济和政治原则，调节积累和消费等比例关系。

税收、预算支出、国债、转移支付等财政手段是资源配置的有效手段，其运用的过程也就是对资源进行配置的过程和宏观调控的过程。正因如此，财政手段在各国都是国家用以进行宏观调控，实现资源有效配置的重要杠杆。

3. 保障稳定的职能

财政的保障稳定的职能，是建立在上述两项职能的基础之上的，并且是它们实现的结果。具体说来，在经济层面上，通过各种经济主体之间有效地分配收入，配置资源，有助于保障经济领域的公平和效率，从而有助于保障宏观经济的各项目标的实现，实现经济的稳定增长；在社会层面上，财政的上述两项职能的实现，不仅有助于保障经济公平，而且有助于保障社会分配领域的公平，保障基本人权，从而也有利于社会稳定。

财政的上述三项基本职能是层层递进的，其中，分配收入的职能是前提、基础；配置资源的职能是建立在分配收入的职能的基础之上，并日渐受到重视；而保障稳定的职能则是以前两者为基础的。

（四）财政存在的必要性

对于财政存在的必要性有多种解释。近些年来，在经济学或财政学上，主要倾向于用公共物品理论来解释财政存在的必要性问题。一般认为，财政之所以会存在，是因为社会对公共物品存在着公共欲望，这些公共欲望不能从市场主体那里得到满足，而只能由国家来满足；这些公共物品不能由私人经济提供，而只能由公共经济提供。于是，以满足公共欲望、提供公共物品为己任的财政便应运而生，有了存在的必要。

与公共经济、私人经济的区别相似，人类的欲望也可分为两类，即私人欲望和公共欲望。一般说来，私人欲望可以通过私人个体在市场上选择购买商品和劳务而得到满足；而公共欲望则不能通过市场主体的活动来得到满足，因为市场不能有效地提供公众都需要的公共物品，即在提供公共物品方面市场是失灵的。只有公共经济部门提供公共物品才是有效率的，才能更好地满足公共欲望。

既然公共欲望需要通过公共物品才能满足，且公共物品又只能由政府提供，而政府却是非营利的组织，其提供公共物品的资财只能是财政，这就使财政的存在非常必要。

二、财政法的概念

财政法是调整在国家为了满足公共需求而取得、使用和管理资财的过程中发生的经济关系的法律规范的总称。它是经济法的重要部门法，在宏观调控和保障社会公平方面具有重要的作用。

（一）财政法的调整对象

财政法的调整对象，是在国家取得、使用和管理资财的过程中发生的社会关系，亦即在财政收入、财政支出、财政管理的过程中发生的社会关系，这些社会关系统称为财政关系。分析财政法的调整对象，有助于进一步理解财政法的概念。

财政法所调整的财政关系包括以下几个方面：（1）财政收支管理关系，是在财政活动中形成的最主要、最广泛的社会关系，包括财政收入关系、财政支出关系以及财政管理关系。（2）财政活动程序关系，是在依法定程序进行财政活动的过程中形成的社会关系。（3）财政管理体制关系，是在相关的国家机关之间进行财政管理权限的横向和纵向划分的过程中所发生的社会关系。它是上述两类财政关系存在的前提。

（二）财政法的特征

财政法的特征是财政法区别于其他部门法的特点或称特有的征象，它反映财政法的本质，是对财政法概念的进一步揭示。

财政法的特征因分析的角度和比较的对象的不同，可以作出不同的概括。在财政法的定义中，实际上已经蕴含了财政法的特征。对此可以概括为以下几个方面：（1）国家主体性。国家在财政关系中始终是主体的一方，且在财政活动中居于主导地位，从而使财政法具有了公法的性质，并与私法有了明显的区别。（2）法域特定性。财政法作用于财政领域，这与刑法、行政法等公法的其他部门法的法域是不同的。这种法域的特定性，使财政法的宗旨、原则、调整方法等都有自己的独特性，从而使之能够与公法领域的其他部门法相区别。（3）调整对象的独特性。财政法的调整对象是财政关系，是其他部门法都不调整的。这不仅可以使之与公法中的其他部门法区别开来，而且也能够使之与经济法中的其他部门法相区别。

可见，财政法与私法的各个部门法相比，属于公法，具有公法的一切特征；与经济法以外的公法的部门法相比，财政法不仅有自己独立的调整对象，而且法域、宗旨等都是不同的，从而可以与经济法以外的其他部门法相区别；与经济法的各个部门法相比，它有自己独特的调整对象，从而可以使之与联系最为密切的经济法的各个部门法相区别。

三、财政法的地位

财政法的地位，是指财政法在法律体系中是否具有自己的位置，其独立存在是否具有不可替代的理由和价值。依据一般法理，要判定财政法的地位，主要是看财政法是否能够成为一个独立的法律部门。由于财政法有独立的调整对象，即财政关系，并且这种关系是其他部门法都不调整的。因此，财政法的调整与其他任何部门法的调整既不存在交叉，也不存在冲突，从而有其不可替代的理由和价值。因此，财政法能够成为一个独立的法的部门，在整个法律体系中有自己独立的位置。

财政法是一个独立的法的部门，这是一个殆无异议的命题。但是，对于财政法究竟属于哪个层次的部门法，则存在着争论。例如，有人认为它属于行政法，也有人认为它属于经济法，还有人认为它属于与经济法、行政法、民法等相并列的一个独立的法律部门。每一种观点都不同程度上存在着一定的合理性。但是，考虑到财政法在调整对象、调整、宗旨、本质等各个方面，在总体上都与经济法是一致的，因此，本书认为财政法是经济法的部门法，并且是经济法的宏观调控法中的重要部门法。

财政法作为法律体系中的一个独立的部门法，它同与其相邻近的部门法之间既存在着明显的区别，也存在着密切的联系。特别是财政法与宪法、行政法、经济法、民法、社会法等的密切联系，都是值得重视和需要深入研究的。

四、财政法的体系

财政法的体系是财政法的各类法律规范所组成的和谐统一的整体。它应当是内外协调的，即对外要求财政法与其他部门法要和谐共处，对内要求组成财政法的各类法律规范要协调互补。

财政法的体系取决于其调整对象。由于财政法的调整对象是财政关系，因而财政法的体系也就应当是由调整各类财政关系的各类财政法律规范所构成的和谐统一的整体。从财政法理论上说，既然财政关系可以分为财政管理体制关系、财政收支管理关系以及财政活动程序关系，则调整财政关系的法律规范也就相应地可以分为三类，即财政管理体制法律规范、财政收支管理法律规范、财政活动程序法律规范，它们都是财政法体系的不可缺少的组成部分。

需要指出的是，由于经济法具有很大的自足性，即在立法中往往将实体法规范与程序法规范熔于一炉，因此，形式意义上的财政法中往往是上述三种调整财政关系的法律规范并存。事实上，由于在财政法中，实体法规范与程序法规范存在密切联系，且有关财政收支的规范与有关财政管理的规范亦存在内在联系，因而在立法上一般并不把上述三类规范割裂开来。

对于财政法体系的结构，一般是从财政收入和财政支出的角度来分析。从财政收入的角度说，由于税收和国债是获取财政收入（包括弥补赤字）的最重要的来源，因此，调整税收关系和国债关系的税法和国债法也就是调整财政收入管理关系的主要部门法；从财政支出的角度说，由于财政支出的最重要的途径是政府采购和转移支付，因而政府采购法和转移支付法应当是调整财政支出管理关系的重要部门法。此外，由于预算法对预算关系的调整既涉及财政收入，又涉及财政支出，是从总体上对财政收支活动进行规范的法，因此，它是财政法中的核心法。这样，上述的预算法、税法、国债法、政府采购法和转移支付法等构成财政法的体系。上述的财政法体系是广义上的。此外，还有狭义上的财政法体系，即不包括税法的财政法体系。这是从税法的诸多特殊性，以及税法在保障财政收入和宏观调控等方面的重要地位考虑的。

第二节　预　算　法

一、预算法的概念和调整

预算又称国家预算，它是指经过一定法定程序规定的国家机关对未来收入和支出的预计方案。换言之，预算是经法定程序批准的国家在一定期间内预定的收支计划。国家预算是国家以年度财政收支计划的形式，对依法征集的部分国民收入进行集中统一分配的活动，是国家职能的一项十分重要和基本的方面。各级各类国家机关履行其职责的活动，国家经济建设、国防建设和教育、科学、文化以及其他各项事业的发展，各项重大改革方案的实施，人民生活的改善，都离不开国家预算资金的保障和支持。

预算法是调整在国家协调经济运行过程中发生的关于预算的各种经济关系的法律规范的总称。所谓预算关系，是指国家各级财政为了有计划地集中和分配资金，根据国家预算，在各级财政之间，各级财政同各部门预算单位之间，以及各部门预算单位上下级之间发生的组织预算收入、拨付预算资金和进行年终决算的关系。它包括各级编制、审查、批准、执行预算过程中产生的行政组织关系和国家组织预算收入和预算支出过程中所产生的经济权利义务关系两个方面。

我国十分重视预算的立法工作。1951 年颁布了《预算决算暂行条例》，规定了国家预算和决算程序。1991 年 10 月，国务院发布《国家预算管理条例》，进一步健全了预算法。党的十四大提出了建立社会主义市场经济体制的目标，财政体制迫切需要加快改革。在总结实施《国家预算管理条例》实践经验的基础上，按照建立社会主义市场经济体制的要求，制定了《中华人民共和国预算法》，已由第八届全国人民代表大会第二次会议于 1994 年 3 月 22 日通过，自 1995 年 1 月 1 日起施行。其立法宗旨是为强化预算的分配和监督职能，健全国家对预算的管理，加强国家宏观调控，保障经济和社会的健康发展。

二、国家预算体系

国家预算体系是指预算的组成环节及其相互关系。我国的国家预算体系是根据国家的政权结构所确立的各级预算的统一整体。

国家实行一级政府一级预算，设立中央，省、自治区、直辖市，设区的市、自治州，县、自治县，不设区的市、市辖区，乡、民族乡、镇五级预算。不具备设立预算条件的乡、民族乡、镇，经省、自治区、直辖市政府确定，可以暂不设立预算。因此，我国国家预算体系由中央预算和地方预算组成。

中央预算由中央各部门（包括直属单位）的预算组成。地方预算由各省、自治区、直辖市总预算组成。地方各级总预算由本级政府预算和汇总的下一级总预算组成。地方各级政府预算由本级各部门（含直属单位）的预算组成。各部门预算由本部门所属各单位预算组成。单位预算是指列入部门预算的国家机关、社会团体和其他单位的收支预算。

三、预算管理体制

预算管理体制是划分国家机关之间、中央和地方之间预算管理权限的制度。预算法规定各级预算管理权限的内容主要包括以下几个方面：

（一）全国人民代表大会及常务委员会的预算职权

全国人民代表大会审查中央和地方预算草案及预算执行情况报告；批准中央预算和中央预算执行情况报告；改变或撤销全国人大常委会关于预算、决算的不适当决议。

全国人大常委会监督中央和地方预算执行；审查和批准中央预算的调整方案和中央决算；撤销国务院及省、自治区、直辖市人民代表大会制定的同宪法、法律、行政法规相抵触的关于预算、决算的行政法规、地方性法规、命令和决议。

（二）地方各级人民代表大会及常务委员会的预算职权

地方各级人民代表大会审查、批准本级预算和预算执行情况报告；改变或者撤销本级人大常委会及本级政府关于预算、决算的不适当的决议、决定和命令。

地方各级人大常委会监督本级总预算的执行；审查和批准本级预算的调整方案和本级决算；撤销本级政府和下一级人民代表大会及其常委会关于预算、决算的不适当的决定、命令和决议。

（三）各级人民政府的预算职权

各级人民政府（包括国务院和地方各级人民政府）是预算管理的国家行政机关。职权是：编制本级预算草案、决算草案；向本级人大作关于本级预算草案的报告；将下一级政府提送备案的预算汇总和报本级人大常委会备案；组织本级总预算的执行；决定本级预算预备费的动用；编制本级预算的调整方案；监督本级各部门和下级政府的预算执行；改变和撤销本级各部门和下级政府关于预算、决算的不适当的决定、命令；向本级人民代表大会、本级人大常委会报告本级总预算的执行情况。

（四）各级财政部门的预算职权

各级财政部门是预算管理的职能部门。其职权是：编制本级预算、决算草案；具体组织本级总预算的执行；提出本级预算预备费动用方案；具体编制本级预算的调整方案；定期向本级政府和上一级政府财政部门报告本级总预算的执行情况。

（五）各部门的预算职权

各部门编制本部门预算、决算草案；组织和监督本部门预算的执行；定期向本级政府财政部门报告预算的执行情况。

（六）各单位的预算职权

各单位编制本单位预算、决算草案；按照国家规定上缴预算收入，安排预算支出，并接受国家有关部门的监督。

四、预算收支范围

预算的内容由预算收入和预算支出组成。

预算收入是国家为建立预算资金而筹建的收入。它包括：①税收收入；②依照规定应当上缴的国有资产收益；③专项收入；④其他收入。其中税收收入是国家预算收入的主体。专项收入是国家为某项有专门用途的项目向有关单位收的预算资金，包括城市水资源费收入、排污费收入、改烧油为烧煤专项收入等。其他收入是指不包括在上述各项预算收入之内的收入，内容比较复杂，主要有国内国外债务收入、国际组织和个人援助捐赠收入、罚没收入、审计收入等等。

预算支出是国家对预算资金的运用。它包括：①经济建设支出；②教育、科学、文化、卫生、体育等事业发展支出；③国家管理费用支出；④国防支出；⑤各项补贴支出；⑥其他支出。其中经济建设支出是国家预算支出的主要部分。各项补贴支出是国家为保障人民生活水平用于价格补贴的资金，如副食品价格补贴、职工交通费补贴等。其他支出是不列入上述各项支出的预算支出，主要包括抚恤费、社会救济福利费、自然灾害救济费等。

按照财政管理体制，国家预算收入分为中央预算收入、地方预算收入、中央和地方预算共享收入。预算支出分为中央预算支出和地方预算支出。中央预算与地方预算有关收入和支出项目的划分、地方向中央上缴收入、中央对地方返还或者发给补助的具体办法，由国务院规定，报全国人民代表大会常务委员会备案。

五、预算管理的法律规定

国家预算的组织管理，主要包括预算编制、预算审查和批准、预算执行、预算调整、决算的编审和批准、预算、决算的监督等环节。预算法对以上环节都以法律形式确定下来，以保证各级预算组织能够各司其职、各尽其责，保证国家预算的正确贯彻执行。

（一）预算的编制

预算的编制是指制订集中和分配预算资金年度计划的活动。是国家管理预算活动的第一道程序。预算应当根据国民经济和社会发展计划，按照预算管理职权和收支范围，参考上一年预算执行情况和本年预测，按国务院规定的时间进行编制。加强预算法制化管理的前提，就是依法做好预算的编制工作。

1. 预算编制的原则

各级预算应当做到收支平衡。各级预算收入的编制，应当与国民生产总值的增长率相适应。按照规定必须列入预算的收入，不得隐瞒、少列，也不得将上年的非正常收入作为编制预算收入的依据。各级预算支出的编制，应当贯彻厉行节约、勤俭建国的方针。各级预算支出的编制，应当统筹兼顾、确保重点，在保证政府公共支出合理需要的前提下，妥善安排其他各类预算支出。中央政府公共预算不列赤字。地方各级预算按照量入为出、收支平衡的原则编制，不列赤字。预算中安排必要的资金用于扶助经济不发达的民族自治地方、革命老根据地、边远贫困地区发展经济文化建设事业。各级政府预算应设置一定数额的预备费，用于当年预算执行中的自然灾害开支及其他难以预见的特殊开支。

2. 预算编制的方法

中央预算和省级政府预算按照复式预算编制，即分为经常性预算和建设性预算两部分，经常性预算和建设性预算应当保持合理的比例和结构。

复式预算是国家预算的一种组织形式，它是在传统的单式预算组织形式基础上产生和发展起来的。单式预算组织形式，即将预算年度内全部财政收入和财政支出编制在一个总预算内，而复式预算则将预算年度内全部财政收入和财政支出按经济性质进行划分，分别编制两个或两个以上的预算。其意义和作用在于：一是有利于体现社会主义国家财政的双重职能。实行复式预算制度，把各项财政收支按不同的经济性质划分为两个或两个以上的预算，建立起比较稳定的财政收支对应关系，有利于国家社会管理职能与经济建设职能的分开，可以比较清楚地反映出财政的双重职能。二是有利于强化预算的约束机制，提高预算管理水平。实行复式预算制度，对不同性质的财政资金实行不同的管理办法，有利于对经常性预算实行硬约束，也有利于加强债务管理，控制建设规模。三是能够较全面地反映财政活动，增加财政分配的透明度。我国目前的预算科目基本上是按部门设置的，只能反映财政资金的流向和流量，不能全面反映资金的经济性质。实行复式预算可以使这两个方面的情况都得到反映。四是有利于拓宽理财领域，强化财政的宏观调控能力，提高资金使用效益。

复式预算的编制程序通常是这样的：国务院应及时下达关于编制下一年预算草案的指示；省、自治区、直辖市政府应按国务院规定的时间，将下级总预算草案报国务院审核汇总；各级政府财政部门应在每年本级人民代表大会会议举行的一个月前，将本级预算草案的主要内容提交本级人民代表大会有关的专门委员会初步审查。

（二）预算的审查批准

预算的审查批准，是指各级国家权力机关对同级政府所提出的预算草案进行审查与批准的活动。它属于立法程序。国家预算草案一经批准，就成为正式的国家预算，具有法律效力，任何单位和个人都必须严格遵守。各部门应当及时向所属各单位批复预算。地方各级政府应当及时将经本级人民代表大会批准的本级预算报上级政府备案。各级政府应当将下一级政府报备案的预算汇总后，报本级人民代表大会常务委员会备案。

（三）预算的执行

预算执行是指各级财政部门和其他预算主体在组织国家预算收入和实现预算支出中的活动。预算执行也是将国家批准了的、体现国家意志的、具有法律效力的预算付诸实施。各级预算由本级政府组织执行，具体工作由本级政府财政部门负责。

在预算收入的组织执行方面，预算收入征收部门，必须依照法规及时、足额征收应征的预算收入，不得擅自减征、免征或者缓征应征的预算收入，不得截留或者挪用预算收入。有预算收入上缴任务的部门和单位，必须依照规定，将应上缴的预算资金及时、足额地上缴国库，不得截留、占用、挪用或者拖欠。

在预算支出的组织执行方面，各级政府财政部门必须依照规定，及时、足额地拨付预算支出资金，加强对预算支出的管理和监督。各级政府、各部门、各单位的支出必须按照预算执行。

预算执行的中介环节是国家金库。各级国库必须按照国家有关规定，加强对国库业务的管理，及时准确地办理预算收入的收纳、划分、留解和预算支出的拨付。

各级国库库款的支配权属同级财政部门。未经财政部门的同意，任何部门、单位和个人都无权动用库款或以其他方式支配已入国库的库款。

各级政府预算预备费的动用方案，由本级政府财政部门提出，报本级政府决定。各级政府预算周转金由本级政府财政部门管理，用于预算执行中的资金周转，不得挪作他用。

（四）预算的调整

预算调整是指经全国人民代表大会批准的中央预算和经地方各级人民代表大会批准的本级预算，在执行中因特殊情况需要增加支出或减少收入，使原批准的收支平衡的预算的总支出超过总收入，或者使原批准的预算中举借债务的数额增加的部分变更。

由于预算是由立法机关批准的，具有法律效力，因而，调整预算实际上就是修正预算法案，为此，预算调整必须经权力机关认可。预算法规定，各级政府对于必须进行的预算调整，应当编制预算调整方案，提请本级人民代表大会常委会审查和批准。未经批准，不得调整预算。

（五）决算

决算是年度预算执行情况的总结，是年度国家预算收支的最终反映。认真进行决算的编制、审批工作，有利于总结经验、发现问题、堵塞漏洞、纠正错误、减少损失。

决算草案由各级政府、各部门、各单位，在每一预算年度终了后按照国务院规定的时间编制。编制决算草案要做到收支数额准确、内容完整、报送及时。各部门对所属各单位的决算草案，应当严格审核，并汇总编制本部门的决算草案，在规定的期限内报本级政府部门审核。审核后，发现不符合规定的，其有权予以纠正。

各级政府财政部门编制本级决算草案，报本级政府审定后，由本级政府提请本级人民代表大会常务委员会审查和批准。各级政府决算经批准后，财政部门应当向本级各部门批复决算。

地方各级政府应将经批准的决算，报上一级政府备案。国务院和县级以上地方各级政府对下一级政府报送备案的决算，认为有同法律、法规相抵触或有其他不适当之处，需要撤销批准该项决算的决议的，应当提请本级人民代表大会常务委员会审议决定；经审议决定撤销的，该下级人民代表大会常务委员会应当责成本级政府依法重新编制决算草案，提请本级人民代表大会常务委员会审查和批准。

（六）预算、决算的监督

各级人民代表大会及其常务委员会对本级和下级政府预算、决算进行监督。各级人民代表大会和县级以上各级人民代表大会常务委员会有权就预算、决算中的重大事项或特定问题组织调查，有关的政府、部门、单位和个人应当如实反映情况和提供必要的材料。各级人民代表大会和县级以上人民代表大会常务委员会举行会议时，人民代表大会代表或常务委员会组成人员，依法定程序就预算、决算中的有关问题提出询问或质询，受询问或受质询的有关的政府或者财政部门必须及时给予答复。各级政府应当在每预算年度内至少两次向本级人民代表大会或者其常务委员会作预算执行情况的报告。

各级政府监督下级政府的预算执行；下级政府应定期向上一级政府报告预算执行情况。各级政府财政部门负责监督检查本级各部门及其所属各单位预算的执行；并向本级政府和上一级政府财政部门报告预算执行情况。

各级政府审计部门对本级各部门、各单位和下级政府的预算执行、决算实行审计监督。

六、法律责任

各级政府未经依法批准擅自变更预算，使经批准的收支平衡的预算的总支出超过总收入，或者使经批准的预算中举借债务的数额增加的，对负有直接责任的主管人员和其他直接责任人员追究行政责任。

违反法律、行政法规的规定，擅自动用国库库款或者擅自以其他方式支配已入国库的库款的，由政府财政部门责令退还或者追回国库库款，并由上级机关给予负有直接责任的主管人员和其他直接责任人员行政处分。隐瞒预算收入或者将不应当在预算内支出的，由上一级政府或者本级政府财政部门责令纠正，并由上级机关给予负有直接责任的主管人员和其他直接责任人员行政处分。

第三节　国　债　法

一、国债和国债法概述

（一）国债的概念和职能

国债，又称国家公债，它是国家为实现其职能而以国家信用为基础所举借的债务。它是国家筹集财政收入、弥补财政赤字和进行宏观调控的重要手段。

国债具有自己的不同于其他相关对象的特征：（1）国债作为一种国家债务，其举借具有自愿性和偿还性，需遵守一般的诚实信用原则，因而与税收和罚没收入等不同；同时，其公共目的性又使其与一般私人债务相异。（2）国债作为国家信用的最主要、最典型的形式，与商业信用、银行信用、消费信用等不同，它反映的是以国家或政府为债务人或债权人的借贷关系，以政府信誉作担保；同时，它以信用形式获取收入和进行支出，在重视宏观经济效益的同时兼顾微观经济效益。（3）国债同金融债、企业债相比，其信用度最高，流动性更好，变现力、担保力更强。

一般认为，国债的最基本职能是：（1）弥补财政赤字的职能。由于用发行国债来弥补财政赤字，比采取增加税收、增发货币或财政透支等方式更好，因而各国均重视通过发行国债来弥补财政赤字。弥补赤字是发行国债的最初动因。但是发行国债的规模必须适度，管理也必须适当。（2）宏观调控的职能。由于国债是财政分配的组成部分，国债收入的取得和使用、偿还等在客观上均具有经济调节的功能，因而运用国债手段可以进行宏观调控。特别是可以调节生产、消费和投资方向，促进经济结构的合理化和经济总量的平衡。

（二）国债法的概念和主要内容

国债法是调整在国债的发行、使用、偿还和管理的过程中发生的经济关系的法律规范的总称。它是财政法的重要部门法，其许多基本原理与财政法是一致的。

国债法的调整对象是在国债的发行、使用、偿还和管理过程中发生的经济关系，简称国债关系。其中，国债的发行关系是因国债发行而产生的国家与其他相对应的权利主体（包括作为债权人的外国政府）之间的经济关系，它是一种基础性的关系；国债使用关系是在国家将取得的国债收入进行使用的过程中发生的经济关系以及国债的权利主体在国债交易活动中发生的经济关系；国债偿还关系是在国家偿还国债本息的过程中发生的经济关系；国债管理关系是在国债流动的过程中发生的经济关系。

调整上述国债关系的各类法律规范，在总体上构成了国债法律制度。其主要内容是：国债的分类和结构；国债的发行主体、发行对象与发行方式；国债发行的种类、规模或数额、利率；国债的用途、使用原则；国债市场与国债持券人的国债权利；国债还本付息的期限、偿还方式、方法；国债管理机构及其职权、职责；违反国债法的法律责任等。

上述国债的一些基本内容，在相关国家的立法中也有所体现。随着对于国债职能的认识的深化，各国也越来越重视国债立法。例如，美国早在 1917 年就颁布了《自由公债法》，到 1986 年时又制定了《政府债券法》。日本在其《财政法》、《特例公债法》等相关法律中，对各类公债分别作了规定。韩国在 1979 年也颁布了《政府债券法》。

我国的国债立法尚不完善。尽管改革开放以来，我国开始重视运用国债手段，多次颁布"国库券条例"和"特种国债条例"等，但立法级次和适用范围等都离国债发展和国债立法的要求相距甚远。由于现行立法尚不成熟，因而下面主要介绍有关国债法的一些基本原理。

二、国债的分类

国债的分类对于国债立法甚为重要。由于有的国家是按照不同种类的国债分别进行立法的，因而国债的分类会直接影响到国债法的体系，并且，其本身也是国债法律制度的重要内容，与国债的发行、管理等密切相关。

依据不同的标准，可以对国债作以下不同的分类：

(1) 按偿还期限的不同，可分为定期国债和不定期国债。前者是严格规定还本付息期限的国债，它又可分为短期国债（1 年以内）、中期国债（1～10 年）、长期国债（10 年以上）；后者是不规定还本付息期限的国债，其债权人可按期取息，但无权要求清偿本金。此类国债曾在英国等少数国家发行过。

(2) 按发行地域的不同，可分为国内债务和国外债务，简称内债和外债。前者是在本国境内发行的债务，其债权人一般是本国的企业和居民，且以本国货币支付本息；后者是在本国境外发行的债务，其债权人一般为外国政府、国际组织或外国的企业和居民，且一般以外币支付本息。

(3) 按使用途径的不同，可分为赤字国债、建设国债、特种国债。其中，赤字国债是用于弥补财政赤字的国债；建设国债是用于国家经济建设的国债；特种国债是在特定范围内为满足特定需要而发行的国债。

(4) 按流通性能的不同，可分为上市国债和不上市国债。前者是可在证券交易所自由买卖的国债，如我国发行的无记名国债，就是不记名、不挂失的可上市国债；后者是不能上市进行自由买卖的国债，如我国发行的凭证式国债，就是可记名、可挂失的不可上市流通的国债。

此外，国债还可按推销方式的不同，分为强制国债与任意国债；按偿付方式不同，分为普通国债与有奖国债；按举借方式的不同，分为国家债券和国款等。我国自改革开放以来，发行内债的形式主要是国库券、国家建设债国家重点建设债券、特种国债等，它们都可归入上述的某种分类之中。同时，上述分类也会对国债立法中有关国债结构的规定产生影响。

三、国债的发行、偿还与管理

（一）国债发行

国债的发行是指国债的售出或被认购的过程。国债发行的重要问题是发行条件和发行方法。前者涉及国债种类、发行对象、数额、发行价格、利率、付息方式、流动性等内容；后者则关系到国债能否顺利地发行，因而同样是国债发行方面的十分重要的问题。

国债的发行方法主要有：(1) 直接发行法。即政府部门面向社会公众直接募集资金的国债发行方法。(2) 间接发行法。即政府部门与金融机构协商国债发行条件，先由金融机构将国债全部承购，再由其向社会转售的国债发行方法。(3) 销售发行法。即政府委托证券经纪人在证券交易所出售国债以取得资金的国债发行方法。(4) 摊派发行法。即政府按发行条件中规定的应债主体来分配发行数额，或者用发行新国债来顶替现金偿还义务的国债发行方法。我国在1991年前大部分国债是采取行政分配方法直接发行的。其后也采用过由金融机构承购包销的间接发行法等方法。

（二）国债的使用

国债的使用包括政府对国债资金的使用以及国债债权人对其债券权利的行使两个方面。其中，政府于国债资金的使用途径主要是弥补财政赤字，进行经济建设和用于特定用途。而国债债权人对其债券权利的行使，主要体现在证券的转让、抵押等方面。随着国债交易市场的日益开放，国债交易愈加活跃，交易方式更加多样。这对于公开市场操作、有效实施宏观调控，甚有裨益。

（三）国债的偿还

国债的偿还是国家依法定或约定，对到期国债还本付息的过程。偿还国债本息的资金来源可以是预算盈余，或者是专门的偿债基金、预算拨款，也可以是借新债还旧债。在偿还方法方面，可以由政府或其委托的金融机构直接进行偿还，也可以通过市场收购来偿还，还可以通过抽签等方法来偿还。

（四）国债的管理

国债管理是为调控国债的规模、结构、利率等所采取的各种措施。它贯穿于国债的发行、使用、偿还等各个环节，对于经济的稳定增长和社会安定都甚为重要。国债管理主要包括：

1. 规模管理

衡量国债规模的相对指标主要是国债的依存度（国债发行额与国家财政支出之比）、国债的负担率（国债余额与GNP之比）、国债的偿债率（国债的还本付息额与GNP之比）。

2. 结构管理

主要包括期限结构、利率结构、投资者结构等方面的管理。此外，为了加强对外债的统计监测，我国还实行外债登记管理。

☞ 思考与练习

1. 财政的概念及其职能是什么？
2. 预算收支的范围是什么？
3. 国债法的概念是什么？主要包括哪些内容？

第十四章　商业银行法

第一节　商业银行法概述

一、商业银行

商业银行，指依照商业银行法和公司法设立的，吸收公众存款、发放贷款、办理结算等业务的企业法人，其组织形式有有限责任公司和股份有限公司两种。

二、商业银行的设立

（一）设立商业银行的条件

（1）符合商业银行法和公司法规定的章程。章程是规定公司对外经营和对内管理各种权利能力的根本准则，是公司对外展示其权利能力，对内实行管理的依据。公司的行为是否违法，主要看公司是否违反了公司章程的规定。公司章程经审批部门批准后，就成为管理部门判断该公司行为合法与否的标准之一。因此章程对公司的成立和存续行为都具有极其重要的意义。

（2）满足最低法定要求的注册资本。这是指商业银行成立时，记载于银行章程并已经筹足的自有资本额的总和，是其经营所必需的财产基础，也是其对外承担民事责任的财产保障。商业银行的设立应经国务院银行业监督管理机构批准，有符合规定的最低资本实缴资本额（设有分支机构的全国性商业银行的注册资本最低限额为人民币 10 亿元，城市合作商业银行的注册资本最低限额为人民币 1 亿元，农村合作商业银行的注册资本最低限额为人民币 5000 万元），并且要有法定验资机构出具的证明。

（3）有具备任职国籍（须是中国公民）、专业知识（学历限制）和资历（银行或其他金融工作经验限制）的董事长（行长）、总经理和其他高级管理人员，拟任职的董事、高级管理人员的资格证明。

（4）股东名册及其出资额、股份，以及持有注册资本 10% 以上的股东的资信证明和有关资料。

（5）有健全的法人治理结构和比较完善的内部管理制度。

（6）有具备符合要求的营业场所、安全防范设备和与业务有关的其他设施。

（7）国务院银行业监督管理机构规定的其他文件和资料。

（8）限制投资的情况。下列投资须事先经国务院银行业监督管理机构批准：任何单位和个人购买商业银行股份总额 10% 以上的；地方财政部门的财政结余资金向金融机构投资的。

(二) 商业银行分支机构

商业银行根据业务需要，可以在我国境内外设立分支机构，设立的主要条件如下：商业银行设立分支机构须报国务院银行业监督管理机构批准并公告，在境内的分支机构不按行政区划定，而是根据业务需要而定；商业银行设立分支机构有一定的资金限制，应当按照规定拨付与其经营规模相适应的营运资金额。各商业银行总行拨付分支机构营运资金额的总和，不得超过总行资本金总额的60%。商业银行的分支机构不具有法人资格，分支机构在总行的授权范围内依法开展业务，其民事责任由总行承担。总行对其分支机构实行全行统一核算、统一调度资金、分级管理的财务制度。

三、商业银行经营的三性原则

所谓“三性原则”，是指安全性原则、流动性原则和效益性原则，这是巴塞尔银行监督委员会有效银行监管的核心原则中要求各国商业银行开展业务活动普遍遵循的经营原则，也是我国商业银行法规定的首要的、基本的经营原则，商业银行法第4条明确规定，商业银行以效益性、安全性、流动性为经营原则，实行自主经营、自担风险、自负盈亏、自我约束。

安全性原则。安全性原则是指商业银行所作的任何资产业务须以安全为第一要旨，其主要业务即放款业务必须有效关注借款人的还款能力，要求其提供有效担保，没有十分把握，不得发放信用贷款，以保障贷款资产安全。

流动性原则。流动性原则是指商业银行的资产应保持一定的流动性，以适应银行的支付能力。

效益性原则。效益性原则是指商业银行在开展放款业务和投资业务时须仔细核算银行利润，利高的资产项目多做快做，利薄或者无利的项目少做或者不做，以保证银行资产收益和市场竞争能力。

四、商业银行的职能

(一) 信用中介职能

信用中介职能是指商业银行通过各种方式和借助各种金融工具吸收存款，把社会上闲散的资金集中到银行，再通过放款业务借贷给社会各经济实体和消费者。

(二) 支付中介职能

即货币经营的职能，主要表现在其中间业务上，包括汇兑业务、代收业务和代理融洽业务等，这是商业银行吸引客户和提供社会财务服务的最主要的方式。

(三) 信用创造职能

这是商业银行区别于其他金融机构最显著的特征。商业银行在吸收存款的基础上发放贷款，在票据流通和转账结算的基础上，贷款又转化为存款，在这种存款不提取的情况下，就增加了商业银行的资金来源。最后，整个银行体系形成超过于原始存款的派生存款，这就是信用创造的功能。

(四) 创造金融工具的职能

商业银行在其负债业务和中间业务中不断地创造着各种工具。

(五) 金融服务职能

商业银行除了资产负债业务和汇兑、结算业务外，还有些不影响银行资产与负债总额的经营活动，这些业务不列入资产负债表内，所以被称为表外业务。

五、商业银行与银行业监管机构的关系

商业银行依法接受国务院银行业监督管理机构的监督管理，商业银行的设立、变更和终止，需经国务院银行业监督管理机构批准。商业银行办理存款业务，需遵循人民银行规定利率幅度确定存款利率，按规定向人民银行交存存款准备金。商业银行办理贷款业务，应按人民银行规定的利率幅度确定贷款利率，并遵循人民银行关于资产负债比例管理的规定。商业银行应向人民银行和国务院银行业监督管理机构报送资产负债表等报表和其他资料，按照不同的业务分别接受人民银行和国务院银行业监督管理机构的检查监督等。

六、商业银行与中央银行的关系

(一) 中央银行对商业银行的监管

(1) 设立商业银行总行及分支机构，由人民银行总行审理后报国务院批准；设立商业银行的省级分行或计划单列市分行，由商业银行总行提出申请，报人民银行总行审核批准；设立地、市级分支行，由商业银行省级分行提出申请，报人民银行大区分行批准；设立县（市）支行、市区办事处、地市级分行营业部，由商业银行地市级分、支行提出申请，经人民银行中心支行审核，报大区分行批准。

(2) 对商业银行的检查和监管，包括不定期检查、金融机构年检和专题检查，检查的内容主要是机构设立的合法性、执行政策情况、经营情况等；监管商业银行的全部业务，包括对其资本结构的监管，对其资产负债比例监管和风险资产监管，对其信贷计划执行的监管，对其存贷款业务活动的监管，对其结算业务的监管，对其利率管理的监管，对其外汇业务的监管等。

(3) 商业银行的主要领导须经中国人民银行批准才能履职。

(4) 依照商业银行法的规定，商业银行在对银行名称、注册地点、注册资本、股权结构等重大事项进行变更之前须经中国人民银行批准。

(5) 商业银行因各种情况不能继续经营，需要终止的，须经中国人民银行批准才能清算和注销银行法人资格。

(二) 商业银行在业务上接受中央银行的监管

(1) 商业银行办理存款业务，须遵循中国人民银行规定利率幅度确定存款利率，其办理贷款业务时，应按中国人民银行规定的利率幅度确定贷款利率。

(2) 遵循中国人民银行关于资产负债比例管理的规定，使商业银行的长期贷款、中期贷款、短期贷款、同业拆借业务、国债业务等保持合理的比例，使各种期限的负债业务也保持合理的期限和结构。

(3) 商业银行的重要投资须按照商业银行法的规定进行，并事先取得中国人民银行批准。

(4) 商业银行应定期向人民银行报送资产负债表等报表和其他资料，接受人民银行的检查监督等。

(5) 商业银行违反商业银行法和其他法律法规的行为，构成行政责任的，由中国人民银行依法给予行政处分。

七、商业银行的业务

(一) 商业银行的法定业务

按我国商业银行法第3条的规定，商业银行可以经营下列部分或全部业务：(1) 吸收公众存款；(2) 发放短期、中期和长期贷款；(3) 办理国内外结算；(4) 办理票据贴现；(5) 发行金融债券；(6) 代理发行、代理兑付、承销政府债券；(7) 买卖政府债券；(8) 从事同业拆借；(9) 买卖、代理买卖外汇；(10) 提供信用证服务及担保；(11) 代理收付款项及代理保险业务；(12) 提供保管箱服务；(13) 经中国人民银行批准的其他业务。

(二) 负债业务

负债业务是商业银行通过一定的形式，组织资金来源的业务。其主要方式是吸收存款、发行金融（资本）债券、借款（含同业拆借、向央行借款、向国外货币市场借款）、应付款等。其中，最主要的负债业务是吸收存款，包括活期存款、定期存款、储蓄存款、大额可转让定期存单、委托存款、保证金存款、通知存款、定期存款、储蓄存款、大额可转让定期存单、委托存款、保证金存款、通知存款、协定存款、协定透支存款等。在负债业务中，商业银行是债务人，各类存款人是债权人。

(三) 资产业务

资产业务是商业银行运用其积聚的货币资金从事各种信用活动的业务，是商业银行取得收益的主要途径。包括发放贷款、进行投资（证券投资、现金资产投资、固定资产投资）、租赁业务、买卖外汇、票据贴现等，其中，最主要的资产业务是贷款业务（含短期、中期、长期贷款）和投资业务。在资产业务中，商业银行是债权人，而借款人是债务人。此外，我国商业银行法第43条对商业银行的投资业务作了严格的限制。

(四) 中间业务

中间业务也称表外业务，是指商业银行并不运用自己的资金代理客户承办支付和其他委托事项并从中收取手续费的业务，包括办理国内外结算，代理发行、代理兑付、承销政府债券，代理买卖外汇，提供信用证服务及担保，代理收付款以及代理保险业务等。在经营中间业务时，商业银行并不运用自有资金或借入的资金，不会引起商业银行资产与负债比例的变化，商业银行既非债权人，亦非债务人，而是代理人或金融中介人。

第二节　银行业监督管理法

一、商业银行的管理

（一）资产业务管理

1. 资产管理的范围

资产管理指商业银行根据经济金融情况的变化，将银行的资产和负债在期限、结构、方式、数量和利率上进行不断的调整，以降低经营风险和增加获利机会，实现银行安全性、流动性和盈利性的经营管理目标，其中资产包括现金资产、证券资产、贷款资产、固定资产和无形资产。

2. 流动性管理和准备金管理

商业银行的资产流动性是指银行在资产无损的情况下迅速变成现款的能力；准备金是指银行持有的现金资产和短期有价证券。

3. 投资管理

商业银行的投资主要是购入各种有价证券（不包括股票），以便在贷款效益低或风险较高时能够保住或者提高银行的利润。商业银行因行使抵押权和质权取得的不动产或者股票，应当自取得之日起1年内予以处分，以利银行资产安全。

4. 贷款管理

（1）贷款的原则及审查。实行审贷分离，分级审批制度。审查的内容：借款用途，偿还能力，还款方式。对贷款项目实行贷前调查、贷时审查和贷后检查。任何单位和个人不得强令商业银行发放贷款或者提供担保。

（2）贷款担保。商业银行贷款，借款人应当提供担保，银行应当对保证人的偿还能力，抵押物、质物的权属和价值以及实现抵押权、质权的可行性进行严格的审查。

（3）借款合同。主要内容：贷款种类，用途，金额，利率，还款期限，还款方式，违约责任和双方约定的其他事项。

（二）负债管理

负债管理是指商业银行以借入资金的方式来保持银行资产流动性，从而增加资产和银行的效益。

（三）资产负债比例管理制度

1. 商业银行的资产负债比例管理

资产负债比例管理是商业银行通过规定资产负债的一定比率，对资产和负债间的比例关系设定警戒线，以保障其资产运营的安全。主要内容有：资本充足率不得低于8%，贷款余额与存款余额的比例不得超过75%，流动性资产余额与流动性债务余额的比例不得低于25%，对同一借款人的贷款余额与商业银行资本余额的比例不得超过10%，向股东提供贷款余额不得超过股东已缴股金的100%，以及中央银行对资产负债方面的其他规定。

2. 商业银行的资产风险管理

（1）资产风险管理的概念及种类。资产风险管理指商业银行为了保证经营资金的安全，采取必要的风险管理办法来防范、分散、转移和消除各种经营风险，经营风险的种类包括信用、投资、流动性和经营管理风险。

（2）有关贷款的特别规定。对银行关系人的贷款没有限制，即不得对银行高级职员及其亲友以及银行投资的金融机构发放信用贷款，不得对银行高级职员及其亲友担任高级管理职务的公司、企业和其他经济组织发放信用贷款。

（3）禁止商业银行投资的风险项目。商业银行在我国境内不得从事信托投资和股票业务，不得投资于非自用不动产。商业银行在我国境内不得向非银行金融机构和企业投资。

二、商业银行的监督管理

（一）商业银行的内部监督管理

（1）商业银行应当按照人民银行规定的存款利率的上、下限，确定存款利率，并予以公告。

（2）商业银行应当按照人民银行的规定，交存存款准备金。

（3）商业银行发行金融债券或者到境外借款，应当依法报经批准。

（4）商业银行同业拆借，应当遵守人民银行规定的期限，拆借的最长期限不得超过4个月。禁止利用拆入资金发放固定资产贷款或者用于投资。拆出资金限于交足存款准备金和归还中国人民银行到期贷款之后的闲置资金，拆入资金用于弥补票据结算、联行汇差头寸的不足和解决临时性周转资金的需要。

（二）商业银行的外部监督管理

商业银行的外部监督管理包括两个方面：第一，来自人民银行的监督管理，商业银行应当定期向人民银行报送资产负债表、损益表以及其他财务会计报表和资料；人民银行有权依照商业银行法的有关规定，随时对商业银行的存款、贷款、结算、呆账等情况进行检查监督。第二，来自国家审计机关的监督管理，商业银行应当依法接受审计机关的审计监督。

第三节　贷款法律制度

一、《贷款通则》的调整对象

（一）《贷款通则》概况

贷款是商业银行最基本的资产业务，也是商业银行盈利的主要途径。贷款涉及借款人和金融机构双方的经济利益，为保证信贷资产的安全，国家对商业银行及其他金融机构的贷款活动给予了特别重视，根据《中国人民银行法》和商业银行法的有关规定，中国人民银行于1986年8月1日施行了《贷款通则》，该法规对所有的金融机构贷款行为均有规范意义，金融机构和借款人都有权依据《贷款通则》的规定，要求对方按照借款合同的约定履行义务，以维护自己的合法权益。

（二）贷款人

指在中华人民共和国依法成立的经营贷款业务的中资金融机构，不包括中外合资经营的金融机构和外商独资经营的金融机构，也不包括没有贷款经营业务能力的其他任何公司和个人。

（三）借款人

从经营贷款业务的中资金融机构取得贷款的法人、其他经济组织、个体工商户和自然人。不包括向境外金融机构借款的借款人，也不包括向境内外资金融机构借款的借款人。

（四）贷款的概念

贷款是贷款人对借款人提供的并按约定的利率和期限还本付息的货币资金，包括人民币和外币两类货币。不包括除货币之外的其他有价证券，如股票、债券、提单、仓单、未到期的票据等有价证券，也不包括向借款人提供的任何有形及无形资产。

（五）管理监督机构

所有的金融机构及其业务活动均由中国人民银行对其活动的合法性和合理性进行监管，所以贷款的监督管理机构是中国人民银行及其在各省市县设立的分支机构。人民银行对金融机构的贷款是否违反平等、自愿、公平和诚实信用的原则，是否有不正当竞争行为作出认定，对金融机构的贷款活动拥有一定程度的否决权。

二、贷款种类

（一）贷款的方式

（1）自营贷款。指贷款人以合法方式筹集到的资金并自主发放的贷款，因此发生的贷款风险由贷款人自行承担，贷款期满后由贷款人收回本金和利息。

（2）委托贷款。指由政府部门、企业、事业单位和公民个人等委托人提供资金，由贷款人（即接受委托的金融机构）根据委托人确定的贷款对象、用途、金额期限、利率等条件，代为发放贷款，并监督该款项的使用，在贷款期满时协助委托人收回贷款的本金和利息。

（3）特定贷款。指经国务院批准并对贷款可能造成的损失采取相应补救措施后，责成国有独资商业银行向特定的公司或工程项目发放的贷款，这种贷款属于政策性的成分比较多，一般用于国有企业的重大设备改造项目、国家重点工程建设项目、国家重点扶贫项目、成套设备出口项目（卖方信贷）、国家重点科研项目等投资。

（二）贷款期限

（1）短期贷款。指贷款期限在1年以内（含1年）的贷款，多数用于流动资金贷款，其利率较其他贷款为高。

（2）中期贷款。指贷款期限在1年以上（不含1年）5年以下（含5年）的贷款，多数用于固定资产投资和重大设备改造，其利率比短期贷款为低。

（3）长期贷款。指贷款期限在5年以上（不含5年）的贷款，主要用于大型工程、重点工程、对外援助等项目的投资，其利率在三种期限的贷款中最低。

（三）贷款与担保

（1）信用贷款。指依据借款人的信誉发放的贷款。

（2）担保贷款。指借款人提供保证、抵押或质押担保的贷款，其中保证贷款是指依据我国的担保法规定的保证方式，以第三人承诺当借款人不能偿还贷款时，按约定承担一般的保证责任或连带责任而发放的贷款；抵押贷款是指依据担保法规定的抵押方式，以借款人或第三人的财产作为抵押物而发放的贷款；质押贷款是指按担保法规定的质押方式，以借款人或第三人的财产或权力作为质物担保发放的贷款。

（3）票据贴现。指贷款人购买借款人未到期的商业票据的方式发放的贷款。票据贴现是指贷款人接受借款人的票据贴现申请，在扣除该票据自贴现之日至期满之日的利息差后，将票据记载的金额作余额交付申请人的一种特殊的信贷活动，如果该票据在期满不能兑现时，贴现人（贷款方）依照我国票据法的规定，享有对贴现人和票据上记载的任何其他人进行追索的权利。

三、贷款的期限与利率

（一）贷款的期限

在确定贷款期限时，应根据借款人的生产经营周期、还款能力和贷款人的资金供给能力，由双方进行商定后，明确地记载在借款合同中。其中自营贷款的期限最长不能超过10年，有必要超过10年的，应当报中国人民银行备案，以利中央银行监管金融机构监管资金的流向及安全；票据贴现的期限最长不得超过6个月，贴现期限为从贴现之日起至票据到期之日止。

（二）贷款展期

（1）展期申请。借款人不能按期归还贷款的，应当在期满之日前，向贷款人申请贷款展期。

（2）继续担保。借款人的贷款属于保证贷款、抵押贷款或质押贷款的，应当由保证人、抵押人和质押人出具同意贷款展期的书面证明，在原借款合同中对此情况已有约定的，按照约定执行。

（3）展期期限。短期贷款的展期期限累计不得超过原贷款期限；中期贷款展期期限累计不得超过原贷款期限的一半；长期贷款的展期期限累计不得超过3年，但国家对某些重大项目另有规定的除外。

（4）不能展期的情况。借款人未申请展期或展期申请未被批准的，其贷款从到期日次日起，转入逾期贷款账户，除了应当承担相应的民事赔偿责任及其他法律责任外，还意味着该借款人不能从贷款人手里再借到任何款项，对其生产经营活动将产生不利的影响。

（三）贷款的利率及利息的计收

贷款人应当按照中国人民银行规定的贷款利率的上下限，确定每笔贷款的利率，并在借款合同中记载清楚。

（四）贷款利息的特殊情况

（1）贷款的贴息。

（2）除国务院有明确的决定外，任何单位和个人，包括金融机构在内，均无权决定停息、减息、缓息和免息。对符合条件的，贷款人应当按照国务院的决定，在其职权范围内具体办理停息、减息、缓息和免息。

四、贷款管理的特别规定

(1) 建立贷款主办行制度。

(2) 主办行不包资金，但应当按规定有计划地对借款人提供贷款，为借款人提供必要的信息咨询，以及各种金融代理服务。

(3) 银团贷款应当确定一个贷款牵头行，并签订银团贷款协议，明确各贷款人的权利义务，共同评审贷款项目。牵头行应当按照协议确定的比例监督贷款的偿还。

(4) 各级行政部门的企事业单位、供销合作社等合作经济组织，农村合作基金会和其他基金会，不得经营存贷款等金融业务；企业之间不得违反国家金融法律法规的规定，办理借贷或者变相借贷融资业务。

(5) 贷款人发放异地贷款或者接受异地存款，应当报中国人民银行当地分支机构备案，以利国家对宏观资金流向的掌握和监控。

五、贷款流程

(一) 贷款申请及审批

(1) 贷款申请。借款人需要贷款，应当向主办银行或其他银行的经办机构直接提出申请，申请书中应当包括借款金额、借款用途、偿还能力及还款方式等基本内容，并须附交必要的文件资料。

(2) 信用评估。贷款人应当根据借款人的领导者的素质、经济实力、资金结构、履约情况、经济效益和发展前景等评估项目，评定借款人的信用等级。评估可由贷款人独立进行，内部掌握借款人的情况，也可由有关部门批准的评估机构进行。

(3) 贷款调查及审批。贷款人受理借款人的申请后，应当对借款人的信用等级以及借款的合法性、安全性、盈利性等情况进行调查，核实抵押物、质物、保证人的情况，测定贷款的风险度。

(二) 借款合同的履行

(1) 借款合同。贷款人所有贷出的款项均应签订借款合同，合同中至少应当包括借款种类、借款用途、借款金额、利率、还款期限、还款方式等基本内容，还应当详细列出贷款人和借款人的权利义务，违约责任和双方认为需要约定的其他事项。

(2) 担保合同。保证贷款应当由保证人与贷款人签订保证合同，或保证人在借款合同上载明与贷款人协商一致的保证条款。加盖保证人的法人公章，并由保证人的法定代表人或其授权代理人签署姓名。抵押贷款、质押贷款应当由抵押人、出质人与贷款人签订抵押合同或质押合同，依法需要办理登记的，不得省略登记程序。

(3) 贷款运营。贷款人应当按照借款合同的约定，按时及按批发放贷款。无论因何原因，贷款人不按合同约定按其发放贷款的，应偿付违约金；借款人不按合同约定的条件使用贷款的，也应偿付违约金。

(4) 贷后的检查及收回贷款。金融机构在发放贷款后，应当对借款人执行借款合同的情况及借款人的经营情况进行追踪调查和检查。在期限届满时，及时收回贷款本金和利息。借款人应当按照借款合同规定的时间足额归还贷款本息。

（三）不良贷款的监管

（1）不良贷款的概念。不良贷款是指呆账贷款、呆滞贷款和逾期贷款。其中呆账贷款是指按财政部有关规定确认为无法偿还，而列为呆账的贷款；呆滞贷款是指按财政部有关规定，逾期（含展期后到期）超过2年仍未归还的贷款，或虽未逾期或逾期不满规定年限但生产经营已经终止、项目已经停建的贷款（不含呆账贷款）；逾期贷款是指借款合同约定到期（含展期后到期）未归还的贷款（不含呆滞贷款和呆账贷款）。

（2）不良贷款的登记。不良贷款由会计、信贷部门提供数据，有稽核部门负责审核并按规定的权限认定，贷款人应当按季度填报不良贷款情况表，在报送上级部门的同时，报送中国人民银行当地的分支机构。

（3）不良贷款的考核。金融机构的呆账贷款、呆滞贷款、逾期贷款不得超过中国人民银行规定的比例，金融机构应当对所属的分支机构下达考核呆账贷款、呆滞贷款和逾期贷款的具体指标，以督促各部门防范贷款风险。

（4）不良贷款的催收和呆账贷款的冲销。金融机构的信贷部门负责对不良贷款进行催收，稽核部门负责对催收情况进行检查。金融机构必须按照有关金融法规规定提取呆账准备金，并按照呆账冲销的条件和程序冲销呆账贷款。未经国务院批准，金融机构不得豁免借款人偿还贷款的义务；未经国务院批准，任何单位和个人不得强令贷款人豁免借款人偿还贷款的义务。

六、商业银行的接管、清算和终止

（一）商业银行的接管

当商业银行已经或可能发生信用危机，严重影响存款人的利益时，中国人民银行可以对该银行实行接管。接管的法律后果有：自接管开始之日起，由接管组织行使商业银行的经营管理权力，接管组织的组成人员由中国人民银行指定，被接管商业银行的债权债务关系不因接管发生变化；接管期限届满，中国人民银行可以决定延期，但接管期限最长不得超过2年。有下列情形之一时，接管终止：接管决定规定的期限届满或中国人民银行决定的接管延期届满；接管期限届满前，该商业银行已恢复正常经营能力；接管期限届满前，该商业银行被合并或被依法宣告破产。

（二）商业银行的清算及终止

1. 分立、合并及解散的清算

商业银行因分立、合并或出现公司章程规定的解散事由需要解散的，应当向中国人民银行提出申请，经中国人民银行批准后解散。商业银行解散的，应依法成立清算组，由清算组进行清算，清算组成员由中国人民银行指定。中国人民银行监督清算过程，对清算的重大事项有否决权。

2. 商业银行的被撤销

商业银行因被吊销经营许可证而撤销的，中国人民银行应依法及时组织成立清算组，进行清算，程序与解散清算的程序相同。

3. 破产清算

商业银行不能支付到期债务，经中国人民银行同意，由人民法院宣告破产。商业银行被宣告破产的，由人民法院组织中国人民银行等部门和有关人员成立清算组，进行清算。商业银行破产清算时，在支付清算费用、所欠职工工资和劳动保险费用后，应优先支付个人储蓄存款的本金和利息。在此支付后剩余的破产财产才能按顺序支付国家的税款，之后的剩余才能清偿普通的债权。

4. 商业银行的终止

商业银行因解散、被撤销或被宣告破产而终止。商业银行的终止须经中央银行批准，并按照商业法和公司法、公司登记条例等法律法规的规定办理。

七、违反商业银行法的法律责任

商业银行具有独立的民事权利能力和民事行为能力，依法自主经营、自负盈亏，以其全部法人财产独立承担民事责任。商业银行组织形式有两种，第一种是有限责任公司，股东以其出资额为限对银行的债务承担责任，该银行以其全部资产对银行的债务承担责任；第二种是股份有限公司，其全部资本划分为等额股份，股东以其所持股份为限对银行承担责任，银行以其全部资产对银行承担责任，银行以其全部资产对银行的债务承担责任。

（一）商业银行的法律责任

1. 对客户造成损害的情形

商业银行有下列情形之一，对存款人或者其他客户造成财产损害的，应当承担支付迟延履行的利息以及其他民事责任：(1) 无故拖延、拒绝支付存款本金和利息的；(2) 违反票据承兑等结算业务规定，不予兑现，不予收付入账，压单、压票或者违反规定退票的；(3) 非法查询、冻结、扣划个人储蓄存款或者单位存款的；(4) 违反本法规定对存款人或者其他客户造成损害的其他行为。

2. 违法经营的情形

(1) 商业银行有下列情形之一，由国务院银行业监督管理机构责令改正，有违法所得的，没收违法所得，并处以违法所得1倍以上5倍以下的罚款，没有违法所得或者违法所得不足50万元的，处以50万元以上200万元以下罚款，情节特别严重或者逾期不改正的，国务院银行业监督管理机构可以责令停业整顿或者吊销其经营许可证，构成犯罪的，依法追究刑事责任：①未经批准设立分支机构的；②未经批准分立、合并或者违反规定对变更事项不报批的；③违反规定提高或者降低利率以及采用其他不正当手段吸收存款、发放贷款的；④出租、出借经营许可证的；⑤未经批准买卖、代理买卖外汇的；⑥未经批准买卖政府债券或者发行、买卖金融债券的；⑦违反国家规定从事信托投资和证券经营业务、向非自用不动产投资或者向非银行金融机构和企业投资的；⑧向关系人发放信用贷款或者发放担保贷款的条件优于其他借款人同类贷款的条件的。

(2) 商业银行有下列情形之一，由国务院银行业监督管理机构责令改正，并处以20万元以上50万元以下罚款，情节特别严重或者逾期不改正的，可以责令停业整顿或者吊销其经营许可证，构成犯罪的，依法追究刑事责任：①拒绝或者阻碍国务院银行业监督管理机构检查监督的；②提供虚假的或者隐瞒重要事实的财务会计报告、报表和统计报表的；③未遵守资本充足率、存贷比例、资产流动性比例、同一借款人贷款比例和国务院银行业监督管理机构有关资产负债比例管理的其他规定的。

（3）商业银行有下列情形之一，由中国人民银行责令改正，有违法所得的，没收违法所得，并处以违法所得1倍以上5倍以下的罚款，没有违法所得或违法所得不足50万元的，处以50万元以，上200万元以下罚款，情节特别严重或者逾期不改正的，中国人民银行可以建议国务院银行业监督管理机构责令停业整顿或者吊销其经营许可证，构成犯罪的，依法追究刑事责任：①未经批准办理结汇、售汇的；②未经批准在银行间债券市场发行、买卖金融债券或者到境外借款的；③违反规定同业拆借的。

（4）商业银行有下列情形之一，由中国人民银行责令改正，并处以20万元以上50万元以下罚款，情节特别严重或者逾期不改正的，中国人民银行可以建议国务院银行业监督管理机构责令停业整顿或者吊销其经营许可证，构成犯罪的，依法追究刑事责任：①拒绝或者阻碍中国人民银行检查监督的；②提供虚假的或者隐瞒主要事实的财务会计报告、报表和统计报表的；③未按照中国人民银行规定的比例交存存款准备金的。

3. 违法涉及银行行为

（1）市场主体有下列情形之一的，由国务院银行业监督管理机构责令改正，有违法所得的，没收违法所得，违法所得5万元以上的，并处以违法所得1倍以上5倍以下的罚款，没有违法所得或者违法所得5万元以下的，处以5万元以上50万元以下罚款：①未经批准在名称中使用“银行”字样的；②未经批准购买商业银行股份总额5%以上的；③将单位的资金以个人的名义开立账户存储的。

（2）商业银行不按照规定向国务院银行业监督管理机构报送有关文件、资料的，由国务院银行业监督管理机构责令改正，逾期不改正的，处10万元以上30万元以下的罚款。商业银行不按照规定向中国人民银行报送有关文件、资料的，由中国人民银行责令改正，逾期不改正的，处10万元以上30万元以下罚款。

（3）未经国务院银行业监督管理机构批准，擅自设立商业银行，或者非法吸收公众存款、变相吸收公众存款，构成犯罪的，依法追究刑事责任，并由国务院银行业监督管理机构予以取缔。

（二）商业银行的工作人员的法律责任

1. 个人责任

（1）商业银行工作人员利用职务上的便利，索取、收受贿赂或者违反国家规定收受各种名义的回扣、手续费，构成犯罪的，依法追究刑事责任。有前款行为，发放贷款或者提供担保造成损失的，应当承担全部或者部分赔偿责任。

（2）商业银行工作人员利用职务上的便利，贪污、挪用、侵占本行或者客户资金，构成犯罪的，依法追究刑事责任；未构成犯罪的，应当给予纪律处分。

（3）商业银行工作人员违反商业银行法的规定，玩忽职守造成损失的，应当给予纪律处分；构成犯罪的，依法追究刑事责任。违反规定徇私向亲属、朋友发放贷款或者提供担保造成损失的，应当承担全部或者部分赔偿责任。

（4）商业银行工作人员泄露在任职期间知悉的国家秘密、商业秘密的，应当给予纪律处分；构成犯罪的，依法追究刑事责任。

（5）单位或者个人强令商业银行发放贷款或者提供担保的，应当对直接负责的主管人员和其他直接责任人员或者个人给予纪律处分，造成损失的，应当承担全部或者部分赔偿责任。

(6) 商业银行的工作人员对单位或者个人强令其发放贷款或者提供担保未予拒绝的，应当给予纪律处分；造成损失的，应当承担相应的赔偿责任。

2. 市场禁入规则

商业银行违法商业银行法规定的，国务院银行业监督管理机构可以区别不同情形，取消其直接负责的董事、高级管理人员一定期限直至终身的任职资格，禁止直接负责的董事、高级管理人员和其他直接责任人员一定期限直至终身从事银行业工作。

【案例分析】

2001 年 4 月，甲商业银行因行使对某公司的抵押权而折价 800 万元取得作为抵押物的一幢大楼，过户手续已经办理完毕。2002 年 9 月，该银行将大楼以 900 万元的价格出售给乙公司。见房地产业利润丰富，该银行立即斥资 5000 万元收购了丙房地产股份公司的 51% 的股份，成为第一大股东。同时，证券市场正处于牛市，该银行为获取高额收益，也将 1 亿元资金投入股市。请结合商业银行法的有关规定，指出上述案例中的违法之处。

【分析】 本案中甲商业银行的违法之处有：

(1) 逾期出售大楼。商业银行法规定，商业银行因行使抵押权而取得的不动产，应当自取得之日起 1 年内予以处分。

(2) 向丙房地产股份公司投资。商业银行法规定，商业银行在我国境内不得向非银行金融机构和企业投资。

(3) 投资于股市。商业银行法规定，商业银行在我国境内不得从事股票业务。

☞ 思考与练习

1. 什么叫商业银行？其职能有哪些？
2. 商业银行与中央银行的关系是什么？
3. 商业银行的资产管理包括哪些内容？
4. 试述商业银行违法经营的情形及其法律责任。
5. 奥运会期间，某银行储蓄所工作人员因关注赛事，决定提前一个半小时下班。他们刚走，某公司财务便来取款，因储蓄所关门而未能取到。由于财务提款是为了支付购物款项，因未能按时支付，对方扣掉定金，并终止合约履行。该公司遂向法院起诉，要求储蓄所赔偿损失。试分析：储蓄所是否负有赔偿责任，并说明原因。

第十五章　税收法律制度

第一节　税法概述

一、税法的概念和调整对象

税法是国家制定的调整税收征纳关系的法律规范的总称。

所谓征纳关系，是国家为了实现其职能，由代表国家行使征税权的税务机关向负有纳税义务的社会组织和个人无偿地征收货币或实物的关系。

税法的调整关系概括起来可以分为两个方面：第一，税收分配关系，即国家与纳税人之间在税收征纳过程中形成的分配关系；第二，税收征收管理关系，即在税收征收管理过程中，国家与纳税人及其他税务当事人之间形成的管理关系。

二、税收法律关系

税收法律关系，是指税务机关与纳税人在税收活动中根据税法的规定形成的权利义务关系。

税收法律关系的主体包括国家、征税机关、纳税人、扣缴义务人。

税收法律关系的内容主要是纳税人的权利义务和征税机关的权利义务。

税收法律关系的客体主要是货币、实物和行为。

三、税法的构成要素

税法是由一系列单行的税收法律组成的。每个单行的税收法规都是对一定的税种作出的具体规定，内容虽然各有不同，但在结构上都有一些共同的要素。

税法的构成要素主要有：

（一）税法主体

税法主体是指税法规定享有权利并承担义务的当事人，包括征税主体与纳税主体。

（二）征税对象

征税对象，又称征税客体或者计税依据，是指征税主体对纳税主体的什么征税，它是不同税种区分的关键所在。

（三）税目

税目是征税对象的具体化，是指各税种中具体规定的应纳税的项目。

（四）税率

税率，是指应纳税额与计税依据之间的比例，体现征税的深度。我国现行税法规定的税率有比例税率、累进税率和定额税率。

比例税率，是指对同一征税对象平论数额大小，都按同一比例征税的税率。

累进税率，是指根据征税对象款额的大小不同，划分不同等级，每一等级规定逐级上升的征税比例的税率。累进税率又分为全额累进税率、超额累进税率和超率累进税率。

定额税率，又称固定税额，是指对单位征税对象直接规定固定的征税数额的一种税率。

（五）纳税环节

纳税环节是指应税商品在其整个流转过程中，税法规定应缴税款的环节。

（六）纳税期限

纳税期限是指税法规定纳税人缴纳税款的具体时限。纳税期限基本上分为按期缴纳和按次缴纳两种。

（七）减税免税

减税免税是指税法对特定的纳税人或征税对象给予鼓励和照顾，减轻或者免除其税负的一种优惠规定。

（八）违章处理

违章处理是指对纳税人的欠税、偷税、抗税或履行纳税登记申报等各种违反税法的行为适用的罚则及相应的处理程序。

第二节　现行税制的主要内容

经过 50 多年调整、改革，我国现行税制已逐步完善，我国现行税制就其实体法而言，按其性质和作用，大致分为五类。

一、流转税类

流转税是以商品流转额和非商品流转额为征税对象的一个类别的税。

商品流转额是指在商品交换过程中因销售或购进商品而发生的货币金额。非商品流转额是指各种劳务或服务性业务的收入金额。流转税包括增值税、消费税、营业税、关税。

（一）增值税

1. 增值税的概念和特点

增值税是对我国境内销售货物或者提供加工、修理修配劳务，以及进口货物的单位和个人，就其取得的货物或应税劳务的销售额，以及进口货物的金额计算税款，并实行税款抵扣制的一种流转税。

与传统的流转税相比，增值税具有以下特点：

（1）增值税只对增值额征收。它在计税原理上是以商品或劳务价值中的增值额为征收对象。也就是只对销售中由本单位所创造的，尚未征收过税的新增价值额征税，而对上一环节已征收税已转移价值则不再征税。这是增值税的本质特点。

（2）增值税税基面广，但不重复征税。

（3）增值税的计征采用税款抵扣法。

2. 增值税的纳税人和征税范围

（1）纳税义务人。凡在中华人民共和国境内销售货物或者提供加工、修理修配劳务，以及进口货物的单位和个人。

按纳税人的经营规模大小及会计核算健全与否为标准分为一般纳税人和小规模纳税人。

（2）征税范围。我国增值税的征税范围为销售或者进口货物和提供的加工、修理修配劳务。

（3）增值税的税率

17%为基本税率；13%适用于纳税人销售或进口的国家有特别规定的货物；零税率适用出口货物；小规模纳税人实行按销售额金额6%或4%的征收率计征。

（二）消费税

1. 消费税的特点

消费税是以特定消费品或消费行为的流转额为征税对象而征收的一种税。其特点是：

（1）征税范围具有选择性。消费税的课税品目一般是有选择的，表现出明显的调节目的和政策导向性。

（2）征税环节具有单一性。实行一次课征制度，即原则上对同一应税消费品在所有的流转环节只征一次消费税。

（3）税率设计具有灵活性、差别性。消费税平均税率较高，而且针对不同的商品设置高低不同的税率程章，以体现消费税的调节作用。

2. 消费税的纳税人和征税范围

（1）纳税义务人。在中华人民共和国境内生产、委托和进口《中华人民共和国消费税暂行条例》规定的应税消费品的单位和个人。

（2）征税范围。限于在中国境内生产、委托加工和进口《中华人民共和国消费税暂行条例》规定的应税消费品。消费税税目采用正列举的方式，即凡征消费税的消费品才列入，不征消费税不列入。

（3）消费税的税率。消费税采用比例税率和定额税率两种形式。对计量单位规范的消费品，实行计税简便的定额税率，如黄酒（240元/吨），对价格差异较大、变化大的消费品，采用税价联动比例税率，如高档手表为价格的20%。

（三）营业税

1. 营业税的概念和特点

营业税是对我国境内提供劳务，转让无形资产或销售不动产的单位和个人就其营业额而征收的一种流转税。其特点是：

（1）税源普遍，征收范围较广。

（2）税率较低，税收负担较轻。

（3）计算简便，税收成本较低。

（4）税收收入比较稳定可靠。

2. 营业税纳税人和征税范围

(1) 纳税义务人。在中国境内提供应税劳务，转让无形资产或者销售不动产的单位和个人。

(2) 征税范围。我国现行营业税与增值税和消费税在征税范围上的划分是：在工业生产和商业批发领域，零售环节普遍征收增值税；在对商品普遍征收增值税的基础上，选择部分消费品再征收一道消费税；对不实行增值税的劳务和第三产业则征收营业税。

营业税的征税范围是在我国境内有偿提供应税劳务、转让无形资产或者销售不动产的行为。

(3) 营业税的税率。营业税按照行业、类别的不同分别采用不同的比例税率，具体规定是：交通运输业、建筑业、邮电通信业、文化体育业，税率为3%；金融保险业、服务业、销售不动产、转让无形资产，税率为5%；娱乐业执行5% ~20%的幅度税率，具体适用的税率，由各省、自治区直辖市人民政府根据当地的实际情况在税法规定幅度内决定。

(四) 关税

1. 关税的概念和特点

关税是海关依法对进出国境或关境的货物和物品所征收的一种税。其特点是：

(1) 关税是在进出口环节征收；

(2) 关税是对进出关境的货物与物品征收；

(3) 关税是国家执行对外经济政策的重要手段；

(4) 关税由海关专门负责征收。

2. 关税的纳税人和征税对象

(1) 进出口货物的收发货人或者他们的代理人，进出境物品的所有人，是关税纳税人。

(2) 征税对象，是准许进出我国关境的货物与物品。

二、所得税类

所得税是对企业、其他经济组织及个人的所得额征收的各个税种的总称，包括企业所得税和个人所得税。

(一) 企业所得税

长期以来，我国对内资企业与外资企业实行不同的企业所得税制度。党的十六届三中全会明确提出统一各类企业税收制度的改革目标。并于2007年3月16日第十届全国人民代表大会第五次会议通过了新中国成立以来的第一部统一的企业所得税法，于2008年1月1日起施行。1991年第七届全国人民代表大会第四次会议通过的《中华人民共和国外商投资企业和外国企业所得税法》同时废止。

1. 企业所得税的概念及特征

企业所得税是国家对企业和其他取得收入的组织的生产经营所得和其他所得征收的一种税。它是国家参与企业利润分配并直接调节收入分配水平的一种税。

企业所得税与其他税种相比，具有以下特点：

（1）征税对象是净所得，而不是总收入。

（2）征税以量能负担为原则。所谓量能负担，就是根据纳税人的纳税能力大小决定其纳税额的多少。负担能力大的多征；所得少、负担能力小的少征；无所得的不征。这充分体现了税务公平的原则。

（3）一般实行按年计征，分期预缴年终汇算的征收办法。企业所得税一般以全年的应纳税所得额为税基，分月或分季预缴，年终计算清缴。这是它与流转税的重大区别。

2. 企业所得税的纳税人和征税对象

（1）纳税义务人。在中华人民共和国境内，企业和其他取得收入的组织为企业所得税的纳税人，包括居民企业和非居民企业。

个人独资企业、合伙企业不是企业所得税的纳税人，其投资者的生产经营所得，比照个体工商户的生产经营所得征收个人得税。

居民企业是指依法在中国境内成立，或者依照外国（地区）法律成立但实际管理机构在中国境内的企业。

非居民企业，是指依照外国（地区）法律成立且实际管理机构在中国境内，但在中国境内设立机构、场所的，或者在中国境内未设立机构、场所，但有来源于中国境内所得的企业。

（2）征税对象。居民企业企业所得税的征税对象是其来源于中国境内境外的全部所得。

非居民企业的企业所得税的征税对象为；

第一，在中国境内设立机构、场所的，应当就其所属机构、场所取得的来源于中国境内的所得，以及发生在中国境外担与其所设机构、场所有实际联系的所得缴纳企业所得税。

第二，在中国境内未设立机构、场所的，或者虽设立了机构、场所但取得的所得与其所机构、场所没有实际联系的，应当就其来源于中国境内的所得缴纳企业所得税。

（3）企业所得税的税率。一般企业适用的税率为25%。符合条件的小型微利企业，减按20%的税率。国家需要重点扶持的高新技术企业，减按15%的税率。非居民企业取得企业所得税法第3条第3款规定的所得，适用税率为20%。

（二）个人所得税

1. 个人所得税的概念

个人所得税，是对个人（即自然人）应税所得征收的一种税。

2. 个人所得税的纳税人

税法规定，中国公民、个体工商业户、个人独资企业和合伙企业的投资者以及在中国有所得的外籍人员（包括无国籍人）和港澳台同胞，为个人所得税的纳税人。分为居民纳税人和非居民纳税人，居民纳税人是指在中国境内有住所，或者无住所而在中国境内居住满1年的个人；非居民纳税人是指在中国境内无住所又不居住、或者无住所、或者有住所在境内而居住不满1年的个人。

3. 个人所得税的征税对象及征税范围

个人所得税的征税对象是各项应税所得，具体分为11个项目：

(1) 工资、薪金所得。

(2) 个体工商户的生产、经营所得。

(3) 对企事业单位的承包经营、承租经营所得。

(4) 劳务报酬所得。

(5) 稿酬所得。

(6) 特许权使用费所得。

(7) 利息、股息、红利所得。

(8) 财产租赁所得。

(9) 财产转让所得。

(10) 偶然所得。

(11) 经国务院财政市部门确定征税的其他所得。

4. 个人所得税的税率

(1) 工资薪金所得，适用超额累进税率，税率为3% ~45%。

(2) 个体工商户的生产、经营所得和对企事业单位承包经营、承租经营所得，适用5% ~35%的超额累进税率。

(3) 稿酬所得，适用比例税率，税率为20%，并按应纳税额减征30%。

(4) 劳务报酬所得，适用比例税率，税率为20%，对劳务报酬所得一次收入畸高的，可以实行加成征收。

(5) 特许权使用费所得、利息、股息、红利所得，财产租赁所得，财产转让所得，偶然所得和其他所得，适用比例税率，税率为20%。

5. 个人所得税应纳税所得额的确定

(1) 工资薪金所得，以每月收入额减除费用3500元后余额，为应纳税所得额。

(2) 个体工商户生产、经营所得，以每一纳税年度的收入总额，减除成本、费用及损失后的余额，为应纳税所得额。

(3) 对企业单位的承包经营所得，以每一纳税年度的收入总额，减除必要费用后的余额，为应纳税所得额。

(4) 劳务报酬所得，稿酬所得、特许权使用费所得、财产租赁所得，每次收入不过4000元的，减除费用800元；每次收入4000元以上的，减除20%的费用，其余额为应纳税所得额。

(5) 财产转让所得，以转让财产的收入额减除财产原值和合理费用后的余额，为应纳税所得额。

(6) 利息、股息、红利所得，偶然所得和其他所得，其余额为应纳税所得额。

三、资源税类

资源税是以资源为征税对象而征收的各个税种的总称，包括资源税、城镇土地使用税、土地增值税。

(一) 资源税

资源税是国家对在中华人民共和国境内开采应税资源的矿产品依法征收的一种税。其纳税人是在中华人民共和国境内开采应税资源的矿产品或生产盐的单位和个人。

（二）城镇土地使用税

城镇土地使用税是以城镇土地为征收对象，对拥有土地使用权的单位和个人征收的一种税。其纳税人为承担缴纳城镇土地使用税义务的所有单位和个人，即在城市、县城、建制镇工矿区范围内使用土地的单位和个人。

（三）土地增值税

土地增值税是对有偿转让国有土地使用权，地上建筑物及其附着物（简称房地产）并取得收入的单位和个人，就其转让房地产所取得的增值额所征收的一种税。其纳税人是有偿转让土地使用权、地上建筑物及其附着物，并取得收入的单位和个人，机关、团体、部队、企事业单位，个体经营者及国内其他单位和个人，还包括外商投资企业、外国机构、华侨、港澳台同胞及外国公民等。

四、财产税类

财产税是指对拥有或支配应纳税财产的人征收各个税种的总称，包括房产税和契税。

房产税是以房产为征税对象，依据房产价格或房产租金收入向房产所有人或经营人征收的一种税，其纳税人包括产权所有人，经营管理单位，承典人、房主代管人或使用人。

契税是以所有权发生转移变动和不动产为征税对象，向产权承受人征收的一种财产税。其纳税人是境内转移土地，房屋权属承受的单位和个人。

五、特定行为税类

特定行为税，又称特定目的税，是指对某些法定行为的实施征收的一种税，包括车船使用税、车辆购置税、印花税、城市维护建设税等。

（一）车船使用税

是指国家对行驶于我国境内公共道路的车辆和航行于境内河流、湖泊或者领海的船舶，依法征收的一种税，其纳税人是指在中华人民共和国境内拥有并且使用车船的单位和个人。

（二）车辆购置税

车辆购置税，是对在我国境内的单位和个人购置车辆征收的一种税，其纳税人是在我国境内购置规定应当征税的车辆的单位和个人。

（三）印花税

印花税，是对经济活动和经济交往中书立、使用、领受具有法律效力的凭证的单位和个人征收的一种税。其纳税人是在中国境内书立、使用、领受印花税法所列举的凭证并应依法履行纳税义务的单位和个人。

（四）城市维护建设税

城市维护建设税，是国家对缴纳增值税、消费税、营业税单位和个人就其实际缴纳的“三税”税额为计税依据而征收的一种税，其纳税人是指负有“三税”义务的单位和个人。

第三节 税收征收管理的法律规定

税收征收管理制度是指税务机关代表国家行使征税权，指导纳税人正确履行纳税义务，对日常税收活动进行组织、管理、监督和检查的法律制度。它是保证税法得以实施和加强税收活动法制化的一个重要方式。《中华人民共和国税收征收管理法》1992年由第七届全国人大常委会第二十七次会议于审议通过，1995年第八届全国人大常委会第十二次会议通过《关于修改〈中华人民共和国税收征收管理法〉的决定》，2001年第九届全国人大常委会第二十一次会议再次进行了修订，新修订的《中华人民共和国税收征收管理法》自2001年5月1日起施行。根据税收征管法的规定，国务院于2002年10月15日颁布并施行了《中华人民共和国税收征收管理法实施细则》。

一、适用范围

税收征管法的适用范围，在其第2条中有所规定，凡依法由税务机关征收的各种税收的征收管理，均适用本法。即不论是外商投资企业和外国企业，华侨、外籍、港澳人员，还是国有、集体、私营企业等经济实体或者个体工商户及一切纳税个人，其缴纳的税收凡是由税务部门征收的，有关征收管理的事项，都依照税收征管法的规定执行。税收征管法第58条规定：农业税、牧业税、耕地占用税、契税的征收管理，参照本法有关规定执行。关税、船舶吨税及海关代征税收的征收管理，依照法律、行政法规的有关规定执行。

二、税务管理

税务管理是税收征管法的核心内容。税务管理包括税务登记管理，账簿、凭证管理以及纳税申报管理三个方面。

（一）税务登记管理

企业及企业在外地设立的分支机构和从事生产、经营的场所，个体工商户和从事生产、经营的事业单位（以下统称从事生产、经营的纳税人）自领取营业执照之日起30日内携有关证件向税务机关申报办理税务登记。税务机关审核后发给税务登记证件。从事生产、经营的纳税人，税务登记内容发生变化的，自工商行政管理机关办理变更登记之日起30日内或者在向工商行政管理机关申请办理注销登记之前，持有关证件向税务机关申报办理变更或者注销税务登记。

纳税人按照国家税务主管部门的规定使用税务登记证件。税务登记证件不得转借、涂改、损毁、买卖或者伪造。

（二）账簿凭证管理

从事生产、经营的纳税人、扣缴义务人按照国务院财政、税务主管部门的规定设置账簿，根据合法、有效凭证记账，进行核算。账簿应当自领取营业执照之日起15日内设置。

从事生产、经营的纳税人应当自领取税务登记证件之日起15日内，将其财务、会计制度或者财务、会计处理办法，报送税务机关备案，依照国务院或者国务院财政、税务主管部门有关税收的规定计算纳税。

增值税专用发票由国务院税务主管部门指定的企业印制；其他发票，按照国务院税务主管部门的规定，分别由省、自治区、直辖市国家税务局、地方税务局指定企业印制。

从事生产、经营的纳税人、扣缴义务人必须按照国务院财政、税务主管部门规定的保管期限保管账簿、记账凭证、完税凭证及其他有关资料，不得伪造、变造或者擅自损毁。

（三）纳税申报管理

纳税人必须在法律、行政法规规定或者税务机关依照法律、行政法规规定确定的申报期限内办理纳税申报，报送纳税申报表、财务会计报表以及税务机关根据实际需要要求纳税人报送的其他纳税资料。扣缴义务人必须在规定的申报期限内报送代扣代缴、代收代缴税款报告表以及税务机关根据实际需要要求扣缴义务人报送的其他有关材料。

三、税款征收

（一）税款征收方式

根据税收征管法及其实施细则的规定，税款征收方式有以下五种：

1. 查账征收

查账征收，是指纳税人依据账簿记载，先自行计算缴纳，事后经税务机关查账核实，如有不符时，可多退少补。这种征收方式主要对已建立会计账册、会计记录完整的单位适用。采用查账征收的单位由税务机关确定。

2. 查定征收

查定征收，是指由税务机关根据纳税人的生产设备等情况，及其在正常条件下的生产销售情况，对其生产的应税产品查定产量和销售额，然后依率征收的一种征收方式。这种方式主要对生产不固定、账册不健全的单位适用。

3. 查验征收

查验征收，是指由税务机关派员对纳税人的应税产品进行查验，并贴上完税证、查验证或盖查验戳，凭证运销的方式。这种方式主要对生产和出售应税农、林、牧、水产品和农村手工业品以及经营小百货和单项品种的纳税人适用。

4. 定期定额征收

定期定额征收，是指先由纳税人自报生产经营情况和应纳税款，然后由同行业或者有关经济组织民主评议，再由税务机关对纳税人核定一定时期的税款征收率或征收额，实行增值税或营业税和所得税一并征收的一种征收方式。这种方式主要对一些营业额、所得额难以准确计算的小型纳税人适用。

5. 其他征收方式

如代扣代缴、代收代缴、委托代征、邮寄申报纳税等。

（二）税款征收措施

为了保证税款征收的顺利进行，税收征管法赋予了税务机关在税款征收中可以根据不同情况采取必要的措施和手段的权利。

1. 延期纳税

纳税人、扣缴义务人应当按照法律、行政法规规定或者税务机关依照法律、行政法规的规定确定的期限缴纳或解缴税款。纳税人因有特殊困难，不能按期缴纳税款，经县以上税务局（分局）批准，可以延期缴纳税款，但最长不得超过3个月。

2. 加收滞纳金

纳税人、扣缴义务人没有按照规定的纳税期限缴纳或者解缴税款的，税务机关除责令限期缴纳外，从滞纳税款之日起，按日加收滞纳税款0.05%的滞纳金。

3. 核定应纳税额

纳税人有下列情形之一的，税务机关有权核定其应纳税额：按税法规定可以不设置账簿的；按税法规定应当设置但未设置账簿的；虽设置账簿，但账目混乱或者成本资料、收入凭证、费用凭证残缺不全，难以查账的；发生纳税义务，未按照规定的期限办理纳税申报，经税务机关责令限期申报，逾期仍不申报的。

4. 税收保全措施

税务机关有根据认为从事生产、经营的纳税人有逃避纳税义务行为的，可以在规定的纳税期之前，责令限期缴纳应纳税款；在限期内发现纳税人有明显的转移、隐匿其应纳税的商品货物以及其他财产或者应纳税的收入的迹象，税务机关可以责成纳税人提供纳税担保。如果纳税人不能提供纳税担保，经县以上税务局（分局）局长批准，税务机关可以采取下列税收保全措施：一是书面通知纳税人开户银行或者其他金融机构暂停支付纳税人的金额相当于应纳税款的存款；二是扣押、查封纳税人的价值相当于应纳税款的商品、货物或者其他财产。

纳税人在规定的期限内缴纳税款的，税务机关必须立即解除税收保全措施；限期期满仍未缴纳税款的，经县以上税务局（分局）局长批准，税务机关可以书面通知纳税人开户银行或者其他金融机构从其暂停支付的存款中扣缴税款，或者拍卖所扣押、查封的商品、货物或者其他财产，以拍卖所得抵缴税款。

5. 强制执行措施

从事生产、经营的纳税人、扣缴义务人未按照规定的期限缴纳或者解缴税款，纳税担保人未按照规定的期限缴纳所担保的税款，由税务机关责令限期缴纳，逾期仍未缴纳的，经县以上税务局（分局）局长批准，税务机关可以采取下列强制执行措施：一是书面通知其开户银行或者其他金融机构从其存款中扣缴税款；二是扣押、查封、拍卖其价值相当于应纳税款的商品、货物或者其他财产，以拍卖所得抵缴税款。

税务机关采取强制执行措施时，对上述纳税人、扣缴义务人、纳税担保人未缴纳的滞纳金同时强制执行。

6. 其他行政措施

如，欠缴税款的纳税人需要出境的，应当在出境前向税务机关结清应纳税款或者提供担保，否则，税务机关可以通知出境管理机关阻止其出境。税务机关扣押商品、货物或者其他财产时，必须开付收据；查封商品、货物或者其他财产时，必须开付清单。

四、税务检查

税务检查的主要内容是检查纳税人的纳税情况，检查纳税人遵守财务会计制度的情况，检查税务人员执行税收征管制度的情况，了解纳税人的生产经营情况。

税务机关有权对纳税人的账簿、记账凭证、报表和有关资料以及生产、经营情况进行检查；有权责成纳税人、扣缴义务人提供有关文件、证明材料和资料，询问其有关情况和问题；有权到有关部门检查纳税人托运、邮寄应纳税商品、货物或者其他财产的有关单据、凭证和资料；经县以上税务局（分局）局长批准，凭检查存款账户许可证明，查核纳税人、扣缴义务人在银行或者其他金融机构的存款账户。

纳税人、扣缴义务人必须接受税务机关依法进行的税务检查，如实反映情况，提供有关资料，不得拒绝、隐瞒。税务机关依法进行税务检查时，有关部门和单位应当支持、协助。税务机关派出的人员在进行税务检查时，应当出示税务检查证件，并有责任为被检查人保守秘密。在调查税务违法案件时，对与案件有关的情况和资料，可以记录、录音、录像、照相和复制。

五、法律责任

纳税人未按规定办理税务登记、变更或者注销登记，未按规定设置、保管账簿或保管记账凭证和有关资料，未按规定将财务、会计制度或财务、会计处理办法报送税务机关备查；扣缴义务人未按规定设置、保管代扣代缴、代收代缴税款账簿或者保管有关税款记账凭证及有关资料；纳税人未按规定期限办理纳税申报或者向税务机关报送代扣代缴、代收代缴税款报告表。

欠税行为。欠税是纳税人、扣缴义务人超过规定的期限不缴或者少缴应纳或者应解缴税款的行为。

偷税行为。偷税是纳税主体故意违反税法，采取欺骗、隐瞒等手段逃避纳税的行为。如纳税人采取伪造、变造、隐匿、擅自销毁账簿记账凭证，在账簿上多列支出或者不列、少列收入，或者以虚假的纳税申报手段，不缴或者少缴应纳税款的行为。

抗税行为。抗税是指纳税人公然违反税法，拒绝履行纳税义务的行为。如以暴力、威胁方法拒不缴纳税款的行为。

税务人员利用职务之便，收受或索取财物、玩忽职守、滥用职权的行为。

六、对违反税法的行为的处理

（一）经济制裁

这是对违反税法的自然人或法人，在强制其补偿国家经济损失的基础上，对其实施的经济惩罚。对违反纳税人和扣缴义务人给予经济制裁，一般有加收滞纳金和罚款两种。加收滞纳金是指从滞纳税款之日起，按日加收滞纳税款的滞纳金，这是对拖欠应纳税款行为的制裁。罚款两种形式：一种是处以一定数额的罚款。例如，纳税人未按规定的期限办理纳税申报的，税务机责令限期改正，可以处 2000 元以下罚款；逾期不改正的可以处 2000 元以上 1 万元以下的罚款。另一种是按偷税、抗税数额，处以若干倍的罚款。如，纳税人偷税的，由税务机关追缴其不缴或者少缴的税款，并处以偷税数额 50% 以上 5 倍以下的罚款。

（二）行政制裁

这是对违反税法的纳税人、扣缴义务人及其他有关责任人员，由税务机关或由税务机关提请有关部门，依照行政处分程序给予行政处分。如，书面通知未按规定期限缴纳或者解缴税款的纳税人、扣缴义务人的开户银行或者其他金融机构从其存款中扣缴税款；对违法单位进行批评警告、停业整顿或吊销营业执照；对直接责任人员给予警告、记过、撤职或开除公职等处分。

（三）刑事制裁

这是对违反税法，情节严重，触犯刑律，构成犯罪，需要追究刑事责任的人员，由司法机关依法给予刑事处罚。

【案例分析】

某公司开业并办理税务登记，两个月后的一天，税务机关发来了一份税务处理通知书，称该公司未按规定期限办理纳税申报（每月 1 ~ 10 日为申报期限），并处罚款，公司经理对此很不理解，跑到税务机关辩称，本公司已开业两个月，但尚未做成一笔生意，没有收入如何办理纳税申报呢？请分析该公司的做法有无错误，如有错，错在哪，应如何处理？

【分析】该公司的做法有错。纳税人办理税务人办理税务登记后，必须按照规定的期限办理纳税申报。纳税人在纳税期内没有应纳税款的（俗称无收入），也应当按照规定办理纳税申报（俗称零申报）。该公司的行为属于未按规定进行纳税申报，税务机关可责令限期改正，可处以 2000 元以下的罚款，情节严重的可处以 2000 元以上 1 万元以下的罚款。

☞ 思考与练习

1. 税法的构成要素有哪些？
2. 什么是流转税？什么是所得税？各包括哪些税种？
3. 简述税务管理的主要内容。
4. 某公司于 1996 年 4 月 5 日在工商行政管理局领取了营业执照，开业经营并已取得了应税收入，6 月 11 日税务机关发现该公司既未办理税务登记又未申报纳税（申请期限为每月 1 ~ 10 日）。问：

（1）该公司行为是否违法？为什么？

（2）税务机关对该公司的行为应如何处理？

第十六章 广告、价格和计量法律制度

第一节 广告法律制度

一、广告与广告法

（一）广告的定义

广告即广而告之。它是指企事业单位、机关、团体或公民为了特定的目的自行承担费用并通过一定媒介或形式向社会公众传播某种信息的一种宣传方式。

广告作为现实生活中人们普遍运用的一种宣传方式，其构成须具备四个方面的基本要素：

（1）广告主。即自行或者委托他人设计、制作发布广告的企事业单位、机关、团体或公民。广告主作为广告活动的主体之一，在广告活动中居于决定性地位。没有广告主，就不会存在任何广告经营者和广告发布者，也不会形成广告活动。

（2）广告信息。即广告的主要内容，包括商品、劳务、观念等方面的信息。任何广告均须以特定的信息为内容，以实现发布广告的目的。

（3）广告媒介或形式。广告媒介是传播广告信息的中介物或手段，包括报刊、广播、电视、电影、路牌、橱窗、印刷品、霓虹灯等。广告信息还可以通过体育比赛、文艺演出等形式传播，这些传播广告信息的形式，即为广告形式。通过一定的媒介或形式传播信息，这是广告区别于直接的劝说、介绍等宣传方式的重要标志。

（4）广告费用。即设计、制作、发布广告所需的费用。广告主无论自行还是委托他人设计、制作、发布广告，均应承担由此所产生的费用。是否存在并由广告主承担广告费用，这是广告（主要指通过新闻媒介发布的广告）区别于新闻宣传的重要标准。

广告可以依据不同的标准进行分类。以广告是否具有营利目的为标准，可以分为营利性广告和非营利性广告。以广告的内容为标准，可以分为经济广告、文化广告、社会服务广告和政府公告等。以广告媒介为标准，可以分为报刊广告、广播广告、电视广告、电影广告、路牌广告、橱窗广告、印刷品广告、霓虹灯广告、车身广告等。此外，以广告覆盖的区域为标准，可分为全国性广告、地区性广告等。我国现行广告法规定的广告，主要是指各种形式的商业广告，即商品经营者或者服务提供者承担费用，通过一定的媒介或者形式直接或者间接地介绍自己所推销的商品或者所提供的服务的广告。本节以下涉及的广告，也仅指商业广告。

（二）广告法的概念

广告法是指调整广告关系的法律规范的总称。它是国家广告监督管理机关对广告实施监督管理的依据，也是广告主、广告经营者和广告发布者进行广告活动的行为准则。

广告法的调整对象是广告关系。广告关系是广告监督管理机关、广告审查机关、广告主、广告经营者和广告发布者等主体相互之间，在广告监督管理、广告审查和广告活动过程中所发生的社会关系，主要包括以下几方面的内容：

（1）广告监督管理机关在实施广告监督管理过程中与广告主、广告经营者和广告发布者发生的社会关系。广告监督管理是市场调控的重要内容。我国各级工商行政管理部门作为国家专门的市场执法和监督机构，对广告负有监督管理的职责。

（2）广告审查机关在实施广告审查的过程中与广告主发生的社会关系。

（3）广告主、广告经营者和广告发布者在进行广告活动的过程中相互间发生的关系。这是指广告主与广告经营者或广告主、广告经营者与广告发布者在广告承揽、设计、制作、代理、发布等活动中发生的社会关系。这类关系具有平等、自愿、有偿的特点，主要表现为广告合同关系。

我国自1979年广告活动恢复发展以来，在广告立法上做了大量工作，先后制定颁布了一系列广告管理条例及办法。1994年10月27日第八届全国人民代表大会常务委员会第十次会议正式通过了《中华人民共和国广告法》，并于1995年2月1日生效实施，这是现行各种广告活动和广告管理的基本法律依据。

二、广告准则

广告准则是指广告的基本标准和要求。为了使广告活动主体知悉广告准则，依法进行广告活动，同时也使广告监督管理机关监督管理广告及广告审查机关审查广告有所依据，我国广告法对广告的一般准则和特殊商品广告的特殊准则分别作了较为明确、具体的规定。

（一）广告的一般准则

广告的一般准则是指各种广告均应遵循的共同性标准和要求。我国广告法规定的广告一般准则包括广告内容的一般准则和广告形式的一般准则。

1. 广告内容的一般准则

（1）真实。即广告应当实事求是地介绍商品或者服务，不得含有虚假的内容，欺骗和误导社会公众。广告法规定，广告使用数据、统计资料、调查结果、文摘、引用语应当真实，并表明出处；广告中涉及专利产品或者专利方法的，应当标明专利号和专利种类；未取得专利权的，不得在广告中谎称取得专利权；禁止使用未授予专利权的专利申请和已经终止、撤销、无效的专利做广告。

（2）准确、清晰。即广告对商品或者服务的介绍应力求清楚，切忌含糊其词、模棱两可。广告中真实的内容若表达欠准确、清晰，也可能造成欺骗和误导社会公众的后果。故准确、清晰应是对广告内容的又一项必要要求。广告法对此作了三方面的具体规定：①准确、清晰的一般要求。即广告中对商品的性能、产地、用途、质量、价格、生产者、有效期限、允诺或者对服务的内容、形式、质量、价格、允诺有表示的，应当清楚、明白。②广告使用有关材料的准确性要求。即广告使用数据、统计资料、调查结果、文摘、引用语，应当准确，并表明出处。③赠品广告表达的准确、清晰要求。赠品广告是指商品经营者或者服务提供者向商品购买者或者服务接受者赠送礼品的广告。广告法规定，广告中表明推销商品、提供服务附带赠送礼品的，应当标明赠送的品种和数量。

（3）合法。从广义上讲，广告内容真实、准确、清晰也是广告内容合法的当然体现和要求。这里的合法是狭义的，仅指广告内容对真实、准确、清晰以外的其他要求的遵守或不违背。按照我国广告法规定，广告内容合法，是指广告内容应当符合社会主义精神文明建设的要求，有利于人民的身心健康，促进商品和服务质量的提高，保护消费者的合法权益，遵守社会公德和职业道德，维护国家尊严和利益。具体要求包括：①广告不得使用中华人民共和国国旗、国徽、国歌；②广告不得使用国家机关和国家机关工作人员的名义；③广告不得使用国家级、最高级、最佳等用语；④广告不得妨碍社会安定和危害人身、财产安全，损害社会公共利益；⑤广告不得妨碍社会公共秩序和违背社会良好风尚；⑥广告不得含有淫秽、迷信、恐怖、暴力、丑恶的内容；⑦广告不得含有民族、种族、宗教、性别歧视的内容；⑧广告不得妨碍环境和自然资源保护；⑨广告不得损害未成年人和残疾人的身心健康；⑩广告不得贬低其他生产经营者的商品或者服务。

2. 广告形式的一般准则

（1）广告应当具有可识别性。广告作为一种介绍商品和服务的形式，具有不同于其他传播信息的方式的特点。广告法规定，通过大众传播媒介发布的广告应当有广告标记，以与其他非广告信息相区别，不得使消费者产生误解。

（2）大众传播媒介不得以新闻报道的形式发布广告。以新闻报道的形式发布的广告，称为新闻广告。新闻广告使广告以新闻报道的形式变相出笼，借此逃避广告监督管理和广告审查，并进而使虚假广告更具隐蔽性和欺骗性，所以广告法禁止新闻广告。

（二）特殊商品广告的特殊准则

特殊商品广告是指涉及人体健康以及人身、财产安全的商品广告。我国广告法对药品、医疗器械、农药、化妆品、食品、烟、酒等商品广告的特殊准则作了规定。

1. 药品、医疗器械广告的特殊准则

药品是指用于预防、治疗、诊断人的疾病，有目的地调节人的生理机能并规定有适应症、用法和用量的物质，包括中药材、中药饮片、中成药、化学原料药及其制剂、抗生素、生化药品、放射性药品、血清疫苗、血清制品和诊断药品等。医疗器械，是指用于人体疾病诊断、治疗、预防，调节人体生理功能或替代人体器官的仪器、设备、装置、器具、植入物、材料及其相关物品。由于药品和医疗器械与人们的身体健康和生命安全密切相关，属于国家实行强化管理的产品。所以药品和医疗器械广告的准则与一般广告的准则相比，也有更为严格的要求。按照广告法规定，药品和医疗器械广告的特殊准则主要包括：

（1）药品、医疗器械广告不得含有法律禁止的内容。按照广告法第14条规定，药品、医疗器械广告不得有下列内容：不科学的表示功效的断言或者保证的；说明治愈率或者有效率的；与其他药品、医疗器械的功效和安全性比较的；利用医药科研单位、学术机构、医疗机构或者专家、医生、患者的名义和形象作证明的；法律、行政法规规定禁止的其他内容。

(2) 药品广告内容必须以国务院卫生行政部门或者省、自治区、直辖市卫生行政部门批准的说明书为准。即药品广告中介绍药品的成分、功能、适应症 (主治)、用量、服法、禁忌症、不良反应及配伍禁忌等内容,必须与卫生行政部门批准的说明书一致,不能擅自更改说明书的内容。

(3) 国家规定的应当在医生指导下使用的治疗性药品广告中,必须注明"按医生处方购买和使用"。

(4) 麻醉药品、精神药品、毒性药品、放射性药品等特殊药品,不得做广告。麻醉药品是指连续使用后易产生依赖性、能成瘾癖的药品,包括阿片类、可卡因类、大麻类、合成麻醉药类及卫生部指定的其他易成瘾癖的药品、药用原植物及其制剂。精神药品是指直接作用于中枢神经系统,使之兴奋或抑制,连续使用能产生依赖性的药品,包括安钠咖、强痛定、氨酚待因片、复方樟脑酊等。毒性药品是指毒性剧烈、治疗剂量与中毒剂量相近,使用不当会致人中毒或死亡的药品,其具体品种由卫生部会同国家医药管理局、国家中医药管理局规定。放射性药品是指用于临床诊断或者治疗的放射性核素制剂或者其标记药物。

麻醉药品、精神药品、毒性药品和放射性药品属于特殊药品,使用不当,将危害人们的身体健康和生命安全。为此,药品管理法第 35 条明确规定国家对它们实行特殊的管理办法。在其使用上,国务院也作了严格的限制和要求。广告法规定,它们不得做广告。

2. 农药广告的特殊准则

农药是指用于防治农、林、牧业的病、虫、杂草和其他有害生物以及调节植物生长的药物。农药质量的好坏、施用方法是否适当,事关农业生产的发展和人民群众的生命财产安全。广告法对农药广告应达到的标准作了专门规定。按照规定,农药广告不得有下列内容:(1) 使用无毒、无害等表明安全性的断言的;(2) 含有不科学表示功效的断言或者保证的;(3) 含有违反农药使用规程的文字、语言或者画面的;(4) 法律、行政法规规定禁止使用的其他内容。

3. 烟草广告的特殊准则

烟草包括烟叶以及卷烟、雪茄烟、烟丝、复制烟叶等烟草制品。烟草是一种关系到人们身体健康的特殊产品。吸烟对人体有害,这是为世人所公认的。从国际上看,目前各国政府都在通过各种途径,广泛宣传吸烟的害处。有的国家还作了全面禁止发布烟草广告的规定。一些允许发布烟草广告的国家,也对烟草广告作了某些限制性规定。我国是一个烟草生产大国,从目前的实际情况看,要以法律的形式禁止任何形式的烟草广告,一时尚难以做到。但烟草广告的泛滥又将对社会公众特别是广大青少年产生不良影响。为了缩小烟草广告的不良影响,广告法第 18 条对烟草广告作了一些限制性规定,主要包括:(1) 禁止利用广播、电影、电视、报纸、期刊发布烟草广告。(2) 禁止在各类等候室、影剧院、会议厅堂、体育比赛场馆等公共场所设置烟草广告。(3) 烟草广告中必须标明"吸烟有害健康"。

4. 食品、酒类、化妆品广告的特殊准则

食品指各种供人食用或饮用的成品和原料,但不包括以治疗为目的的药品。酒是食品的一种,饮酒在一定条件下会损害人体健康,因此它是一种特殊食品。化妆品是指以涂擦、喷洒或其他类似方法，散布于人体表面任何部位，以达到清洁、消除不良气味、护肤、美容和修饰目的的日用化学工业品。食品、酒类、化妆品关系到人们的身体健康和生命安全，为此，广告法规定：（1）广告内容必须符合卫生许可的事项。这具体有两方面的基本要求：广告的内容必须符合卫生行政部门或者卫生行政部门认可的检验单位出具的产品检验合格证明中记载的事项；广告中涉及的广告主的名称（或姓名）、法定代表人、住所等事项必须与卫生行政部门颁发的卫生许可证记载的事项相符。（2）不得使用医疗用语或者易与药品混淆的用语。如不得使用“祖传秘方”、“疗效食品”、“宫廷秘方”等词，以免产生误导。

三、广告活动

广告活动是指广告主、广告经营者和广告发布者设计、制作和发布广告的行为。

广告活动的主体包括：（1）广告主，是指为推销商品或者提供服务，自行或委托他人设计、制作、发布广告的法人、其他经济组织或者个人。（2）广告经营者，是指受委托提供广告设计、制作、代理服务的法人、其他经济组织或者个人。它主要是指专业广告公司及其他从事广告业务的经济组织和个人。（3）广告发布者，是指广告主或者广告主委托的广告经营者发布广告的法人或者其他经济组织。广告发布者需要拥有一定的广告传播媒介，如电波媒介、印刷品媒介和其他媒介。

广告活动是一种重要的市场活动。随着我国社会主义市场经济体制的建立和发展，广告活动日益繁荣，对社会经济的运行起到了良好的促进作用。但同时在广告活动中也出现了许多违法广告和违法行为，特别是利用广告推销假冒伪劣产品，贬低竞争对手，进行不正当竞争，在广告中夸大产品、服务的功效，欺骗和误导消费者等行为，不仅影响了广告业的声誉，妨碍了广告业的健康发展，也严重干扰了社会主义市场经济秩序，损害了国家利益、社会公共利益和广大人民的利益。这就决定了国家必须对广告活动进行必要的干预，为此，广告法除对广告准则等问题作了规定外，还对广告活动主体的义务以及户外广告的管理等作了规定。

（一）广告活动主体的义务

广告法规定的广告活动主体的义务，主要包括以下内容：

1. 依法签订广告合同

广告主、广告经营者、广告发布者之间在广告活动中应当依法订立书面合同，明确各方的权利和义务。

2. 不得从事不正当竞争行为

不正当竞争是指从事商品经营或营利性服务的法人、其他经济组织和个人违反法律规定，损害其他经营者的合法权益，扰乱社会经济秩序的行为。反不正当竞争法规定了11种不正当竞争行为。广告法规定广告主、广告经营者、广告发布者不得在广告活动中进行任何形式的不正当竞争，即广告活动主体不得以任何不正当竞争手段从事广告活动，也不得在其设计、制作、发布的广告中包含任何不正当竞争的内容。

3. 遵守国家工商登记管理法规

广告法分别就广告主、广告经营者和广告发布者遵守工商登记管理法规的义务作了规定。具体内容包括：

(1) 广告主自行或委托他人设计、制作、发布广告，所推销的商品或者所提供的服务应当符合广告主的经营范围。

(2) 广告主委托设计、制作、发布广告，应当委托具有合法经营资格的广告经营者、广告发布者。

(3) 从事广告经营的，应当具备必要的专业技术人员、制作设备并依法办理公司或者广告经营登记，方可从事广告活动。

(4) 广播电台、电视台、报刊出版单位的广告业务，应当由其专门从事广告业务的机构办理，并依法办理兼营广告的登记。

4. 确保广告及其相关活动真实、合法、有效

具体要求是：

(1) 广告主自行或委托他人设计、制作、发布广告，应当具有或者提供真实、合法、有效的证明文件。这些证明文件主要包括营业执照以及其他生产、经营资格的证明文件；质量检验机构对广告中有关商品质量内容出具的证明文件；确认广告内容真实性的其他证明文件。此外，发布广告需要经有关行政部门审查的，还应当提供有关批准文件。

(2) 广告经营者、广告发布者应依据法律、行政法规查验有关证明文件，核实广告内容。对内容不实或者证明文件不齐全的广告，广告经营者不得提供设计、制作、代理服务；广告发布者不得发布。

(3) 广告发布者向广告主、广告经营者提供的媒介覆盖率、收视率、发行量等资料应当真实。

5. 不得在广告中擅自使用他人的名义、形象

按照规定，广告主、广告经营者在广告中使用他人名义、形象的，应当事先取得他人的书面同意；使用无民事行为能力人、限制民事行为能力人的名义、形象的，应当事先取得其监护人的同意。

6. 建立健全内部管理制度

广告经营者、广告发布者应当按照国家有关规定，建立健全广告业务的承接登记、审核、档案管理制度。

7. 广告收费合理、公开

为了促使广告经营者、广告发布者履行本项义务，广告法除规定广告收费标准和收费办法应当向物价和工商行政管理部门备案外，还要求向社会公开。

8. 不得设计、制作、发布国家禁止的广告

即不得就法律、行政法规禁止生产、销售的产品或者提供的服务，以及禁止发布广告的商品或者服务设计、制作、发布广告。

(二) 户外广告及其设置管理

户外广告是指在露天场地或公共场所设置的广告。我国的户外广告有着悠久的历史，其最初形式有酒旗广告、招牌广告、幌子等，以后又出现了其他形式的户外广告。

户外广告直接影响着市容环境和我们的生产、生活，为此，必须对户外广告的设置实施一定的管理。基于这一考虑，广告法对户外广告的设置作了一些限制。按照规定，有下

列情形之一的，不得设置户外广告：（1）利用交通安全设施、交通标志的；（2）影响市政公共设施、交通安全设施、交通标志使用的；（3）妨碍生产或人民生活，损害市容市貌的；（4）国家机关、文物保护单位和名胜风景点的建筑控制地带；（5）当地县级以上人民政府禁止设置户外广告的区域。

户外广告的具体设置规划和管理办法，由当地县级以上人民政府组织广告监督管理、城市建设、环境保护、公安等有关部门制定。

四、广告的审查

（一）广告审查的含义

广告审查是指在广告发布前对广告的内容依照法律、行政法规的规定进行审核的活动。广告审查的主要目的，在于确保广告真实、合法，符合社会主义精神文明建设的要求，从而防止广告违法行为的发生。广告法规定的广告审查，包括两种基本类型：

（1）广告经营者、广告发布者对一切商品、服务广告进行的审查。广告法第27条规定，广告经营者、广告发布者依据法律、行政法规查验有关证明文件，核实广告内容。对内容不实或者证明文件不全的广告，广告经营者不得提供设计、制作、代理服务，广告发布者不得发布。

（2）广告审查机关对特殊商品广告进行的审查。广告法第34条规定，利用广播、电影、电视、报纸、期刊及其他媒介发布药品、医疗器械、农药、兽药等商品的广告和法律、行政法规规定应当进行审查的其他广告，必须在发布前依照有关法律、行政法规由有关行政主管部门对广告内容进行审查；未经审查，不得发布。

（二）特殊商品广告审查的程序

按照广告法的规定，对特殊商品广告审查的基本程序如下：

1. 申请

广告审查申请由广告主向广告审查机关提出。广告主在提出申请时，应当同时向广告审查机关提交有关证明文件，主要包括：（1）广告主合法经营资格的证明文件，具体包括营业资格证明文件，即营业执照，以及申请发布广告的特殊商品的生产、经营资格证明文件，即生产许可证或经营许可证。（2）与申请审查的特殊商品广告内容有关的证明文件，具体包括：证明该商品合法性的文件，如药品生产的批准文件；证明该商品品质的文件，如食品的产品检验合格证明；关于该商品使用方法的说明；法律、行政法规规定的其他证明文件。

2. 审查

广告审查机关依照法律、行政法规对广告的内容进行审查。广告审查机关应结合广告主提交的有关证明文件，对申请发布的特殊商品广告的真实性、合法性等进行全面审查。

3. 决定

广告审查机关在对广告内容进行审查后，应当依照法律、行政法规作出审查决定，批准或不予批准发布该特殊商品广告。为了维护审查决定的严肃性，确保广告审查制度的贯彻落实，广告法第36条规定，任何单位和个人不得伪造、变造或者转让广告审查决定文件。

五、违反广告法的法律责任

（一）违反广告准则的行为及其法律责任

1. 虚假广告及其法律责任

虚假广告是指以欺骗的方式进行的内容不真实的广告宣传，是违背广告真实性标准要求的广告。为了打击虚假广告，广告法分别就虚假广告的行政责任、民事责任和刑事责任作了较为详尽的规定。按照规定，利用广告对商品或者服务作虚假宣传的，由广告监督管理机关停止发布，并以等额广告费用在相应范围内公开更正消除影响，并处广告费用1倍以上5倍以下的罚款；对负有责任的广告经营者、广告发布者没收广告费用并处广告费用1倍以上5倍以下的罚款；情节严重的，依法停止其广告业务。构成犯罪的，依法追究刑事责任。发布虚假广告欺骗和误导消费者，使购买商品或者接受服务的消费者的合法权益受到损害的，由广告主依法承担民事责任；广告经营者、广告发布者明知或者应知广告虚假仍设计、制作、发布的，应当依法承担连带责任，广告经营者、广告发布者不能提供广告主的名称、地址的，应当承担全部民事责任。社会团体或其他组织，在广告中向消费者推荐商品或者服务，使消费者的合法权益受到损害的，应当依法与广告主、负有责任的广告经营者、广告发布者承担连带责任。

2. 侵权广告及其法律责任

侵权广告是指侵犯他人依法享有的民事权益的广告宣传。广告法第47条规定：广告主、广告经营者违反本法规定，有下列侵权行为之一的，依法承担民事责任：（1）在广告中损害未成年人和残疾人身心健康的；（2）假冒他人专利的；（3）贬低其他生产经营者的商品或者服务的；（4）广告中未经同意使用他人名义、形象的；（5）其他侵犯他人合法民事权益的。这是认定侵权广告并追究其法律责任的基本依据。

侵权广告与虚假广告是一种交叉关系。对于构成侵权的虚假广告，除应按照广告法第37条和第38条定追究虚假广告的责任外，还应结合广告法第47条规定追究侵权广告的法律责任。但鉴于广告法第38条已就对消费者合法权益造成损害后果的虚假广告的法律责任作了专门规定，故不能再以这类虚假广告侵犯了某消费者合法权益为由，同时适用广告法第47条的规定追究其侵权责任。这应是广告法第47条对构成侵权的虚假广告适用上的一个例外。

3. 其他违反广告准则的行为及其法律责任

（1）广告使用中华人民共和国国旗、国徽、国歌，使用国家机关和国家工作人员的名义，使用国家级、最高级、最佳等用语，妨碍社会安定和危害人身、财产安全，损害社会公共利益，妨碍社会公共秩序和违背社会良好风尚，含有淫秽、迷信、恐怖、暴力、丑恶的内容，含有民族、种族、宗教、性别歧视的内容，妨碍环境和自然资源保护，以及有法律、行政法规规定禁止的其他情形的，由广告监督管理机关责令负有责任的广告主、广告经营者、广告发布者停止发布，公开更正，没收广告费用，并处广告费用1倍以上5倍以下罚款；情节严重的，停止其广告业务。构成犯罪的，依法追究刑事责任。

（2）广告中对商品的性能、产地、用途、质量、价格、生产者、有效期限、允诺或者对服务的内容、形式、质量、价格、允诺有表示，但不清楚、不明白的；广告使用数据、统计资料、调查结果、文摘、引用语等不真实、不准确或未表明出处的；广告中涉及的专利产品或者专利方法未标明专利号和专利种类的；谎称取得专利权的；使用未授予专利权的专利申请和已经终止、撤销、无效的专利做广告的；以及在广告中贬低其他生产经营者的商品或服务的，由广告监督管理机关责令负有责任的广告主、广告经营者、广告发布者停止发布、公开更正，没收广告费用，可以并处广告费用1倍以上5倍以下的罚款。

(3) 广告缺乏识别性及大众传播媒介以新闻报道的形式发布广告的，由广告监督管理机关责令改正，处以1000元以上1万元以下的罚款。

(4) 发布药品、医疗器械、农药、食品、酒类、化妆品广告违反广告准则的，就法律、行政法规禁止生产、销售的商品或者提供的服务，以及禁止发布广告的商品或者服务设计、制作、发布广告的，由广告监督管理机关责令负有责任的广告主、广告经营者、广告发布者改正或停止发布，没收广告费用，可以并处广告费用1倍以上5倍以下的罚款；情节严重的，依法停止其广告业务。

(5) 利用广播、电影、电视、报纸、期刊发布烟草广告，或在公共场所设置烟草广告的，由广告监督管理机关责令负有责任的广告主、广告经营者、广告发布者停止发布、没收广告费用，可以并处广告费用1倍以上5倍以下的罚款。

(二) 违反广告审查和广告监督管理的行为及其法律责任

违反广告审查和广告监督管理的行为是指广告主、广告经营者、广告发布者和其他有关人员违反国家关于特殊商品广告审查的规定以及广告监督管理规定的行为。广告法分别就一些主要的违反广告审查和广告监督管理的行为及其法律责任作了规定。具体包括：

(1) 未经广告审查机关审查，利用广播、电视、电影、报纸、期刊以及其他媒介发布药品、医疗器械、农药、兽药等商品的广告和法律、行政法规规定应当进行审查的其他广告的，由广告监督管理机关责令负有责任的广告主、广告经营者、广告发布者停止发布，没收广告费用，并处广告费用1倍以上5倍以下的罚款。

(2) 广告主申请广告审查时提供虚假证明文件的，由广告监督管理机关处以1万元以上10万元以下的罚款。

(3) 伪造、变造或者转让广告审查决定文件的，由广告监督管理机关没收非法所得，并处1万元以上10万元以下的罚款。构成犯罪的，依法追究刑事责任。

(4) 广告审查机关对违法的广告内容作出审查批准决定的，对直接负责的主管人员和其他直接责任人员，由其所在单位、上级机关、行政监察部门给予行政处分。

(5) 广告监督管理机关和广告审查机关的工作人员玩忽职守、滥用职权、徇私舞弊的，给予行政处分。构成犯罪的，依法追究刑事责任。

第二节 价格法律制度

一、价格与价格法

(一) 价格

价格是商品价值的货币表现，是商品同货币的交换比例。价格并不必然等于价值，价格围绕价值上下波动是价值规律的表现形式。价格有狭义和广义之分。狭义的价格是指商品的价格和经营性服务的收费标准；广义的价格，除上述之外还包括各种生产要素的价格，如劳动力价格（工资），资金价格（利率、汇率）等。我国价格法调整的是狭义的价格。

国民经济中各种价格和它们之间的比价、差价等关系及其变动的总和构成了价格体系。而与价格有关的各个因素（如价值、货币、供求、竞争、生产者和消费者等）相互联系、相互制约，发挥着特定的经济功能。改革开放之前，由于长期忽视价值规律的作用和其他历史原因，我国的价格体系相当紊乱，不少商品的价格既不反映价值，也不反映供求关系。对此我国在价格体系方面进行了一系列改革。目前随着价格改革的深入，我国除少数不适宜在市场竞争中形成价格的极少数商品及服务项目实行政府指导价及政府定价外，大多数商品及服务项目的价格已由市场调节，由经营者自主制定。

（二）价格法

价格法是指国家为调整与价格的制定、执行、监督有关的各种经济关系而制定的法律规范的总称。其具体调整以下几种价格关系：

（1）各级价格主管部门，其他有关部门和经营者之间，在制定和执行价格方针、政策和法律过程中所发生的各种关系。

（2）各级价格主管部门、其他有关部门、经营者和公民之间在确定作价原则，制定、调整和执行商品价格和非商品收费中发生的价格关系。

（3）各级价格主管部门、其他有关部门、经营者和公民之间在价格监督和检查过程中发生的价格关系。

（4）各种商品的生产者和经营者相互之间以及他们与消费者之间因相互提供商品和服务而发生的价格关系。

改革开放以来我国颁布了许多有关价格方面的法规，其中主要有1987年9月17日国务院发布的《中华人民共和国价格管理条例》和1997年12月29日第八届全国人民代表大会常委会第二十九次会议通过，并于1998年5月1日起生效实施的《中华人民共和国价格法》。

（三）价格法的作用

价格法是国家运用法律手段进行宏观经济调控，加强价格管理，规范价格行为，发挥价格合理配置资源的作用，稳定市场物价总水平，保护消费者和经营者合法权益，促进社会主义市场经济健康发展的重要手段。

1. 规范市场主体的价格行为，维护价格秩序

价格改革的深化使得我国价格决策主体趋于多元，目前大多数价格均由企业自主制定并在竞争中形成。价格决策主体多元化、分散化，价格形成方式的市场化更需要有统一的规则来对各市场主体的价格行为予以规范。为此，价格法通过法律形式规定了各级价格主管部门与主体的权利、义务，使价格形成方式更加规范合理。

2. 规范公平竞争环境，优化价格形成机制

在市场经济条件下，由于价格在资源配置方面具有重要作用，为了使价格能灵活地反映市场供求关系和资源的稀缺度，从而更好地配置资源，就需要塑造一个使价格合理平稳

运行的公平合理的市场环境。价格法规范了价格形成的原则、方式和程序，禁止了不正当市场竞争行为，为确保价格机制的形成发挥了重要的功能。

3. 保护经营者和消费者的正当权益，协调生产和消费的关系

市场经济呼吁以法律手段切实维护市场经营主体的正当权益，同时价格问题牵涉到广大消费者的切身利益。价格法限制、禁止非法的价格行为，保护经营者正当竞争的权益与消费者利益，协调消费与生产的关系，使国民经济健康发展。

4. 规范、加强和改善宏观经济调控，稳定市场价格总水平

市场机制以利益机制刺激活力，有极大灵活性，但同时其调节机制又有自发、盲目、滞后以及整体运行不稳定的一面，尤其在市场化改革期间经济有起伏波动显著的特点。因此应加强和改善宏观调控，保持总供给与总需求的基本平衡、保持经济稳定，避免“过热”及通货膨胀。价格法规范了政府的价格行为，明确了宏观调控的模式及手段，主要用经济手段协调国民经济运行，为保证其稳定、健康发展创造了条件。

二、我国价格形成的法律规定

国家实行并逐步完善宏观经济调控下主要由市场形成的价格机制。价格的制定应当符合价值规律。我国大多数商品和服务价格实行市场调节价，极少数商品和服务价格实行政府定价与政府指导价。

市场调节价，是指由经营者自主制定，通过市场竞争形成的价格。这里所称的经营者是指从事生产，经营商品或者提供有偿服务的法人、其他经济组织和个人。

政府指导价，是指由政府价格主管部门或者其他有关部门，按照定价权限和范围规定基准价及其浮动幅度，指导经营者制定的价格。

政府定价，是指由政府价格主管部门或者其他有关部门，按照定价权限和范围制定的价格。

（一）经营者的价格行为

在西方国家市场经济中，由于市场发育较为成熟，其市场机制的运作所依赖的信号体系较为完善，政府一般较少涉入价格管理，价格行为向来是经营者的自主行为。我国一方面遵从市场的一般规律，明确地将绝大多数商品、服务价格划入市场调节的范围，实行市场调节价，由经营者根据价格法自主制定，另一方面则以法律手段突出加强宏观调控，规定了实行政府指导价和政府定价的少数商品。除此之外还规定了经营者定价的基本原则和定价依据，价格法明确指出，经营者的定价应遵循公平、合法和诚实信用的原则，定价基本依据是生产经营成本和市场供求状况。这些规定，为进一步规范经营者的价格行为，防止欺诈和暴利行为，增强国家宏观调控能力奠定了基础。

1. 经营者进行价格活动的权利

（1）自主制定属于市场调节的价格。

（2）指导价规定的幅度内制定价格。

（3）制定属于政府指导价、政府定价产品范围内的新产品的试销价格，特定产品除外。

（4）检举、控告侵犯其依法自主定价权利的行为。

2. 经营者在价格活动中应履行的义务

(1) 经营者应当努力改进生产经营管理，降低生产经营成本，为消费者提供合格的商品及服务，以合法手段赚取利润。

(2) 经营者应当准确记录与核定生产经营成本，不得弄虚作假。

(3) 经营者应依法执行政府指导价、政府定价和法定的价格干预措施、紧急措施。

(4) 经营者销售、收购商品和提供服务应当按照政府价格主管部门的规定明码标价，不得收取任何标价之外的费用。

3. 价格法禁止的不正当价格行为

价格法第 14 条规定，经营者不得有下列不正当价格行为：

(1) 相互串通、操纵市价及损害其他经营者或消费者的合法权益。

(2) 在依法降价处理鲜活、季节性商品、积压类商品之外，为了排挤竞争对手或独占市场以低于成本价格倾销，扰乱正常的生产经营秩序，损害国家及他方利益的行为。

(3) 捏造、散布涨价信息，哄抬价格的行为。

(4) 利用虚假或诱人误解的价格手段，诱骗消费者或其他经营者与之交易的。

(5) 提供相同商品与服务方面的价格歧视。

(6) 变相提高或压低价格以牟利的行为。

(7) 其他违法牟取暴利和依法禁止的不正当价格行为。

此外，价格法还规定各类中介机构提供有偿服务和收取费用，经营者销售、收购进出口商品，行业组织的经济活动，均应遵守本法和其他法律法规，加强价格自律，接受价格主管部门的工作指导。

(二) 政府的定价行为

政府的定价行为，是指政府价格主管部门或其他有关部门，依照定价权限和范围制定政府定价与指导价的活动。为了规范政府的价格行为，价格法从范围、内容、程序等方面作了具体规定。

(1) 政府定价和指导价的适用范围主要包括：①与国计民生关系重大的极少数商品价格；②资源稀缺的少数商品价格；③自然垄断经营的商品价格；④重要的公用事业价格；⑤重要的公益性服务价格。

(2) 政府指导价、政府定价的定价权限和具体适用范围：政府指导价、政府定价的定价权限和具体适用范围以中央和地方的定价目录为依据。中央定价目录由国务院价格主管部门制定与修订，报国务院批准后公布。地方定价目录则由省级人民政府价格主管部门按照中央定价目录规定的定价权限和具体适用范围制定，经省级人民政府审核同意后报国务院价格主管部门审定后公布。省级（含省、自治区、直辖市）以下人民政府不得制定定价目录。

国务院和省级人民政府应相应地依据中央与地方定价目录，确定其价格行为的权限。其中重要商品和服务的政府定价与指导价应由国务院批准。地方市、县人民政府则可根据省级人民政府的授权，依地方定价目录规定之具体权限，制定在本地区执行的政府定价与指导价。

(3) 制定政府指导价和政府定价，应当依据有关商品或服务的社会平均成本和市场供求状况、国民经济和社会发展的要求及社会承受力，实行合理的购销差价、批零差价、地区差价和季节差价。

（4）制定政府指导价、政府定价的程序：①开展价格成本调查；②听取消费者、经营者和有关方面的意见，其中对关系群众切身利益的公用事业、公益性服务、自然垄断经营的商品的政府定价与指导价的制定，应建立听证会制度，听取各方意见以论证其必要性与可行性；③价格制定后由制定部门向消费者与经营者公布。

（5）有关政府指导价、政府定价的具体适用范围、价格水平的调整的规定：政府指导价与政府定价的具体适用范围与价格水平，应根据经济运行情况，按照规定的定价权限与程序适时调整，消费者与经营者可提出调整建议。

（三）保护消费者的价格权益

无论是经营者的定价，还是政府的定价都牵涉到消费者的切身利益，因此保护消费者的价格权益就成为价格法的主要立法宗旨之一。

价格法严格禁止价格欺诈、价格歧视、价格垄断以及变相涨价、乱涨价等损害消费者利益的各种不正当价格行为，并明确规定经营者因价格违法行为给消费者造成损害的，应当依法承担赔偿责任。

价格法赋予消费者参与政府定价的权利，要求政府在制定关系人民群众切身利益的公用事业价格、公益性服务价格以及自然垄断经营的商品价格时，不但要听取经营者意见，更要通过听证会制度听取消费者的意见。

价格法明确规定，消费者有权对各种价格进行监督，有权对价格违法行为进行举报，并受到价格部门的保护。

总之，通过价格法的各项规定，对消费者在价格方面的权利受到高度重视和保护，这对保障广大人民群众的合法权益将起到积极的作用。

三、价格总水平的调控

为了适应社会主义市场经济条件下价格管理的需要，增强国家宏观调控能力，价格法对价格总水平的调控作了规定。

（一）明确价格宏观调控的目标和手段

价格法指出，稳定市场价格总水平是国家重要的宏观经济政策目标。国家根据国民经济发展的需要和社会承受能力，确定市场价格总水平调控目标，列入国民经济和社会发展计划，并综合运用货币、财政、投资、进出口等方面的政策与措施予以实现。由此可见，应尽力避免不切实际的经济发展目标造成严重通货膨胀和物价过分上涨，要保持物价总水平的基本稳定以利于社会经济的发展。调控价格总水平应尽量采用经济手段，依法通过货币政策手段合理调节投资需求，通过进出口政策和手段调剂余缺。通过财政政策和措施控制收支。通过各种手段保持国内总供给和总需求的平衡以及重要的结构平衡，就可以达到预期的价格总水平调控目标。

考虑到某些重要商品对国民经济和人民生活影响极大，而这些商品的生产和供给又可能出现不稳定状况，价格法规定：政府可以建立重要商品的储备制度，设立价格调节基金调控价格，稳定市场。储备制度的功能在于，当市场出现重大的供求不平衡时通过吞吐储备商品，以平衡供求。价格调节基金的功能在于，当价格出现较大波动时通过调动基金，以平衡价格。

同时，为了使价格变化正常，适应价格调控和管理的需要，还要建立价格监测制度。对此，价格法作了如下规定：为适应价格调控和管理的需要，政府价格主管部门应当建立价格监测制度，对重要商品，服务价格的变动进行监测。

以上规定，为运用经济手段调控价格总水平提供了法律保障。

（二）规定了政府对价格的干预及采取紧急措施的情况

调控价格主要用经济手段，但在特殊情况下，也不排斥必要的行政手段的调节。价格法规定：当重要商品和服务价格显著上涨或者有可能显著上涨，国务院和省、自治区、直辖市人民政府可以对部分价格采取限定差价率或者利润率，规定限价，实行提价申报制度和调价备案制度等干预措施。省、自治区、直辖市人民政府采取前款规定的干预措施，应当报国务院备案。

此外，价格法规定，当市场价格总水平出现异常状态时，国务院可在全国范围内或部分区域内采取临时集中定价权限，部分或全面冻结价格的紧急措施。

以上干预和紧急措施不是永久性的，当引起上述措施的情形消除之后，应及时解除干预措施、紧急措施。

四、价格监督检查

（一）价格监督检查的机构及其职责

价格法第33条规定，县级以上各级人民政府价格主管部门，依法对价格活动进行监督检查，并依照本法的规定对价格违法行为实施行政处罚。

根据价格法的规定，政府价格主管部门进行价格监督检查时，可以行使下列职权：

（1）询问当事人或者有关人员，并要求其提供证明材料和与价格违法行为有关的其他资料。

（2）查询、复制与价格违法行为有关的账簿、单据、凭证、文件及其他资料，核对与价格违法行为有关的银行资料。

（3）检查与价格违法行为有关的财物，必要时可责令当事人暂停相关营业。

（4）在证据可能灭失或者以后难以取得的情况下，可以依法先行登记保存，当事人或者有关人员不得转移、隐匿或者销毁。

此外，在价格监督检查中，政府部门价格工作人员也应遵守相关规定，不得将依法取得的资料或者了解的情况用于依法进行价格管理以外的任何其他目的，不得泄露当事人的商业秘密。

（二）价格监督检查的形式

价格违法活动是一种非常隐蔽的、无孔不入的活动。为使监督检查工作能充分有效，价格主管部门还应充分发挥群众的价格监督作用。因此价格监督检查的形式主要包括以下三种：

（1）价格主管部门依职权的监督。

（2）消费者组织、职工价格监督组织、居民委员会、村民委员会等组织以及消费者的社会监督。

(3) 新闻单位的舆论监督。

(三) 价格违法行为的举报制度

为使价格监督检查工作具有更大的群众性基础，价格法对建立价格违法举报制度规定如下：

(1) 政府价格主管部门应建立对价格违法行为的举报制度。

(2) 任何单位和个人均有权对价格违法活动进行举报。政府价格主管部门应对举报者给予鼓励，并负责为其保密。

五、违反价格法的法律责任

价格法为依法进行价格的管理监督、规范价格主体的行为提供了法律依据，同时根据价格违法行为的不同情况、情节轻重，分别规定了价格违法主体应负的民事责任、行政责任和刑事责任。

(一) 经营者违反价格法应承担的法律责任

(1) 经营者不执行政府指导价、政府定价以及法定的干预措施、紧急措施的，责令改正、没收违法所得，可以并处违法所得5倍以下罚款，无违法所得的，可处以罚款；情节严重的，责令停业整顿。

(2) 经营者有价格法第14条所列禁止行为的，责令改正，没收违法所得，可并处违法所得5倍以下罚款；无违法所得的，予以警告，可并处罚款；情节严重的，责令停业整顿，或者由工商行政管理机关吊销营业执照。有关法律对价格法第14条所列行为的处罚及处罚机关另有规定的，可按照有关法律规定执行。

(3) 经营者因价格违法行为致使消费者或其他经营者多付价款的，应当退还多付部分；造成损害的，应当依法承担赔偿责任。

(4) 经营者违反明码标价规定的，责令改正，没收违法所得，可并处5000元以下罚款。

(5) 经营者被责令暂停相关营业而不停止的，或者转移、隐匿、销毁依法登记保存的财物的，处相关营业所得或者转移、隐匿、销毁的财物价值1倍以上3倍以下的罚款。

(6) 拒绝按规定提供监督检查所需资料或者提供虚假资料的，责令改正，予以警告；逾期不改正的，可处以罚款。

(二) 政府及其部门违反价格法应承担的法律责任

地方各级人民政府或者各级人民政府有关部门违反价格法规定，超越定价权限和范围擅自制定、调整价格或者不执行价格干预措施、紧急措施的，责令改正，并可通报批评；对直接负责的主管人员和其他责任人员，依法给予行政处分。

(三) 价格工作人员违反价格法应承担的法律责任

价格工作人员在价格执法过程中泄露国家秘密、商业秘密以及滥用职权、徇私舞弊，玩忽职守，索贿受贿，构成犯罪的，依法追究刑事责任；尚不构成犯罪的，依法给予行政处分。

第三节 计量法律制度

一、计量法的概念

随着工农业生产、科学技术、国防建设和国内外贸易的发展，计量已由历史上的度量衡发展为今天的包括长度、温度、力学、电磁学、光学、化学、声学、无线电、电离辐射、时间频率、量子等多种专业、各种参数的计量，并已形成了一个独立的计量学学科。换言之，计量就是以法定的形式统一计量单位制，利用现代科学技术所能达到的最高准确度，以建立计量基准和标准。

为了加强计量监督管理，保障国家计量单位制的统一和量值的准确可靠，促进生产贸易和科学技术的发展，适应社会主义现代化建设的需要，维护国家、人民的利益，我国制定了一系列相关的法律法规。计量法就是调整计量关系的法律法规的总称。1985 年以来我国计量立法有了很大发展。1985 年 9 月 6 日第六届全国人大常委会第十二次会议通过了《中华人民共和国计量法》。国务院在此后发布或批准发布了《中华人民共和国计量法实施细则》、《中华人民共和国强制检定的工作计量器具检定管理办法》、《中华人民共和国进口计量器具监督管理办法》，国务院和中央军委发布了《国防计量工作管理条例》，国家技术监督局发布了《计量违法行为处罚细则》。2005 年，计量法已被列入国家法律修订日程。

二、计量单位、计量基准器具、计量标准器具和计量检定的法律规定

（一）计量单位

1. 我国采用国际单位制

计量法第 3 条第 1 款规定，国家采用国际单位制。国际单位制（亦称 SI 单位），是指由物理的米制单位导出的一组单位。因国际单位制比较先进、实用、简便、科学，且适用于经济建设、科学技术和文化教育的各个领域，所以从 1960 年第 11 届国际计量大会通过以来，已被世界各国和国际组织广泛采用。SI 单位是由米（长度，1983 年第 17 届国际计量大会确定的新的米定义是“光在真空中，在 1/299792458 秒的时间内运行路程的长度”）、千克（质量）、秒（时间）、安培（电流）、开尔文（热力学温度）、坎德拉（发光强度）和摩尔（物质的量）等 7 个基本单位组成，其他单位也都是由这 7 个基本单位导出的。1984 年 2 月 27 日，国务院发布的《国务院关于在我国统一实行法定计量单位的命令》，确定我国以国际单位制为基础的法定计量单位。

2. 我国法定计量单位

计量法第 3 条第 2 款规定，国际单位制计量单位和国家选定的其他计量单位，为国家法定计量单位，国家法定计量单位的名称、符号由国务院公布。

1984 年 2 月 27 日，国务院颁发的《中华人民共和国法定计量单位》规定，我国法定计量单位为 6 类：（1）国际单位制的 7 个基本单位（即 SI 单位）；（2）国际单位制的 2 个辅助单位，即平面角单位（弧度）、立体角单位（球面度）；（3）国际单位制中具有专

门名称的19个导出单位（频率、重力、压力、能量、功率、电荷量等）；（4）国家选定的非国际单位制的15个单位（时间、平面角、旋转速度、长度、质量等）；（5）由以上单位构成的组合形式的单位；（6）由词头和以上单位所构成的十进倍数和分数单位。

（二）计量基准器具

计量器具，是指能用以直接或间接测出被测对象量值的装置、仪器仪表、量具和用于统一量值的标准物质，包括计量基准、计量标准、工作计量器具。

计量基准器具，是指复现和保存计量单位量值，经国务院计量行政部门批准，作为统一全国量值的最高依据的计量器具，简称计量基准。计量基准是统一全国量值的最高依据，由国务院计量行政部门负责建立。基本的、通用的、为各个行业服务的计量基准，要集中建在国务院计量行政部门所属的计量技术机构。一些专业性强、仅为个别行业所需的，或者工作条件要求特殊的项目，建在其他有关部门所属的技术机构。

计量法实施细则规定了计量基准器具的使用必须具备的条件：（1）经国家鉴定合格；（2）具有正常工作所需要的环境条件；（3）具有称职的保存、维护、使用人员；（4）具有完善的管理制度。符合上述条件，经国务院计量行政部门审批并颁发计量基准证书后，方可使用。非经国务院计量行政部门批准，任何单位和个人不得拆卸、改装计量基准，或者自行中断其计量检定工作。

（三）计量标准器具

计量标准器具，简称计量标准，指按国家规定的准确度等级，作为检定依据的计量器具或物质。它包括社会公用计量标准器具，主管部门使用的计量标准器具，企事业单位使用的计量标准器具。

1. 社会公用计量标准

它对社会上实施计量监督具有公证作用，是统一本地区量值的依据。县级以上地方人民政府计量行政部门建立的本行政区域内最高等级的社会公用计量标准，须向上一级人民政府计量行政部门申请考核；其他等级的，由当地人民政府计量行政部门主持考核；经考核取得社会公用计量标准证书后，方可使用。

2. 主管部门使用的计量标准

计量法第7条规定，国务院有关主管部门和省、自治区、直辖市人民政府有关主管部门，根据本部门的特殊需要，可以建立本部门使用的计量标准器具，其各项最高计量标准器具经同级人民政府计量行政部门主持考核合格后使用。

3. 企事业单位使用的计量标准

计量法及其实施细则规定，企事业单位根据需要，可以建立本单位使用的计量标准器具，其各项最高计量标准器具经向与其主管部门同级的人民政府计量行政部门申请考核，乡镇企业向当地县级人民政府计量行政部门申请考核。经考核符合规定条件并取得考核合格证的，企事业单位方可使用，并向其主管部门备案。所以要做这样的规定，是因为最高一级计量标准是统一整个企业量值的依据，它的准确度会直接影响各种工作计量器具量值的准确可靠。所以，计量法规定企业建立的最高一级计量标准，要从技术上把关，建立以后要实行强制检定，其目的在于确保企业各项最高计量标准的量值，在允差的范围内与国家计量标准保持一致。

（四）计量检定

计量检定，是指为评定计量器具的计量性能，确定其是否合格所进行的全部工作。它是统一量值，确保计量器具准确一致的重要措施，是为生产、流通、科研等提供计量保证的重要条件。计量法规定，计量检定分强制检定和非强制检定两种。

1. 强制检定

检定范围包括社会公用计量标准器具，部门和企事业单位使用的最高计量标准器具，以及用于贸易结算、安全防护、医疗卫生、环境监测等方面的列入强制检定目录的工作计量器具。强制检定由县级以上人民政府计量行政部门所属或者授权的计量检定机构进行。未按规定申请检定或者检定不合格的，不得使用。对检定合格的计量器具，发给国家统一规定的检定证书，检定合格证或者在计量器具上加盖检定合格印；对检定不合格的，发给检定结果通知书或者注销原检定合格印、证。

2. 非强制检定

指由使用单位自己依法进行的定期检定，或者本单位不能检定的，送有权对社会开展量值传递工作的其他计量检定机构进行的检定，县级以上人民政府计量行政部门应当对此进行监督检查。

计量检定必须按照国家计量检定系统表和检定规程进行。计量检定系统表，有的称为计量检定系统，是指从国家计量基准到各等级的计量标准直至工作计量器具的检定程序所作的技术规定，也可以说对量值传递的程序所作的技术规定。国家计量检定规程（分国家、地方、部门三种），是指在检定计量器具时，对计量器具的计量性能、检定项目、检定条件、检定方法、检定周期以及检定结果处理等所作的技术规定。计量检定应当符合经济合理、就地就近的原则，不受行政区划部门管辖的限制。

三、计量管理和监督的法律规定

（一）计量行政管理

我国的计量行政管理，是在国家计量行政部门的统一指导、监督下，各地区、各部门统一领导，分级和分系统进行的。国务院计量行政部门对全国计量工作实施统一指导和监督。县级以上地方人民政府计量行政部门对本行政区域内的计量工作，实施统一指导和监督（包括上级部门建在该地区企业、事业单位的计量工作）。各部门的计量机构统一领导、监督本部门及所属企事业单位的计量工作。企事业单位的计量机构负责管理本单位的计量工作。部门和企事业单位计量机构都要接受政府计量行政部门的指导和监督。

计量行政部门的任务是：（1）贯彻执行国家制定的计量工作的方针、政策、法律、法规和有关规定，监督、检查计量法律、法规的执行情况；（2）制定计量工作的规章制度；（3）编制和组织实施计量事业的发展规划和年度计划；（4）组织研究建立计量基准、标准和开展量值传递工作；（5）对计量器具的制造、修理、销售、进口、使用进行监督检查；（6）组织培训和考核计量人员；（7）对下属计量机构的计量业务进行指导、监督；（8）处理违法的有关事宜。上述有关内容也适用于企事业单位。

（二）计量监督

国务院计量行政部门和县级以上人民政府计量行政部门是监督计量法律、法规贯彻实施的监督检查机构。

国家设立计量检定、测试机构。国务院计量行政部门下属的中国计量科学院和成都计量测试研究院，是我国研制和保存国家基准、标准的主要科研机构，是我国骨干的测试基地。在上海、武汉、西安、沈阳、北京等城市建立了承担跨地区任务的计量测试中心。各省、自治区、直辖市及市、县均设有计量检定测试机构。

县级以上人民政府计量行政部门可以根据需要设置计量检定机构，或者授权其他单位的计量检定机构，执行强制检定和其他检定、测试任务。其职责是：负责研究建立计量基准、社会公用计量标准，进行量值传递，执行强制检定和法律规定的其他检定、测试任务，起草技术规范，为实施计量监督提供技术保证，并承办有关计量监督工作。计量检定机构的计量检定人员，必须经考核合格，才能从事计量检定工作。

县级以上人民政府计量行政部门，根据需要设置计量监督员。计量监督员是对执行计量法制监督管理负有专门职能的人员，负责在规定的区域、场所巡回检查，对有争议的计量问题组织技术仲裁，对违反计量法律、法规的行为追究法律责任，并在规定的权限内进行现场处理，进行行政处罚等。

省级以上人民政府计量行政部门对为社会提供公证数据的产品质量检验机构进行计量认证。计量认证的内容包括：（1）计量检定、测试设备的性能；（2）计量检定、测试设备的工作环境和人员的操作技能；（3）保证量值统一、准确的措施及检测数据公正可靠的管理制度。计量认证合格的，发给计量认证合格证书。未取得计量合格证书的，不得开展产品质量检验工作。省级以上人民政府计量行政部门有权对计量认证合格的产品质量检验机构进行监督检查。

计量纠纷，一般包括计量准确度纠纷以及由此而导致的合同纠纷或者其他纠纷。县级以上人民政府计量行政部门负责计量纠纷的调解和仲裁检定，并可根据司法机关、合同管理机关、仲裁机关或者其他单位的委托，指定有关计量检定机构进行仲裁检定。处理因计量器具准确度所引起的纠纷，最终应以国家计量基准或者社会公用计量标准器具检定的数据为准。计量纠纷当事人对仲裁检定不服的，可以在接到仲裁检定通知书之日起15日内向上一级人民政府计量行政部门申诉。上一级人民政府计量行政部门的仲裁检定为终局仲裁检定。

四、违反计量法的法律责任

计量法及其实施细则以及《计量违法行为处罚细则》等，对违反计量法的法律责任作了明确的规定。违反计量法的法律责任主要包括行政责任、经济责任和刑事责任。

（一）行政责任、经济责任

根据计量法律、法规和规章的规定，有下列行为之一的，由计量行政部门依法追究行政、经济责任：

（1）使用非法定计量单位，由计量行政部门责令其改正，属于出版物的，责令其停止销售，可并处罚款。

（2）制造、销售和进口国务院规定废除的非法定计量单位的计量器具和禁止使用的其他计量器具的，责令其停止制造、销售和进口，没收计量器具和全部违法所得，可并处罚款。

(3) 未取得《制造计量器具许可证》或者《修理计量器具许可证》制造、修理器具的，责令其停止生产、停止营业，封存制造、修理的计量器具，没收全部违法所得，可并处罚款。

(4) 制造、销售未经考核合格的计量器具新产品的，责令停止制造、销售该种新产品，没收违法所得，可并处罚款。

(5) 制造、修理、销售计量器具不合格的，没收违法所得，可并处罚款。

(6) 属强制检定范围的计量器具，未按照规定申请检定或者检定不合格继续使用的，责令停止使用，可以并处罚款。

(7) 使用不合格的计量器具或者破坏计量器具准确度，给国家和消费者造成损失的，责令赔偿损失，没收计量器具和违法所得，可以并处罚款。

(8) 制造、销售、使用以欺骗消费者为目的的计量器具的，没收计量器具和违法所得，处以罚款。

(9) 个体工商户制造、修理国家规定范围以外的计量器具或者不按照规定场所从事经营活动的，责令其停止制造、修理，没收全部违法所得，可并处罚款。

(10) 未取得计量认证合格证书的产品质量检验机构，为社会提供公证数据的，责令其停止检验，可并处罚款。

(11) 伪造、盗用、倒卖强制检定印、证的，没收其非法检定印、证和全部违法所得，可并处罚款。

当事人对上述处罚不服的，可以在接到处罚通知之日起 15 日内向人民法院起诉；对罚款、没收违法所得的处罚决定期满不起诉又不履行的，由作出处罚决定的机关申请人民法院强制执行。

(二) 刑事责任

(1) 制造、销售、使用计量器具以欺骗消费者为目的的，情节严重的，对个人或者单位直接责任人员，按诈骗罪追究刑事责任。

(2) 违法制造、修理、销售不合格的计量器具，造成人身伤亡或者重大财产损失的行为，比照刑法第 397 条关于玩忽职守罪的处罚规定，对个人或者单位直接责任人员追究刑事责任。

(3) 伪造、盗用、倒卖强制检定印、证并构成犯罪的，负责计量器具新产品定型鉴定和样机试验的人员违反保密规定并构成犯罪的，计量监督管理人员违法失职、徇私舞弊并构成犯罪的，计量检定人员有伪造检定数据等行为并构成犯罪的，均依法追究刑事责任。

【案例分析】

甲公司系拥有独立法人资格的企业，1995 年 3 月，甲公司与某街道办事处达成合作开发街道广告牌的协议。经有关部门审查批准，在履行了有关法律程序后，甲公司取得了一条商业大街沿街广告牌的所有权与使用权。到 1995 年 5 月底，甲公司与几家客户达成了几项设计、制作、发布广告的合同。甲公司根据合同，在商业大街沿街自己拥有所有权和使用权的广告牌上发布了上述几家客户的商业广告。然而，从1995年8月起，某房地产经纪公司（以下简称乙公司）在甲公司经营的广告牌上张贴了上百张出售、出租启事。某职业学院（以下简称丙学校）也同期在甲公司经营的广告牌上张贴招生、招聘广告上百张。经甲公司调查，张贴广告、启事的商家还有好几家。这些广告、启事、海报将原广告画面覆盖。客户纷纷找到甲公司，或者要求甲公司免费延长半年相同内容的广告，或者要求与甲公司终止广告发布合同并赔偿损失。经与客户协商，甲公司按照客户要求，全部更换了被粘贴的广告牌画面，并延长半年发布相同广告，从而给甲公司造成近100万元的经济损失。1996年3月，甲公司向人民法院提起诉讼，要求乙公司、丙学校等赔偿经济损失，并在公开发行的报刊上道歉及承担诉讼费用。

【分析】首先，乙公司、丙学校等单位的行为违反了我国广告法的有关规定。根据广告法第24条的规定，广告主自行或者委托他人设计、制作、发布广告，应当具有或者提供真实、合法、有效的下列证明文件：(1) 营业执照以及其他生产、经营资格的证明文件；(2) 质量检验机构对广告中有关商品及服务质量内容出具的证明文件；(3) 确认广告内容真实性的其他证明文件。同时，还要经广告监督管理机关审查、登记。乙公司、丙学校等单位没有履行上述法定程序而进行广告制作、发布活动，是非法经营活动，广告监督管理机关有权根据有关规定对其进行行政处罚。其次，乙公司、丙学校等单位与甲公司构成民事侵权法律关系。如上所述，甲公司拥有商业大街沿街广告牌的所有权和使用权并取得了户外广告的经营权，其权利应受到法律保护。而乙公司、丙学校等单位发布广告的行为，不仅是违法行为，而且也构成侵权行为，损害了广告客户的合法权益，也损害了广告经营者的合法权益。根据我国民法侵权责任的构成要件，乙公司、丙学校等单位构成了侵权行为。

根据我国广告法第47条规定，广告主、广告经营者、广告发布者违反该法的规定，侵犯他人合法民事权益的，依法承担民事责任。根据该法规定，乙公司、丙学校等单位应承担停止侵害、排除妨碍、赔偿损失、赔礼道歉等民事责任。

☞ 思考与练习

1. 简述广告的基本准则。
2. 发布虚假广告的法律责任有哪些？
3. 经营者违反价格法应承担怎样的法律责任？
4. 香港《大公报》1996年8月6日第6版刊登了一则云南昆明卷烟厂“红山茶”香烟的广告。该广告在上方写着“热烈庆祝中国奥运会代表团高奏凯歌”的大字。左半部分是王军霞在奥运会颁奖台上手捧鲜花，胸前挂金牌，背后是冉冉升起的五星红旗。右侧居中位置有“国际名烟时尚味道”的字样。稍下立着摆放了一盒“红山茶”香烟。试分析此广告是否合法。

第十七章　会计、统计和审计法律制度

第一节　会计法律制度

一、会计法概述

（一）会计法的概念

会计法是调整会计关系的法律规范的总称。会计关系是指因国家监督管理会计工作以及会计机关、会计人员在办理会计事务过程中发生的社会经济关系。

会计工作是经济管理工作的基础。为了规范会计行为，保证会计资料的真实性和完整性，发挥会计工作在维护国家财政制度和财务制度、加强经济管理和财务管理中的作用，1985 年 1 月 21 日第六届全国人民代表大会常务委员会第九次会议通过了《中华人民共和国会计法》，1993 年 12 月 29 日第八届全国人民代表大会常务委员会第五次会议作了修改和补充，1999 年 10 月 31 日第九届全国人民代表大会常务委员会第十二次会议再次进行了全面修订。

广义的会计法还包括 1993 年开始执行的《企业会计准则》和《企业财务通则》，以及 1990 年 12 月 31 日施行的《总会计师条例》。

（二）会计法的适用范围

1985 年的会计法主要针对国有企业会计工作的规范，适用范围很窄。1993 年修改为：国家机关、社会团体、企业、事业单位、个体工商户和其他组织办理会计事务，必须遵守本法。1999 年再次修改为：国家机关、社会团体、公司、企业、事业单位和其他组织（以下统称单位）必须依照本法办理会计事务。这里的“单位”既包括国有企业、集体企业、事业单位，也包括合资企业、外商独资企业。

（三）会计工作的管理体制

会计工作管理体制，是指会计工作的管理制度和管理方法。它包括会计工作管理形式、管理权限划分、管理机构设置等内容。

我国会计工作管理体制，主要包括三个方面：一是会计工作主管部门；二是制定会计制度的权限；三是会计人员的管理。

1. 会计工作的领导制度

会计法第 7 条规定，国务院财政部主管全国的财政工作。县级以上地方各级人民政府财政部门管理本辖区内的会计工作。

我国会计管理体制是有统有分、统分结合的，既维护国家统一的财经制度，又尊重各基层单位的财务管理权。

2. 制定会计制度的权限

国家实行统一的会计制度，由国家财政部根据会计法制定并公布。国务院有关部门可以依照会计法和国家统一的会计制度制定对会计核算和会计监督有特殊要求的行业实施国家统一的会计制度的具体办法或者补充规定，报财政部审核批准。中国人民解放军总后勤部可以依照会计法和国家统一的会计制度制定军队实施国家统一的会计制度的具体办法，报财政部备案。

3. 会计机构和会计人员的管理体制

（1）会计机构的设置和会计人员的配备

各单位根据会计业务的需要设置会计机构，或者在有关机构中设置会计人员并指定会计主管人员。不具备设置条件的，应当委托经批准设立从事会计代理记账业务的中介机构代理记账。国有的和国有资产占控股地位或者主导地位的大、中型企业必须设置总会计师，总会计师由具有会计师以上专业技术任职资格的人员担任。

会计人员应当取得会计资格从业证书，具备必备的专业知识，遵守职业道德。

会计机构内部应建立稽核制度。会计机构要设置出纳人员。出纳不得兼管稽核、会计档案保管和收入、支出、费用、债权债务账目的登记工作。

（2）会计机构和会计人员的主要职责

会计机构和会计人员的主要职责有：依法进行会计核算；依法实行会计监督；拟订本单位办理会计事务的具体办法；参与经济决策，包括参与拟订经济计划、业务计划，考核、分析预算、财务计划的执行情况；办理其他会计事务。

（3）总会计师的职责、权限和任免

总会计师组织领导本单位的财务管理、成本管理、会计核算和会计监督等方面的工作，参与本单位重要经济问题的分析和决策。总会计师主管审批财务收支工作。总会计师对违反国家财经纪律、法规及具体制度和有可能在经济上造成损失、浪费的行为，有权制止或者纠正。

总会计师由本单位主要行政领导人提名，政府主管部门任命或者聘任；免职或者解聘程序与任命或者聘任程序相同。事业单位和业务主管部门的总会计师依照干部管理权限进行任命或者聘任、免职或者解聘。

二、会计核算的法律规定

（一）会计核算的概念

会计核算是会计的基本职能之一，它是指会计工作中事后的记账、算账、报账，其基本内涵是指以货币为主要量度，对各单位的生产经营活动和财务收支情况或者预算执行的过程及其结果进行连续、系统的记录、计算、分析、定期编制会计报表。会计法规定，各单位必须根据实际发生的经济业务事项进行会计核算，填制会计凭证，登记会计账簿，编制财务会计报告。任何单位不得以虚假的经济业务事项或者资料进行会计核算。

（二）会计核算的内容

会计法规定下列经济业务事项，应当办理会计手续，进行会计核算：

（1）款项和有价证券的收付。

（2）财物的收发、增减和使用。

（3）债权债务的发生和结算。

（4）资本、基金的增减。

（5）收入、支出、费用、成本的计算。

（6）财务成果的计算和处理。

（7）需要办理会计手续、进行会计核算的其他事项。

会计年度自公历1月1日起至12月31日止。

会计核算以人民币为记账本位币，业务收支以外币为主的单位，可以选定其中一种货币作为记账本位币，但是财务会计报告应当折算为人民币。

（三）会计核算的方法和程序

1. 一般要求

会计凭证、会计账簿、财务会计报告和其他会计资料，必须符合国家统一的会计制度的规定。使用会计电算化进行会计核算的，对使用的软件及其生成的会计凭证、会计账簿、财务会计报告和其他会计资料，也必须符合国家统一的会计制度的规定。任何单位和个人不得伪造、变造会计凭证、会计账簿及其他会计资料，不得提供虚假的财务会计报告。

2. 填制和审核会计凭证、会计账簿登记

会计凭证包括原始凭证和记账凭证。办理法定的会计事项，必须填制或取得原始凭证，并及时送交会计机构。会计机构必须对原始凭证进行审核，并根据经过审核的原始凭证编制记账凭证。

各单位按国家统一的会计制度的规定设立会计科目和会计账簿。会计账簿登记必须以经过审核的会计凭证为依据，按照国家统一的会计制度关于记账规则的规定记账。

3. 会计核算的规则要求

（1）各单位应当建立财产清查制度，保证账簿记录与实物款项相符。

（2）各单位财务会计报告按国家统一的会计制度的规定，根据经过审核的会计账簿记录和有关资料编制，报送财政部门和有关部门。

（3）财务会计报告由单位行政领导人和会计机构的负责人（会计主管人员）签名并盖章；设置总会计师的单位，还须总会计师签名并盖章。

（4）各单位采用的会计处理方法，前后各期应当一致，不得随意改变。如不得随意改变资产、负债、所有者权益的确认标准或者计量方法，虚列、多列、不列或者少列资产、负债、所有者权益；不得虚列或者隐瞒收入，推迟或者提前确认收入；不得随意改变费用、成本的确认标准或者计量方法，虚列、多列、不列或者少列费用、成本；不得随意调整利润的计算、分配方法，编造虚假利润或者隐瞒利润等。确有必要变更的，应当按照国家统一的会计制度的规定变更，并将变更的原因、情况及影响在财务会计报告中说明。

（5）会计记录的文字应当使用中文。在民族自治地方，会计记录可以同时使用当地通用的一种民族文字。在中国境内的外商投资企业、外国企业和其他外国组织的会计记录可以同时使用一种外国文字。

（四）会计档案的保管

各单位应当按照有关规定，对会计账簿、财务会计报告和其他会计资料建立档案，妥善保管。

会计档案的保管期限，根据其特点分为永久和定期两类。定期保管期限分为 3 年、5 年、10 年、15 年、25 年。对于会计档案保管期满，需要销毁时，应当由本单位档案管理部门提出销毁意见，会同会计机构共同鉴定，严格审查，编造销毁清册。

三、会计监督的法律规定

会计监督是会计工作的又一基本任务。会计监督包括内部监督和外部监督。

（一）内部会计监督

1. 单位内部会计监督制度的要求

（1）记账人员与经济业务事项和会计事项的审批人员、经办人员、财务保管人员的职责权限应当明确，并相互分离、相互制约。

（2）重大对外投资、资产处置、资金调度和其他重要经济业务事项的决策和执行的相互监督、相互制约程序应当明确。

（3）财产清查的范围、期限和组织程序应当明确。

（4）对会计资料定期进行内部审计的办法和程序应当明确。

2. 单位负责人、会计机构、会计人员的责任

（1）单位负责人应保证会计机构、会计人员依法履行职责，不得授意、指使、强令会计机构、会计人员违法办理会计事务。

（2）会计机构、会计人员对违反会计法和国家统一的会计制度规定的会计事项，有权拒绝办理或者按照职权予以纠正；发现会计账簿记录与实物、款项及有关资料不相符的，按照国家统一的会计制度的规定有权自行处理的，应当及时处理；无权自行处理的，应当立即向单位负责人报告，请求查明原因，作出处理。

任何单位和个人对违反会计法和国家统一的会计制度规定的行为，有权检举。

（二）外部会计监督

1. 会计工作的国家监督

财政、审计、税务、人民银行、证券监管、保险监管部门按照各自的职责分工，依照有关法律、行政法规的规定，对有关单位的会计工作、会计资料实施监督检查。

财政监督主要是各级财政部门根据国家的法律、法规、规章和制度等，利用单位预算、财务收支计划及财务会计报表等所反映的经济活动和业务活动的情况来进行的。财政部门有权对各单位的下列情况进行监督：（1）是否依法设置会计账簿；（2）会计账簿、会计凭证、财务会计报告和其他会计资料是否真实、完整；（3）会计核算是否符合会计法和国家统一的会计制度的规定；（4）从事会计工作的人员是否具备从业资格。

审计机关的监督是国务院审计机关和各级人民政府的审计机关依照我国宪法和法律对

各级政府的财政收支，对国家的财政金融机构和企业事业组织的财政收支，进行审计监督。各单位必须按照法律规定接受审计机关的监督。审计机关独立行使审计监督权，不受其他行政机关、社会团体的干涉。

税务机关的监督主要是各级税务机关在税收征收管理过程中，对各单位的纳税及影响纳税的其他情况所实施的监督。

各单位必须依照有关法律、行政法规的规定，接受有关监督检查部门依法实施的监督检查，如实提供会计凭证、会计账簿、财务会计报告和其他会计资料以及有关情况，不得拒绝、隐匿、谎报。

2. 会计工作的社会监督

会计工作的社会监督主要是指由注册会计师及其所在的会计师事务所依法对受托单位的经济活动进行审计、鉴证的一种监督制度。

有关法律、行政法规规定，须经注册会计师进行审计的单位，应当向受托的会计师事务所如实提供会计凭证、会计账簿、会计财务报告和其他资料以及有关情况。任何单位和个人不得以任何方式要求或者示意注册会计师及其所在的会计师事务所出具不实或者不当的审计报告。

财政部门有权对会计师事务所出具审计报告的程序和内容进行监督。

四、违反会计法的法律责任

(一) 违反会计法的行为

(1) 违反会计核算、会计监督一般规定的各种行为。

(2) 伪造、变造会计凭证、会计账簿，编制虚假财务会计报告。

(3) 隐瞒或者故意销毁依法应当保存的会计凭证、会计账簿、财务会计报告。

(4) 授意、指使、强令会计机构、会计人员以及其他人员伪造、变造会计凭证、会计账簿，编制虚假财务会计报告或者隐匿、故意销毁依法应当保存的会计凭证、会计账簿、财务会计报告。

(5) 单位负责人对依法履行职责、抵制违反会计法规定行为的会计人员以降级、撤职、调离工作岗位、解聘或者开除等方式实行打击报复。

(6) 财政部门及有关行政部门的工作人员在实施监督管理中滥用职权、玩忽职守、徇私舞弊或者泄露国家机密、商业秘密。

(7) 违反会计法有关规定，将举报人姓名和检举材料转给被检举单位和被检举个人的。

(8) 其他与会计职务有关的违法行为。

(二) 对违法行为的处理

对上述违法行为触犯刑律、构成犯罪的，依法追究刑事责任。

对上述违法行为不构成犯罪的，采取通报、责令限期整改、罚款（对单位和个人）、行政处分、吊销会计从业资格证书等方式进行处理和处罚：由县级以上人民政府财政部门予以通报，可以对单位并处罚款；对其直接负责的主管人员和其他主管直接责任人员，可并处罚款；属于国家工作人员的，还应当由其所在单位或者有关单位依法给予撤职直到开除的行政处分；对其中的会计人员，并由县级以上人民政府财政部门吊销会计从业资格证书。

第二节　统计法律制度

一、统计和统计法

（一）统计

统计，通常是指对与某个事物有关的数据进行收集、整理、计算和分析的活动的总称。统计可分为两类，一类是自然技术统计，一类是社会经济统计。社会经济统计是指对国民经济和社会发展的统计，它是统计法所要规范的一类统计活动。因此，这里所讲的统计是指社会经济统计。

统计的功能有信息功能、服务功能和监督功能。

统计的基本任务是：对国民经济和社会发展情况进行统计调查、统计分析，提供统计资料和统计咨询意见，实行统计监督。

（二）统计法

统计法是指调整在统计活动中发生的统计关系的法律规范的总称。

统计活动是指收集、整理、分析、提供、颁布和管理统计资料的活动。统计关系是指国家机关、社会团体和公民在统计活动中所发生的社会经济关系。

为了有效地、科学地组织统计工作，保障统计资料的准确性和及时性，发挥统计工作在社会发展和经济建设中的作用，1983 年 12 月 8 日第六届全国人大常委会第三次会议通过了《中华人民共和国统计法》，1996 年第一次修正，2009 年 6 月 27 日第十一届全国人大常委会第九次会议进行了最新修订，2010 年 1 月 1 日起施行。1987 年 2 月 15 日，经国务院批准，国家统计局发布了《中华人民共和国统计法实施细则》，2000 年进行了首次修订，2005 年根据《国务院关于修改〈中华人民共和国统计法实施细则〉的决定》再次修订。

统计法的基本内容主要包括统计管理体制、统计调查计划和统计制度、统计资料的管理和公布、统计机构和统计人员、法律责任等。

二、统计机构和统计人员

国家统计局依法组织领导和协调全国统计工作，并根据工作需要设立排除机构。县级以上地方政府设立独立统计机构，乡镇政府设置统计工作岗位，配备专职或兼职统计人员，依法管理、开展统计工作。

统计人员应具备与统计工作相适应的专业知识和业务能力，国家实行统计专业技术职务资格考试、评聘制度，提高统计人员的专业素质，保障统计队伍的稳定性。县级以上政府统计机构和有关部门应加强对统计人员的专业培训和职业道德教育。

统计机构及人员应依法履行职责，如实收集、报送统计资料，不得伪造、篡改统计资料，不得以任何方式要求任何单位和个人提供不真实的统计资料，不得有其他违反统计法规定的行为。

三、统计调查管理

（一）统计调查项目

是指国家通过统计调查所要了解和掌握的情况和问题。按照统计调查的级别和统计调查项目拟定权的不同，可分为国家、部门和地方统计调查项目，三者明确分工，互相衔接，不得重复。

国家统计调查项目是指全国性基本情况的统计调查项目，由国家统计局制定或者国家统计局与国务院有关部门共同制定，报国务院备案，重大项目报国务院审批。

部门统计调查项目是指国务院有关部门专业性统计调查项目，由国务院有关部门制定。调查对象属本部门管辖系统的，报国家统计局备案；超出本部门管辖系统的，报国家统计局审批。

地方统计调查项目是指县级以上地方政府及其部门的地方性统计调查项目，由县级以上地方政府统计机构和有关部门分别或共同制定。其中，省级制定的报国家统计局审批；省级一下制定的报省级统计机构审批；县级以上地方政府有关部门制定的，报本级审计机构审批。

（二）统计调查制度

（1）制定统计调查项目，应同时制定该项目的统计调查制度，并依法一并报经审批或备案。

（2）统计调查制度应对调查目的、调查内容、调查方法、调查对象、调查组织方式、调查表式、统计资料的报送和公布等作出规定。

（3）统计调查应按照统计调查制度组织实施。变更统计调查的内容，应当报经原审批机关批准或原审批机关备案。

（4）统计调查表应标明表号、制定机关、批准或备案文号、有效期限等标志。对未标明上述标志或超过有效期限的统计调查表，统计对象有权拒绝填报，县级以上政府统计机构应依法责令停止有关统计调查活动。

（三）统计调查标准

国家统计局制定或和国务院标准化主管部门共同制定统一的统计标准，保障统计调查采用的指标涵义、计算方法、分类目录、调查表式和统计编码等的标准化。

国务院有关部门在不与国家标准抵触的前提下可制定补充性的部门标准，报国家统计局审批。

（四）统计调查方法

收集整理统计资料，应以周期性普查为基础，以经常性抽样调查为主体，综合运用全面及重点调查等方法，并充分利用行政记录等资料。

县级以上政府统计机构根据统计任务需要，可在统计调查对象中推广使用计算机网络报送统计资料。

四、统计资料的管理和公布

县级以上政府统计机构和有关部门及乡镇政府，应按照国家规定建立统计资料的保存、管理制度，建立健全统计信息共享机制。

国家机关、企事业单位和其他组织等统计调查对象，应按国家规定设置原始记录、统计台账，建立健全统计资料的审核、签署、交接、归档等管理制度。

县级以上政府统计机构应及时向本级政府有关部门提供有关统计资料。县级以上政府有关部门应及时向本级政府统计机构提供统计所需行政记录资料和国民经济核算所需财政财务及其他资料。

县级以上政府统计机构和有关部门统计调查取得的统计资料，除依法应当保密的外，应及时公开，供社会公众查询。

县级以上政府统计机构定期公布统计资料。国家统计局数据以国家统计局公布数据为准；县级以上政府有关部门统计调查取得的统计资料，由本部门按国家有关规定公布。

第三节　审计法律制度

一、审计法概述

（一）审计

审计是一项具有独立性的经济监督活动。它是由独立的专职机构或人员接受委托或授权，对被审计单位的会计凭证、会计账簿、财务会计报告以及其他与财政收支、财务收支有关的资料的正确性、真实性以及经济活动的合法性和效益性进行审查、监督、评价和鉴证的活动。

审计监督是国民经济发展和正常运行的客观需要。社会财富和国家财产的存在是否安全、是否受到侵害、是否有合理的效益；会计记录是否真实、合法；财务记录是否真实、财产使用是否合理有效；国有资源的有效分配、使用；经济决策、措施的决定和贯彻实施；某些特定经济责任的证实、评价等等都要进行审计。而审计监督必须有法律的保障。

（二）审计法

审计法是调整审计机关及其专业人员在审计活动中以及国家在管理审计工作中发生的各种经济关系的法律规范的总称。

我国现有的审计法律规范，首先表现在宪法之中。宪法第 91 条规定，国务院设立审计机关，对国务院各部门和地方各级政府的财政收支，进行审计监督。第 109 条又规定，县级以上的地方各级人民政府设立审计机关。1983 年 9 月，中华人民共和国审计署成立，审计监督正式展开。其次，是专门的审计法律法规。1985 年和 1988 年国务院先后发布了《国务院关于审计工作的暂行规定》和《中华人民共和国审计法实施条例》。1994 年 8 月 31 日第八届全国人大常委会第九次会议通过了《中华人民共和国审计法》，2006 年 2 月 28 日第十届全国人大常委会第十二次会议进行了修订。1997 年 10 月 21 日国务院发布《中华人民共和国审计法实施条例》，2010 年进行了修订。审计署 1989 年颁布了《审计署关于社会审计工作的规定》和《审计署关于内部审计工作的规定》等。

接受审计监督的范围有：(1) 国务院各部门和地方各级人民政府及其各部门的财政收支，包括政府预算的执行情况和决算，以及预算外资金的管理和使用。(2) 国有金融机构和国有企事业单位的财政收支。(3) 其他依照审计法规定应当接受审计的财政收支、财务收支。主要包括：国有资产占控股地位或主导地位的混合经济成分的企业的有关财务收支；国家建设项目的预算执行情况和决算；由政府部门管理的政府委托社会团体管理的社会保障基金、社会捐赠资金等基金、资金的财务收支；国际组织和外国政府援助、贷款项目的财务收支。

二、审计工作管理体制

审计署在总理的领导下主管全国审计工作。省、市、县政府审计机关，分别在政府行政首长和上一级审计机关领导下，负责本区域内审计工作，地方各级审计机关对本级政府和上一级审计机关负责并报告工作。

审计机关对本级各部门和下级政府预算的执行情况和决算以及其他财政收支情况，进行审计监督。审计署对中央预算执行情况和其他财政收支情况进行审计。地方各级审计机关对本级预算执行情况和其他财政收支情况进行审计。

审计机关还对以下事项依法审计：

(1) 国有金融机构和国有企业资产、负债、损益。

(2) 国有事业组织的财政收支。

(3) 政府投资建设项目的预算执行情况和决算。

(4) 政府部门管理社保基金、社会捐赠资金和其他基金、资金的财务收支。

(5) 国际组织和国外政府援助、贷款项目的财务收支。

(6) 国家机关主要负责人在任职期间对本地区、本部门或本单位的财政收支、财务收支以及有关经济活动应付经济责任的履行情况。

三、审计程序

(一) 审计准备

审计机关根据审计项目计划确定的审计事项组成审计组，并在实施审计3日前，向被审计单位送达审计通知书。

(二) 审计实施

审计人员通过审查会计凭证、账簿、财会报告，查阅有关文件资料，检查现金、实物、有价证券，向单位和个人调查等方式进行审计。

审计组审计后，向审计机关提交审计报告。

(三) 审计决定

审计机关对审计组的审计报告进行审议，并对被审计对象对审计报告提出的意见一并研究后，提出审计机关的审计报告；对违规财政财务收支行为依法作出审计决定或有关机关提出处理处罚意见。上级审计机关认为下级审计机关作出的审计决定违反规定的，可责成下级机关变更或撤销，必要时也可直接变更或撤销。

【案例分析】

2008年4月，某市财政局派出检查组对市属某国有机械厂的会计工作进行检查。检查中了解到以下情况：

(1) 2007年10月，新厂长李某上任后，将其战友的女儿陈某调入该厂会计科任出纳，兼管档案保管工作，陈某没有会计从业资格证书。

(2) 2007年11月，会计张某申请调到该厂，厂人事部在其没有办清会计工作交接手续的情况下，即为其办理了调动手续。

(3) 2008年1月6日，该厂档案科会同会计科编制会计档案销毁清册。经厂长签字后，按规定程序进行了监销。经查实，销毁的会计档案中有一些是保管期满但未结清的债权债务原始凭证。

【分析】新厂长李某将其战友的女儿陈某调入该厂会计科任出纳，兼管档案保管工作的行为不符合规定。根据会计法的规定，只有取得会计从业资格的人员才能从事会计工作，未取得会计从业资格的人员不得从事会计工作。此外，根据会计基础工作规范的规定，出纳人员不得兼管稽核、会计档案保管和收入、费用、债权债务账目的登记工作。

会计张某没有办清会计工作交接手续，即办理调动手续的行为不符合规定。根据会计法的规定，会计人员工作调动或者因故离职，必须将本人所经管的会计工作全部移交接管人员。没有办理交接手续的，不得调动或者离职。

销毁保管期满，但未结清的债权债务原始凭证的行为不符合规定。根据《会计档案管理办法》的规定，会计档案保管期满，对于其中未了结的债权债务原始凭证，不得销毁，应单独抽出，由档案部门保管到结清债权债务为止。

☞ 思考与练习

1. 会计核算的基本要求是什么？
2. 会计法规定的会计监督的外部机关有哪些？
3. 被审计单位的权利和义务是什么？
4. 简述审计的功能。
5. 统计调查制度包括哪三个方面的内容？
6. 2010年1月，某服装厂发生如下事项：7日，该厂会计人员王某脱产学习一个星期，会计科长指定出纳李某临时兼管王某的债权债务账目的登记工作，未办理会计工作交接手续。10日，该厂档案科会同会计科销毁了一批保管期限已满的会计档案，未报经厂领导批准，也未编造会计档案销毁清册，销毁后未履行任何手续。该厂2009年度亏损20万元。20日，会计科长授意会计采取伪造会计凭证等手段调整企业的财务会计报告，将本年度利润调整为盈利50万元，并将调整后的企业财务会计报告经厂长及有关人员签名、盖章后向有关单位报送。问：

(1) 出纳李某临时兼管的债权债务账目登记工作是否符合规定？

（2）会计人员王某脱产学习一个星期，是否需要办理会计工作交接手续？

（3）该服装厂档案科会同会计科销毁保管期满的会计档案在程序上是否符合规定？

（4）该服装厂厂长对会计科长授意会计人员采取伪造会计凭证等手段调整企业财务会计报告的行为应承担怎样的法律责任？

7. A有限责任公司是一家中法合资经营企业，2009年8月14日，公司接到市财政局通知，市财政局将要来公司检查会计工作情况。公司董事长兼总经理胡某认为，公司作为合资经营企业，不应受会计法的约束，财政部门无权来检查。3月5日，公司会计科一名档案管理人员生病临时交接工作，胡某委托单位出纳员李某临时保管会计档案。问：

（1）公司董事长兼总经理胡某认为中外合资经营企业不受会计法约束的观点是否正确？

（2）该公司由出纳员临时保管会计档案的做法是否符合法律的规定？

第十八章　劳动和社会保障法律制度

第一节　劳动法概述

一、劳动法概述

（一）劳动法的概念和调整对象

1. 劳动法的概念

劳动法是指调整劳动关系以及与劳动关系密切联系的其他社会关系的法律规范的总和。

2. 劳动法的调整对象

劳动法调整的对象是劳动关系和与劳动关系密切联系的其他社会关系，但主要是劳动关系。

劳动法调整的劳动关系是从狭义上讲的，即劳动者与用人单位在实现劳动过程中发生的社会关系。与劳动关系密切联系的其他社会关系，学术界称之为附随劳动关系。这些关系本身不是劳动关系，但与劳动关系有密切联系，有的是建立劳动关系的必要前提，有的是劳动关系的直接后果，有的是伴随劳动关系附带产生的关系。如因劳动管理而发生的关系、因劳动争议而发生的关系、执行社会保险方面的关系、工会与企事业单位和国家机关之间的关系、监督劳动执法方面的关系等。

3. 劳动法的适用范围

劳动法的适用范围包括空间效力范围、时间效力范围、对象效力范围三个方面。

在劳动法的效力范围上，劳动法适用于中华人民共和国境内的一切领域，包括领土、领海、领空；在劳动法的时间效力范围上，劳动法一经颁布就发生效力；在劳动法的对象效力范围上，我国劳动法第2条规定，中华人民共和国境内的企业、个体经济组织和与之形成劳动关系的劳动者，适用本法。国家机关、事业组织、社会团体和与之建立劳动合同关系的劳动者，依照本法执行。

（二）劳动法的基本原则

劳动法的基本原则，是指集中体现劳动法的本质和基本精神，主导整个劳动法体系，为劳动法调整劳动领域的社会关系所应遵循的基本准则。

1. 维护劳动者合法权益为主，兼顾用人单位合法权益相结合的原则

维护劳动者合法权益是劳动法立法的首要目的。因为劳动关系有人身依附关系和隶属关系，这就有可能出现用人单位对劳动者的权利滥用。如法律不予以限制，则对劳动者

（弱者）明显不公。因此，应以维护劳动者合法权益为主，但同时应兼顾用人单位合法权益。法律要求权利义务相一致，在劳动法调整中，劳动者与用人单位都是平等的受调整对象，不能厚此薄彼。

2. 按劳分配与获得国家帮助原则

按劳分配是我国的一项基本分配制度，这与我国的社会主义国家性质是密不可分的。按劳分配打破了过去的绝对平均主义，引入了竞争机制，多劳多得，不劳不得，符合社会资源的合理配置，能有效促进生产力的发展。在坚持按劳分配原则下，同时还强调要实行国家帮助原则。这主要是社会保险、劳动保护与休息权等方面的内容，使劳动者能够定心地工作，杜绝某些国家"养少不养老"、"养富不养贫"的做法，体现社会主义制度的优越性。

3. 平等自主原则

平等自主原则包括主体的平等自主、行为的平等自主两个方面。主体上既体现用人单位与劳动者之间劳动关系的平等自主，也体现性别上劳动者男女平等、民族上的民族平等。我国始终坚持把保障妇女权益放在国家立法的重要位置，实行男女平等的政策，同时实行民族平等，切实预防和抵制民族保护主义。行为的平等自主主要体现在法律禁止劳动者或用人单位一方违反法律规定，把自己的意志或不正当条件强加给对方。

（三）*劳动法的渊源*

劳动法的法律渊源，主要表现在以下几个方面：

1. 宪法

宪法是我国的根本大法，具有至高无上的法律效力，是我国各部门法的母法，一切法律都是依据宪法或宪法原则精神制定的。我国宪法在关于国家经济制度和政治制度，特别是关于公民基本权利和义务的规定中，与劳动法有直接联系的条文达 26 条之多。2004 年宪法修正案增加了"国家建立健全同经济发展水平相适应的社会保障制度"，"国家尊重和保护人权"等规定，都是劳动法律规范的表现形式。宪法成为我国劳动立法的最高法律依据和指导原则。

2. 法律

法律是由我国全国人大及其常委会制定和修改的法律规范。其效力仅次于宪法。如 1994 年 7 月 5 日由第八届全国人大常委会第八次会议审议通过的《中华人民共和国劳动法》，是调整我国劳动关系的基本准则。目前，在《中华人民共和国工会法》、《中华人民共和国妇女权益保障法》、《中华人民共和国全民所有制工业企业法》、《中华人民共和国中外合资经营企业法》等法律中，都包含有调整劳动关系的规范，这些法律规范同样是劳动法的重要渊源。

3. 法规

法规包括行政法规与地方性法规。行政法规是由国务院制定和发布的，包括条例、规定、办法、实施细则等。地方性法规由省、自治区、直辖市人民代表大会及其常务委员会，在不与宪法、法律和行政法规相抵触的前提下制定和发布。它们的效力次于法律和行政法规。劳动行政法规与地方性法规是现实中切实维护劳动法律关系的重要保障。

4. 规章

规章分为部门规章与地方政府规章。部门规章由国务院所属各部委在本部门范围内，根据法律法规制定，其中有关劳动关系的规章，也是劳动法的渊源。如劳动部颁布的《女职工禁忌劳动范围的规定》、《工人考核条例》等。地方政府规章是省、自治区、直辖市人民政府，省、自治区人民政府所在的市和国务院批准的较大的市以经济特区的人民政府制定的规范性文件。其中，有许多是关于劳动管理方面的规定。

5. 劳动法的其他渊源

我国政府批准生效的国际劳动公约和建议书在我国具有法律效力，因此也是我国劳动法的渊源。如1984年5月，我国承认的14个国际劳工公约；1987年9月，我国政府批准的《残疾人职业康复和就业公约》等。此外还有工会制定的规范性文件，也应属于劳动法的渊源，如《工会参与劳动争议处理试行办法》、《工会劳动保护监督检查员暂行条例》等。

二、促进就业制度

（一）劳动就业的定义

劳动就业是指具有劳动权利能力和劳动行为能力并有就业愿望的公民，从事有劳动报酬或经营收入的社会劳动。劳动者必须是具有劳动权利能力和劳动行为能力的公民，包括能够参加劳动的残疾人。我国劳动法规定的最低就业年龄是年满16周岁。就业是一种获取报酬或经营收入的行为，只有获取报酬，才能体现出劳动价值。同时必须在依法的条件下进行，如果实施违法劳动，则不受法律保护。

（二）劳动就业的方针

劳动就业的方针在当前市场经济的情况下已从过去的计划经济体制的“统包统配的行政性劳动就业”转变为“劳动者自主择业、市场调节就业、政府促进就业”三结合方针。三结合方针具有鲜明的时代特色和较强的操作性。

（三）劳动就业的相关法律保障

1. 劳动就业平等的法律保障

我国劳动法第3条规定，劳动者享有平等就业的权利。第12条规定，劳动者就业，不因民族、种族、性别、宗教信仰不同而受歧视。

2. 劳动就业自主选择的法律保障

劳动者与用人单位都有权利选择对方，自由选择。劳动者可以根据自己的意愿来选择职业，用人单位也可根据自身发展需要，提高公开、公正、公平方式，向社会择优录取劳动者。

3. 对特别群体人员就业的法律保障

特别群体人员指因特别原因而存在就业障碍的人员，包括妇女、残疾人、退役人员、少数民族人员以及未成年人。对此，劳动法及相关法律做出了特别规定。在妇女就业保障上，劳动法第13条规定，妇女享有与男子平等的就业权利。在录取职工时，除国家规定的不适合妇女就业的工种和岗位外，不能以性别为由拒绝录用妇女或提高对妇女的录用标准；在残疾人就业保障上，残疾人保障法做出了相关规定；对少数民族人员就业，民族区域自治法则规定：民族自治地方的企业、事业单位在招收人员的时候，在同等条件下优先录用当地少数民族人员；在退役人员的法律保障上，兵役法做了相关规定；在对未成年人就业保障上，国家对其采取年龄限制，禁止使用16周岁以下的童工，未成年人保护法也有此规定。

（四）职业培训制度

1. 职业培训的概念

职业培训是指根据社会对职业能力的需求而以一定方式对有劳动能力的劳动者施以专业技能以及职业道德知识所进行的一种有组织的教育活动。

职业培训在我国当前显得尤为重要，这是因为：

（1）市场经济的建立和完善，使竞争更为激烈，为适应不断变化的经济发展，无论对于国家还是劳动者自身来讲，都面临着压力与挑战，“落后就要挨打”已不再是历史教科书中简单的概括，而成为人们现实生活的写照。职业培训，有利于加速我国劳动力素质的提高以及劳动者本人的发展，从而提高劳动生产效率，促进社会的进步。

（2）职业培训是落实我国“科教兴国”战略的重要方法，可以增强劳动者的职业道德观念，发扬社会主义精神风貌，对促进我国“两个文明”的发展有积极意义。

（3）职业培训体现了社会主义制度对人的关怀，我国劳动法第8章对此作了专门规定，表明我国从立法上注重保护劳动者、关心劳动者，使劳动者安于工作、乐于工作，对改革、发展、稳定发挥更大的作用。

2. 职业培训的方式

根据劳动法第66～69条规定并结合相关知识与我国当前实际情况，职业培训有如下方式：

（1）推进教育产业化道路，多层次、多形式开展职业培训。

（2）用人单位应建立职业培训制度。

（3）国家实行资格证书制度。

三、劳动合同制度

（一）劳动合同

1. 劳动合同的概念及基本原则

劳动合同首先应是一种合同，具有合同的一般共性，主体是用人单位与劳动者，尽管劳动法只说明了劳动合同是一种明确双方权利和义务的协议，未明确指出是口头还是书面，但一般认为，劳动合同应订立书面协议。

订立劳动合同的基本原则有两条：一是平等自愿、协商一致。这是民事活动所遵循的基本原则。行为独立与意思独立，任何合同都是双方自愿并相互一致的结果。二是守法原则。即不能违反法律、行政法规的规定。没有无权利的义务，也没有无义务的权利。法律在赋予人们享有权利的同时，也限制因行为人行为的放纵而损害整个社会的利益。

2. 劳动合同的内容

劳动合同的内容就是双方当事人就劳动关系所明确的彼此之间的权利义务。根据劳动法第19条规定，劳动合同的内容可分为必备条款和约定条款两大类。

必备条款也叫法定条款，因为劳动具有职责上的隶属性，为更好地保护劳动者的合法权益，国家采取立法的形式将必备条款公布并予以保障实施。其内容主要有：劳动合同期限、工作内容、劳动保护和劳动条件、劳动报酬、劳动纪律、合同终止条件、违反劳动合同的责任等。

约定条款是当事人双方在劳动合同中自愿协商而订立的条款。约定条款内容首先不应当违反国家法律、法规，其次应当明确严格。主要包括试用期和保密事项。

3. 无效劳动合同

无效劳动合同就是违反订立劳动合同基本原则所签订的不产生法律约束力的劳动合同。无效劳动合同的法律效力自始无效，即从订立时起就没有法律效力。无效劳动合同按其性质可分为：（1）违反法律、行政法规的劳动合同；（2）采取欺诈、威胁等手段订立的劳动合同。

4. 劳动合同的解除和终止

劳动合同的解除是指劳动合同的当事人在劳动合同期限届满前停止履行双方规定的劳动合同的权利和义务的法律行为。劳动合同的解除是一种法律行为，在我国劳动合同的解除必须合法进行。劳动合同的解除可分为：自行解除和协商解除；劳动者单方解除和用人单位单方解除。

劳动合同的终止是指由于劳动合同确立的劳动关系因法定事由或约定事由出现而使劳动合同的法律效力归于丧失与终结。能引起劳动合同终止的情形有：劳动合同期限届满；劳动合同目的得以实现；劳动者到达退休年龄或者劳动者死亡；用人单位被宣告破产、解散或关闭；双方约定的中止条件出现。

（二）集体合同

集体合同指的是企业职工一方与企业经双方同意所订立的，以劳动报酬、工作时间、休息休假、劳动安全卫生、保险福利等事项为内容的书面协议。集体合同与劳动合同相比较，其特征主要有：

（1）主体上集体合同的双方当事人一方是企业，而非劳动合同所称的用人单位，另一方是企业职工的代表者——企业工会或职工代表，而非劳动者本人。在我国，集体合同中劳动者一方一般由工会代表职工与企业签订，这是由于工会是最能直接代表和反映职工利益的组织机构。只有在某些企业中没设立工会时，才由职工选举的代表与企业签订。

（2）在内容上，集体合同以劳动报酬、工作时间、休息休假、劳动安全卫生、保险福利为主要内容。这些内容大多涉及广大职工的切身利益，既有生命健康权的内容、又有物质报酬权的内容，对职工的生存与发展有着重要关系。

（3）在程序上，集体合同的生效程序更为严格。集体合同签订后应当报送劳动行政部门；劳动行政部门自收到集体合同文本之日起 15 日未提出异议的，集体合同即行生效。国家立法规定了政府部门介入集体合同，表明了国家立法对集体合同的重视。

（4）在期限上，集体合同的期限一般规定为 1 至 3 年。由于集体合同的劳动者一方是大多数职工，如果合同期限太长，就可能因经济发展或企业经营状况变化而影响职工的利益；如果期限太短，又不能充分调动职工的劳动积极性与主动性。因此，1 至 3 年是一个相对合理的期限。

（5）在效力上，集体合同对全体职工具有法律约束力。它不似劳动合同那样只涉及劳动者单个自身，而是对全体职工，数量大、范围广、影响远。

（6）在地位上，集体合同应当视为劳动合同的“底限合同”。职工个人与企业订立的劳动合同中劳动条件和劳动报酬等标准不得低于集体合同的规定。

（7）在形式上，集体合同必须采用书面形式，而且一般是要式合同。

四、劳动的法律保护制度

劳动的法律保护制度主要由工作时间和休息制度、工资制度、劳动安全卫生制度、女职工与未成年职工特殊保护制度及社会保险和福利制度组成。

（一）工作时间与休息休假制度

1. 工作时间

工作时间指的是依法规定劳动者在一周内和一昼夜内从事劳动的时间。工作时间按工作的时间段可分为标准工作周和标准工作日两大类。标准工作周，即在一周内依法从事劳动的时间。我国规定一周工作5天，平均每周工作时间不超过40小时。标准工作日，即劳动者一昼夜依法工作的小时数。我国规定每日工作时间不超过8小时。

2. 休息休假时间

休息是人生理活动的重要组成部分，也是再劳动重新开始的必要条件。休息权是人权的重要内容，我国历来重视对劳动休息权的保护，休假是休息的一种。休假与休息的不同在于时间和长短不同，一般休假比休息长，是广义的休息。

休息时间包括工作日内的间歇时间（不少于半小时，一般为1到2小时），工作日间的休息时间（应不少于16小时），工作周间的休息时间（一般为2日）3种。

休假包括法定休假日、探亲假和年休假3种。

法定休假日有5项：元旦；春节；国际劳动节；国庆节；法律法规规定的其他节日。如妇女节和青年节。

探亲假一般适用于路程远而不能在休息日或法定节假日探望亲属的职工。职工探望配偶的，每年给予一次，期限为30天；未婚职工探望父母的，每年一次，期限为20天；已婚职工探望父母的，每四年一次，期限为20天。

年休假是法律规定在劳动者连续工作一定年限后给予的每年带薪连续休息的时间。劳动法规定，劳动者连续工作满一年的享受带薪年休假。

3. 加班加点制度

加班指的是劳动者在法定节假日和公休日从事劳动。加点指的是劳动者在标准工作日外从事劳动。加班加点都是劳动者延长劳动时间做额外工作，因此又称为延长工作时间。延长工作时间是以牺牲劳动者法定休息权为代价的，因此不允许用人单位随意进行。通常情况下，用人单位因生产经营需要，经与工会和劳动者协商后可以延长工作时间，一般每日不得超过1小时；因特殊原因需要延长工作时间的，在保障劳动者身体健康的情况下，每日不超过3小时；每月不超过36小时。

在劳动者加班加点工作结束后，法律规定劳动者享有比正常工作时间所做工作获得更多的物质报酬。

（二）工资制度

工资是指基于一定劳动关系，用人单位按照劳动者提供的劳动数量和质量，依据劳动合同约定或法律规定向劳动者支付的货币报酬。工资是再分配过程，其实质是劳动者获得自己付出劳动后的物质补偿，是一种劳动报酬。工资包括基本工资、奖金、津贴等。

根据劳动法的规定，工资的分配原则主要有：以按劳分配为主，多种分配方式相结合的原则；同工同酬原则；工资水平在经济发展的基础上逐步提高原则；效益原则。

工资的形式有：工资；奖金；津贴；补贴；特别情况下的工作（延长工作时间的，支付不低于工作的150%的工资报酬；休息日安排劳动者工作又不能安排补休的，支付不低于200%的工资报酬；法定休假日安排劳动者工作的，支付不低于工资300%的工资报酬）。

我国也实行最低工资制度。最低工资制度是以劳动者在法定工作时间提供了正常劳动为前提，以获取最高劳动报酬为结果，以用人单位为给付主体，以维持劳动者本人及其赡养家属的基本物质生活需要为目标，以社会公正为原则，以秩序与正义价值为法律理念而制定的。

最低工资的取得是由于劳动者提供了正常劳动，包括探亲、婚丧、休假以及参加法定的国家和社会活动，都视为提供了政策劳动，但不包括下列各项：

（1）加班加点工资。

（2）中班、夜班、低温、矿山井下、有毒有害等特殊劳动环境下的津贴。

（3）国家法律、法规和政策规定的劳动者的福利和保险待遇。

（4）用人单位通过贴补伙食、住房等支付给劳动者的非货币性支出。

（三）劳动安全卫生制度

1. 劳动安全卫生制度概述

劳动安全卫生制度指的是国家和用人单位为保障劳动者在劳动过程中的生命安全与身体健康不受侵害而制定的法律规范和规章制度。

劳动安全卫生制度以劳动者的生命权和健康权为保护客体；其主体是国家和用人单位，且主要主体是国家；其表现形式是法律规范和规章制度。

从法律上讲，人最重要的权利有两项：生命权和财产权。生命是体现人的根本存在的方式，财产是人生命存在不可缺少的物质基础。广义的生命权包括生命权（狭义）与健康权。健康权是生命权的延续和发展。如果说工资制度侧重于保护劳动者的财产权，那么休息休假制度、劳动安全卫生制度则侧重于保护劳动者的生命权。鉴于生命权的重要性，劳动安全卫生制度被赋予法律的刚性、强制性，需要用人单位和劳动者不折不扣地执行。而且从制定主体上国家更应积极地介入，强化劳动安全卫生制度，使劳动者的生命安全和身体健康得到有效的保护。

劳动安全卫生制度包括劳动安全制度与劳动卫生制度两个方面。劳动安全制度是为预防和消除劳动者在劳动过程中出现的伤亡事故所规定的强行性规范，侧重于对劳动者安全受到伤害事故的突发性的侵害的保护；而劳动卫生制度则是为保护劳动者在劳动过程中的健康所规定的强行性规范，侧重于对个人保健、减少具有渐进性的职业危害的侵害的保护。

2. 劳动安全卫生制度的内容

(1) 安全生产责任制度。它是规定用人单位及其内部职能机构与劳动者在劳动过程中对各自业务所负责任的制度。安全生产责任制度是落实“责任到人”的体现。意识支配行动，行动必然产生后果，后果带来责任。只有增加每个人的责任感，才能使安全生产事故防患于未然。

(2) 安全技术措施计划制度。它是规定用人单位在编制年度生产、技术、财务计划的同时，必须编制安全措施计划，旨在改善劳动环境，防止伤亡事故和职业危害等，实行统筹规划管理的制度。

(3) 安全卫生教育制度。它是规定对劳动者进行安全卫生基本常识、操作技能以及相关法律规范的教育，以提高劳动者知识水平的制度。教育是基础，只有劳动者自身素质提高了，才能彻底杜绝安全事故。

(4) 安全卫生设施“三同时”制度。指的是新建、改建、扩建工程的劳动安全设施必须与主体工程同时设计、同时施工、同时投入生产和使用。

(5) 安全卫生检查制度。它是规定对劳动安全卫生工作依法进行检查的制度。包括用人单位内部的自我检查、劳动行政部门和企业主管部门的巡视检查等。

(6) 安全卫生监督制度。它是规定法律授权的机构行使劳动安全卫生监督权，对用人单位执行各项安全卫生规范进行监督的制度。这是落实监督到位的体现。

(7) 伤亡事故和职业病统计报告处理制度。它规定了在伤亡事故发生后的24小时内，负伤者或现场有关人员应立即报告企业负责人，企业负责人接到重伤、死亡或重大伤亡事故报告后，应当尽可能地快速向企业主管部门、企业所在地劳动、公安部门以及人民检察机关和工会报告；且成立专门调查组进行专门调查并对伤亡事故进行分析和处理。

(四) 女职工和未成年工特殊劳动保护制度

女职工特殊劳动保护的内容：

(1) 禁止女职工从事有害妇女健康的工作。如矿山井下作业；森林业伐木、归楞及流放作业；建筑业脚手架的组装和拆除作业，以及电力、电信行业的高处架线作业；《体力劳动强度分级》标准中第四级劳动强度的作业；连续负重的，每次负重不超过20公斤，间隔负重的，每次负重不超过25公斤；已婚待孕女职工禁忌从事铅、苯、镉等作业场所中属于《有毒作业分级》标准中的第三、第四级的作业。

(2) 对女职工“四期”的保护。月经期不得安排女职工从事高处、高温、低温、冷水作业和国家规定的第三级体力劳动强度的劳动；怀孕期不得安排女职工从事国家规定的第三级体力劳动强度的劳动和怀孕期间禁忌从事的劳动，对怀孕7个月以上的女职工，不得安排其延长工作时间和夜班工作；生育期女职工享有不少于90日的休息时间；哺乳期不应安排女职工从事国家规定的第三级体力劳动强度的劳动和哺乳期禁忌从事的其他劳动。女职工在孕期、产期和哺乳期内，用人单位不得解除劳动合同。女职工依法享受生育保险。

未成年工特殊劳动保护的内容：

(1) 禁止用人单位招用未满16周岁的未成年人，特殊单位招用的，必须履行审批手续，并保障其接受义务教育的权利。

（2）禁止安排未成年工从事矿山井下、有毒有害、国家规定的第四级劳动强度的劳动和其他禁忌从事的劳动。

（3）对未成年工定期进行健康检查。

（4）对未成年工的使用和特殊保护实行登记。根据《未成年工特殊劳动保护》的规定，用人单位招用未满16周岁的未成年工，除符合一般用工的要求外，还必须到所在地的县级以上劳动行政部门办理登记。由劳动行政部门核发未成年工证，未成年工须持该证上岗。

五、劳动争议处理制度

（一）劳动争议的概念和特点

劳动争议是指劳动关系的双方当事人之间因劳动权利义务问题所发生的争议。

劳动争议具有以下特点：

从主体上看，劳动争议是劳动关系双方当事人之间发生的争议。通常情况下，劳动关系双方是劳动者和用人单位。

从客体上看，劳动争议的客体是当事人之间特定的劳动权利和义务。这些权利和义务有些是法律法规直接规定的，有些是当事人约定的，但都是发生在劳动领域中的。

从内容上看，劳动争议是与实现劳动过程直接联系的争议。如关于劳动合同、集体合同、工作时间、休息时间、劳动保护、社会保险等方面的争议。

（二）劳动争议的适用范围

劳动争议的范围取决于劳动法的调整对象和适用范围。根据我国劳动法和《中华人民共和国企业劳动争议处理条例》的规定，凡我国境内的用人单位和与之建立劳动关系的劳动者之间发生的有关劳动权利和义务的争议，均属于劳动争议的范围。包括争议标的范围和争议主体的范围。

1. 争议标的范围

（1）因企业开除、除名、辞退职工和职工辞职、自动离职发生的争议。

（2）因执行有关工资、保险、福利、培训、劳动保护规定发生的争议。

（3）因履行劳动合同发生的争议。

（4）因认定无效劳动合同、特定条件下订立劳动合同发生的争议。

（5）因职工流动发生的争议。

（6）因用人单位裁减人员发生的争议。

（7）因经济补偿和赔偿发生的争议。

（8）因履行集体合同发生的争议。

（9）因用人单位录用职工非法收费发生的争议。

（10）法律、法规规定应当受理的劳动争议。

2. 争议主体范围

（1）中国境内的企业和职工。

（2）个体工商户与学徒、帮工。

（3）国家机关、事业组织、社会团体与本单位的工人及与之建立劳动合同关系的非工勤人员。

（4）军队、武警部队的机关、事业组织、企业与无军籍职工。

（5）用人单位和一部分离退休人员及其聘用的离退休人员。

（6）中国境外企业或劳动者与境内劳动者或企业在中国境内签订或履行的劳动合同的。

（三）劳动争议处理的基本原则

根据《中华人民共和国企业劳动争议处理条例》第4条与劳动法第77、78条规定，劳动争议处理的基本原则有调解原则，及时处理原则，合法、公正原则和三方性原则。

1. 调解原则

指劳动争议的处理要重视发挥调解的作用。调解是在劳动争议处理中的一个独立程序，而且贯穿于仲裁和诉讼程序之中。

2. 及时处理原则

及时处理原则要求要尽快、迅速地处理劳动争议，避免久拖不决的现象，以免影响劳动者的工作和生活及用人单位正常的生产经营活动。

3. 合法、公正原则

劳动争议的处理要严格依据法律的规定，既要符合实体法的要求，又要符合程序法的要求。在处理劳动争议上坚持公正原则，要求平等看待劳动者和用人单位，在查清事实的基础上，严格依法划分责任，对双方权利义务的纷争作出不偏不倚的裁判。

4. 三方性原则

所谓三方性原则是指劳动争议的处理要由三方代表组成的处理机构来处理，我国劳动争议调解和仲裁组织的构成贯彻了这一原则。三方指国家方面、用人单位方面和劳动者方面。

（四）劳动争议处理程序

1. 调解

劳动争议调解机构是在用人单位内设立的劳动争议调解委员会（简称调解委员会）。调解委员会负责调解本单位发生的劳动争议并监督双方当事人履行调解协议，以及进行法制宣传、做好劳动争议的预防工作。

劳动争议调解首先由当事人双方以口头或书面形式向调解委员会提出申请；调解委员会在收到调解申请之后的30日内依法调解，逾期视为调解未成。对达成调解的，制作调解书。调解协议达成后，双方当事人应自觉履行。当事人调解不成或不愿调解的，可直接向劳动争议仲裁委员会申请仲裁。

2. 仲裁

劳动争议仲裁机构是我国在县、市辖区设立的负责本行政区域劳动争议处理的劳动争议仲裁委员会。仲裁委员会由劳动行政部门代表担任。仲裁委员会人员总数应为单数，其处理日常性事务的机构设在劳动行政主管部门的劳动争议处理机构内。

3. 诉讼

诉讼是当事人对仲裁裁决不服而在法定期限内向人民法院请求重新审理、寻求司法救济的方式。人民法院是我国的国家审判机关，具有司法审判的职能。其效力高于和解、调解以及仲裁。劳动争议诉讼适用于民事审判程序。

第二节　社会保障法律制度

一、社会保障的概念和特征

（一）社会保障的概念

社会保障，是指国家为了保持经济发展和社会稳定，对公民在年老、疾病、伤残、失业、遭遇灾害、面临生活困难的情况下，由政府和社会依法给予物质帮助，以保障公民的基本生活需要的制度。

社会保障一词最早被使用在法律文献中是1935年美国颁布的《社会保障法》（Social Security Act）。此后，社会保障一词逐渐在世界各国建立对社会成员给予物质帮助的法律制度中所采用，联合国《经济、社会、文化权利国际公约》和国际劳工组织的一些公约和建议书中也都正式使用。

（二）社会保障的特征

1. 强制性

世界上实行社会保障制度的国家，都采用立法方式将社会保障作为一项制度加以固定，并强制执行，我国也不例外。例如，劳动法规定，国家发展社会保障事业，建立社会保险制度，设立社会保险基金，使劳动者在年老、患病、工伤、失业、生育等情况下获得帮助和补偿。用人单位和劳动者必须依法参加社会保险，缴纳社会保险费。

2. 社会性

一般来说，社会保障的对象在总体上具有普遍性。尽管社会保障的每项内容有一定的特定性，如社会救济范围有限、优抚安置有特定阶层、社会保险对象是社会劳动者、社会福利则涵盖全体公民，但都是面向全社会的，即社会保障对象包括全体社会成员。此外，社会保障经办机构是实现部分政府职能的社会性机构，既不同于只保护本单位职工的企业，也不同于商业保险机构；社会保障基金来源于国家、用人单位和社会成员的收入，通过保护社会成员的基本生活需要，达到社会稳定和发展的目标。

3. 公益性

社会保障的各个环节不以营利为目的，享受社会保障的公民一般并不直接支付全部社会保障费用而可享受相应的社会保障。因此，社会保障制度的目的旨在保证社会成员的基本生活，是社会公益事业。

二、社会保障法律制度的产生和发展

社会保障最早的思想渊源可以追溯到自然经济社会中，如早在2000多年以前，我国思想家孔子在《礼记·礼运》“大同篇”中描述道：“大道之行也，天下为公。选贤与能，讲信修睦。故不独亲其亲，不独子其子。使老有所终，壮有所用，幼有所长，鳏寡孤独废疾者皆有所养……是谓大同。”英国空想社会主义者托马斯·莫尔在其1516年出版的《乌托邦》中也对儿童集体教育、免费医疗等未来的社会保障作了美丽的设想。但是，社

会保障作为一项法律制度被固定下来，则是在人类进入工业社会以后。

（一）外国社会保障法律制度的产生和发展

社会保障制度的产生有其深刻的经济和社会原因。一般认为，产业革命的完成是社会保障制度产生的前提，工人阶级的斗争是催促其产生的动力。

产业革命在18世纪60年代始于英国纺织业。80年代因蒸汽机的发明和采用，并扩及化学、采掘、机器制造等部门，法、德、英等国进入19世纪后相继完成产业革命。由手工工场过渡到机器工厂，生产力极大提高，市场经济迅速发展。伴随着产业革命所带来的社会财富的大量增加，出现了劳工问题和其他新的社会问题，如机器生产环境下劳动强度增加，工伤事故不断出现。失业威胁增多，疾病治疗和老年生计等问题使雇佣劳动者忧心忡忡。此外，在市场竞争机制作用下，无数个体生产者失去生产资料，沦为雇佣劳动者；大量农村人口流入城市，带来了新的社会压力和社会需求。严重的社会问题，以及工人阶级力量的不断壮大，迫使统治者必须采取对策。

社会保障法律制度从产生到现在，已经历了一百多年的历史。一般说来，社会保障法律制度的产生和发展可以分为三个阶段：

第一阶段，19世纪80年代到20世纪初。这是社会保障法律制度的产生和初期发展阶段。德国1883年制定的《劳工疾病保险法》、1884年制定的《劳工伤害保险法》以及1889年制定的《老年和残疾保险法》，被公认为是世界上最早的社会保障法律。此后，一些欧洲国家以及少数美洲和大洋洲国家开始社会保障立法。

第二阶段，20世纪10—30年代。1929—1933年美国爆发的经济危机使美国经济受到重创，为摆脱危机，缓和劳资矛盾，1933年美国总统罗斯福上台后，开始实行新政，强调国家对社会经济生活的干预。根据罗斯福的建议，美国国会1935年通过了《社会保障法》。该法在社会保障立法史上具有划时代的历史意义，是世界上第一个对社会保障进行全面、系统规范的法律，内容涉及社会保险、社会福利和社会救济等。其他国家也相应对原有社会保障立法进行了修订和补充。

第三阶段，1948年至今。以英国为起始的西欧、北欧国家福利政策的实施直至五六十年代一批新兴国家颁布社会保障法，是社会保障立法的成熟阶段。在英国，被誉为"福利国家之父"的威廉·亨利·贝弗里奇提出的《社会保险及有关服务》成为英国工党政府社会立法的白皮书，其中提出"国家对于每个公民，'从摇篮到坟墓'即由生到死的一切生活与危险，诸如疾病、灾害、老年、生育、死亡以及鳏、寡、孤、残疾人，都给予安全保障"。

（二）我国社会保障法律制度的产生和发展

1949年新中国成立后，创建了社会保障法律制度。我国社会保障法律制度的产生和发展大致可以分为三个阶段：

第一阶段是从1949年到1965年，为社会保障法律制度的创建阶段。这一时期建立了城镇最低生活标准，实行社会救济制度。1951年2月颁布的《中华人民共和国劳动保险条例》，标志着新中国社会保险的开始，其后逐步完善，建立了对全民所有制和部分集体所有制劳动者的劳动保险，包括生育、疾病、工伤、年老、死亡、残疾等险种；社会福利开办了国家福利、地方福利、集体福利等形式。

第二阶段是从1966年至1976年，为社会保障法律制度的停滞阶段。该时期，首先是社会保险遭到破坏，在全民所有制各企业实行的全国统一的社会保险制度被解体为各单位单独实行的“企业保险”，社会保险专门机构也被撤销；很多社会福利事业被停办，整个社会保障处于停滞和瘫痪状态。

第三阶段是1979年至今，为社会保障法律制度的恢复和发展阶段。20世纪80年代以后，我国开始进行经济体制改革。随着社会主义市场经济体制的确立，旧的社会保障体制已不能适应现实经济与社会生活的实际需要。1982年12月4日第五届全国人民代表大会第五次会议通过了《中华人民共和国宪法》，明确规定了中华人民共和国劳动者有休息的权利。国家发展劳动者休息和休养的设施，规定职工的工作时间和休假制度。国家依照法律规定实行企事业组织的职工和国家机关工作人员的退休制度，退休人员的生活受到国家和社会的保障。中华人民共和国公民在年老、疾病或者丧失劳动能力的情况下，有从国家和社会获得物质帮助的权利。国家发展为公民享受这些权利所需要的社会保险、社会救济和医疗卫生事业。国家和社会保障残废军人的生活，抚恤烈士家属，优待军人家属。国家和社会帮助安排盲、聋、哑和其他有残疾的公民的劳动、生活和教育等社会保障内容。1986年4月12日第六届全国人民代表大会第四次会议通过的《中华人民共和国国民经济和社会发展第七个五年计划》，专门将社会保障列为一章，提出按照有利生产、保障生活的原则，逐步建立、改革各种类型的社会保险制度，改进和完善社会福利、社会救济与优抚工作，有步骤地建立起具有中国特色的社会主义的社会保障制度雏形。这是我国国家正式文件中首次使用“社会保障”一词。1994年7月5日第八届全国人民代表大会常务委员会第八次会议通过的《中华人民共和国劳动法》专门设立了“社会保险和福利”一章。1996年3月17日第八届全国人民代表大会第四次会议批准的《中华人民共和国国民经济和社会发展“九五”计划和2010年远景目标纲要》中进一步提出我国社会保障制度改革的总目标是“加快养老、失业、医疗保险制度改革，初步形成社会保险、社会救济、社会福利、优抚安置和社会互助、个人储蓄积累保障相结合的社会保障法律制度。

至此，我国的社会保障法律制度的建设已经初见成效，主要包括四个方面的内容，即社会保险法律制度、社会救济法律制度、社会福利法律制度以及优抚安置法律制度。

三、社会保障法的概念和原则

（一）社会保障法的概念

社会保障法是调整以国家和社会为主体，为了保证有困难的劳动者和其他社会成员以及特殊社会群体成员的基本生活并逐步提高其生活质量而发生的社会关系的法律规范的总称。就我国而言，社会保障法主要调整以下几种社会关系：

（1）国家行政机关之间的关系，如社会保障主管行政机关同其他行政机关之间的关系。

（2）国家行政机关与社会团体、企事业单位等之间的关系，如国家行政机关与各级工会组织、残疾人和老年人权益保障组织、慈善团体、企事业单位、社区机构之间发生的关系。

（3）国家行政机关与公民之间的关系，如社会保障主管行政机关依据社会保险、社会救济、社会福利、优抚安置等制度规定，给公民发放待遇津贴时与公民之间发生的关系。

（4）社会团体、企事业单位等与公民之间的关系。

（5）公民相互之间因互助互济而发生的社会关系。

（二）社会保障法的原则

1. 普遍性原则

社会保障的普遍性原则是指社会保障的实施范围包括全体社会成员，一切社会成员均享有社会保障的共同权利。对公民实行普遍的社会保障，是世界各国社会保障立法共同奉行的一条基本原则。我国宪法第45条亦规定，中华人民共和国公民在年老、疾病或者丧失劳动能力的情况下，有从国家和社会获得物质帮助的权利。国家发展为公民享受这些权利所需要的社会保险、社会救济和医疗卫生事业。

2. 平等性原则

社会保障的平等性原则既是指人人有权平等地享受社会保障权利，还包括国家确定社会保障待遇标准时应当遵循平衡原则，以维护公平和缩小贫富差距。

3. 国家、用人单位、个人责任分担的原则

现代社会保障法的产生和发展，是社会经济发展到一定阶段，加强国家干预的结果。社会保障中国家责任占有重要的地位，但如何承担或承担多少责任是社会保障法制建设中的首要问题。第二次世界大战后，西方不少国家都实行过“普遍福利”政策，但后来政府的财政负担越来越重，由此引发的社会问题也越来越突出，片面的高福利政策反而诱发了惰性因素增长。我国计划经济体制下的社会保险基本由国家包揽，这种做法不仅加重了国家的财政负担，而且在社会保障上导致国家、企业、个人权利义务的不对等，国家实际上承担着无限责任，即城镇公民达到劳动年龄，国家就要给一份工作，一直包揽到死亡。因此，这种做法在社会保障法律制度建设中应当予以避免。鉴于世界其他国家和地区以及我国社会保障立法的经验和教训，我国社会主义市场经济体制下的社会保障立法应当坚持国家、用人单位、个人责任分担的原则。具体来说，在社会保障中的社会福利设施、减灾、救灾、扶贫、最低生活保障等方面，国家无疑应当充当主要角色。但是，社会保险中工伤、生育保险，应当由用人单位作为第一义务主体；一部分社会保险项目中，比如养老、失业、医疗保险中，个人应当承担部分责任，以体现法制化中权利义务一致性的要求。

4. 基本社会保障与提高生活质量相结合的原则

社会保障法律制度的最终目的是使所有公民的基本生活得到保障，但从社会进步和发展考虑，社会保障还应努力促使各项待遇享受对象逐步提高生活质量。提高生活质量的含义既包括社会保障各项待遇标准除随物价上涨幅度适当调整外，还应当随经济发展水平提高而逐步提高，使社会保障对象同样分享社会经济发展成果；此外，除对社会保障对象提供必需的物质待遇标准外，还应提供各种社会服务，使他们能同时满足物质方面和精神方面的各种需求，并且使社会保障对象的人格尊严不受侵犯和损害。

5. 社会保障水平和生产力发展相适应原则

社会保障是国家用经济手段解决特定社会问题和实施特定社会政策的一项宏观调控措

施。它必然要以一定的经济发展水平为基础和条件。一方面，经济发展决定着社会保障的发展水平。社会保障制度的运行要以经济发展创造的可供进行再分配的巨额社会财富作经济后盾，如果没有雄厚的财力和资金积累，社会保障事业就不能发展；同时，经济发展水平决定着社会成员的生活水平，而社会成员的生活水平状况又必然要求有相适应的社会保障待遇。另一方面，社会保障的发展有利于促进经济的发展。因此，社会保障肩负着保障社会稳定和促进经济发展的双重目标，如果社会保障滞后于经济的发展，就容易造成社会的不稳定，进而给经济的发展造成消极的影响；如果社会保障超前于经济的发展，则必然造成国家无力承担并最终损害经济发展。因此，社会保障的发展水平只有与经济发展水平相适应，才能充分发挥社会保障制度的积极作用。

四、社会保障法的作用

（一）社会保障法是建立和发展市场经济的必然要求

在市场经济条件下，市场机制不仅要对物力资源进行合理配置，更要对人力资源进行配置。其中，竞争机制所形成的优胜劣汰必然会造成部分劳动者被迫退出劳动岗位，使其本人和家庭因失去收入而陷入生存危机。社会保障通过提供各种帮助使这部分成员获得基本的物质资料，维持基本的生活水平，使劳动力的再生产成为可能。因此，社会保障制度通过建立全社会统一的保障网络，打破了劳动者自我保障或企业保障的局限，使劳动者在更换劳动岗位和迁徙时没有后顾之忧，促进了劳动力的合理流动和合理配置。

（二）社会保障法是社会公平的调节器

公平是最古老的法律价值之一。一般来讲，公平可以从两个不同的角度来理解：一是从经济学的角度，即经济公平；二是从社会伦理的角度，即社会公平。经济公平是建立在经济合理性基础上的公平原则。经济合理性是指各种生产要素能够通过某种机制，在空间上得到最优配置，并且能使各种生产要素得到最佳利用，从而充分发挥各种生产要素的效率，促进经济增长。经济合理性要求的公平包括三层含义：各种生产要素主体具有平等的机会参与社会经济活动；社会经济活动中，所有参与者平等地接受规则的制约和保护；所有参与者按“同一的尺度”评价贡献大小，分享成果。一句话，谁投入的要素多，谁的要素生产力高，谁就得到更多的收入。因此，经济公平强调机会平等，承认机会平等前提下分配的结果差别。社会公平是建立在社会合理性基础上的公平原则。社会合理性是指社会和谐以及符合人类伦理道德等。社会合理性要求的公平，是收入分配结果相对地均等化，使社会成员都能维持一定生活水平的物质条件，消除贫困悬殊和两极分化，促进共同富裕。因此，社会公平强调分配结果的平等。

经济公平与效率是一种相互促进的关系，实现经济公平的过程，也就是实现效率的过程；促进经济公平的措施，也是提高效率的手段。社会公平与效率则是一种此消彼长的交替关系，两者存在矛盾，即追求效率的过程中，不可避免地会产生收入差距拉大的趋势。首先，人们所拥有的生产要素数量上的差别能够带来收入差距，如果按照要素获得平均收益率计算，拥有要素数量较多的，就能够获得更多的收入；拥有要素数量较少的，获得收入的数量相对较少，而收入的多少又决定着下一轮获得要素的多少，进而影响下一轮收入的多少。其次，人们拥有的要素存在质量上的差别，也能产生收入差别，例如受过良好教育具有丰富工作经验和一定技能的劳动者会比未受过教育或只受过很少教育又缺乏工作经验和技能的劳动者有更多的机会获得较高的收入。再次，在激烈的市场竞争中，一部分劳动者会因为失业而中断劳动，或者会因为生育、疾病、伤残、年老等原因而暂时或永久丧失劳动能力，致使减少或者大量减少收入而造成贫困，甚至遭受灭顶之灾，丧失重新参加市场竞争的机会。最后，从全社会来说，社会成员中总有一部分人不拥有任何生产要素，他们不可能参与收入分配，如果没有其他的收入来源，他们就会成为赤贫者。

上述种种因素造成的社会成员间收入差距不断扩大的趋势，是市场经济中追求效率的必然结果，也是符合经济公平原则的。但是，社会成员之间的收入差距，如果不从市场经济内在的经济合理性原则之外，采取一些社会公共政策遏制收入差距的过分悬殊，社会成员之间的两极化趋势无限地发展下去，一部分社会成员将陷入贫困，导致社会不安定，市场经济秩序遭到破坏，一旦出现这种情况，市场经济的效率也就无从谈起。因此，为了解决这一社会问题，需要运用政府的力量对社会经济生活进行干预，通过生活保障措施，对社会成员的收入进行必要的再分配调节方式，弥补市场经济的缺陷，缓和社会矛盾，促进社会公平目标的实现。

（三）社会保障法是实现社会可持续发展的重要保证

社会可持续发展，是指人类通过对社会资本的有效组织，在不超越资源环境承载力的情况下，扩展人类的选择机会和能力，促进经济的发展，提高社会文明进步，并且尽可能平等地满足当代人的需要，同时不损害后代人的需要。社会可持续发展的核心是“资源在当代人群之间及代与代人群之间公平合理的分配”。社会可持续发展目标，也就是可持续发展中的“公平性原则”，有以下几层含义：一是当代人群之间的公平。可持续发展要给全世界以公平的分配和公平的发展权，要把消除贫困作为可持续发展过程中特别优选的项目。二是代际间的公平。人类赖以生存的自然资源是有限的，当代人不应该为自己的发展与需要而损害今后世世代代满足需要的条件。要给后来人以公平利用自然资源的权利。三是资源利用分配的公平。目前的现实是人口总量较少的发达国家，消耗着世界较多的能源、钢铁、纸张。社会可持续发展要求资源利用和环境保护两者之间效益—费用的公平分配和负担。但事实是，资源利用者获得了效益，但他们完全不承担或仅部分承担相应的环境费用；相反，未破坏环境者却遭受着环境质量下降引起的损害。因此，实现可持续发展应当强调资源利用分配的公平。根据我国的具体情况，要实现社会的可持续发展，首先要坚持按劳分配、效率优先、兼顾公平的收入分配方式，同时要建立有效的社会保障制度，以达到“当代人群之间的公平”；其次要控制人口数量，提高人口素质，改善人口结构，为“代际公平”创造条件。

（四）社会保障法是维护社会稳定的安全网

世界上无论哪个国家、哪种制度，社会上总会有老、弱、病、失业、灾害等需要救济的人，而社会保障制度正是通过对没有生活来源者、贫困者、遭遇不幸者和一切工薪劳动者在失去劳动能力或工作岗位后，给予救济，满足其基本生活需要，消除社会成员的不安全感，维护社会稳定。因此，社会保障被誉为“安全网”和“减震器”。大量事实证明，经济性贫困是导致社会动荡的一个重要因素。只有一个国家的人民能够清楚地确定，在他的一生中，遇到生、老、病、死、伤、残、失业等各种困境时，国家将会给予物质帮助，人们才能够积极地生活和认真对待所从事的工作，社会才能稳定发展。因此，对一个社会的评价，不能只看经济增长，还要看社会的发展，包括各方面的发展，如人口素质、教育程度、科技水平、环境保护、社会保障水平等等。

五、社会保障法律制度的基本内容

（一）社会保险法律制度

社会保险，是指国家通过立法强制征集专门资金，用于保障劳动者因暂时或永久丧失劳动能力或劳动机会时的基本生活，而实行的一种物质帮助制度。

社会保险应遵循的原则有：社会保险水平与社会经济水平和社会承受能力相适应的原则。社会保险不能太高，也不能太低；社会统筹的原则。社会保险基金按照保险类型确定资金来源，逐步实行社会统筹；强制性原则。用人单位和职工个人必须参加；三结合原则。指社会保险由国家基本保险，用人单位补充保险和个人储蓄保险三者相结合；先义务后权利的原则。只有用人单位和劳动者在依法缴纳了社会保险费后，才能享受社会保险获益权。

1. 养老保险

养老保险是指劳动者在达到国家规定的解除劳动义务的劳动年龄界限或因年老病残丧失劳动能力而退出劳动岗位后，定期领取一定数额生活费用的一种社会保险制度。我国职工养老保险有三种形式：

（1）退休。是指劳动者在达到国家规定的解除劳动义务的劳动年龄界限而退出劳动岗位时获得一定物质帮助，是养老保险的基本形式。职工退休有两个基本条件，即年龄条件和工龄条件。职工的年龄条件一般规定为男干部年满 60 周岁，女干部年满 55 周岁，女工人年满 50 周岁；也可提前到男年满 50 周岁，女年满 45 周岁，但必须经医院证明完全丧失劳动能力。职工退休还要求同时具备一定的工龄条件，一般要求其连续工龄必须满 10 年；国家公务员提前退休其连续工龄必须满 20 年，连续工龄满 30 年要求提前退休的可不受年龄限制。但对于因工伤（职业病）而完全丧失劳动能力的劳动者，其退休不以连续工龄为条件。

（2）离休。是国家对中华人民共和国成立前参加革命工作的一部分老干部规定的养老制度。法定的离休年龄条件和职工退休年龄相同。

（3）退职。指劳动者不具备退休条件，经医院证明或劳动鉴定委员会确认完全丧失劳动能力，退出工作岗位并获得一定物质帮助的保障制度。我国法定的退职条件是：年老体衰但又未达到退休年龄和工龄，经劳动鉴定委员会确认不能从事原工作，在本单位内部确实没有轻松工作可以安排的；本人自愿退职的；连续工龄不满 3 年，因病或非因工负伤停止工作时间满 1 年的；劳动者在录用 6 个月以内，被发现患有慢性疾病，不能坚持工作的。

退休待遇一般包括退休金、医疗待遇和死亡待遇，以及其他待遇。离休待遇实行“基本政治待遇不变，生活待遇略为从优”的原则，待遇略高于退休。退职待遇低于退休。

2. 医疗保险

是指国家通过立法建立并强制用人单位和劳动者参加，当劳动者遭遇疾病或非因工负伤时，由社会提供医疗服务或经济补偿的社会保障制度。

国务院在1998年下发了《国务院关于建立城镇职工基本医疗保险制度的决定》，根据该决定，城镇职工基本医疗保险的覆盖范围为城镇所有用人单位，用人单位和职工都要按照属地原则参加所在统筹地区的基本医疗保险，城镇职工基本医疗保险费用负担比例按国家有关规定执行。

城镇职工享受医疗保险待遇，除完全丧失劳动能力外，只限于规定的医疗期内，此医疗期，即职工因患病或非因工负伤停止工作治疗休息且不得辞退的期限，期限的长短根据职工本人连续工作时间和在本单位工作时间分档次确定，最短不可少于3个月，最长不超过24个月。难以治愈的疾病，经医疗机构提出，本人申请，劳动保障部门批准，可适当延长医疗期，但最多不超过6个月。医疗保险待遇项目主要有：规定范围内的检查费、治疗费、药品费和符合规定标准的住院费用。

3. 工伤保险

又称职业伤害保险，他是指劳动者在生产工作中因意外事故或职业病致伤、致病、致残、死亡时，由国家或社会向劳动者及其生前供养的亲属提供必要的医疗、生活保障以及赔偿性物质帮助的社会保险制度。

工伤保险所称的意外事故必须与从事工作或职业的时间和地点有关，而职业病必须与从事工作或职业的环境、接触有毒有害物质的标量和时间有关，它既包括劳动者在生产劳动过程中直接受到的各种伤害，也包括与生产劳动有关但间接受到的伤害，如劳动者在上下班途中发生交通事故等。

工伤保险待遇的内容有：（1）工伤医疗期间待遇。在医疗期间，劳动者享受如药费、住院费、治疗费、伙食补助费等医疗待遇，以及工作津贴和相关福利待遇，工资不因工伤受到影响。（2）工伤致残待遇。劳动者在致残后，有权获得伤残补助金、伤残津贴工伤医疗补助金和伤残就业补助金以及其他待遇。（3）工亡待遇。职工因工死亡，其亲属可以从工伤保险基金领取丧葬补助金、供养亲属抚恤金和一次性工亡补助金。

4. 失业保险

是指劳动者在暂时失去职业，等待再次就业期间，由国家和社会给予一定物质帮助，以保障其基本生活需要并促进就业的一种社会保障制度。

享受失业保险必须符合一定的条件：失业者原是职工且达到一定工龄（连续工龄满1年以上）；失业者必须是非自愿失业；失业者履行了一定的缴费义务；失业者领取失业救济金期限未满；失业者仍具有再就业的条件；失业者必须履行法定手续。

在下列条件下，不得享受失业保险：重新就业；应征服兵役；移居境外；享受基本医疗保险待遇；被判刑收监或被执行劳动教养；无正当理由不接受当地政府指定部门或机构介绍工作的；法律、行政法规规定应当终止的其他情形。

失业保险待遇的内容，可分为两类：（1）以保障失业者基本生活为目的的项目。主要有失业保险金、患病者的医疗补助金、死亡者的丧葬补助金和一次性遗属抚恤金，合同制农民工的一次性生活补助金等。（2）以帮助失业者重新就业为目的的再就业服务项目。主要有转业培训、生产自救、职业介绍等等。

5. 生育保险

是指国家通过立法强制实施的，在女职工因怀孕、分娩无法从事正常的生产劳动而中断经济来源时，由国家和社会给予医疗保健服务和物资帮助的一种社会保障制度。

我国生育保险制度的实施对象是城镇企业及其职工，享受生育保险待遇的女职工必须是与企业建立了劳动关系，并由所在企业为其缴纳了生育保险费，同时，女职工必须达到法定结婚年龄、正式登记结婚并符合计划生育政策。

生育保险待遇的项目主要有：（1）生育假期待遇。女职工产假 90 天，其中产前 15 天，难产的增加产假 15 天；多胞胎生育的，每多生 1 个婴儿增加产假 15 天；女职工怀孕不满 4 个月流产的，给予 15 到 30 天的产假，怀孕满 4 个月流产的，给予 45 天的产假。对满 24 岁以上结婚的，增加产假 15 天。（2）生育津贴。企业女职工产假期间由生育保险基金支付生育津贴，津贴标准按照本单位上年度职工月平均工资计发，未参加生育保险社会统筹的单位，女职工生育产假期间，工资由原单位照发。（3）生育医疗费及疾病治疗费由社会保险经办机构从生育保险基金中支付。

（二）社会救济法律制度

社会救济是指对于因自身、自然和社会原因不能维持最低生活标准的贫困者，由国家和社会提供物质帮助，以保障其基本生活的制度。

社会救济是社会保障制度的重要组成部分，主要由社会救济、救灾救济和扶贫救济三个部分的内容构成。它是以国家为主，通过国民收入的分配和再分配方式，对社会成员因疾病、伤残、年老而丧失劳动能力，或因自然灾害、事故和失业以及曾对社会尽过义务而生活困难者，提供一定物质帮助以保障其基本生活需要。因此，社会救济的任务就是对因各种原因陷入困难的社会成员，给予款物救济的扶助，是一种无偿的、水平很低的社会保障。

社会救济的内容：（1）城市居民最低生活保障制度；（2）农村社会救济；（3）特殊对象的社会救济。如对麻风病人的救济；对原国民党起义和投诚人员的救济；对归侨、侨眷、侨属的救济；对“文革”中受迫害人员的救济；对下乡知青因公致残人员的救济等。

救灾救济的内容：从 1993 年开始，我国救灾工作实行分级管理、救灾款分级承担的办法。（1）在划分灾害等级的基础上实行分级管理。根据灾害造成损失的大小和救灾款支付数额多少为标准，将灾害分为特大灾、大灾、中灾、小灾四个等级，并确定各级政府的分级管理范围，落实救灾责任制，强化地方政府的救灾职能。（2）建立专项救灾拨款科目，实行救灾款分级负担。各省、市、自治区在地方财政预算中都列支了救灾款，使灾害救济能力明显增强。（3）设立救灾预备金以供调剂。按照分级管理的原则，各级政府在每年年初安排同级财政划拨一定数额的专款给民政局，专户储存，由民政部门根据灾情调剂使用，逐年积累增值，以备大灾，减轻大灾、特大灾对社会经济发展的影响。

灾害救济款实行专款专用、重点投入，生活救济和扶持生产相结合，以生活救济为主。

扶贫救济款扶持贫困地区和农村贫困户致富，是我国全面建设小康社会的一项重要决策。从 1994 年开始，我国开始实施《国家八七扶贫攻坚计划（1994—2000 年）》，2001 年 5 月第三次召开扶贫工作会议，决定并开始颁布实施《中国农村扶贫开发纲要

(2001—2007)》，就21世纪初中国扶贫开发进行了全面部署，以此为标志，中国扶贫开发进入了一个新的历史阶段。

根据目前中国农村贫困人口的分布状况和特点，国家扶贫的重点将放在贫困人口相对集中的中西部的少数民族地区、革命老区、边界地区和一些特困地区。认真贯彻扶贫开发的基本方针，采取如下政策措施：(1) 针对市场需求，结合经济结构调整，支持贫困地区发展种养业，千方百计增加贫困人口收入；(2) 进一步改善贫困地区的生产和生活条件，加强基础设施和生态环境建设；(3) 发展科技、教育、文化、卫生事业，促进贫困地区社会全面进步；(4) 不断增加扶贫投入，努力提高扶贫资金使用效益；(5) 弘扬中华民族的优良传统，继续动员全社会帮助西部贫困地区，开展东西扶贫协作。

(三) 社会福利制度

社会福利指的是国家和社会为提高公民的生活质量和水平而提供的物质帮助。建立社会福利制度具有十分重要的意义：有利于满足社会成员的物质生活需要；有利于提升社会成员的精神需求；能够保证个人和家庭的需要。

1. 公共福利

是指国家和社会为满足全体社会成员的物质和精神生活的基本需要，而兴办的公益性设施和提供的相关服务。主要包括：(1) 住房福利，实行住房福利的货币化；实行住房公积金制度；向低收入家庭提供经济适用房。(2) 卫生福利。基本卫生保健是社会福利的重要内容，卫生保健不仅包括医疗，还包括饮食、防病等涉及人健康方面的内容。国家实行公办、私办医疗机构并行，重点对公办医疗机构的设施进行投资并不断改善医疗卫生条件，提高全社会医疗服务质量，同时加强保健福利设施的建设。(3) 教育福利。教育本身具有福利性，国家实行九年义务教育；国家规定公立学校对特殊困难家庭的子女和孤儿、无收养家庭的弃儿等给予减免学杂费代支书本费；国家在中等以上学校设立助学贷款制度，资助困难家庭的子女完成学业；社会单位、热心人士以及慈善机构直接出资办学等。(4) 文化康乐福利。是指由国家和社会为满足人们的精神需要而兴办的具有福利性质的文化活动设施和提供相应的服务，包括公园、图书馆、博物馆、群众艺术馆、文化康乐中心等场馆以及群众性体育运动设施等。(5) 社区服务。是指为满足社会成员多种需求，在政府倡导下，以社区组织为依托开展的具有社会福利性的居民服务。主要内容包括：为老年人提供的包户服务；为残疾人和精神病患者提供的康复服务；为残疾儿童提供的寄托服务；为成人提供的心理卫生咨询和为学习困难儿童提供的家庭辅导服务以及其他便民利民服务。

2. 职业福利

是指行业和单位为满足职工物质和精神生活需要，保证本系统、本行业、本单位职工及其家属的一定生活质量，而提供的工资之外的津贴、设施和服务项目。主要包括：(1) 福利津贴，如职工困难补助、职工宿舍冬季取暖补贴、职工探亲往返车船票补贴、职工上下班交通补贴等。(2) 福利设施，包括职工食堂、哺乳室、托儿所、幼儿园、浴室、理发室等生活福利设施，还包括文化宫、俱乐部、图书馆、体育馆等文化娱乐福利设施。(3) 福利服务，既包括与上述福利设施相关的各项服务，也包括诸如接送上下班、接送职工子女上学、提供健康检查等特别服务。

3. 专项福利

是指由国家、集体和社会为收养丧失劳动能力、无依无靠、无法定抚养人的孤老残幼和家庭无力照管的老人、残疾儿童、精神病人而举办的社会福利服务机构。主要内容有：(1) 老年人福利。其内容有老年福利津贴、社会养老、老年人保健、老年人再就业和老年人福利机构等。(2) 妇孺福利。其内容有妇女生育津贴、妇女劳保福利，为妇女提供的福利设施和福利服务以及未成年人福利等。(3) 残疾人福利。其内容有残疾人就业、残疾人的教育、残疾人的康复、精神病人福利院、扶残助残等。

(四) 社会优抚制度

是指国家和社会依法建立的，通过国民收入再分配的形式，对军人及其家属的基本生活和物质待遇给予保障的一项社会保障制度。包括死亡抚恤、伤残抚恤和社会优待等基本内容。

1. 死亡抚恤

指的是国家对革命烈士家属、因工牺牲和病故军人家属及因工牺牲病故的国家机关工作人员家属、人民警察家属发给一定数额的费用，给予生活帮助的制度。其内容有一次性抚恤和定期抚恤两种。

2. 伤残抚恤

指的是国家和社会保障革命伤残军人的基本生活的优抚制度。国家《军人优抚优待条例》第21条规定，现役军人残疾分为因战致残、因工致残和因病致残。第23条规定，因战、因工致残，残疾等级被评定为一级至十级的，享受抚恤；因病致残，残疾等级被评定为一级至六级的，享受抚恤。抚恤金标准按有关规定发放。

3. 社会优待

是指国家、社会和群众对中国人民解放军现役军人、服现役或者退出现役的残疾军人以及复员军人、退伍军人、烈士遗属、因工牺牲军人遗属、病故军人遗属、现役军人家属等优待对象给予帮助和照顾的制度，是社会优抚制度的一项重要内容。社会优待的内容有：(1) 发放优待金。(2) 对家属的优待。(3) 医疗优待。(4) 社会生活中的优待。

4. 退役安置

是指国家和社会为退出现役的军人提供资金和服务，以帮助其重新就业的一项优抚保障制度。主要有退伍义务兵的安置、军队转业干部的安置、军队干部复员安置、军队离退休干部安置、无军籍退休职工安置。

☞ 思考与练习

1. 劳动法的调整对象是什么？
2. 劳动法的渊源是什么？
3. 劳动合同的内容及解除条件各是什么？
4. 简述劳动的法律保护制度内容。
5. 劳动争议处理程序是什么？
6. 简述社会保险制度的主要内容。

第十九章　城市房地产管理法

第一节　城市房地产管理法概述

一、房地产的概念与特点

房地产，即房产与地产的统称。房产是房屋及其权利的总称。地产是土地及其权利的总称。房地产是由土地、附着在土地上的各类建筑物、构筑物和其他不可分离的物质及其权利构成的财产总体。

房地产具有以下几个特点：(1) 房地产位置的固定性。土地是自然生成物，它的位置是不可移动的。房屋是建筑在土地上的，由此决定了房屋等建筑物也是不可移动的。故房地产也称不动产。(2) 房地产是实体权利和财产权利的有机结合。从形式上看，它是一种有形的空间体。但从法律的角度来看，房地产是由各种权利义务组成的综合体，它的核心是土地的使用权和房屋的所有权。(3) 房地产统一体中，地产是核心。土地的有限性、不可再生性、耐久性、自然性决定房产必须依托地产。

二、城市房地产管理法的适用范围

为了加强对城市房地产的管理，维护房地产市场秩序，保障房地产权利人的合法权益，促进房地产业的健康发展，我国于 1994 年制定了《中华人民共和国城市房地产管理法》，并于 2007 年进行了修订。

根据《中华人民共和国城市房地产管理法》第 2 条的规定，在中华人民共和国城市规划区国有土地（以下简称国有土地）范围内取得房地产开发用地的土地使用权，从事房地产开发、房地产交易，实施房地产管理，应当遵守本法。

第二节　房地产开发用地

一、土地使用权出让

(一) 土地使用权出让的概念

土地使用权出让，是指国家将国有土地使用权在一定年限内出让给土地使用者，由土地使用者向国家支付土地使用权出让金的行为。城市规划区内的集体所有的土地，经依法征用转为国有土地后，该幅国有土地的使用权方可有偿出让。

土地使用权出让，必须符合土地利用总体规划、城市规划和年度建设用地计划。

县级以上地方人民政府出让土地使用权用于房地产开发的，须根据省级以上人民政府下达的控制指标拟订年度出让土地使用权总面积方案，按照国务院规定，报国务院或者省级人民政府批准。

土地使用权出让，由市、县人民政府有计划、有步骤地进行。出让的每幅地块、用途、年限和其他条件，由市、县人民政府土地管理部门会同城市规划、建设、房产管理部门共同拟定方案，按照国务院规定，报经有批准权的人民政府批准后，由市、县人民政府土地管理部门实施。

直辖市的县人民政府及其有关部门行使前款规定的权限，由直辖市人民政府规定。

（二）土地使用权出让的方式

土地使用权出让，可以采取拍卖、招标或者双方协议的方式。

1. 拍卖出让

拍卖又称竞投，是指政府将出让某一具体地块的土地使用权的条件和要求（如规划设计要求方案、开发期限、最低出让价格等）在拍卖场所公开，经同意开发方案的竞买人当场报价，最后将土地使用权出让给报价最高的竞买人的法律行为。

2. 招标出让

招标出让由招标、投标、开标、评标、中标等环节组成。招标人看重投标人的实际开发能力、企业的业绩及资信状况，以及与招标人合作的前景等。

3. 协议出让

协议出让是由出让人与受让人通过协商、谈判，就有关土地使用权出让事宜达成一致的法律行为。采取双方协议方式出让土地使用权的出让金不得低于按国家规定所确定的最低价。协议出让方式主要适用于有特定要求、专业性强的项目，以及没有条件、不能采取拍卖和招标方式的项目。

商业、旅游、娱乐和豪华住宅用地，有条件的，必须采取拍卖、招标方式；没有条件，不能采取拍卖、招标方式的，可以采取双方协议的方式。土地使用权出让最高年限由国务院规定。

（三）土地使用权出让的具体要求

土地使用权出让，应当签订书面出让合同。土地使用权出让合同由市、县人民政府土地管理部门与土地使用者签订。土地使用者必须按照出让合同约定，支付土地使用权出让金；未按照出让合同约定支付土地使用权出让金的，土地管理部门有权解除合同，并可以请求违约赔偿。土地使用者按照出让合同约定支付土地使用权出让金的，市、县人民政府土地管理部门必须按照出让合同约定，提供出让的土地；未按照出让合同约定提供出让的土地的，土地使用者有权解除合同，由土地管理部门返还土地使用权出让金，土地使用者并可以请求违约赔偿。

土地使用者需要改变土地使用权出让合同约定的土地用途的，必须取得出让方和市、县人民政府城市规划行政主管部门的同意，签订土地使用权出让合同变更协议或者重新签订土地使用权出让合同，相应调整土地使用权出让金。土地使用权出让金应当全部上缴财政，列入预算，用于城市基础设施建设和土地开发。土地使用权出让金上缴和使用的具体办法由国务院规定。

国家对土地使用者依法取得的土地使用权，在出让合同约定的使用年限届满前不收回；在特殊情况下，根据社会公共利益的需要，可以依照法律程序提前收回，并根据土地使用者使用土地的实际年限和开发土地的实际情况给予相应的补偿。

土地使用权出让合同约定的使用年限届满，土地使用者需要继续使用土地的，应当至迟于届满前一年申请续期，除根据社会公共利益需要收回该幅土地的，应当予以批准。经批准准予续期的，应当重新签订土地使用权出让合同，依照规定支付土地使用权出让金。土地使用权出让合同约定的使用年限届满，土地使用者未申请续期或者虽申请续期但依照前款规定未获批准的，土地使用权由国家无偿收回。土地使用权因土地灭失而终止。

二、土地使用权划拨

土地使用权划拨，是指县级以上人民政府依法批准，在土地使用者缴纳补偿、安置等费用后将该幅土地交付其使用，或者将土地使用权无偿交付给土地使用者使用的行为。

依照《中华人民共和国城市房地产管理法》规定以划拨方式取得土地使用权的，除法律、行政法规另有规定外，没有使用期限的限制。下列建设用地的土地使用权，确属必需的，可以由县级以上人民政府依法批准划拨。(1) 国家机关用地和军事用地；(2) 城市基础设施用地和公益事业用地；(3) 国家重点扶持的能源、交通、水利等项目用地；(4) 法律、行政法规规定的其他用地。

第三节　房地产开发

一、房地产开发的基本原则和要求

房地产开发是指在根据《中华人民共和国城市房地产管理法》取得的国有土地使用权的土地上进行基础设施、房屋修建的行为。

房地产开发必须严格执行城市规划，按照经济、社会效益、环境效益相统一的原则，实行全面规划、合理布局、综合开发、配套建设。以出让方式取得土地使用权进行房地产开发的，必须按照土地使用权出让合同约定的土地用途、动工开发期限开发土地。超过出让合同约定的动工开发日期满 1 年未动工开发的，可以征收相当于土地使用权出让金 20% 以下的土地闲置费；满 2 年未动工开发的，可以无偿收回土地使用权；但是，因不可抗力或者政府有关部门的行为，或者动工开发必需的前期工作造成动工开发迟延的除外。

房地产开发项目的设计、施工，必须符合国家的有关标准和规范。房地产开发项目竣工，经验收合格后，方可交付使用。依法取得的土地使用权，可以依照本法和有关法律、行政法规的规定，作价入股、合资、合作开发经营房地产。

二、房地产开发企业

房地产开发企业是以营利为目的，从事房地产开发和经营的企业。设立房地产开发企业，应当具备下列条件：（1）有自己的名称和组织机构；（2）有固定的经营场所；

(3) 有符合国务院规定的注册资本；(4) 有足够的专业技术人员；(5) 法律、行政法规规定的其他条件。

设立房地产开发企业，应当向工商行政管理部门申请设立登记。工商行政管理部门对符合本法规定条件的，应当予以登记，发给营业执照；对不符合本法规定条件的，不予登记。设立有限责任公司、股份有限公司，从事房地产开发经营的，还应当执行公司法的有关规定。房地产开发企业在领取营业执照后的一个月内，应当到登记机关所在地的县级以上地方人民政府规定的部门备案。房地产开发企业的注册资本与投资总额的比例应当符合国家有关规定。房地产开发企业分期开发房地产的，分期投资额应当与项目规模相适应，并按照土地使用权出让合同的规定，按期投入资金，用于项目建设。

第四节　房地产交易

一、一般规定

房地产转让、抵押时，房屋的所有权和该房屋占用范围内的土地使用权同时转让、抵押。基准地价、标定地价和各类房屋的重置价格应当定期确定并公布。具体办法由国务院规定。国家实行房地产价格评估制度。房地产价格评估，应当遵循公正、公平、公开的原则，按照国家规定的技术标准和评估程序，以基准地价标定地价和各类房屋的重置价格为基础，参照当地的市场价格进行评估。国家实行房地产成交价格申报制度。房地产权利人转让房地产，应当向县级以上地方人民政府规定的部门如实申报成交价，不得瞒报或者作不实的申报。房地产转让、抵押，当事人应当依照城市房地产管理法第五章的规定办理权属登记。

二、房地产转让的概念和条件

房地产转让，是指房地产权利人通过买卖、赠与或者其他合法方式将其房地产转移给他人的行为。下列房地产不得转让：(1) 以出让方式取得土地使用权的，不符合城市房地产管理法第 39 条规定的条件的；(2) 司法机关和行政机关依法裁定、决定查封或者以其他形式限制房地产权利的；(3) 依法收回土地使用权的；(4) 共有房地产，未经其他共有人书面同意的；(5) 权属有争议的；(6) 未依法登记领取权属证书的；(7) 法律、行政法规规定禁止转让的其他情形。

以出让方式取得土地使用权的，转让房地产时，应当符合下列条件：(1) 按照出让合同约定已经支付全部土地使用权出让金，并取得土地使用权证；(2) 按照出让合同约定进行投资开发，属于房屋建设工程的，完成开发投资总额的 25% 以上，属于成片开发土地的，形成工业用地或者其他建设用地条件。转让房地产时房屋已经建成的，还应当持有房屋所有权证书。以划拨方式取得土地使用权的，转让房地产时，应当按照国务院规定，报有批准权的人民政府审批。有批准权的人民政府准予转让的，应当由受让方办理土地使用权出让手续，并依照国家有关规定缴纳土地使用权出让金。

以划拨方式取得土地使用权的，转让房地产报批时，有批准权的人民政府按照国务院规定决定可以不办理土地使用权出让手续的，转让方应当按照国务院规定将转让房地产所获收益中的土地收益上缴国家或者作其他处理。

房地产转让，应当签订书面转让合同，合同中应当载明土地使用权取得的方式。房地产转让时，土地使用权出让合同载明的权利、义务随之转移。以出让方式取得土地使用权的，转让房地产后，其土地使用权的使用年限为原土地使用权出让合同约定的年限减去原土地使用者已经使用年限后的剩余年限。

以出让方式取得土地使用权的，转让房地产后，受让人改变原土地使用权出让合同约定的土地用途的，必须取得原出让方和市、县人民政府城市规划行政主管部门的同意，签订土地使用权出让合同变更协议或者重新签订土地使用权出让合同，相应调整土地使用权出让金。

商品房预售是指房地产开发企业将正在建设中的房屋预先出售给承购人，由承购人支付定金或房价款的行为。商品房预售应当符合下列条件：(1) 已交付全部土地使用权出让金，取得土地使用权证书；(2) 持有建设工程规划许可证；(3) 按提供预售的商品房计算，投入开发建设的资金达到工程建设总投资的25%以上，并已经确定施工进度和竣工交付日期；(4) 向县级以上人民政府房产管理部门办理预售登记，取得商品房预售许可证明。

商品房预售人应当按照国家有关规定将预售合同报县级以上人民政府房产管理部门和土地管理部门登记备案。商品房预售所得款项，必须用于有关的工程建设。商品房预售的，商品房预购人将购买的未竣工的预售商品房再行转让的问题，由国务院规定。

三、房地产抵押

房地产抵押，是指抵押人以其合法的房地产以不转移占有的方式向抵押权人提供债务履行担保的行为。债务人不履行债务时，抵押权人有权依法以抵押的房地产拍卖所得的价款优先受偿。

依法取得的房屋所有权连同该房屋占用范围内的土地使用权，可以设定抵押权。

以出让方式取得的土地使用权，可以设定抵押权。房地产抵押，应当凭土地使用权证书、房屋所有权证书办理。房地产抵押，抵押人和抵押权人应当签订书面抵押合同。设定房地产抵押权的土地使用权是以划拨方式取得的，依法拍卖该房地产后，应当从拍卖所得的价款中缴纳相当于应缴纳的土地使用权出让金的款额后，抵押权人方可优先受偿。房地产抵押合同签订后，土地上新增的房屋不属于抵押财产。需要拍卖该抵押的房地产时，可以依法将土地上新增的房屋与抵押财产一同拍卖，但对拍卖新增房屋所得，抵押权人无权优先受偿。

四、房地产中介服务机构

房地产中介服务机构是指房地产咨询机构、房地产价格评估机构、房地产经纪机构等。房地产中介服务机构应当具备下列条件：(1) 有自己的名称和组织机构；(2) 有固定的服务场所；(3) 有必要的财产和经费；(4) 有足够数量的专业人员；(5) 法律、行政法规规定的其他条件。

设立房地产中介服务机构，应当向工商行政管理部门申请设立登记，在领取营业执照后方可开业。国家实行房地产价格评估人员资格认证制度。

五、房地产权属登记

以出让或者划拨方式取得土地使用权，应当向县级以上地方人民政府土地管理部门申请登记，经县级以上地方人民政府土地管理部门核实，由同级人民政府颁发土地使用权证书。

在依法取得的房地产开发用地上建成房屋的，应当凭土地使用权证书向县级以上地方人民政府房产管理部门申请登记，由县级以上地方人民政府房产管理部门核实并颁发房屋所有权证书。

房地产转让或者变更时，应当向县级以上地方人民政府房产管理部门申请房产变更登记，并凭变更后的房屋所有权证书向同级人民政府土地管理部门申请土地使用权变更登记，经同级人民政府土地管理部门核实，由同级人民政府更换或者更改土地使用权证书。

法律另有规定的，依照有关法律的规定办理。房地产抵押时，应当向县级以上地方人民政府规定的部门办理抵押登记。

因处分抵押房地产而取得土地使用权和房屋所有权的，应当办理过户登记。经省、自治区、直辖市人民政府确定，县级以上地方人民政府由一个部门统一负责房产管理和土地管理工作的，可以制作、颁发统一的房地产权证书，依照城市房地产管理法第 61 条的规定，将房屋的所有权和该房屋占用范围内的土地使用权的确认和变更，分别载入房地产权证书。

☞ 思考与练习

1. 简述房地产的概念及特点。
2. 简述土地使用权出让的概念和方式。
3. 商品房预售应当符合的条件是什么？
4. 乙通过预售从某房地产开发公司购买临街铺面一间，但未办理相关权属证书。甲向乙购买该临街铺面一间，成交后未办理房屋产权变更登记。后甲因私人债务将此铺面抵押给丙，乙提出异议。问该案如何处理？

第二十章　经济仲裁和诉讼法律制度

第一节　经济仲裁法律制度

一、经济仲裁概述

（一）经济仲裁的概念与特征

仲裁是指当事人双方在争议发生后，依照双方达成的书面仲裁协议，将争议提交仲裁机构审理，并作出对争议各方均有约束力的裁决，从而解决争议的一种方式。经济仲裁，是指经济纠纷的双方当事人通过订立仲裁协议，将经济活动中发生的纠纷提交仲裁机构作出裁决，双方必须执行的一种解决纠纷的方法。为保证公正、及时地仲裁经济纠纷，保护当事人的合法利益，我国于1994年8月31日第八届全国人大常委会第九次会议通过了《中华人民共和国仲裁法》，自1995年9月1日起施行。

经济仲裁既不同于行政调解和法院审判，也不同于当事人的自行和解，它是一种非常重要的非司法诉讼解决经济纠纷的方式。经济仲裁具有以下几个方面的特征：

1. 经济仲裁体现了当事人双方的自愿性

当事人采取仲裁方式解决经济纠纷，应出于双方的完全自愿。当事人之间的经济纠纷，是否将其提交仲裁机构、提交哪一个仲裁机构、仲裁庭的组成人员如何产生、仲裁用哪一种程序规则等，都是在当事人双方自愿的基础上，由当事人协商确定达成仲裁协议的。没有仲裁协议，一方申请仲裁的，仲裁机构不予受理。所以，经济纠纷的仲裁能够充分体现当事人的自愿性。

2. 经济仲裁具有灵活性和快捷性

经济仲裁在程序上简便易行，仲裁程序可以按当事人选定的某一仲裁机构的仲裁规则，以及当事人对具体程序的约定来进行，几乎每一个步骤当事人都能主动作为。因此仲裁的灵活性很强，在程序上也比较灵活，不像诉讼那样严格，很多环节可以被简化。经济仲裁都是采取一裁终局制，不存在上诉或重审的可能，不像诉讼那样实行两审终审制，也没有诉讼那样的各种限制，当事人双方都有要求仲裁的权利，都可以提出仲裁请求和反请求，这样有利于当事人之间经济纠纷的迅速解决，也降低了解决争议的成本。

3. 经济仲裁一般不公开进行，具有很强的保密性

仲裁案件以不公开审理为原则，不仅审理过程不公开，案情和裁决结果也不公开，仲裁机构在审理过程中也不接受采访，而且仲裁法和仲裁规则都规定了仲裁员及仲裁秘书人员的保密义务，所以当事人的商业秘密和贸易活动不会因经济纠纷的仲裁活动而泄露，有

利于维护其商业利益和商业信誉。

4. 经济仲裁具有独立性和约束性

仲裁法第 8 条规定，仲裁依法独立进行，不受行政机关、社会团体和个人的干涉。仲裁法第 14 条规定，仲裁委员会独立于行政机关，与行政机关没有隶属关系，仲裁委员会之间也没有隶属关系，这就保证了仲裁解决经济纠纷的独立性。

仲裁机构为解决当事人的经济纠纷所作出的裁决对双方当事人均具有约束力，当事人必须执行。仲裁机构作出的裁决书自作出之日起发生法律效力。一方当事人不履行裁决时，另一方当事人有权向人民法院提出执行申请，请求人民法院强制执行，这体现了仲裁对当事人有很强的约束力。

（二）经济仲裁的原则

仲裁机构在解决经济纠纷时，应遵循以下基本原则：

1. 当事人自愿原则

当事人是否将他们之间发生的经济纠纷提交仲裁，由他们自愿协商决定。依仲裁法的规定，当事人采取仲裁方式解决仲裁争议，应当双方自愿，达成仲裁协议。如果当事人已达成仲裁协议，一方向人民法院起诉的，人民法院不予受理，但仲裁协议无效的除外。经济纠纷当事人将他们之间的纠纷提交哪一个仲裁委员会仲裁，也由当事人自己自愿协商决定。由于仲裁不实行级别管辖和地域管辖，因此，应由当事人协议选定仲裁机构。

2. 不公开原则

除当事人在仲裁协议中有约定外，仲裁一般以不公开审理为原则，我国仲裁法律和仲裁规则都规定了仲裁机构及仲裁员的保密义务。在仲裁过程中，仲裁庭开庭时不设旁听席，审理中仲裁机构不得接受新闻媒体的采访，所审理案件的内容不得公开，裁决的结果也不得向外披露。

3. 以事实为根据，以法律为准绳的原则

我国仲裁法明确规定，仲裁应当根据事实，符合法律规定，公平合理地解决纠纷和争议。这一原则要求仲裁机构在解决经济纠纷的过程中，必须全面、客观、深入、细致地查明案件当事人的主体资格，查明案件的全部经过、现状及向仲裁机构提供的证据。仲裁应根据事实，符合法律规定，公平合理地解决经济纠纷。仲裁机构依法独立审理案件，不受任何机关、社会团体和个人的干涉和影响。

4. 一裁终局原则

一裁终局不仅是我国仲裁法所确立的原则，而且也是世界各国普遍接受的仲裁原则。它是指仲裁裁决作出后，当事人不得就同一经济纠纷再申请仲裁或向人民法院提起诉讼。裁决一经作出即产生法律约束力，当事人应当履行裁决，一方当事人不履行的，另一方当事人可以依照有关法律的规定向人民法院申请执行。

二、仲裁协议

（一）仲裁协议的概念

仲裁协议是指当事人双方自愿把他们之间已经发生或者将来可能发生的经济纠纷提交仲裁解决的协议。当事人双方共同约定仲裁是将经济纠纷提交仲裁的前提，如果没有当事人的一致同意，任何一方当事人都不得把争议提交仲裁机构解决。如果双方当事人已经有效地同意将争议提交仲裁，任何一方当事人都不能单方面地撤回已表示同意的约定。仲裁协议是当事人将其争议提交仲裁的依据，也是仲裁机构对某一特定案件取得管辖权的前提。由于仲裁协议是仲裁机构取得仲裁权的基础，它同时排斥司法管辖权，这就要求仲裁协议必须采用书面形式。仲裁协议还具有一定的独立性，它通常是以仲裁条款的形式包含在主合同之中，仲裁条款不受主合同是否有效的影响，当主合同无效时，包含在其中的仲裁条款并不因此而失去法律效力。

（二）仲裁协议的类型和内容

仲裁法第 16 条规定，仲裁协议包括合同中订立的仲裁条款和以其他方式在纠纷发生前或者发生后达成的请求仲裁的协议。由此可见，仲裁协议必须采取书面的形式。依据仲裁协议订立的时间和形式的不同，仲裁协议有三种类型：第一种是作为合同的一项条款，即通常所称的仲裁条款，这种类型的仲裁协议常常在合同订立的同时订立，因此往往是在纠纷发生之前订立的；第二种是纠纷发生之前，在合同之外单独订立的协议，规定有关仲裁的事项；第三种是在纠纷发生之后，在合同之外单独订立的协议。一般来讲，在纠纷发生之后订立仲裁协议的难度较大，因此，第三种类型的仲裁协议较为少见。

仲裁协议是仲裁机构受理争议案件、行使仲裁裁决权力的依据，其内容必须明确、完整、有效。依照仲裁法的规定，仲裁协议应当具备下列内容：①请求仲裁的意思表示。在仲裁协议中，当事人应当明确表示愿意将经济纠纷提交仲裁机构解决。②仲裁事项。双方当事人共同协商确定的提交仲裁的经济纠纷范围。凡是仲裁条款或协议中规定的争议事项，仲裁机构才予以受理；凡是仲裁条款或协议未规定的事项，或者当事人已提交仲裁的申请书中未明确提及的事项，仲裁机构就不能受理。③选定的仲裁机构。双方当事人在订立仲裁协议时，应明确约定仲裁事项由哪一个仲裁机构进行仲裁，否则仲裁机构无法受理。

（三）仲裁协议的无效

仲裁法规定，有下列情况之一的，仲裁协议无效：①约定的仲裁事项超出法律规定的仲裁范围。当事人以婚姻、收养、监护、扶养、继承等为内容订立的合同发生争议后，不能申请仲裁，所订的仲裁条款或协议无效。行政机关处理的行政争议也不能仲裁。劳动争议和农业集体经济组织内部的农业承包经济纠纷的仲裁另行规定，也不适用仲裁法。②无民事行为能力人或限制民事行为能力人订立的仲裁协议。为了保护无民事行为能力人或限制民事行为能力人的合法利益，其与他人所订立的仲裁协议无效。③一方采取胁迫手段迫使对方订立仲裁协议的。当事人一方使用胁迫手段，迫使对方订立仲裁协议，违背了当事人自愿原则，应属无效。④仲裁协议对仲裁事项或者仲裁委员会没有约定或者约定不明的，当事人可以补充协议；达不成补充协议的，仲裁协议无效。

三、仲裁机构

（一）仲裁机构的设立

我国仲裁法规定的仲裁机构是仲裁委员会。仲裁委员会属于常设性的仲裁机构，它所进行的仲裁是机构仲裁。设立仲裁委员会应当具备以下条件：有自己的名称、住所和章程；有必要的财产；有该委员会的组成人员；有聘任的仲裁员等。仲裁委员会可以在直辖市和省、自治区人民政府所在地的市设立，也可以根据需要在其他设区的市设立，不按行政区划层层设立。设立仲裁委员会，应当经省、自治区、直辖市的司法行政部门登记。仲裁委员会独立于行政机关，与行政机关没有隶属关系。各仲裁委员会的法律地位是平等的，相互之间也没有隶属关系。

仲裁委员会由主任1人、副主任2～4人、委员7～11人组成。仲裁委员会的主任、副主任和委员是该委员会的组成人员。仲裁委员会的主任、副主任和委员应当由法律、经济贸易专家和有实际工作经验的人员担任，其中法律、经济贸易专家的人数比例不得少于2/3。

（二）仲裁员与仲裁庭

仲裁委员会不设专职仲裁员，而是由仲裁委员会从思想品德好，具有较高业务水平，并符合下列条件之一的人员中聘任：从事仲裁工作满8年；从事律师工作满8年；曾任审判员满8年；从事法律教学、研究工作并具有高级职称的；具有法律知识、从事经济贸易等专业工作并具有高级职称或者具有同等专业水平的。仲裁员有专职和兼职之分。既是仲裁委员会的工作人员，又被聘为仲裁员的，为专职仲裁员；在其他部门工作，且被聘为仲裁员的，为兼职仲裁员。仲裁委员会应当将聘任的仲裁员造就名册，供当事人选择仲裁员。

仲裁委员会并不直接审理案件，而是组成仲裁庭负责审理案件。因此，仲裁庭是为审理某一具体案件而设立的临时性组织。仲裁庭审理完某一具体案件，该仲裁庭就不再存在。

仲裁庭可由3名仲裁员或者1名仲裁员组成。仲裁庭可分为合议仲裁庭和独任仲裁庭。

当事人双方约定由3名仲裁员组成合议仲裁庭的，双方当事人应当各自选定1名仲裁员，或者各自委托仲裁委员会主任指定1名仲裁员。第3名仲裁员即首席仲裁员由双方当事人共同选定，或者共同委托仲裁委员会主任指定。当事人为3方或3方以上，约定由3名仲裁员组成合议仲裁庭的，当事人应当共同选择3名仲裁员，并选定其中1名为首席仲裁员；或者共同委托仲裁委员主任指定2名仲裁员和首席仲裁员。

独任仲裁庭由1名仲裁员组成，由当事人共同选定或者共同委托仲裁委员会主任指定。当事人没有在仲裁规则规定的期限内约定仲裁庭的组成方式或者选定仲裁员的，由仲裁委员会主任指定。仲裁庭组成后，仲裁委员会应当将仲裁庭的组成情况书面通知当事人。

四、仲裁程序

（一）申请与受理

依据仲裁法的规定，当事人申请仲裁应当符合下列条件：有仲裁协议；有具体的仲裁请求、事实和理由；申请仲裁的事项属于仲裁委员会的受理范围。当事人必须采用书面形式向仲裁委员会申请仲裁。仲裁申请书应载明法律规定的事项。仲裁委员会对申请人提出的仲裁申请，必须在法定期限内（收到仲裁申请书之日起5日内）进行审查，认为符合法定受理条件的，应予受理，并将受理决定通知当事人。如认为不符合法定受理条件的，应当书面通知当事人，不予受理，并说明理由。

（二）开庭和裁决

仲裁庭组成之后，仲裁应当开庭进行。仲裁庭审理案件有两种方式：一是书面审理，即当事人协议不开庭的，仲裁庭可以根据当事人提供的仲裁申请书、答辩书以及其他材料作出裁决；二是开庭审理，即仲裁庭通知双方当事人到庭审理。通常情况下应采取开庭审理方式。仲裁委员会应当在仲裁规则规定的期限内将开庭日期通知双方当事人。当事人有正当理由的，可以在仲裁规则规定的期限内请求延期开庭；是否延期，由仲裁庭决定。申请人经书面通知，无正当理由不到庭或者未经仲裁庭许可中途退庭的，可以视为撤回仲裁申请。被申请人经书面通知，无正当理由不到庭或者未经仲裁庭许可中途退庭的，可以缺席裁决。在开庭审理过程中，当事人可以申请财产保全和证据保全，可以达成和解协议，撤回仲裁申请；可以达成调解协议；可以进行辩论等。被申请人有进行答辩和提起反请求的权利。

仲裁庭对案件审理后进行裁决，并应作出裁决书。裁决书应写明仲裁请求、争议事实、裁决理由、裁决结果、仲裁费用的负担和裁决日期。当事人协议不愿写明争议事实和裁决理由的，可以不写。裁决书由仲裁员签名，加盖仲裁委员会印章。对裁决持有不同意见的仲裁员，可以在裁决书上签名，也可以不签名。裁决书自作出之日起发生法律效力。

（三）裁决的执行

当事人应当履行裁决。一方当事人不履行的，另一方当事人可以依照民事诉讼法的有关规定向人民法院申请执行，受申请的人民法院应当执行。一方当事人申请执行裁决，另一方当事人申请撤销裁决的，人民法院应当裁定中止执行。人民法院裁定撤销裁决的，应当裁定终结执行。撤销裁决的申请被裁定驳回的，人民法院应当裁定恢复执行。

五、法院对仲裁的协助和监督

根据民事诉讼法和仲裁法的规定，我国在仲裁和诉讼的关系方面做了很大的改革，变过去的“既裁又审”为现在的“或裁或审”制度。在这种制度下，法院对仲裁活动不予干涉，但是，仲裁活动需要法院的协助和监督，以保证仲裁活动得以顺利、合法地进行，从而保障当事人的合法权益。

（一）法院对仲裁活动的协助

法院对仲裁的协助，主要表现在财产保全、证据保全和强制执行仲裁裁决等方面。

1. 财产保全

财产保全是指为了保证仲裁裁决能够得到实际执行，以免利害关系人的合法利益受到难以弥补的损失，在法定条件下所采取的限制另一方当事人、利害关系人处分财物的保障措施。财产保全措施包括查封、扣押、冻结以及法律规定的其他方法。仲裁法第 28 条规定：当事人申请财产保全的，仲裁委员会应当将当事人的申请依照民事诉讼的有关规定提交人民法院。为保护被申请人的合法权益、防止申请人滥用财产保全申请权，仲裁法同时规定：申请有错误的，申请人应当赔偿被申请人因财产保全所遭受的损失。

2. 证据保全

证据保全是指在证据可能毁损、灭失或者以后难以取得的情况下，为保存其证明作用而采取一定的措施加以确定和保护的制度。证据保全是保证当事人承担举证责任的补救方法，在一定意义上也是当事人取得证据的一种手段。证据保全的目的就是保障仲裁的顺利进行，确保仲裁庭作出正确裁决。仲裁法第46条规定，在证据可能灭失或者以后难以取得的情况下，当事人可以申请证据保全。当事人申请证据保全的，仲裁委员会应当将当事人的申请提交证据所在地基层人民法院。由此可见，在仲裁过程中采取证据保全措施，一方面需要当事人提出证据保全的申请，另一方面由仲裁机构将当事人的申请提交证据所在地的基层人民法院，是否准予采取证据保全措施应由法院决定。我国民事诉讼法规定了不同的证据种类。对于不同种类的证据，应分别采取不同的保全方法，以达到能够客观真实地反映证据的情况，固定其证明力的目的。

3. 强制执行仲裁裁决

仲裁裁决是指仲裁机构经过对当事人之间争议的审理，依据争议的事实和法律，对当事人双方的争议作出的具有法律约束力的判定。仲裁法第57条明确规定，裁定书自作出之日起发生法律效力。除非人民法院依照法定程序和条件裁定撤销或者不予执行仲裁裁决，当事人应当自觉履行裁决。由于仲裁机构没有强制执行仲裁裁决的权力，因此，为了保障仲裁裁决的实施，防止负有履行裁决义务的当事人逃避或者拒绝仲裁裁决确定的义务，我国仲裁法第62条规定，一方当事人不履行仲裁裁决的，另一方当事人可以依照民事诉讼法的有关规定向人民法院申请执行。受申请的人民法院应当执行。

执行不同于履行，执行是人民法院依照法律规定的程序和方式，运用国家强制力量行使司法执行权，实施法律文书的内容、实现权利人权利的法定程序。仲裁裁决的执行程序只能由权利人的申请开始，不能采取移送执行的方式。

申请执行仲裁裁决应当在法律规定的期限内向有管辖权的人民法院提出。双方或者一方当事人是公民的，申请执行的期限为1年；双方是法人或其他组织的为6个月。如果没有正当理由超过申请执行期限的，申请人就失去了要求人民法院予以强制执行的权利。对仲裁裁决执行有管辖权的人民法院是指被执行人住所地或者被执行人财产所在地的人民法院。

在受理权利人要求执行仲裁裁决的申请后，被申请人提出证据证明裁决有民事诉讼法第217条第2款规定的情形之一的，经人民法院组成合议庭审查核实，裁定不予执行。一方当事人申请执行裁决，另一方当事人申请撤销裁决的，法院应当裁定中止执行。如果法院裁定撤销裁决，应当裁定终结执行程序。撤销裁决的申请被裁定驳回的，人民法院应当裁定恢复执行程序。

（二）法院对仲裁活动的监督

为了发挥经济仲裁可以快捷、有效解决各种经济纠纷的优势，我国仲裁法不允许当事人在仲裁裁决作出后再向人民法院提起诉讼。但是，为了提高仲裁员的责任心，保证仲裁裁决的合法性、公正性，保护各方当事人的合法权益，我国仲裁法同时规定了人民法院对仲裁活动予以司法监督的制度。我国仲裁法有关司法监督的规定表明，对仲裁进行司法监督的范围是有限的，而且是事后的。如果当事人对仲裁裁决没有异议，不主动申请司法监督，法院对仲裁裁决采取不干预的做法。司法监督的实现方式主要是允许当事人向法院申请撤销仲裁裁决和不予执行仲裁裁决。

1. 撤销仲裁裁决

根据仲裁法第5章规定，当事人提出证据证明裁决有下列情形之一的，可以在自收到仲裁裁决书之日起6个月内向仲裁委员会所在地的中级人民法院申请撤销仲裁裁决：

(1) 没有仲裁协议的；

(2) 裁决的事项不属于仲裁协议的范围或者仲裁委员会无权仲裁的；

(3) 仲裁庭的组成或者仲裁的程序违反法定程序的；

(4) 裁决所根据的证据是伪造的；

(5) 对方当事人隐瞒了足以影响公正裁决证据的；

(6) 仲裁员在仲裁该案时有索贿受贿、徇私舞弊、枉法裁决行为的。

以上规定表明，当事人申请撤销仲裁裁决应当在法律规定的期限内向人民法院提出，并应提供证明有以上情形的证据。同时，并非任何法院都有权受理撤销仲裁裁决的申请，只有仲裁委员会所在地的中级人民法院对此享有专属管辖权。

人民法院在受理撤销仲裁裁决申请后，应当在受理之日起两个月内作出撤销仲裁裁决或者驳回申请的裁定。人民法院经组成合议庭审查核实裁决确有上列情形之一的，或者人民法院认定仲裁裁决违背社会公共利益的，应当裁定撤销。仲裁裁决被人民院裁定撤销的，当事人之间的纠纷并没有得到解决，因此，当事人就该纠纷可以根据双方重新达成的仲裁协议申请仲裁，也可以向人民法院提起诉讼。

此外，人民法院受理撤销仲裁裁决的申请后，认为可以由仲裁庭重新仲裁的，通知仲裁庭在一定期限内重新仲裁，并裁定中止撤销程序，以尽快解决当事人之间的争议。但是，如果仲裁庭拒绝重新仲裁的，人民法院应当裁定恢复撤销程序。

2. 不予执行仲裁裁决

根据仲裁法第63条的规定，在仲裁裁决执行过程中，如果被申请人提出证据证明裁决有民事诉讼法第217条第2款规定的情形之一的，经人民法院组成的合议庭审查核实，裁定不予执行该仲裁裁决。

民事诉讼法第217条第2款规定的情形有：

(1) 当事人在合同中没有订有仲裁条款或者事后没有达成书面仲裁协议的；

(2) 裁决的事项不属于仲裁协议的范围或者仲裁机构无权仲裁的；

(3) 仲裁庭的组成或者仲裁的程序违反法定程序的；

(4) 认定事实和主要证据不足的；

(5) 适用法律有错误的；

(6) 仲裁员在仲裁该案时有贪污受贿，徇私舞弊，枉法裁决行为的。

作为司法监督的方法之一，不予执行仲裁裁决的规定同样有助于保证仲裁活动的合法性、公正性，保障当事人的合法权益。但是，不予执行仲裁裁决和撤销仲裁裁决的区别也是明显的，除二者的后果、适用的条件不同外，有权进行司法监督的人民法院也是不同的，并不限于仲裁委员会所在地的中级人民法院。

仲裁裁决被人民法院裁定不予执行的，当事人之间的纠纷并没有得到解决，因此，当事人就该纠纷可以根据双方重新达成的仲裁协议申请仲裁，也可以向人民法院起诉。

第二节 民事诉讼法律制度

一、民事诉讼的概念和基本原则

民事诉讼是指审判机关在当事人和其他诉讼参与人参加下，对民事纠纷案件进行审理并作出裁决的活动。

人民法院审理民事纠纷案件时，应依照有关法律的规定，遵循以下原则：

（一）依法独立审判的原则

人民法院审理民事纠纷案件时，应依照法律规定独立行使审判权，不受行政机关、社会团体和个人干涉。确立人民法院依法独立审判的原则，根本目的就在于从立法上保障人民法院能够独立地、不受任何干扰地依法审判解决民事纠纷。

（二）确保当事人享有平等权利的原则

民事纠纷的双方当事人在诉讼中的地位平等，双方享有对等的诉讼权利和承担对等的诉讼义务。双方当事人在诉讼过程中有权使用本民族的语言和文字，有申请回避和保全措施、委托代理、进行辩护等权利。人民法院应当为双方当事人平等地行使诉讼权利提供便利和保障，在适用法律上对当事人一律平等，一视同仁，反对任何凌驾于法律之上的特权。

（三）以事实为根据、以法律为准绳的原则

以事实为根据，要求人民法院在审理民事纠纷时，要注重调查研究，查清案件事实，全面客观地搜集证据，并在查证属实后，认定客观存在的事实。反之，在审判民事纠纷案件中，审判人员凭主观推测和想象，感情用事，没有查清案件事实，是非不分，责任不明，当事人之间的民事纠纷就得不到公正、合理的解决。以法律为准绳，要求审判人员在适用法律上程序合法，并能准确地理解所适用法律的内容和实质，正确运用法律，以法律作为衡量是非责任的唯一尺度。

（四）实行两审终审制的原则

两审终审制是指民事纠纷案件经过两级人民法院审判后即告终结的制度。依两审终审制度，当事人不服一审人民法院的判决、允许上诉的裁定，可上诉至二审人民法院，二审人民法院对案件所作的判决、裁定为生效判决、裁定，当事人不得再上诉。但最高人民法院所作的一审判决、裁定，为终审判决、裁定，当事人不得上诉。

二、审判管辖

审判管辖是指确定上下级人民法院之间和同级人民法院之间受理第一审民事纠纷案件的分工和权限，分为级别管辖、地域管辖、指定管辖和移送管辖等。

（一）级别管辖

级别管辖是指人民法院系统内部划分上下级法院之间受理第一审民事纠纷案件的分工和权限。级别管辖的确定主要是以案件的性质、复杂程度、标的额和影响范围的大小为标准。除法律规定由中级人民法院、高级人民法院和最高人民法院管辖的第一审民事纠纷案件外，其余的第一审民事纠纷案件都由基层人民法院管辖。中级人民法院管辖重大的涉外案件、在本辖区有重大影响的案件或最高人民法院确定由中级人民法院管辖的案件。高级人民法院管辖的第一审民事纠纷案件为在本辖区内有重大影响的案件。最高人民法院管辖的第一审民事纠纷案件为在全国有重大影响的案件及最高人民法院认为应当由本院审理的案件。

（二）地域管辖

地域管辖是指确定同级的不同区域的人民法院受理第一审民事纠纷案件的分工和权限。我国法律规定的地域管辖，包括一般地域管辖、特殊地域管辖、协议管辖和专属管辖。

一般地域管辖是指原告起诉应到被告所在地人民法院提出。对公民提起的民事纠纷诉讼，由被告人住所地人民法院管辖，被告住所地与经常居住地不一致的，由经常居住地人民法院管辖；对法人或者其他组织提起的诉讼，由被告住所地人民法院管辖。

特殊地域管辖是以诉讼标的所在地，或者引起合同关系发生、变更、终止的法律事实所在地为标准划分的诉讼管辖。因民事纠纷提起的诉讼，由被告所在地或者合同履行地人民法院管辖。但是法律另有特殊规定的，应按其规定。

协议管辖是指根据双方当事人的约定确定的管辖。合同双方当事人可以在书面合同中协议选择被告住所地、合同履行地、合同签订地、原告住所地、标的物所在地人民法院管辖。协议管辖只能针对第一审法院的管辖，第二审法院的管辖不能由当事人以协议方式进行约定。协议管辖不得违反关于级别管辖和专属管辖的规定。

专属管辖是指法律规定某些诉讼标的特殊的案件必须由特定的人民法院管辖。涉及民事纠纷专属管辖的包括两个方面：一是因不动产民事纠纷提起的诉讼；二是因港口作业中发生的民事纠纷提起的诉讼。

（三）指定管辖和移送管辖

指定管辖是指有管辖权的人民法院，因特殊原因无法对某个具体的民事纠纷案件行使管辖权，由上级人民法院指定其辖区内的某个下级人民法院行使管辖权，或者因两个以上的同级人民法院对管辖权发生争议，又协商不成的，由双方共同的上级人民法院指定管辖。

移送管辖是指没有管辖权的人民法院受理案件后，发现该案件不属于自己管辖的，应查明该案件应由哪个人民法院管辖，将案件移送有管辖权的人民法院。受移送的人民法院应当受理。

三、审判程序

（一）起诉与受理

起诉是指公民、法人和其他组织在其经济权益受到侵害或与他人发生争议时，向人民法院提出诉讼请求，要求人民法院通过审判予以司法保护的行为。依照民事诉讼法的规定，起诉必须具备如下条件：

（1）原告是与本案有直接利害关系的公民、法人和其他组织。原告必须是有诉讼权利能力的公民、法人或其他组织，必须是本案实体权利的享有者。只有公民、法人和其他组织因自己的民事权益受到侵犯，或者与他人发生争议，才能以原告的资格向人民法院提起诉讼，要求人民法院保护其合法权益。与案件没有直接利害关系的人无权向人民法院提起诉讼。

（2）有明确的被告。原告必须明确指出侵犯其经济权益或与自己发生争执的当事人。

（3）有具体的诉讼请求和事实理由。原告起诉时必须提出要求人民法院保护的具体内容，即要求人民法院判令被告履行何种义务，或者解除、变更某种法律关系，或者确认某种法律关系是否存在。原告还应向人民法院提供案情事实，并提出必要的证据，以证明自己提出的诉讼请求是正当的。

（4）属于人民法院受理民事诉讼的范围和受诉人民法院管辖。即原告提起的诉讼应当属于人民法院行使审判权的范围和受诉法院的管辖范围，否则法院无权对案件进行审理。

受理是指人民法院通过对当事人的起诉进行审查，对符合法律规定条件的，决定立案审理的行为。人民法院接到原告的起诉后，应及时依法进行审理。首先，应审查原告的起诉是否符合民事诉讼法规定的四个条件，对于符合条件的应当予以受理，否则不应受理。其次要审查原告起诉的手续是否完备，如果起诉的手续不完备，人民法院应限期当事人补正。

人民法院经审查认为符合起诉条件的，应当在7日内立案，并通知当事人；认为不符合起诉条件的，也应当在7日内作出不予受理的裁定。原告对不予受理的裁定不服的，可以向上一级人民法院提出上诉。

（二）审理前的准备

审理前的准备是指人民法院接受原告起诉并决定立案受理后，在开庭审理之前，由承办案件的审判员依法所做的各项准备工作。人民法院应当在立案之日起5日内将起诉状副本送达被告，原告口头起诉的案件，也应当在立案后5日内以书面形式将口头起诉的内容告知被告。被告应当在收到起诉状副本之日起15日内提出答辩状。人民法院自收到答辩状之日起5日内将答辩状副本送达原告。

为保障当事人充分行使诉讼权利，正确履行诉讼义务，人民法院应当在受理案件通知书和应诉通知书中分别告知原告和被告所享有的诉讼权利、所承担的诉讼义务。审理案件的合议庭组成后，人民法院应当在3日内把合议庭的组成人员告知当事人。

承办民事纠纷案件的审判人员必须通过审阅原告提交的起诉状、被告提交的答辩状以及各自的证据和其他诉讼材料，初步了解案情，掌握双方当事人争执的问题和矛盾的焦点，并确定当事人提供的证据是否充分，是否需要人民法院调查、收集必要的证据。对于案件必需而当事人又无法提供的证据，人民法院应当进行收集、调查工作。

在审理前的准备工作中，如果人民法院发现起诉人或应诉人不合格，应当将不合格的当事人更换成合格的当事人。如果人民法院发现应当参加诉讼的当事人没有参加诉讼，应当通知其参加诉讼，或者由当事人向人民法院申请追加。

（三）开庭审理

开庭审理是指在人民法院审判人员的主持下，在民事纠纷当事人和其他诉讼参与人的参加下，依照法定程序和形式，在法庭上对民事纠纷案件进行实体审理的诉讼活动过程。

审理民事纠纷案件，除涉及国家机密外，均应公开进行开庭审理，一般分为四个阶段：

1. 法庭调查

由当事人对自己的主张及其所根据的事实和理由加以陈述。具体按原告、被告、第三人及其诉讼代理人的先后顺序进行陈述。然后是询问证人，出示书证、物证和视听资料，宣读鉴定结论，宣读勘验笔录。

2. 法庭辩论

法庭辩论的参加者只能是原告、被告和诉讼中的第三人，以及他们的诉讼代理人。法庭辩论按下列顺序进行：原告及其代理人发言；被告及其代理人发言答辩；诉讼中的第三人及其诉讼代理人发言或答辩；按原告、被告然后第三人的顺序展开互相辩论。

法庭辩论终结后，法院作出判决前，对于能够调解的，可以在事实清楚、是非明确的基础上再进行调解。调解不成的，应依法及时判决。

3. 合议庭评议

法庭辩论终结后，合议庭的人员在法庭调查和法庭辩论的基础上，认定案件事实，确定适用的法律，提出对案件的处理意见。合议庭评议实行少数服从多数的原则。

4. 宣告判决

不论案件是否公开审理，宣告判决结果一律公开进行。可以当庭宣判，也可以定期宣判。当庭宣判的应当在10日内向当事人发送判决书；定期宣判的，应在判决后立即发给判决书。不论采取哪种方式宣判，都要告知当事人上诉权利、上诉期限和上诉法院。

（四）上诉

人民法院审理案件，实行两审终审制。当事人不服第一审法院判决的，有权向上一级法院提起上诉。第二审法院审理期间，原审法院的判决暂不生效。第二审法院对第一审法院的判决所认定的事实和适用的法律进行全面审查，并作出决定。第二审法院审理上诉案件可以进行调解。调解达成协议的，应当制作调解书。调解书送达当事人后，原审法院的判决即视为撤销。调解不成的，依法判决。第二审法院的判决、裁定是终审的判决、裁定，当事人无权再上诉，即应按照终审的判决、裁定执行。

四、执行程序

对于已经发生法律效力的判决、裁定、调解书等，当事人应当自觉履行；一方当事人拒绝履行的，另一方当事人有权向法院申请执行。执行是人民法院依照法律规定的程序，运用国家强制力，强制当事人履行已生效的判决和其他法律文书所规定的义务的行为，又称强制执行。执行所应遵守的规则，就是执行程序。

（一）执行申请

当事人向人民法院申请执行时，应提交申请书，说明要求执行的事实、理由、被执行人不履行的情况、执行根据、法律依据，并提交相应的法律文书。申请应在规定的期限内提出，从法律文书规定的履行期限的最后1日起计算，双方或一方当事人是公民的该期限为1年，双方是法人或其他组织的为6个月。申请执行判决、裁定的，应当向第一审人民法院提出。执行工作由人民法院执行庭的执行员负责。

（二）执行措施

执行员接到申请执行书后，只要申请执行的标的物是财物或者行为，就应当向被执行人发出执行通知，责令其在指定的期间履行。在执行通知指定的期间被执行人仍不履行的，应当采取措施，强制执行。

强制执行措施就是人民法院执行庭依法强制执行生效的法律文书时所采取的具体的方法和手段。依民事诉讼法的规定，强制执行措施有：①查询、冻结和划拨被执行人的存款。②扣留、提取被执行人的收入。③查封、扣押、冻结、拍卖、变卖被执行人的财产。④搜查被执行人的财产。⑤强制交付法律文书指定的财物或者票证。⑥强制迁出房屋或者强迫退出土地。⑦强制办理财产权证照转移手续。⑧强制执行法律文书指定的行为。⑨强制支付迟延履行期间的债务利息或迟延履行金。⑩强制执行被执行人的到期债权。

应当注意的是，在采取查询、冻结、划拨被执行人的存款，扣留、提取被执行人的收入，查封、扣压、冻结、拍卖、变卖被执行人的财产等强制措施后，被执行人仍不能清偿债务的，应当继续履行。债权人发现被执行人有其他财产的，可以随时请求人民法院执行，不受申请执行期限的限制。

（三）执行中止和终结

1. 执行中止

在执行过程中，因某种特殊情况的发生而使执行程序暂时停止的，为执行中止。民事诉讼法规定，有下列情形之一的，人民法院应当裁定中止执行：申请人表示可以延期的；案外人对执行标的提出确有理由的异议的；作为一方当事人的公民死亡，需要等待继承人继承权利或者承担义务的；作为一方当事人的法人或者其他组织终止，尚未确定权利义务承受人的；人民法院认为应当中止执行的其他情形，如执行中双方当事人自行达成和解协议的，被执行人提供担保并经申请执行人同意的，被执行人依法宣告破产的等。

中止的情形消失后，应当恢复执行。

2. 执行终结

在执行过程中出现了某些特殊情况，使执行程序无法或无须继续进行而永久停止执行的，为执行终结。民事诉讼法规定，有下列情形之一的，人民法院有权裁定终结执行：申请人撤销申请的；据以执行的法律文书被撤销的；作为被执行人的公民死亡，无遗产可供执行，又无义务承担人的；追索赡养费、扶养费、抚育费案件的权利人死亡的；作为被执行人的公民因生活困难无力偿还借款，无收入来源，又丧失劳动能力的；人民法院认为应当终结的其他情形。

五、涉外民事诉讼

（一）涉外民事诉讼的概念

涉外民事诉讼是指在我国法院提起的具有涉外因素的诉讼。涉外因素是指下列三种情况之一：当事人的一方或双方是外国人、无国籍人、外国企业或者其他组织；当事人双方争议的标的在国外；当事人之间经济法律关系的发生、变更、消灭的法律事实在国外。

依据我国民事诉讼法的规定，人民法院审理涉外民事纠纷案件，只能适用我国民事诉讼法的规定。外国人、无国籍人或外国企业和组织在我国起诉、应诉，适用我国民事诉讼法，凡是属于我国人民法院管辖的案件，我国人民法院享有管辖权；外国法院的裁判必须经我国法院依法审查并予以承认后，才能在我国领域内发生法律效力。

人民法院审理涉外民事纠纷案件，应当遵守我国缔结或者参加的国际公约。国际公约中的规定与国内法有冲突的，适用公约的规定，但是对于我国声明保留的条款除外。

对享有外交特权与豁免权的外国人、外国组织以及国际组织提起民事纠纷诉讼的，应当依照我国缔结或参加的国际公约以及我国有关法律的规定办理。

外国人、无国籍人、外国企业和组织在人民法院起诉、应诉，需要委托律师代理诉讼的，必须委托中华人民共和国的律师。人民法院审理涉外民事纠纷案件，应当使用我国通用的语言、文字，当事人要求提供翻译的，可以提供，费用由当事人承担。

外国当事人因民事纠纷在人民法院对中国当事人起诉，应依据我国民事诉讼法“原告就被告”的管辖规定或者是依据双方事先在合同中约定的诉讼管辖协议，按照我国民事诉讼法关于涉外民事诉讼程序的规定起诉、应诉和答辩，终审判决之后必须依法执行。

中国当事人要在人民法院对外国当事人提起诉讼，首先须查明依据我国现行民事诉讼法的规定，该人民法院对这一案件有没有管辖权。按照民事诉讼法第243条的规定，因民事纠纷对在中华人民共和国领域内没有住所的被告提起诉讼，有下列条件之一的，可以在相应的人民法院提起诉讼：

（1）合同在中国领域内签订或者履行的。

（2）诉讼标的物在中国领域内的。

（3）被告在中国领域内有可供扣押的财产的。

（4）被告在中国领域内设有代表机构的。

（二）涉外民事诉讼的特别规定

1. 管辖

涉外民事纠纷的管辖有下列几种：

（1）协议管辖。协议管辖是涉外经济诉讼中最普遍、最常见的一种管辖规则。它是指对某一具体的涉外民事纠纷案件的管辖完全由当事人双方自主协商确定。民事诉讼法规定：涉外合同或者涉外财产权益纠纷的当事人，可以用书面协议选择与争议有实际联系的地点和法院管辖。选择中华人民共和国法院管辖的，不得违反本法关于级别管辖和专属管辖的规定。因此，我国施行的是有限制的协议管辖。

（2）最密切联系地管辖。在当事人没有通过书面形式选择管辖法院时，则根据最密切联系地原则确定某个与案件有实际联系的法院行使管辖权。民事诉讼法规定：因合同纠纷或者其他财产权益纠纷，对在中华人民共和国领域内没有住所的被告提起的诉讼，如果合同在中华人民共和国领域内签订或者履行，或者诉讼标的物在中华人民共和国领域内，或者被告在中华人民共和国领域内有可供扣押的财产，或者被告在中华人民共和国领域内设有代表机构，可以由合同签订地、合同履行地、诉讼标的物所在地、可供扣押财产所在地、侵权行为地或者代表机构住所地人民法院管辖。

（3）应诉管辖。涉外民事诉讼的被告对人民法院管辖不提出异议，并应诉答辩的，视为承认该人民法院为有管辖权的法院。

（4）专属管辖。因在中华人民共和国履行中外合资经营企业合同、中外合作经营企业合同、中外合作勘探开发自然资源合同发生纠纷提起的诉讼，一律由中华人民共和国人民法院管辖，当事人不得以协议改变。

2. 送达

对于在我国没有住所的当事人送达诉讼法律文书，民事诉讼法规定了不同于一般的送达方式：

（1）依照受送达人所在国与中华人民共和国缔结或者共同参加的国际条约中规定的方式送达。

（2）通过外交途径送达。

（3）对具有中华人民共和国国籍的受送达人，可以委托中华人民共和国驻受送达人所在国的使领馆代为送达。

（4）向受送达人委托的有权代其接受送达的诉讼代理人送达。

（5）向受送达人在中华人民共和国领域内设立的代表机构或者有权接受送达的分支机构、业务代办人送达。

（6）受送达人所在国的法律允许邮寄送达的，可以邮寄送达，自邮寄之日起满 6 个月，送达回证没有退回，但根据各种情况足以认定已经送达的，期间届满之日视为送达。

（7）不能用上述方式送达的，公告送达，自公告之日起满 6 个月，即视为送达。

3. 期间

被告在中华人民共和国领域内没有住所的，其答辩期为收到起诉状副本后 30 日内。在中华人民共和国领域内没有住所的当事人，已判决、裁定的上诉期是在收到判决书之日起 30 日内，被上诉人的答辩期是自收到上诉状副本之日起 30 日内。

此外，人民法院审理涉外民事纠纷案件不受审理期间的限制。

☞ 思考与练习

1. 简述民事诉讼的概念和原则。
2. 什么是级别管辖和地域管辖？我国法律规定的地域管辖有哪些？
3. 什么是起诉？起诉的条件有哪些？
4. 我国法律规定中国当事人在哪些情况下可以在人民法院起诉外国当事人？
5. 什么是涉外民事诉讼的特别规定？
6. 什么是经济仲裁？经济仲裁与法院审判有什么不同？
7. 简述仲裁协议无效的情形。
8. 我国法院对仲裁活动的协助体现在哪些方面？
9. 试比较撤销仲裁裁决与不予执行仲裁裁决有什么区别？

后　记

随着我国经济体制改革的不断深化、社会主义市场经济体制的建立和完善以及中国经济的国际化，我国经济法律制度也在不断地制定或修订，因此经济法教材的编写和修订也要与立法相一致。本教材为适应新的经济法律制度的立法要求而编写，以反映最新的立法状况，具有一定的时代性和科学性。

本教材考虑了高等职业院校的教育教学特点，立足于高等职业技术教育人才的培养，结合我国社会主义市场经济法律制度的体系，从经济法基础理论入手，介绍经济法的概念、基本功能和任务、调整对象以及经济法律关系，把经济法与行政法、民法的调整对象和范围区分开来，并在此基础上探讨了各种具体的经济法律规范，使各章节浑然一体，基础理论知识和实践感性材料相得益彰。

参加本教材编写的教师都从事了多年的经济法课程教学工作，在编写过程中参考了许多优秀的经济法教材，并将在教学与科研中所取得的教学经验和科研成果融入本教材中，使教材内容更丰富、翔实。

本书共分 20 章，由郭声龙、江晓波任主编，郭名宏、赵霞、邓巧蓉任副主编。具体编写分工如下：

郭声龙：第一章、第六章、第十七章（武汉商业服务学院）

郭名宏：第二章、第八章、第十九章（武汉商业服务学院）

江晓波：第三章、第四章、第五章（武汉商业服务学院）

邓巧蓉：第九章、第十章（武汉商业服务学院）

汪　胜：第十一章、第十五章（武汉商业服务学院）

赵春姣：第十八章、第二十章（武汉商业服务学院）

王玉波：第十三章（武汉商业服务学院）

李加兵：第七章、第十四章（武汉商业服务学院）

赵　霞：第十二章、第十六章（天津交通职业学院）

本书可作为经济法律专业学生的教材使用，也可供有关人员参考学习。

编　者